Roland Barraux · Die Geschichte der Dalai Lamas

Roland Barraux

Die Geschichte der Dalai Lamas

Göttliches Mitleid und irdische Politik

Geleitwort von Dagpo Rimpoche

Titel der französischen Originalausgabe:
Histoire des Dalaï-Lamas
© 1993 Éditions Albin Michel S.A., Paris

Übersetzung von Lorenz Häfliger

© 1995 Patmos Verlag GmbH & Co. KG,
Walter Verlag, Düsseldorf

Lizenzausgabe für KOMET MA-Service und
Verlagsgesellschaft mbH, Frechen

Gesamtherstellung: KOMET MA-Service und
Verlagsgesellschaft mbH, Frechen

ISBN 3-933366-62-3

Inhalt

Zum Geleit 7
Vorwort 11

Erster Teil: Tibet

Das Volk – Herkunft und Verteilung der Bevölkerung 15
Die Zentralmacht . . . . *Friedensvertrag. Seite 31* 19
Der Zusammenbruch der Staatsmacht 36
Die mongolische Intervention 40
Die Religion 48
    Die Bön-Religion 48
    Der tibetische Buddhismus 51
    Der Islam 54
    Das Christentum 58
Die außenpolitischen Beziehungen (China, Indien, Nepal) 59

Zweiter Teil: Der Beginn

   I. Gendün Drub 1391–1475 67
  II. Gyalwa Gendün Gyatso 1475–1542/1543 78
 III. Gyalwa Sonam Gyatso 1543–1588 87
 IV. Yönten Gyatso 1589–1617 98
  V. Ngawang Lobsang Gyatso 1617–1682 103
 VI. Rigdzin Jamyang Gyatso 1683–1706 128

Dritter Teil: Die Sukzession

  VII. Kelsang Gyatso 1708–1757 157
 VIII. Jampel Gyatso 1758–1804 176
   IX. Lungtog Gyatso 1806–1815 195
    X. Tsültrim Gyatso 1816–1837 199

XI. Kedrub Gyatso 1838–1856 205
XII. Trinle Gyatso 1856–1875 210

Vierter Teil: In der Schwebe

XIII. Thubten Gyatso 1876–1933 221
XIV. Tenzin Gyatso seit 1935 275

Anhang

Anmerkungen 315
Wichtige chronologische Daten 323
Bibliographie 333

Zum Geleit

Der Titel Dalai Lama, ein gleichzeitig fremd anmutendes und doch vertrautes Wort, wird von den Tibetern selbst kaum verwendet (der Ausdruck stammt aus der mongolischen Sprache), ist aber im Westen bestens bekannt, vor allem seit der vierzehnte Träger, Tenzin Gyatso, 1989 mit dem Friedens-Nobelpreis ausgezeichnet worden ist.

Wer sind diese Dalai Lamas? Fürsten aufgrund adliger Geburt? Nein. Gewählte Würdenträger? Ebensowenig. Lebende Gottheiten? Nicht eigentlich. Es handelt sich immer um ein und dieselbe Person, die immer wieder, von Leben zu Leben, als solche anerkannt wird! Die Dalai Lamas sind für uns Emanationen des Buddha Avalokiteshvara, des Symbols des Mitleidens. Seit dem fünften Dalai Lama erfüllen sie eine nicht mehr nur geistliche, sondern auch politische Aufgabe als Herrscher über Tibet. Darin kommt der Rang der Dalai Lamas in unserer Kultur zum Ausdruck. Seit das kommunistische China unser Land überfallen hat, ist die sinnbildliche Bedeutung des vierzehnten Dalai Lama noch gewachsen: Als unser unbestrittenes geistliches und weltliches Oberhaupt ist er auch das lebendige Symbol unserer nationalen Einheit, der tiefste Seinsgrund unseres Volkes und unserer Kultur.

Roland Barraux stellt die Geschichte dieser Dalai Lamas im vorliegenden Buch dar. Eine solche Pionierleistung hat von ihm höchsten Einsatz verlangt. Viele Dokumente in französischer und vor allem in englischer Sprache mußten gesammelt und ausgewertet werden. Der Verfasser selbst ist nicht Tibetologe, weshalb er die tibetischen Quellen nicht nutzen konnte. Mancher Leser mag das bedauern, doch Barraux behandelt das Thema mit von Sympathie getragener wissenschaftlicher Strenge. So ist es ihm gelungen, ein lebendiges Bild der jahrhundertealten tibetischen Gesellschaft zu entwerfen, da und dort mit dichterischer Kraft, ja lyrischem Schwung. Ob er von der tibetischen Lebensweise angesteckt worden ist? Im Namen meiner Landsleute möchte ich ihm herzlich danken. Seine Arbeit wird zu einem besseren Verständnis für unser Land mit seinen so besonderen Eigenarten sowohl im politischen als auch im geistlichen Bereich beitragen. Haben denn nicht ausgerechnet wir das Fleisch gewordene Mitleiden als unsere höchste Autorität gewählt? Es wäre zu wünschen, daß sich ein solches «politisches Programm» über die ganze Erde ausbreite, damit alle Wesen endlich in Frieden und Glück leben dürfen!

Dagpo Rimpoche Lobsang Jamphel Jhampa Gyamtshog
Lehrer bei der INALCO

L'Haÿ-les Roses, 29. Juni 1993

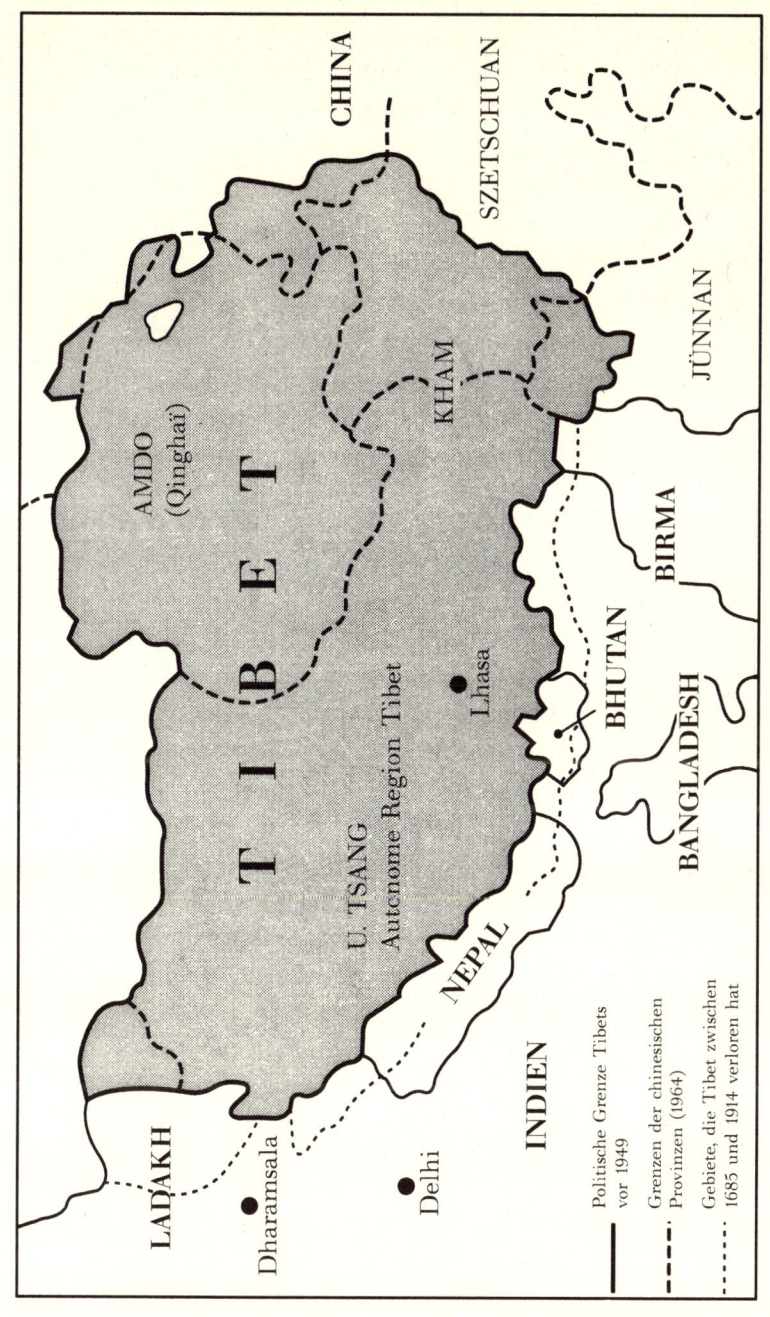

CHINA

SZETSCHUAN

AMDO
(Qinghaï)

KHAM

JÜNNAN

T I B E T

U. TSANG
Autonome Region Tibet

Lhasa

BIRMA

BHUTAN

NEPAL

BANGLADESH

LADAKH

Dharamsala

Delhi

INDIEN

Politische Grenze Tibets
vor 1949

Grenzen der chinesischen
Provinzen (1964)

Gebiete, die Tibet zwischen
1685 und 1914 verloren hat

Bemerkung zur Transkription der tibetischen Sprache

Die Übertragung tibetischer Ausdrücke und Namen ist nicht einfach und vor allem auch nicht einheitlich geregelt. Alle Namen und Begriffe werden deshalb so wiedergegeben, daß sie für einen deutschsprachigen Leser verständlich und gleichzeitig der tibetischen Phonetik ähnlich sind:

> che ist als tsche,
> j als dsch,
> w als u auszusprechen.
> Ein Akzent, beispielsweise é, gibt die betonte Silbe an.
> s am Anfang eines Wortes ist als ss auszusprechen.

Für die meisten Eigennamen und einige geläufige Ausdrücke geben wir im Sachverzeichnis in Klammern die Schreibweise wieder, die uns vom Vertreter seiner Heiligkeit, des Dalai Lama, empfohlen worden ist und die phonetisch die genaueste ist.

Die indischen, mongolischen und chinesischen Ausdrücke und Namen geben wir auf die im deutschen Sprachraum übliche Weise wieder, die in Einzelheiten von den wissenschaftlichen Normen oder der heute von China propagierten Schreibweise abweichen kann.

Vorwort

Über die Geschichte Tibets läßt sich nicht berichten, ohne daß man auch rätselhafte Geschehnisse und Legenden einbezieht. Sogar in der tibetischen Landschaft vermischen sich Traum und Wirklichkeit, Himmel und Erde, der unverrückbare Fels und das Wehen des Windes zu einer ergreifenden Einheit, die man nur in seinem Innersten in den geheimnisvollen Harmonien der Poesie und des Gebets begreifen kann.

> Es gibt einen See, dessen Wasser im Sommer anschwellen,
> Er wird wie ein Mandala aus mit Gold eingelegtem Türkis.
> Im Winter wird er wie ein Mandala aus reinem Bergkristall.
> Ebenso wird er im Frühling und im Herbst
> Durch zahllose mystische Zeichen verherrlicht.
> Seine Mitte ist wie die Nabe eines Rades,
> Von der Wellen in Kreisen ausgehen,
> Sie breiten sich aus und verschmelzen
> Am Rande des Rades ineinander.
> Sie lehren den Dharma, ohne Worte zu benötigen.

Die Tibeter sind ein Volk der Legenden, der Erzählungen, einer nie vollendeten und fortwährend erneuerten Mystik, sie schöpfen aus sich selbst die Energie, um voll leben, um auch schlimmste natürliche oder menschliche Widerwärtigkeiten überleben zu können. Sie sind fröhlich, glücklich, mit einem Lächeln auf den Lippen, wie man es sonst nirgendwo mehr antrifft. Die Tibeter sind immer bereit, an ein Wunder zu glauben; Geschichten von wunderbaren Dingen haben einen besonderen Zauber für sie; sie reißen nicht wie westliche Menschen die Augen auf, sondern kneifen sie zusammen, als würden sie vom Unendlichen geblendet.

Die Träume, verbunden mit verschiedenen Äußerungen einer tiefen Gläubigkeit, sind im tibetischen Hochland allgegenwärtig: Stangen mit langen und hängenden flammenförmigen Flaggen oder mit beschrifteten Wimpeln durchziehen ein Tal von einem Berg zum anderen; der

Wind bringt diese Segel zum Klingen, und die ihnen aufgedruckten Gebete lösen sich von ihnen ab und tragen überallhin die Gewißheit, daß man ein Volk und in ein und derselben Kultur miteinander eins ist.

Tibet ist auch ein Glaube. «Niemand kann Tibet ohne einige Kenntnisse unserer Religion verstehen», sagt der vierzehnte Dalai Lama. Zweieinhalb Jahrtausende Verkündigung und Auslegung der Philosophie von Shakyamuni Siddharta, die Besonderheiten der beiden wichtigsten Strömungen, Mahayana und Hinayana, und die verschiedenen Schulen des tibetischen Buddhismus lassen sich freilich nicht in einigen wenigen Sätzen zusammenfassen. Die verheißene Erleuchtung ist die Vollendung einer langen und geduldigen Anstrengung, die man in sich selbst erbringen muß. Jedes menschliche Sein trägt das Samenkorn der Buddhaschaft und die Möglichkeit der Erweckung in sich. In der unüberschaubaren menschlichen Baumschule gibt es jedoch Gärtner, die vollkommener als andere sind, weil sie tiefer in die Grunderkenntnis vorgedrungen sind. Gurus, Lamas, Tulkus, Rimpoches sind die Meister, doch das Wissen, das sie erwerben durften, hat seinen Preis: «Durchsichtig wie Regenbogen, allgegenwärtig und von Wissen, Liebe und Kraft vibrierend», ist der Geist der Erleuchtung in ihnen nur dazu da, alle anderen Lebewesen aufzurichten und zu erbauen.

Dilgo Khyentse Rimpoche war einer der hervorragendsten unter diesen Meistern des Wissens und der Güte. Wissen und Güte fanden bei ihm ihren Ausdruck in einem Lächeln voller sanfter Ausstrahlung. Als gelehrter Kenner der buddhistischen Denkweise, als Dichter und Mystiker verbrachte er zweiundzwanzig Jahre seines Lebens zurückgezogen und meditierend in verschiedenen Klöstern Tibets, Nepals, Bhutans und Indiens. Durch seine Selbstbeherrschung und den von ihm ausgehenden Geist der Erweckung, vom Wunsch nach völliger Hingabe an den Mitmenschen beseelt, wurde er zu einem großartigen Deuter des Dharma der Schriften, in denen die Lehre festgehalten ist, und des Dharma der Verwirklichung, die aus geistlicher Einübung erwächst. Mit seiner Lehre hat er zahllose Schüler angezogen. Kurz vor seinem Tode verbrachte er einen Monat in Dharamsala, wo er Tenzin Gyatso, dem vierzehnten Dalai Lama, Erkenntnisse und Erfahrungen weitergab, um die ihn dieser schon vor langer Zeit gebeten hatte.

Der Erinnerung an Dilgo Khyentse Rimpoche ist dieses Buch gewidmet.

Erster Teil

TIBET

Das Volk – Herkunft und Verteilung der Bevölkerung

Vom Himmel war es das Zentrum, von der Erde die Mitte, vom Land das Herz, um die Gletscher ein Gürtel und von allen Flüssen die Quelle. Hoher Berg, reine Erde und hervorragendes Land. Ein Ort, wo die weisen Menschen als Helden zur Welt kommen, wo ausgezeichnete Sitten herrschen, wo die Pferde schnellfüßig werden.[1]

Die dunklen Wolken der Vergangenheit haben zuerst Mythen mitgebracht; wie Blütenstaub die Pflanzen hervorbringt, lassen Legenden die Menschen entstehen. Und das allererste Wesen war ein Gott.

«Die Erde ist von den Göttern erschaffen worden; einige dieser Götter-Berge sind auf die Erde heruntergekommen und haben die Tiere, die Pflanzen, die ersten Menschenwesen mit sich gebracht.»[2]

Der in Tibet überall gegenwärtige und noch immer als heilig betrachtete Berg hat als Schöpfer eine Rolle gespielt. Er stellt den Weg vom Himmel dar, auf dem derjenige zur Erde gelangt ist, der ausgesandt worden war, um die Menschheit Wirklichkeit werden zu lassen. Auf einer Leiter, einem mit Einkerbungen versehenen Baumstamm, wie er in Tempeln und Häusern noch immer benutzt wird, oder an einem Tau, dem *Mu* der Bönpo-Chronik, ist eine Person von oben herabgestiegen. Und sie wurde König.

Laut einer anderen Version indischen Ursprungs entsandte Chenresi, der Bodhisattva des Mitleidens, seinen Schüler, einen Affen, der den Zustand der Heiligkeit erreicht hatte, nach Tibet, um in den Bergen eine Einsiedelei zu gründen. Während dieser Affe in der Höhle, in der er sich niedergelassen hatte, meditierte, hörte er aus den Felsen Schreie, die von einem Wesen in Not ausgestoßen worden waren; er entdeckte eine Dämonin und empfand Mitleid mit ihrer Einsamkeit. Chenresi erlaubte ihm, sie zu heiraten. Sie hatten sechs Kinder, die zweierlei Eigenschaften in sich vereinigten: die edlen Züge des Vaters, nämlich Großmut, Tapferkeit, Mitleid, und die Wesensart, die ihre Mutter aus ihrer unterweltlichen Heimat mitgebracht hatte, Gier, Neid, Wollust. Die Kinder ihrerseits hatten wiederum Nachkommen, aus denen das tibetische Volk entstand.

So stellen sich die Bewohner des tibetischen Hochlandes ihre Herkunft vor, denn «vor dem Ende des 6. Jahrhunderts unserer Zeitrechnung ist keine datierbare Geschichte möglich»[3].

Nach einer anderen Legende soll Tibet ganz am Anfang von Wasser überflutet gewesen sein. Als dieses allmählich abfloß, blieben die vielen heutigen Seen zurück; auf dem trockenen Land wucherte ein Wacholder-Wald. Einer alten Überlieferung zufolge entstanden im Südosten der tibetischen Hochebene, im fruchtbaren Tal des Yarlung-Tsangpo (der Strom erhält den Namen Brahmaputra, sobald er die Himalaja-Kette durchbricht), die ersten menschlichen Siedlungen. Laut anderen Erzählungen sind die sechs ursprünglichen Stämme, zu denen dann der erste vom Himmel herabgestiegene König stieß, weiter östlich, in der Region Amdo, in das heutige Gebiet eingedrungen. Diese Ortsangabe könnte freilich damit zusammenhängen, daß mehrere Reinkarnationen von Lamas, unter ihnen auch der gegenwärtige Dalai Lama, der beim Kukunorsee zur Welt gekommen ist, aus dieser Gegend stammen.

Die Chinesen siedeln die Ahnen der heutigen Tibeter, die sie als K'iang (oder Tschiang) bezeichnen, in einem benachbarten Gebiet an, nämlich in der Region Kham. Chinesische Historiker berichten von riesigen Steinbauten in diesem Land, Familienwohnsitzen oder Festungen, die möglicherweise die Vorbilder der tibetischen Architektur sind.

Völkerkundliche und sprachliche Beobachtungen gelangen zum Schluß, die heutige Bevölkerung sei ein aus Wandervölkern verschiedener Herkunft hervorgegangenes Gemisch. Die große Mehrheit der Tibeter ist von mongolischem Typ, eher kleinwüchsig, ausgenommen in der Region Kham, wo die Menschen größer sind, und in den westlichen Landesteilen, wo man blonde Menschen mit blauen Augen antrifft.[4] «Die Tibeter sind eine von anderen verschiedene und unabhängige Rasse. In unserem Körperwuchs, unserer Sprache und unseren Gebräuchen unterscheiden wir uns grundlegend von unseren Nachbarn; es bestehen keinerlei ethnische Beziehungen zu anderen Völkern in diesem Teil Asiens.»[5]

Jedenfalls waren die Tibeter ursprünglich ein Nomadenvolk, Viehzüchter, die vielleicht zeitweilig als Bauern seßhaft wurden. Mehr noch, die geschichtlichen Wanderungen waren durch politische Ereignisse aus-

16

gelöst worden. Als sich ein königliches Machtzentrum bildete, wurden Nomadenstämme angezogen; ihnen wurde die Bewachung der Grenzen des Königreichs anvertraut. Noch später sind andere Völkergruppen, die vor Tschingis Khan und seinen Mongolen flohen, in das Gebiet eingewandert. Sie lösten dynastische Veränderungen in den herrschenden Familien aus und verschmolzen schließlich mit den Einheimischen zu einem Volk, das seine Einheit in der Religion finden sollte.

Tibet ist ein riesiges Land, aber seine Grenzen sind nie genau festgelegt und bis heute nicht klar gezogen worden. China hat seinen an Tibet angrenzenden Provinzen Landstriche zugeschlagen, die von den Tibetern als ihr Eigentum beansprucht werden. Amdo und Kham gehören dazu, auch ein Teil von Xinjiang (Sinkiang). In Ladakh, von der Tourismus-Branche als «Klein-Tibet» bezeichnet, lebt ein Volk, das von seiner Kultur und seiner Lebensweise her den Tibetern sehr nahe steht.

Mit gegenwärtig 3 800 000 Quadratkilometern Fläche ist Tibet mehr als zehnmal so groß wie Deutschland.

In der Auseinandersetzung mit China geht es auch um die Frage, welche Völker als tibetisch zu bezeichnen sind. Während die Anhänger eines Groß-Tibet die Zahl ihrer Landsleute auf ungefähr sechs Millionen schätzen, soll es auf dem Gebiet des der Volksrepublik China angegliederten autonomen Territoriums nur eine Million und achthunderttausend Einwohner geben.

«Im Sommer hatten sie unter dem Regen und unter der Sonne zu leiden; im Winter unter dem Schnee und den Stürmen; ihnen fehlte es an Nahrung und Kleidung. Aus Mitleid brachte ihnen der Bodhisattva Avalokiteshvara sieben Arten von Körnern: Buchweizen, Gerste, Senf, Weizen, Reis, Sesam und Erbsen.»[6]

Lhasa liegt zwar ungefähr auf dem gleichen Breitengrad wie Nordafrika, doch wegen seiner durchschnittlichen Höhe von drei- bis viertausend Metern ist das tibetische Hochland für den Menschen ein äußerst rauhes Gebiet mit übermäßigen Temperaturschwankungen. Für den Ackerbau bleiben kaum vier Monate Zeit, und fruchtbare Böden finden sich nur in engen Tälern oder an einigen bevorzugten Lagen, wo eine künstliche Bewässerung möglich ist.

Boden und Landwirtschaft prägen die Kultur Tibets. Damit ist auch der Lebensrhythmus durch die Landarbeiten vorgegeben. Im Mai, wenn der Boden vom eben geschmolzenen Schnee noch feucht ist, schwärmen die Dorfbewohner auf ihre Äcker aus, um sie für die künftige Ernte vorzubereiten. Vor die Pflüge werden Yaks gespannt, deren Hörner zu diesem Anlaß mit roten Quasten geschmückt werden: Farbtupfer voller Leben auf einer braunen Erde, auf der sich die bunten Röcke der Frauen geschäftig hin und her bewegen.

Die Zentralmacht

Die Nachkommenschaft des Abgesandten des Himmels und der aus den Eingeweiden der Erde stammenden Dämonin organisierte sich in Stämmen. Diese spalteten sich je nach Bedürfnis und Umständen in kleinere Einheiten auf und bezeichneten sich mit verschiedenen Namen, zum Beispiel nach einem Ereignis, das ihr Leben oder ihre Wanderschaft gekennzeichnet hatte; oft stammte dieser Name aber auch von einer Erfindung oder einer Einrichtung, die ihre Lebensweise verändert hatte: Waffen, Geräte für den Ackerbau, domestizierte Pferde.

«Zu dieser Zeit gab es bei den Menschen in Tibet noch keinen Herrscher.»[7]

Die ersten Häuptlinge, in der mündlichen Überlieferung Könige, kamen vom Himmel, zu dem sie weiterhin Beziehungen unterhielten; über ein göttliches Seil – vielleicht eine Ausdeutung des Regenbogens – stiegen sie des Nachts und endgültig bei ihrem Tod zum Himmel hinauf. Deshalb erhielten sie auch kein Grab auf der Erde, freilich nur bis zu jenem Tag, als König Drigun, ein stolzer, cholerischer Mann, dessen wichtigstes Vergnügen die Veranstaltung von Turnieren oder Duellen war, das Himmelsseil mit einer unkontrollierten Bewegung seines Schwerts[8] durchtrennte. Er wurde im Tal der Könige in der Nähe der heutigen Stadt Tsethang beigesetzt. Man hat dort Gräber mehrerer Könige entdeckt. Anhand von Gegenständen und Geräten, die den Verstorbenen mitgegeben worden waren, ließen sich die Begräbniszeremonien rekonstruieren.

Dieser langlebigen Yarlung-Dynastie ordnen Legende und Geschichtsschreibung dreiunddreißig Könige zu. Einer der frühesten, Nyatri Tsenpo, ein Sohn von Drigun, soll um das Jahr 130 vor unserer Zeitrechnung das Schloß Yumbu-Lakang, zwölf Kilometer südlich von Tsethang, errichtet haben. Die auf einem felsigen Gipfel angelegte Festung wurde in ein Kloster umgewandelt, als man die Hauptstadt nach Lhasa verlegte. Man muß jedoch eher annehmen, daß der Bau aus dem

6. Jahrhundert stammt, worauf auch eine Datierung der Quader hinweist, aus denen die ursprünglichen Fundamente bestehen; auf Verzierungen sieht man noch den vom Himmel herabsteigenden König, doch auf den Wandmalereien wird er von Yak-Hirten auf den Schultern getragen und als Prediger neben einem buddhistischen Stupa dargestellt.

Chinesische Chroniken berichten von Taten und Maßnahmen bestimmter Personen, die als Begründer der tibetischen Kultur angesehen werden. So gilt Rulakye, der von geheimnisvollen Geschehnissen umwitterte Sohn einer Königin, die ihn bei einem Besuch auf einem heiligen Berg von einem weißen Yak empfangen haben soll, als der Begründer einer Dynastie von Premierministern: Sieben von diesen zeichneten sich durch Weisheit aus; sie unterstützten die Könige bei der Verwaltung des Landes und führten insbesondere neue Arbeitsmethoden ein.

Rulakye unterstellte das Vieh dem Gesetz [vermutlich nahm er eine Zählung vor, um Steuern erheben zu können] und sorgte dafür, daß Futter auch im Winter vorhanden war, indem er Garben [wahrscheinlich Stroh- und Heuballen] herstellte. Er ließ den Boden in den grasreichen Ebenen umpflügen, so daß Äcker entstanden, und nahm die Bergkuppen in Besitz [er ließ darauf Häuser und Festungen errichten]. Vor ihm hatte man in Tibet weder Gras noch Getreide geerntet. [...] Laut anderen Berichten begann Rulakye mit der Herstellung von Holzkohle aus Bäumen; er verwendete sie, um Erze zu schmelzen und aus ihnen Gold, Silber, Kupfer und Eisen zu gewinnen. Er brachte im Holz Löcher an und stellte so Pflüge und Joche her. Er brach die Erde auf und leitete die Gewässer aus den Bergtälern in Kanäle. Er spannte zwei Ochsen vor den Pflug. Über Flüsse ohne Furten ließ er Brücken schlagen.

Andere Chroniken wissen zu berichten, zur Zeit des Königs Tride Tsukten habe der Premierminister die Wasserversorgung organisiert. Das Wasser wurde während der Nacht in Teichen gesammelt und tagsüber nach Vorschriften verteilt, für die es an anderen Orten in Asien, etwa in Ladakh oder Afghanistan, Vorbilder gibt. Schließlich wurden für den Getreidehandel Hohlmaße eingeführt.

Einer der letzten Könige dieser mythischen Dynastie, Namri Songtsen, soll die chinesischen Wissenschaften und die Kriegskunst in Tibet eingeführt haben.

Die Yarlung-Dynastie überdauerte ungefähr acht Jahrhunderte. Von König Songtsen Gampo an, der von 618 bis 649 regierte, erhält die Chronologie eine gewisse Glaubwürdigkeit. Er hat in Lhasa eine wirkliche Hauptstadt des Königreichs errichtet und sein Land um verschiedene kulturelle und politische Neuerungen, so auch den Buddhismus, bereichert.

Nach Kriegen mit China im Norden und Nepal und Indien im Süden hat Songtsen Gampo vermutlich eingesehen, daß von außerhalb neue Methoden und Zielsetzungen übernommen werden mußten. Etwas schematisierend läßt sich sagen, daß während seiner Herrschaft von China her die profane Gesetzgebung und von Indien her die religiösen Vorschriften entscheidend beeinflußt wurden. Von den Chinesen übernahm er die Kunst der Wahrsagung, gewisse medizinische Grundkenntnisse und viele Gesetze. Nach Indien entsandte er unter der Führung eines Gelehrten, Thönmi Sambhota, sieben Weise. Der Gelehrte befaßte sich mit Sanskrit und brachte ein Alphabet mit nach Hause, das Devanagari[9] zum Vorbild genommen hatte, eine von der indischen Dynastie der Gupta anerkannte Schrift, und das nun für die tibetische Sprache eingeführt wurde: Damit erhielt die tibetische Kultur ihre erste Schrift. Mit ihr gelangten die heiligen Texte ins Land. König Songtsen Gampo hat die Institutionen und Gesetze recht eigentlich kodifiziert, von der Rangordnung der Minister über die Belohnungen und Strafen für gute und schlechte Taten, die Zählung der Nutztiere und der Joche, um auf diese Weise ein Verzeichnis der Weiden und Äcker zu erstellen, bis hin zu den Vorschriften über die Nutzung der Bäche und Flüsse, die Gewichte, die Steuern usw.

Dieser Monarch war auch der erste, der aus politischen Gründen der Staatsräson Ehen einging. 635 heiratete er eine nepalesische Prinzessin, Tritsun Bhrikuti Devi. Aus dem im Tal von Katmandu vorherrschenden Volk der Newar[10] war eine neue Dynastie hervorgegangen, welche die Macht von den geschwächten Lichavi übernommen hatte. Diese hatten das Land dreihundert Jahre lang regiert. Die Newar hatten den Buddhismus angenommen, aber die für den Brahmanismus kennzeichnende Sozialstruktur, insbesondere das Kastensystem, beibehalten. Die Tochter des Königs Amshuvarman, eines aufgeklärten und toleranten Herrschers, hatte sich ebenfalls zum Buddhismus bekehrt. Ihr Vater war damit einverstanden, sie Songtsen Gampo, der eine Delegation nach Nepal entsandt hatte, zur Frau zu geben. Tritsun Bhrikuti Devi verließ ihre warme

21

und feuchte Heimat und überquerte die hohen Pässe des Himalaja. In ihrem Gepäck brachte sie eine Buddha-Statue mit. Und sie bemühte sich sogleich um die Bekehrung ihres Gatten.

Auf chinesischer Seite waren die Verhältnisse eher etwas komplizierter.

Die Zerstückelung des chinesischen Reiches, die kostspieligen Kriege gegen die Türken in Zentralasien und die Koreaner im Nordosten führten dazu, daß eine neue Dynastie an die Macht kam. Diese Herrscherfamilie der T'ang, die von 618 bis 906 die Macht ausübte, förderte die Künste, die Wissenschaften und die Literatur, aber sie litt unter Palastintrigen, Aufständen und insbesondere Zusammenstößen mit neuen und fremden Gemeinschaften, zuallererst mit den Tibetern.

König Songtsen Gampo hatte nicht nur die Einheit und die Alphabetisierung seines Landes vorangetrieben, er baute auch eine militärische Organisation auf, dank der Tibet zu einem Machtfaktor auf der internationalen Szene wurde. Außer den «Wächtern der vier Himmelsrichtungen», die in Tausendschaften an den Grenzen wachten, hatte er die Bauern im Landesinneren ebenfalls dazu verpflichtet, sich in Tausendschaften an der Aufrechterhaltung der inneren Ordnung zu beteiligen.

Im Laufe der Zeit unterwarf der Monarch die kleinen türkisch-mongolischen Oasen seinen Gesetzen: Turfan (Turpan), Khotan (Hotan), Kucha. Diese Ausweitung seines Herrschaftsgebietes hatte Reibereien mit den Chinesen zur Folge. Nach mehreren Geplänkeln gelang es ihm 634, dem ersten T'ang-Kaiser, T'ai-Tsung, in der Gegend des Kukunorsees eine schwere Niederlage zuzufügen. Daraufhin wurde eine chinesische Delegation zu ihm entsandt. Der Tibeter fühlte sich stark genug, um für sich eine chinesische Prinzessin als Gattin zu beanspruchen. Doch der Kaiser war von der wirklichen Schlagkraft der neuen tibetischen Machthaber noch nicht voll überzeugt. Er lehnte das Ansinnen ab. Songtsen Gampo unternahm neue militärische Operationen bis an die chinesische Grenze. Der Kaiser gab nach und schickte seine Adoptivtochter nach Lhasa.

Die Prinzessin Wen Cheng unternahm eine lange und glorreiche Reise durch ihr neues Heimatland und kam im Mai 641 mit großem Gefolge in der Hauptstadt Lhasa an.

Ihre Karosse fuhr durch ein Ehrenspalier, das sich längs der Straßen aufgestellt hatte. In der vordersten Reihe standen Würdenträger, Notabeln, Offiziere und Beamte in mit Orden überladenen Uniformen und in allen Farben schillernden Gewändern. Akrobaten, Musiker und Tänzer sorgten für Unterhaltung und hielten die Begeisterung einer gefühlvoll und herzlich dem Zug zujubelnden Volksmenge in Schwung.

Auch die Muse der Dichtkunst trug ihren Teil bei:

> Am fünfzehnten Tag des ersten Monats,
> Als die Prinzessin bereit war, sich nach Tibet zu begeben,
> Fürchtet sich niemand vor den großen Sandbänken,
> Und hundert Läufer empfangen Dich.
> Niemand fürchtet sich vor den verschneiten Bergen,
> Und hundert *Dzo* [11] empfangen Dich.
> Niemand fürchtet sich vor den schäumenden Bächen,
> Und hundert Korakel [lederne Barken] empfangen Dich.

Neben den traditionellen Geschenken für ihren Gatten brachte die chinesische Prinzessin eine goldene Buddha-Statue mit. Die buddhistische Schule hatte im chinesischen Reich beträchtliche Bedeutung erlangt. Ihre reich ausgeschmückten Tempel und ihre Beziehungen zu den Gemeinschaften von Ausländern in Indien und Birma machten sie zu einem unentbehrlichen Partner der kaiserlichen Macht.

Unter dem Einfluß seiner Gattin und gebildeter Männer in ihrem Gefolge sandte König Songtsen Gampo junge Leute für ihre literarische und wissenschaftliche Weiterbildung nach China. Dieser Austausch führte zu wirklicher Zusammenarbeit. Tibet kam so zu Seidenraupen, zu Mühlsteinen, zu Papier und Tinte.

Der chinesische Pilger Hiuan Tsang besuchte auf seiner Reise nach Indien und in die Länder des Westens von 629 bis 644 auch Lhasa. Eine sehr ausführliche Beschreibung seiner Eindrücke wurde um 650 in China veröffentlicht. Auf ihn folgte eine offizielle Delegation, welche Tibet und Nepal auf Wegen durchzog, die von den Tibetern bereits erforscht worden waren. Der Leiter der diplomatischen Mission aus China, Li Piao, und seine zweiundzwanzig Begleiter durften auf die Hilfe und den Schutz der Prinzessin Wen Cheng zählen und wählten den gleichen Weg wie sie nach Lhasa. Nach ihrer Rückkehr war Kaiser T'ai-Tsung von den erzielten Ergebnissen derart befriedigt, daß er sich sogleich entschloß, eine weitere Delegation nach Lhasa zu entsenden. Diese hatte weniger Glück als die erste. Sie wurde von Truppen jenes Königs angegriffen, der im nordindischen Staat Maghada die Macht an sich gerissen hatte. Songtsen Gampo, der rasch davon erfuhr, sandte dem chinesischen Botschafter, der dem Massaker entkommen war, eine kleine Armee von 1200 Soldaten zu Hilfe, so daß er zu seinem kaiserlichen Meister zurückkehren konnte.

Die beiden Königinnen aus China und Nepal versuchten nun mit vereinten Kräften ihren königlichen Gemahl davon zu überzeugen, daß er die alte Bön-Religion seiner Ahnen aufgeben und sich zum Buddhismus bekennen sollte. Songtsen Gampo unternahm, um seinen Gemahlinnen zu gefallen, große Anstrengungen auf dem Gebiet des Bauwesens; dank ihm erhielt Lhasa allmählich das Aussehen, das es bis heute bewahrt hat. Auf dem roten Hügel entstanden die Fundamente des Potala; die Tempel von Ramoche und Jokhang wurden für die Aufnahme der heiligen Buddha-Statuen errichtet. Das vielleicht deutlichste Zeichen dieses grundlegenden kulturellen Wandels gab der König selbst: Er legte die traditionelle Kleidung aus Tierhäuten und Wolle ab und trug von da an feine und warme seidene Gewänder.

Neben seinen beiden Gattinnen aus China und Nepal hatte Songtsen Gampo noch drei tibetische Frauen; diese brachten die Kinder zur Welt, welche die neue tibetische Königsdynastie begründeten.

Man kann sich fragen, welche Auswirkungen alle diese von Songtsen Gampo eingeleiteten Initiativen hatten. Die mündliche Überlieferung weiß insbesondere zu berichten, daß während seiner vierzigjährigen Herrschaft die Regeln der tibetischen Schrift und Grammatik festgelegt wurden. Grundsätzlich wurden jedoch zu dieser Zeit nur einige wenige Dokumente verfaßt, die aber für die weitere Geschichte und Kultur Tibets besondere Wichtigkeit erlangten. Das bezeugt der erste chinesisch-tibetische Vertrag, der zum Teil auf einer Stele festgehalten ist, die noch immer im Zentrum von Lhasa betrachtet werden kann.

Die tibetische Geschichtsschreibung spricht diesem König von, wie wir im Zusammenhang mit der Annahme des Buddhismus noch sehen werden, heiligmäßigem Charakter viele Errungenschaften zu, die jedoch sein ganzes Volk verwirklicht hat. Durch solche Erfolge selbstbewußt geworden und bestärkt, getragen von einer Kultur, die dank der Schrift konkrete Form angenommen hatte, erwarb sich das tibetische Volk innerhalb eines knappen Jahrhunderts zahlreiche Kenntnisse und Fertigkeiten, welche die Gesellschaftsstruktur festigten und die Selbstbestätigung in vielen Bereichen förderten. Weite Kriegszüge der tibetischen

Streitkräfte nach Norden und Süden waren nur möglich, weil Pferde benutzt werden konnten. Pferdehirten, vermutlich Mongolen aus der Region Amdo, kamen unter tibetische Herrschaft. Sie hatten äußerst widerstandsfähige Pferderassen herangezogen, die den Aktionsradius der Tibeter vervielfachten und dadurch deren Ambitionen neuen Auftrieb gaben.

Im Süden fanden die Tibeter Eisen für Waffen, Schutzpanzer und Werkzeuge. Sogar chinesische Geschichtsschreiber wunderten sich über die Qualität der tibetischen Waffen und Geräte: «Ihre Rüstungen sind hervorragend; sie bedecken den ganzen Körper und lassen nur Öffnungen für die Augen frei. Auch kraftvolle Pfeilbogen und scharf geschliffene Klingen können ihnen kaum etwas anhaben. Sie besitzen Bogen und Schwerter, Schilder, Lanzen, Rüstungen und Helme. Männer und Pferde tragen Panzerhemden von ausgezeichneter Beschaffenheit.» [12]

Die zunächst formlose tibetische Gesellschaft aus vielen lose nebeneinander lebenden Familien strukturierte sich; es entwickelte sich eine Feudalherrschaft; das Staatsoberhaupt mußte Mitarbeiter, treue Anhänger, heranziehen, stieß aber bisweilen auch auf Fürsten, die ihm die Macht streitig machten. Die wachsenden und sich vervielfachenden politischen und administrativen Aufgaben zwangen den König, gewisse Bereiche zu delegieren und dadurch seine Macht zu teilen. Die ersten Premierminister beteiligten sich an der Politik. [13] Der chinesische Kaiser versuchte solche Ansätze zu einer inneren Spaltung, die von mächtigen Sippen ausgingen, auszunützen, um Einfluß auf die dynastische Nachfolge auszuüben oder Garnisonen an der gemeinsamen Grenze auf seine Seite zu ziehen. Eine dieser Familien, die Gar, hatte dreißig Jahre lang große Macht inne; ihr Eroberungsdrang wurde vom Urenkel Songtsen Gampos, dem König Dusong Mangdje, gestoppt. Das Staatsoberhaupt war zu einem richtigen militärischen Feldzug gegen sie gezwungen; die Überlebenden der Gar-Sippe flüchteten nach China, wo sie mit Titeln und Gunsterweisungen überhäuft wurden.

Kurz vor diesen Ereignissen, im Jahre 680, starb die chinesische Prinzessin Wen Cheng, die vier Könige auf dem Thron in Lhasa überlebt hatte, von denen freilich keiner direkt von ihr abstammte.

Obwohl eine neue dynastische Linie an die Macht kam, was tiefgreifende Veränderungen in der Geschichte und der Kultur Tibets auslöste, wurde in der tibetischen Überlieferung die königliche Chronologie der

mythischen Monarchen Yumbu-Lakhang und Tsethang bruchlos fortgeführt.

Der fünfunddreißigste König, Gungsong Mangtsen, der nur fünf Jahre
lang die Macht ausübte, setzte die Expansionspolitik auf Kosten Chinas
in Richtung Norden und Osten fort. Die neue chinesische Kaiserdynastie
der T'ang (618–906) mußte während Jahren Kriege führen und mit viel
Fingerspitzengefühl verhandeln, um die Vorstöße des nach Einheit strebenden jungen tibetischen Staates einzudämmen. Lhasa war unterwegs
in die große Zeit seiner «Sonnenkönige».

Nach Mangsong Mangtsen (649–676) gelangte dessen Sohn, Dusong
Mangdje, auf den Thron, obwohl Verschwörer versucht hatten, ihn zu-
gunsten seines jüngeren Bruders kaltzustellen, der auf Befehl des
Premierministers von der Armee als Geisel festgenommen worden war.
Der neue Monarch nutzte die Gelegenheit, um seine Hausmeier zu ent-
machten und direkt zu regieren. Er unternahm Feldzüge nach Süden
und versuchte auch, örtliche Revolten für seine Ziele auszunützen, aber
er starb 704 während einer dieser Expeditionen. Nach einem weiteren
Gerangel um die Macht begann die lange Herrschaft (704–754) von Tride
Tsukten.

Dieser König versuchte die Politik der politischen Ehen fortzusetzen.
Im Nordreich kämpften verschiedene Gruppen um die Macht, was die
Verhandlungen komplizierte. Kaiser Chong-Tson wollte einem König,
den er als einen Vasallen betrachtete, keine legitime Tochter von erstem
Rang zur Frau geben. Er wählte eine Adoptivtochter oder Großnichte,
Kin Ch'eng, dazu aus. Ein Dekret vom 19. Mai 707 legte bis in die Einzel-
heiten die mit dem Titel der jungen Braut verbundenen Privilegien fest:
Einkommen, Zusammensetzung der Dienerschaft, Höhe der Mitgift.
Erst 709 oder 710 holte eine tibetische Delegation die Prinzessin ab.

König Tride Tsukten hatte sie für seinen Sohn bestimmt, der aber vor-
zeitig starb. Und so heiratete er selbst die junge Frau; sie gebar ihm einen
Sohn, der später als der bedeutende König Trisong Detsen in die Geschichte einging. Sie starb 739. Die beiden Länder hatten sich jedoch in
der Zwischenzeit aufgrund gemeinsamer Interessen durch einen Vertrag
miteinander verbündet. Die Muslime hatten ihren siegreichen Vormarsch in Richtung Zentral- und Südasien fortgesetzt. Indien und Tibet
waren gezwungen gewesen, chinesische Hilfe in Anspruch zu nehmen,
um diese Expansion einzudämmen.

Trisong Detsen (755–797) verdankt Tibet seine politische, kulturelle und religiöse Eigenständigkeit, die es ihm ermöglicht hat, seine Stärke und seine Einheit bis in die heutige Zeit zu bewahren.

Als energischer Kriegsherr reorganisierte er die Armee, so daß sie zu einem beweglichen und wirksamen Werkzeug wurde. Eine straffe Verwaltung verschaffte ihm Informationen über alle Ereignisse in den umliegenden Ländern. Er verfolgte aufmerksam die Konflikte zwischen dem chinesischen Kaiser Su Tsong und dem Khan der Uiguren. Dieses Mongolenvolk hatte dem chinesischen Herrscher geholfen, den Aufstand von Ngan Lu-Chan niederzuschlagen, der als Militärgouverneur über die Westprovinzen herrschte. Durch diese Einmischung der Uiguren in die chinesischen Angelegenheiten wurde allerdings die kaiserliche Macht, die schon durch die andauernden familiären Intrigen der T'ang-Dynastie ausgehöhlt worden war, noch nachhaltiger geschwächt.

Trisong Detsen nutzte 763 die Gelegenheit, um die Hauptstadt seiner Schwiegereltern, Tch'ang-An, zu besetzen. Die tibetische Armee ließ die Stadt in Flammen aufgehen und war so unverschämt, einen neuen Kaiser auf den Thron zu setzen. Doch Bündnisse brechen so schnell zusammen, wie sie zustande kommen: Die Uiguren machten unversehens gemeinsame Sache mit den Chinesen; gemeinsam schlugen sie die Tibeter, sie bemächtigten sich bei dieser Gelegenheit auch der Kriegsbeute, die sich bei diesen angehäuft hatte, und stellten die legitime Macht nach einem Unterbruch von nur wenigen Wochen wieder her.

Andere Feldzüge weiteten die Grenzen des Königreichs aus. Es erstreckte sich schließlich von Afghanistan bis nach Ostchina, vom Altai-Gebirge bis nach Indien und Bengalen.

Das wesentliche Verdienst von Trisong Detsen ist freilich nicht so sehr diese Bestätigung der Macht und der Bedeutung seines Staates. Wichtig ist vor allem, daß er ihm durch die offizielle und endgültige Einführung des Buddhismus eine Seele gegeben hat. Die erwähnten Ehen mit einer chinesischen und einer nepalesischen Prinzessin hatten die buddhistische Lehre schon vor einem Jahrhundert in den höfischen und militärischen Kreisen verbreitet. Man hatte eine religiöse Reform erstrebt, für die aber die alte Bön-Religion nicht mehr genügend Kraft aufzubringen schien. Die Kontakte mit den Uiguren, die den von Persien ausgehenden Manichäismus angenommen hatten, zeigten bereits neue geistliche Perspektiven auf, die jedoch schwer unter den militärischen Ereignissen zu leiden hatten.

Unter der früheren Herrschaft waren religiöse Rivalitäten durch Gerüchte gefördert worden, und das Unglück, das viele der großen Familien und das ganze Volk getroffen hatte, wurde der neuen Religion zugeschrieben.

Die Königin Kin Tch'eng war von Geschwüren befallen worden, und Kinder von Ministern wurden dahingerafft. Man machte den Buddhismus für diese unverständlichen Vorkommnisse verantwortlich, denn chinesische Mönche, die durch das Aufkommen des Taoismus aus dem Kaiserreich vertrieben worden waren, und deren Schriften hatten ihm neuen Auftrieb gegeben. Der Premierminister, ein Bönpo-Anhänger, der während der Minderjährigkeit des jungen Trisong Detsen die Macht ausübte, ging sogar so weit, das buddhistische Begräbnisritual durch einen Erlaß zu verbieten.

Doch zur gleichen Zeit durchwanderten Mönche das Land, die das Denken und die Lehre Buddhas verbreiteten. Der Vater des Königs hatte nach einem Warntraum zwei Weise nach Indien entsandt und Mönche eingeladen, die in der Region des Kailash meditierten. Dieser heilige Berg gehörte nun zum tibetischen Herrschaftsgebiet.

Von seiner Machtübernahme an zeigte Trisong Detsen, wenn auch mit der notwendigen Vorsicht, Interesse für den Buddhismus. Er ließ Bücher aus dem Chinesischen und dem Pali übersetzen und lud religiöse Meister aus Indien nach Tibet ein.

Der erste von ihnen, Shantirakshita, erzielte nur bescheidene Erfolge. Der berühmte Prediger von der indischen Universität Nalanda vermochte mit seinen esoterischen Aussagen und seiner weisen Zurückhaltung die rauhen tibetischen Bergbewohner nicht zu überzeugen.

Padmasambhava gebührt der Ruhm, den Buddhismus auf dem «Dach der Welt» eingeführt zu haben. Er war im nordindischen Uddiyana zur Welt gekommen und hatte später alle Länder längs der Himalaja-Ketten bereist, von Kaschmir bis Ladakh, Sikkim und Bhutan. Seine Wanderungen hatten immer etwas Geheimnisvolles an sich. Er erwarb sich den Ruf eines Magiers, eines Wundertäters, und er verstand es, diesen Ruf zu fördern. Er war für Tibet ein idealer Apostel. «Er setzte nicht auf Spiritualität und Askese, sondern auf das bei den Hirten, Bauern und

28

Händlern im Hochland so verbreitete Verlangen nach Wundern, nach unerklärlichen Heilungen, schamanistischen Orakeln, beeindruckenden Weissagungen.» [14]

Bilder aus Bhutan zeigen ihn auf einem Tiger den steilen Berg Taksang hinauf reitend, wo er das außergewöhnliche, noch heute das Paro-Hochtal überragende Kloster errichten ließ. In Tibet sagte man ihm nach, er habe die Dämonen gezähmt, die überall im Lande ihr Unwesen trieben, er habe sie sogar dazu benutzt, um buddhistische Tempel zu bauen, insbesondere Samye, seine bemerkenswerteste Gründung.

Padmasambhava profitierte vom geheimnisvollen Verschwinden des Premierministers, des wichtigsten Gegners des Buddhismus. Trisong Detsen seinerseits benötigte ein politisches Werkzeug, mit dem er den Adel zu schwächen vermochte, dessen Privilegien von den Schamanen der alten Bön-Religion gestützt wurden. Mit genialer Intuition erkannte er in der neuen Denkströmung ein universelles Prinzip, mit dem sich seine Landsleute aufrütteln und zu einer Einheit verschmelzen ließen. Eine gewisse Neigung zur Mystik gab den letzten Anstoß. *Huius regio, eius religio*, damit wurde er zum Konstantin des buddhistischen Glaubens.

Der entscheidende Schritt wurde vermutlich 779 vollzogen; nach einer Befragung von sieben Weisen aus dem Adel und den Kreisen der Würdenträger wurde der Buddhismus zur Staatsreligion erklärt. Da sich die Beziehungen zu China verbessert hatten, ließ der König weitere buddhistische Mönche nach Tibet kommen.

Weil die neue Religion aus zwei verschiedenen Ländern, China und Indien, gekommen war, gab es alsbald Schwierigkeiten und Kontroversen zwischen den beiden Strömungen.

Padmasambhava und seine Jünger verfügten über einen Vorsprung. Kaum war der Erlaß von 779 veröffentlicht, begannen sie mit dem Bau von Samye, einem beeindruckenden Gebäudekomplex längs des Yarlung-Tsangpo (im oberen Bereich des Brahmaputra) zwischen Lhasa und der früheren Hauptstadt Tsethang.[15] Der große Meister soll den Grundriß und die innere Organisation des heute verschwundenen indischen Tempels von Odantapuri in Bihar zum Vorbild genommen haben. «Menschliche Arbeiter betätigten sich tagsüber, die Dämonen arbeiteten während der Nacht, und so machte das gigantische Werk rasche Fortschritte.» Die Arbeiten erstreckten sich über nicht weniger als zwölf

Jahre und waren nur möglich dank freiwilligen und großzügigen Zuwendungen der Minister, der Königinnen und aller hohen höfischen Würdenträger.

Padmasambhava hatte schon vor Vollendung des Bauwerks mit der Ausbildung von Mönchen begonnen. Den Anfang machten zwölf junge Inder und sieben Tibeter. Beim Volk stellte sich rasch ein Erfolg ein. Dazu trugen die anpassungsfähigen Grundsätze und das Prinzip einer Vergeltung der guten und bösen Werke in einem künftigen Leben bei. Der Erfolg und Meinungsverschiedenheiten über die Lehre führten zu einer Auseinandersetzung mit Anhängern der chinesischen Version des Buddhismus, des Ch'an (Zen), für welche die guten Werke und die langsame und schwierige Entwicklung zur Heiligkeit nicht im Vordergrund stehen.

Um den Streit zu beenden, berief Trisong Detsen ein Konzil ein, das von 792 bis 794 in Lhasa und Samye tagte. Schon die Idee eines religiösen Streitgesprächs, das der Reform eine klare Linie geben sollte, verdient Erwähnung. Dasselbe gilt aber auch für die Gestaltung der Begegnung. Die Debatten wurden auf Sanskrit und Chinesisch geführt, die schriftlichen Unterlagen sind zum Teil wiedergefunden worden. Die tibetische Sprache, die unter der Herrschaft von Songtsen Gampo ihre Schreib- und Grammatikregeln erhalten hatte, wurde für die allgemeinen Mitteilungen benutzt.

Die Vertreter der chinesischen Auffassung befanden sich von allem Anfang an in einer schwierigen Situation. Schon rein zahlenmäßig waren sie im Verhältnis von etwa zehn zu eins in der Minderheit. Sie legten ihren «kurzen Weg», die «plötzliche Erleuchtung», dar, durch die gleichzeitig die Welt der Phänomene und deren Leerheit erfaßt wird, ebenso, von der Lehre her gesehen, die Nutzlosigkeit der guten Werke.

Die indischen Meister unter Führung eines bereits bekannten Mönchs, Kamalashila, der zu dieser Veranstaltung eingeladen worden war, verteidigten umgekehrt, sich auf die heiligen Schriften des Tantrismus stützend, den «schrittweisen Weg», das langsame Voranschreiten in Richtung der Selbstheiligung, bei dem die Meditation und die Werke eine wichtige Rolle spielen. Das Duell endete mit einer Niederlage der Chinesen, die nach Hause zurückkehren mußten. Sie überließen das kulturelle und religiöse Umfeld völlig ihren indischen Gegenspielern. Und der König, der zu Beginn persönlich eine Liste der strittigen Fragen hatte zusammenstellen lassen, beendete das Konzil mit einem Erlaß, worin proklamiert wurde: «Die Lehre des Mahayana ist eine Weiterentwicklung der Lehre, die sich voll und ganz auf den Text der Sutras stützt. In ihr ist nicht der geringste Irrtum zu entdecken. Mönche wie Laien sollen von jetzt an das Recht haben, nach diesem Gesetz zu leben und sich in ihm einzuüben.»

Der Wille des Königs reichte freilich nicht aus, um die buddhistischen Institutionen in der tibetischen Gesellschaft endgültig zu verankern; sie waren noch zu stark in Entwicklung begriffen, und die erst spärlichen Lehrstrukturen reichten noch nicht aus, Tibet zusammenzuhalten. Der große König starb 797, kurze Zeit nach dieser religiösen Auseinandersetzung. Die Chronologie der unmittelbaren Nachfolge ist ungewiß. Seine Söhne, Muni Tsenpo (797–800?) und Tride Songtsen (800–815?), hinterließen wenig Spuren; der letztere wurde vermutlich ermordet.

Der nächste Monarch, Tritsug Detsen Ralpachen (815–838), ist durch eine Tat in die Geschichte eingegangen: Er schloß mit China einen Friedensvertrag ab (821/822), der in der tibetischen und der chinesischen Version auf einer Säule vor dem Jokhang-Tempel in Lhasa erhalten geblieben ist. Das Abkommen wurde zu einer Art Grundgesetz, das dem Buchstaben nach während Jahrhunderten die Beziehungen zwischen den beiden Ländern regelte, aber auch immer wieder neu interpretiert werden mußte.

Der Großkönig von Tibet, der Göttliche und Wundertätige Herrscher, und der Großkönig von China, der chinesische Souverän Huang-Ti, von ihrer verwandtschaftlichen Beziehung her Neffe und Onkel, sind sich über eine Allianz zwischen ihren Königreichen einig geworden.[16] Sie haben ein wichtiges Abkommen abgeschlossen und ratifiziert. Alle Götter und alle Menschen sollen wissen und bezeugen, daß es nie verändert werden kann; und die Geschichte dieses Abkommens ist auf dieser steinernen Säule eingraviert worden, damit die kommenden Zeitalter und Generationen davon Kenntnis haben.

Der Göttliche und Wundertätige Herrscher Tritsug Detsen und der chinesische König Wen Wu Hsiao-Te Huang-Ti, Neffe und Onkel, haben in ihrer unermeßlichen Weisheit versucht, zum Nutzen ihrer Länder alle möglichen Ursachen für Nachteile jetzt und auch in Zukunft auszuschalten und ihr Wohlwollen unparteiisch auf alle auszuweiten. Ausschließlich vom Wunsch beseelt, dem Frieden und den Interessen ihrer Untertanen förderlich zu sein, sind sie sich einig geworden, daß es ihnen ein wesentliches Anliegen sein muß, ein dauerhaftes Wohlergehen zu gewährleisten; und sie haben als Antwort auf ihre Entscheidung, die alte Freundschaft und die frühere gegenseitige Wertschätzung, ebenso die ehemaligen gutnachbarschaftlichen Beziehungen wiederherzustellen, diesen wichtigen Vertrag abgeschlossen.

Tibet und China bleiben innerhalb der heutigen Grenzen bestehen. Was östlich ist, gehört zum Land Groß-China; und was westlich liegt, unanfechtbar zu Groß-Tibet. Von jetzt an gibt es weder von der einen noch von der anderen Seite Krieg oder Landbesetzung. Falls sich jemand verdächtig macht, wird er verhaftet; seine Angelegenheiten werden überprüft, worauf er von einer Eskorte zurückgebracht wird.

Da jetzt die beiden Königreiche durch diesen wichtigen Vertrag miteinander verbunden sind, müssen wieder Botschafter über die alte Verbindungsstraße entsandt werden können, damit Mitteilungen und freundschaftliche Botschaften, welche die harmonischen Beziehungen zwischen Neffe und Onkel betreffen, wieder ausgetauscht werden können. Altem Brauch gemäß werden Pferde am Fuße des Chiang-Chun-Passes, an der Grenze zwischen Tibet und China, beladen. Beim Schlagbaum von Suiyung empfangen die Chinesen die tibetischen Abgesandten, und sie sorgen dafür, daß deren weitere Reise erleichtert wird. In Ch'ing-Shui empfangen die Tibeter auf die gleiche Weise die chinesischen Abgesandten und versorgen diese mit allem Notwendigen. Beidseits der Grenze werden die Gäste den ehren- und achtungsvollen Traditionen gemäß behandelt, wie es sich für freundschaftliche Beziehungen zwischen einem Neffen und seinem Onkel gehört.

Zwischen den beiden Ländern wird man weder Rauch noch Staub sehen. Es wird kein plötzlicher Ruf nach den Waffen erschallen, und das Wort «Feind» wird nicht ausgesprochen. Die Grenzwachen ihrerseits müssen sich weder beunruhigt fühlen noch sich fürchten, sie können nach Belieben arbeiten und ausruhen. Alle werden in Frieden leben und zehntausend Jahre lang den Segen des Glücks erfahren. Alle Orte, die von der Sonne und vom Mond erhellt werden, sollen darüber unterrichtet werden.

Mit dieser feierlichen Vereinbarung beginnt eine große Zeit, in der die Tibeter auf dem Boden Tibets und die Chinesen auf dem Boden Chinas glücklich sein werden. Damit nie an ihr gerüttelt werden kann, sind die Drei Kostbaren Juwelen der Religion, die Gemeinschaft der Heiligen, die Sonne und der Mond, die Planeten und die Sterne als Zeugen angerufen worden. Mit feierlichen Worten und einem Tieropfer ist ein Eid geschworen und die Vereinbarung ratifiziert worden.

Wenn die Parteien nicht in Übereinstimmung mit diesem Vertrag handeln oder ihn brechen, ob es Tibet oder China sei, so wird alles, was der Partner an Repressalien anordnet, nicht als Vertragsbruch seinerseits betrachtet.

Die Zentralmacht

Die Könige und Minister von Tibet und von China haben den dafür vorgeschriebenen Eid geschworen, und der Vertrag ist in allen Einzelheiten aufgezeichnet worden. Die beiden Könige haben die Vereinbarung mit ihren
Siegeln bestätigt. Die mit der Ausführung des Vertrags beauftragten Minister haben ihre Unterschriften daruntergesetzt, und Abschriften sind in den
königlichen Archiven der beiden Vertragsparteien deponiert worden.

Der Religionsstreit flackerte noch einmal auf, als eine Rückkehr zum
traditionellen Bön-Glauben angestrebt wurde. Die Mönche der neuen
Lehre nahmen immer sichtbarer eine bedeutende Stellung in den politischen Machtzentren ein, wodurch ein Konflikt mit der Aristokratie ausgelöst wurde, die den Buddhismus von allem Anfang an abgelehnt hatte
und sich immer stärker frustriert fühlte. Auch im Volk waren die althergebrachten Überzeugungen vom Buddhismus indischer Ausrichtung
nicht völlig verdrängt worden. Die Geschenke und Privilegien, die der
König dem buddhistischen Klerus gewährte, und seine eigene Frömmig-
keit, die so weit ging, daß er sogar selbst Mönch wurde, weckten Widerstand. Diese Entwicklung endete mit seiner Ermordung. Sein ältester
Sohn Tsangma, der ebenfalls Mönch geworden war, stellte die gesamte
königliche Verwaltung unter die Aufsicht eines Mönchs; er wurde verjagt
und flüchtete nach Bhutan. Sein Bruder Langdarma folgte ihm auf dem
Thron (838–842). Ob unter Druck der Bön-Integralisten oder aus eigener
Überzeugung: Jedenfalls wollte er wie der römische Kaiser Iulianus
Apostata oder später Maria Tudor, die den neuen Anglikanismus
ablehnte, zum Glauben der Altvorderen zurückkehren. Er entfesselte
eine wilde Verfolgung der Buddhisten, der Mönche wie der Laien. Wie
Rolf A. Stein (in seinem bereits zitierten Buch) festhält, wurden die
Buddhisten merkwürdigerweise fast gleichzeitig auch in China
(842–846) bekämpft. Das heftige Vorgehen löste eine ebenso heftige
Reaktion aus, und Langdarma wurde von einem Mönch, Pelgyi Dorje,
ermordet, der anschließend nach Siun-Hua in der Region Amdo, nördlich des Gelben Flusses, floh.

Auch bei diesem Ereignis spielte der für Tibet kennzeichnende Wun-
derglaube mit: Ein Einsiedler, ein Jünger von Padmasambhava, begab
sich als Magier des Bön-Ordens verkleidet, in einen schwarzen Mantel
gehüllt, einen schwarzen, mit einem Totenkopf geschmückten Hut auf
dem Kopf, auf einem schwarzen Pferd nach Lhasa. Vor dem Königspalast
vollführte er einen rituellen Tanz mit Bogen und Pfeilen, den Symbolen

für den Kampf·gegen die übelwollenden Geister. Der König trat, um sich das Schauspiel anzusehen, auf den Balkon hinaus. Ein Pfeil wurde abgeschossen und tötete ihn auf der Stelle. Bis die Volksmenge begriffen hatte, was geschehen war, und auf den Anschlag reagierte, hatte sich der Magier bereits auf sein Pferd geschwungen. Beide stürzten sich gemeinsam in den Fluß. Am anderen Ufer stiegen ein weißer Reiter und ein weißes Pferd aus dem Wasser; sie verschwanden, ohne eine Spur zu hinterlassen.

Mit Langdarma erlosch die Dynastie der Yarlung. Zwei Abkömmlingen der Familie war es gelungen, im Westen von Tibet zwei Königreiche zu gründen, Guge, das bis 1630 Bestand hatte, und Ladakh, das bis 1842 unabhängig blieb, dann aber dem anglo-indischen Kaschmir angegliedert wurde.

Während anderthalb Jahrhunderten versank nun Tibet in einem finsteren Mittelalter. Die chinesischen, türkischen und uigurischen Nachbarn veränderten die Grenzen zu ihren Gunsten. Chinesische Jahrbücher berichten zwar von tibetischen Abgesandten in China, doch dabei handelt es sich bloß um Delegationen örtlicher Machthaber aus der Region Kukunor.

Von den Fürstentümern, die an mehreren Orten für kurze Zeit entstanden, ist nichts übriggeblieben. Einigen von ihnen aber gelang es, den Buddhismus durch diese schwierige Zeit hindurch zu retten, dank der in Festungen umgewandelten Klöster.

Der Vorhang vor der tibetischen Geschichte hebt sich erst im 11. Jahrhundert wieder. Mit dem Buddhismus beginnt für die tibetische Kultur eine neue Entwicklungsphase. Das Land erhält das Aussehen, das ihm bis in unsere Zeit erhalten geblieben ist.

Das Mönchtum war zum Teil vom richtigen Weg abgekommen. Einige Mönche hatten sich in oft blutgierige Räuber verwandelt. Andere Klöster hingegen wurden von mehr oder weniger kurzlebigen Fürsten zu Kultur- und Machtzentren ausgebaut. Diese Gemeinschaften unterhielten weiterhin regelmäßige Beziehungen zu den großen indischen Mönchskollegien wie Nalanda oder Vikramashila. Diese Duodezfürsten, deren Namen nicht immer in die Geschichte eingegangen sind, betrachteten die Mönchsdisziplin nicht nur als Grundlage der öffentlichen Moral und des gesellschaftlichen Gleichgewichts, sondern als Grundlage auch des bäuerlichen Wirtschaftssystems und des Handels.

Ein Meister, Rinchen Sangpo (958-1054), begab sich nach Indien und kehrte mit bereits übersetzten oder zum Teil noch zu übersetzenden neuen heiligen Texten zurück; diese intellektuelle Aktivität verlieh einigen Klöstern, vor allem im Königreich Guge, neuen Auftrieb.

Doch der eigentliche Reformator, der zweite Begründer des tibetischen Buddhismus, war Atisha (982-1054).

Atisha stammte aus Bengalen. Er hatte alle buddhistischen Schulen studiert, Hinayana, Mahayana, vor allem auch die von den indischen Siddhas und Yogis gelehrten Tantras, die in Tibet ebenfalls bekannt waren und verehrt wurden. Auf Einladung des tibetischen Königs von Guge, Yesheo, begab sich Atisha 1042 in das Hochland, wo er bis zu seinem Tode blieb. Seine wichtigsten Jünger kamen aus der Region Kham im Osten, wo die Tradition des chinesischen Buddhismus erhalten geblieben war. Der aus Nepal stammende Meister dieses Zweigs, Smriti, hatte eine Schule gegründet, aus welcher der Lama Dromtön (1005-1064) hervorging; als Siebzehnjähriger kam dieser in die Provinz Lhasa, wo er etwa achtzig Kilometer nördlich der Stadt das Kloster Radeng (oder Reting) gründete. Er brachte es fertig, die Belehrungen, die er in seiner Heimat Kham empfangen hatte, mit der tantrischen Lehre von Atisha zu einer Einheit zu verschmelzen. 1056 gründete er den Kadampa-Orden, dem wir drei Jahrhunderte später unter dem Reformator Tsongkhapa wieder begegnen werden und aus dem sich damals der Gelugpa-Orden entwickelte, die Schule der «Gelbmützen», welcher der Dalai Lama und der Panchen Lama angehören.[17]

Mit der Erneuerung des tibetischen Buddhismus ging es rasch vorwärts, weil zu dieser Zeit zahlreiche Meister des indischen Buddhismus ihre Heimat verließen. Kurz nach der Jahrtausendwende begannen die Muslime unter Führung von Mahmud Ghazni (998-1030), dem afghanischen Eroberer Nordindiens, die eroberten Gebiete mit Gewalt zu islamisieren. Die Hindu-Völker mit ihren brahmanischen, etwas verworrenen, äußerst vielgestaltigen, wenig strukturierten und deshalb nicht leicht zu verstehenden und auszurottenden Traditionen vermochten sich durch diese schwierige Zeit zu retten. Doch die Strukturen des Buddhismus wurden von den Eroberern grausam getroffen. Hochschulen und Klöster wurden zerstört, den Meistern blieb nichts anderes übrig, als zu fliehen, und Tibet nahm sie auf. Wie Byzanz zum zweiten Rom wurde, war Lhasa das zweite Bodhgaya.[18]

Der Zusammenbruch der Staatsmacht

Damit beginnt die Zeit der großen Meister des Glaubens und der Dichtkunst, zweier nicht voneinander zu trennender Bereiche.

Dogmi (992–1074), ursprünglich Hirte, studierte die indischen Yogis und entwickelte daraus den «Weg der Erleuchtung», eine physiopsychologische Meditationspraxis. Sein Jünger, der Fürst Könchok Gyalpo, gründete 1073 das Kloster Sakya, das in der Geschichte Tibets eine überragende Rolle spielen sollte.

Marpa (1012–1096) studierte in Bengalen die Kunst, das Bewußtsein in einen anderen Körper oder in ein Paradies zu übertragen; er stützte sich dabei auf die mystischen Gesänge der bengalischen Dichter, die *Doha*. Die von ihm geleitete Schule war berühmt für die Härte ihrer Regeln. Die Schüler wurden mannigfaltigsten Prüfungen unterzogen, damit sie die Grenzen und die Festigkeit ihres Glaubens erkannten. Milarepa (1040–1123), ein Jünger von Marpa, bekam diese grausame und oft ungerechte Fuchtel des Meisters zu spüren.

Ungewöhnlich interessant sind Leben und Werk von Milarepa. Er verbrachte die letzten Jahre seines Lebens in einer Höhle, die man in der Nähe eines der ersten Dörfer des tibetischen Hochlandes besichtigen kann, wenn man von Nepal her einreist. Als Mystiker und Dichter wollte er nach seiner harten Lehrzeit die Techniken der Heiligung fest in den Griff bekommen. Von ihm verfaßte Gedichte sind erst 1962 im Ausland veröffentlicht worden; in ihnen paßt er die Begriffe und die Themen der indischen Tantra-Texte an die in Tibet gebräuchlichen Gesänge an. Kunst und Glauben verschmelzen so zu einer Einheit. «Zweifellos hat er das getan, weil er Freude daran fand, aber auch mit der Absicht, das buddhistische Denken einer breiteren Schicht von Menschen näherzubringen, indem er dieses Gedankengut in die volkstümlichen Lieder einbrachte.» [19]

Seine Jünger haben die Kagyüpa-Mönchsgemeinschaft gegründet, die in der späteren Geschichte des Landes ebenfalls eine Rolle spielen sollte.

Auch andere Meister haben zum religiösen und philosophischen Aufschwung während dieser tibetischen Renaissance im 11. Jahrhundert beigetragen: Phagmodu (1118-1170), Butön (1290-1364), Gampopa (1079-1153). Der letztere hat zudem die einheimische Heilkunde erneuert. Ursprünglich hatte sie sich die chinesische Medizin zum Vorbild genommen. Ihr eigentlicher Begründer war, wie wir gesehen haben, König Songtsen Gampo. Ihre tibetische Eigenart erhielt diese Arzneimittel-Wissenschaft vom Arzt Yuthok Yöten Gönpo, der im 8. Jahrhundert die bisherige Behandlung mit pflanzlichen Wirkstoffen durch die buddhistische Praxis der medizinischen Tantras ergänzte, die um diese Zeit zusammen mit den heiligen indischen Büchern nach Tibet gelangt waren. Noch heute kennen tibetische Ärzte die 1300 Seiten dieser Werke auswendig; sie studieren noch immer die bildlichen Darstellungen auf Seidenstoffen, die gemalt worden waren, um die Entwicklung des Lebens und die verschiedenen Teile des menschlichen Körpers zu zeigen.[20]

Während die Zentralmacht als Folge dieser kulturellen und religiösen Entwicklung geschwächt wurde, entstanden gleichzeitig viele neue Ausstrahlungs- und wenig später auch Machtzentren. Die Spuren der Könige und der Herrscher über Fürstentümer verblaßten allmählich, dafür gingen aus den großen Familien kirchliche Herrschaftsbereiche hervor, um die sich die politischen, wirtschaftlichen und militärischen Kräfte der tibetischen Gesellschaft scharten.

Unter diesen Geschlechtern nahm das der Sakyapa schon bald dank seiner Dynamik und seinem Ehrgeiz eine Sonderstellung ein. Die mündliche Überlieferung weiß zu berichten, seine Begründer würden wie die ersten tibetischen Könige von Göttern abstammen: «Drei Brüder stiegen vom Himmel auf die Erde herunter; der eine war mit einer Dämonin verheiratet, von der er sieben Söhne hatte; ein einziger von ihnen, Mazang Chije, blieb auf der Erde zurück und wurde der Führer der Menschen.»

Die Abkömmlinge wurden immer zahlreicher und wanderten in die verschiedenen tibetischen Gebiete aus. Sie machten sich in den klösterlichen Gemeinschaften wie auch in den Kreisen der politischen Machthaber breit. So wurde Keun Jekundag im 8. Jahrhundert zum mächtigen Innenminister des Königs Trisong Detsen. Leute aus dem Geschlecht der Sakyapa begaben sich nach Indien, um sich dort das ganze damalige Wissen anzueignen; nach ihrer Rückkehr wurden sie zu religiösen Meistern, zu denen sich viele Jünger hingezogen fühlten.

Noch fehlte ihnen ein Ausstrahlungszentrum. Die Wahl des Ortes für dieses tibetische «Bodhgaya» ist ebenfalls wieder mit geheimnisumwitterten Ereignissen, Prophezeiungen und Wundern verwoben. Der indische Guru Atisha, dem wir bereits begegnet sind, durchwanderte die Gegend im Westen von Lhasa; als er den Dong-Ngola-Paß überquerte, erblickte er zwei Yak-Weibchen, die am Abhang des Sakya-Berges weideten. Er sagte zu seinen Begleitern, diesem Ort sei ein außergewöhnliches Schicksal vorbestimmt. Er stieg von seinem Pferd, brachte die üblichen Opfergaben dar und erklärte: «Von jetzt an wird zum Wohl aller Wesen ein ununterbrochener Strom erleuchtender Äußerungen und Ereignisse von diesem Ort ausgehen.»

Diese Prophezeiung Atishas veranlaßte den Fürsten Könchok Gyalpo, an dieser Stelle die Kloster-Festung Sakya zu errichten; hier, wo «die östliche Bergkette wie der Federbusch eines Vogels in die Höhe ragt; am südlichen Teil des Berges, der die Form eines Löwenrachens hat, entspringt ein Fluss; die Westflanke gleicht einem Pfauenkopf; im Norden überragt der Berg in Gestalt eines Löwenleibs mit seinem Körper den Boden von Sakya». Der Bodhisattva des Mitleidens, Avalokiteshvara, reinkarnierte sich im Sohn des Gründers, in Künga Nyingpo, welcher der erste Vorsteher der neuen klösterlichen Gemeinschaft wurde. Wunderbare Ereignisse sind mit seiner Nachkommenschaft verbunden: Der Himmel leuchtete hell auf, als 1182 sein Enkel zur Welt kam, der große Sakya Pandita Künga Gyaltsen, der uns schon bald von neuem begegnen wird.

Andere adlige Familien hatten sich Großgrundbesitz angeeignet und wurden zu Förderern der religiösen Gemeinschaften.

Die Phagmodu aus der östlichen Kham-Region errichteten auf ihrem Gebiet Klöster, insbesondere in Phagdu und Digung. Die Ordensregel hielt sich an das Vorbild der Kadampa- und der Kagyüpa-Mönchsgemeinschaften; Oberhaupt war ein Abt, der von einem zivilen und einem militärischen Verwalter unterstützt wurde, eine Organisationsform, die bis heute in Tibet erhalten geblieben ist; das Amt des Abtes vererbt sich noch immer vom Onkel auf den Neffen (war die Nachfolge der römischen Päpste im 15. und 16. Jahrhundert nicht ähnlich geregelt?).

Eine andere Familie, die Tsal, gründete etwas östlich von Lhasa, auf dem Kyichu-Berg, Institutionen, die der Kagyüpa-Gemeinschaft angeschlossen waren.

Schließlich kam noch eine weitere mächtige, ebenfalls aus der Kham-Region stammende Familie zu hohem Ansehen. Sie berief sich auf einen Jünger von Milarepa, Düsum Khyenpa, der 1147 den (auch unter dem Namen Karma-Kagyüpa bekannten) Karmapa-Orden gegründet hatte; die Gemeinschaft erhielt ihren Namen von der schwarzen Krone, die ihre jeweiligen Hierarchen trugen, auch das ein Brauch, der bis in die heutige Zeit erhalten geblieben ist. Diese neue religiöse Schule setzte sich in mehreren Klöstern fest: Tsur Lhalung (1154), Karma Lhadeng (1185) und insbesondere Tsurphu (1189) im Tölung-Tal nordwestlich von Lhasa; ihr Sitz befindet sich noch heute dort.

Aus dieser Karmapa-Mönchsgemeinschaft ist das später zur festen Institution gewordene System der Reinkarnation bei der Wahl eines neuen geistlichen Oberhauptes hervorgegangen. Ihr Gründer und erster Abt, Düsum Khyenpa (1110–1193), hatte prophezeit, nach seinem Tode werde er sein eigener Nachfolger werden, indem er in einem Kind wiedergeboren würde; er gab einige Hinweise, woran man ihn wiedererkennen werde. Die Karmapa-Mönche haben diese Nachfolgeregelung für die Klostervorsteher mit einem späten Sutra des buddhistischen Kanons begründet, über dessen Deutung freilich keine Klarheit besteht. Wie dem auch sei, die Reinkarnationsformel hat den tibetischen Institutionen einen für sie eigentümlichen und unzerstörbaren Stempel aufgedrückt. In den Karmapa-Klöstern ist die Nachfolge bis in unsere Tage so geregelt worden; der letzte Träger des Titels hat den vierzehnten Dalai Lama 1954 und 1955 auf dessen Reise nach China begleitet; als er 1982 starb, wurde seine Reinkarnation im Osten Tibets gefunden. Der am 26. Juni 1985 geborene Ugyen Trinlé ist im Juli 1992 als das siebzehnte Karmapa-Oberhaupt anerkannt worden.

Die mongolische Intervention

So nahm die religiöse und politische Landschaft Tibets allmählich Gestalt an; in diese Zeit fällt der Auftritt der Mongolen.

Laut tibetischen Quellen soll Tschingis Khan, der König der Mongolen, verlangt haben, daß Tibet sich ihm unterwerfe. Die verzettelten Machtzentren waren sich bewußt, daß sie dem mongolischen Druck unmöglich standhalten konnten, und entschieden sich deshalb (schon damals!) für Verhandlungen mit dem mächtigen und unbeugsamen Nachbarn. Der Regent Joga, ein Abkömmling der Yarlung-Königsfamilie, und Künga Dorje, ein Angehöriger der Tsal-Familie, entsandten Delegationen zum Welteroberer. Tschingis Khan, bereits alt geworden und in Sorge um seinen bevorstehenden Tod, hatte den gelehrten chinesischen Astrologen Tchan-Tchou-Tshi zu sich gebeten, damit er ihn in die Weisheit des Taoismus einführe. Auch mit der buddhistischen Lehre hielt er es gleich, er bezeichnete sich sogar als deren Schutzherr: «Wer sich unter meine Herrschaft begibt, gehört zu mir», erklärte er.

Ein Lama aus dem Karmapa-Orden, Tsangpa Dungkhurba, begab sich in die Provinz Minyag, auf chinesisch Si-Hia (Sichuan), die von den Mongolen soeben erobert worden war. Bei seiner Ankunft starb Tschingis Khan (1227); der Mönch brachte immerhin einen Toleranzerlaß für die buddhistische Religion mit nach Hause.

Zu den Enkeln von Tschingis Khan unterhielten die Tibeter immer wieder Kontakte, denn nur eine pazifistische Grundhaltung bot Gewähr für die Erhaltung der Autonomie. Ein anderer Karmapa-Lama, Karma Pakshi (1206–1283), suchte 1256 die Mongolei auf; er beteiligte sich an den theologischen Streitgesprächen zwischen Buddhisten und Taoisten, die Möngkä veranstaltete. Es soll ihm sogar gelungen sein, den Mongolenherrscher vom nestorianischen Glauben zum Buddhismus zu bekehren. Von seinem Ruf hörte man auch im Lager von Kublai Khan, der alles bei sich zu versammeln versuchte, was zu seiner Macht über die eigenen Völker und die benachbarten Stämme beitragen konnte. Er lud 1255 den Lama in sein Feldlager ein. Karma Pakshi begab sich dorthin, lehnte aber aus unbekannten Gründen einen längeren Aufenthalt ab und kehrte zu Möngkä zurück. Dieser starb leider 1259. Im folgenden Jahr verdrängte Kublai seinen anderen Bruder, Arik Böke, und wurde dadurch das Oberhaupt der Mongolen. Die Kränkung, die ihm der tibetische Lama zugefügt hatte, wirkte sich jetzt aus. Die Erinnerung daran kostete den Karmapa-Orden die Schirmherrschaft der Mongolen. Kublai Khan entschied sich für die Sakyapa-Sippe als Gesprächspartnerin in den tibetischen Angelegenheiten. Diese mongolische Protektion ging 1354 auf die Phagmodu über, welche die Sakyapa ablösten.

Sakya Pandita Künga Gyaltsen (1182–1251) war ein Mann mit beträchtlichen Kenntnissen. Er hatte sein Wissen in Indien erworben und in verschiedenen philosophischen Streitgesprächen über Vertreter anderer Lehrmeinungen triumphiert. Auf Einladung von Guyuk und Gödan, zwei Enkeln von Tschingis Khan, reiste er zum Kukunorsee, als der mongolische Heerführer in seiner maßlosen Gier nach Eroberung und Zerstörung eben das Kloster Radeng niedergebrannt und dabei zahlreiche Mönche getötet hatte. Sakya Pandita Künga Gyaltsen gelang es, die mongolische Leidenschaftlichkeit einzudämmen, indem er die beiden Khans in die buddhistische Kultur einführte. Er erreichte für sich einen Erlaß, welcher der Sakyapa-Sippe die Königswürde über die beiden Provinzen Ü und Tsang um ihre Klosterfestung herum verlieh. Der 1247 mit dem Mongolen Gödan unterzeichnete Vertrag bewies, daß die Sakyapa-Mönche nicht nur Gelehrte und Asketen, sondern auch geschickte Unterhändler und Staatsmänner waren.

Sein Neffe Chögyal Phagpa (1235–1280) führte die übernommene Aufgabe erfolgreich weiter. Der vom Karmapa-Orden begründeten Tradition entsprechend wurde er zum neuen Oberhaupt der Gemeinschaft gewählt; er erinnerte sich schon als Kind seiner früheren Inkarnationen, und mit seinen Fortschritten in der Kenntnis der buddhistischen Lehre und der tantrischen Praktiken waren wunderbare Ereignisse verbunden. Als Dreijähriger rezitierte er Texte, die er nie gelernt hatte, und eines Tages versetzte er seine Eltern in Erstaunen, indem er seine Kleider an einem Sonnenstrahl aufhängte. Mit zehn Jahren legte er die mönchischen Gelübde ab und erhielt die Symbole seiner Mönchswürde: die Muschel, die Schale für die Almosen und die heiligen Bücher. Gleichzeitig ermahnte ihn sein Meister: «Für dich ist die Zeit gekommen, daß du der Lehre und den Bedürfnissen der Welt zu dienen hast.»

Kublai Khan hatte von seinem Ruf gehört und forderte ihn mit einer Bittschrift auf, sein geistlicher Führer zu werden. Mit Geschenken überhäuft, kehrte er zurück. Dank diesen Gaben konnte er die Dächer der Klöster, die sein Minister Shakya Sangpo hatte errichten lassen, mit Gold verkleiden. Er ließ die Reliquiare der alten Sakyapa-Meister mit Gold plattieren und beschenkte die Mönche aller Klöster in Tibet, aber auch in China und in der Mongolei, mit reichen Gaben.

Chögyal Phagpa war vierunddreißig Jahre alt, als Kublai Khan, der 1260 Kaiser von China geworden war und damit die mongolische Dynastie der Yüan begründet hatte, ihn von neuem zu sich bat. An der Spitze einer eindrucksvollen Delegation machte sich der Meister auf den Weg. «Er war von dreizehn Helfergruppen begleitet; dazu gehörten drei Hauptbeamte, die sich um die Nahrung, das Bettzeug, die Riten und die Zeremonien zu kümmern hatten, drei Minister mit dem Grossen Sekretär an der Spitze und eine vielköpfige Dienerschaft: Er war ein religiöser Meister, aber auch ein Staatsmann, und unter seiner Herrschaft erlebte Tibet eine Blütezeit.»[21]

Der chinesische Kaiser verlieh Chögyal Phagpa den Titel eines «Edlen kaiserlichen Lehrers, eines Gelehrten in den fünf Bereichen des Wissens»; er beschenkte ihn mit sechzehntausend Kilogramm Silber, zweihundert Kilogramm Gold und Tausenden von seidenen Kleidern. Vor allem aber übergab er ihm die Herrschaft über die dreizehn tibetischen Provinzen. Die Einheit des Landes wurde damit unter der religiösen und politischen Autorität der Sakyapa-Gemeinschaft wiederhergestellt; diese Dynastie von Priester-Königen hatte sechsundneunzig Jahre lang Bestand.

Der kaiserliche Erlaß ließ freilich die weltliche tibetische Monarchie bestehen: Der König wurde bloß der Autorität der Sakyapa-Priester unterstellt. Das Königtum wurde erst 1750 durch eine weitere chinesische Intervention zur Zeit des siebenten Dalai Lama beendet. Damals intervenierte Kaiser Kiang Lung, um die durch Auseinandersetzungen zwischen der geistlichen und der weltlichen Macht gestörte öffentliche Ordnung wiederherzustellen.

Vom Wunsch beseelt, seine Stellung als Schutzherr der Sakyapa-Gemeinschaft zu festigen, soll der chinesische Kaiser vorgeschlagen haben,

diesem Orden zusammen mit der weltlichen Macht auch den Allein-
anspruch auf die Lehre zu gewähren. Er unterbreitete Chögyal Phagpa
einen Plan, der die Sakyapa-Schule zur alleinigen geistlichen Autorität
in Tibet gemacht hätte. Der tibetische Meister widersetzte sich diesem
Vorhaben. Er vertrat die Meinung, alle Tibeter sollten in Freiheit über
ihre religiöse Zugehörigkeit entscheiden können; mit klarem Blick hatte
er erkannt, daß nur eine solche Politik das Gedeihen der Lehre und des
Glaubens in den künftigen Jahrhunderten gewährleisten konnte.

Dank den Geschenken des Kaisers für seinen berühmten Lehrer
konnte die Mönchshochschule, mit deren Errichtung der unermüdliche
Premierminister Shakya Sangpo begonnen hatte, fertiggestellt werden;
die Bibliothek wurde um mehrere hundert Bände von heiligen Schriften
mit goldenen Lettern bereichert.

Das von der Phagmodu-Sippe gegründete Kloster Digung hatte sich
um den fernen, aber ebenfalls mongolischen Schutz eines Bruders von
Kublai Khan, Hülägü, bemüht, der in Persien die Dynastie der Ilkhan
begründet und sich zum Buddhismus bekehrt hatte. Mit dieser Schirmherrschaft im Rücken und unterstützt von einer mongolischen Armee-
einheit aus Persien, griffen die Digungpa die Sakyapa an. Doch der
chinesische Kaiser kam diesen zu Hilfe und verhalf ihnen zum Sieg.
Die Sieger erwiesen sich als großmütig, denn sie erklärten sich damit
einverstanden, daß Kublais Geschenke dafür verwendet wurden, das
während der militärischen Auseinandersetzungen beschädigte Kloster
Digung wiederaufzubauen.

Die mongolische Lehensherrschaft über Tibet blieb somit weiterhin bestehen. Volkszählungen wurden durchgeführt, und es gab auch Versuche,
eine von Laien getragene Verwaltungsorganisation aufzubauen. Doch
die großen Familien und die Klöster, die von ihnen unterhalten wurden,
übten noch immer die wirkliche Macht aus. Angehörige der Karmapa-
Gemeinschaft wurden weiterhin am chinesischen Hof empfangen und
setzten sich dauerhaft in der Kham-Region und im Südosten Tibets fest,
wo sie dem Sakyapa-Orden und der ihn ablösenden Phagmodu-Sippe
den Machtanspruch streitig machten. Dieser Phagmodu-Sippe war es
durch geschickt mit militärischen Aktionen kombinierte Verhandlungen gelungen, die Macht im ganzen Süden Tibets an sich zu reißen; die
Lamas dieser Mönchsgemeinschaft hatten von 1349 bis 1435 die ganze
Region fest in ihrer Hand.

Die mongolische Intervention

Die Entscheidungen Kublai Khans in seiner Eigenschaft als chinesischer Kaiser waren das erste Beispiel einer chinesischen Einmischung in die tibetischen Angelegenheiten. Der Vertrag von 821 zwischen Tritsug Detsen Ralpachen und Kaiser Mu Tsung aus der dreihundertjährigen Dynastie der T'ang war noch, vom Text wie vom Inhalt her, ein gegenseitig verbindliches und bindendes Abkommen gewesen. Die Urkunde von 1270 hat jedoch die Merkmale einer Lehensherrschaft, was Fragen zu den Gründen aufwirft, welche die beiden Parteien zu einer derartigen Neugestaltung ihrer bilateralen Beziehungen bewogen hatten. In China privilegierte die neue Dynastie, die aus einem nicht-chinesischen Volk hervorgegangen war, die mongolischen Untertanen, welche die wichtigste Stütze ihrer Macht darstellten. Und die mongolische Aristokratie, mehrheitlich Buddhisten in der tibetischen Tradition, stand der Einführung eines buddhistischen Systems im tibetischen Grenzland wohlwollend gegenüber. Von der Außenpolitik her gesehen war Tibet immer eine unruhige Zone im Süden des Reiches gewesen. Die hier ansässige chinesische Bevölkerung hatte seit Jahrhunderten die immer wiederkehrenden und oft blutigen, immer aber zerstörerischen Überfälle ihrer tibetischen Nachbarn gefürchtet. Der Kaiser war deshalb der Meinung, eine Festigung der Zentralmacht in Lhasa werde seinen chinesischen Untertanen den Frieden gewährleisten. Auf tibetischer Seite sah der Mönchsklerus, der zeitlichen Fragen nicht dieselbe Bedeutung wie die Monarchen beimaß, im Vertrag vor allem ein Mittel, um die Lehre zu festigen und seinen buddhistischen Glauben, den er für den echten hielt, auf chinesische Gebiete auszubreiten. Die letzten Überlebenden der königlichen Macht waren vor allem mit inneren Querelen beschäftigt und betrieben spekulative Geschäfte im Handel mit China, Indien und Nepal. Auf geistlicher Ebene war diese Herrscherschicht noch völlig im traditionellen Zauberglauben verhaftet. Sie war nicht imstande, diese für sie zwiespältige Entwicklung zu erkennen und allenfalls zu vereiteln, eine Entwicklung, die die chinesisch-tibetischen Beziehungen bis heute belastet.

Die neue chinesische Dynastie der Ming versuchte die mongolische Politik fortzusetzen. Ihre Einmischung in die tibetischen Angelegenheiten wurde freilich nicht durch militärische Feldzüge in das Hochland unterstrichen. Auf chinesischer Seite sind keine schriftlichen Dokumente aus dieser Zeit erhalten geblieben. In den tibetischen Überlieferungen

44

widerspiegeln sich die verworrenen Zustände, die damals herrschten. Die Klöster waren Schauplätze von Diskussionen, Rivalitäten und bisweilen auch bewaffneten Auseinandersetzungen, an denen sich Mönche wie Laien beteiligten.

Die Phagmodupa wurden in ihrer Hochburg Densa-Thel südöstlich von Lhasa ebenfalls durch innere Streitigkeiten geschwächt. Ihr Premierminister, Rinpung, sorgte schließlich wieder für Ordnung. Vier Generationen lang führten sie Kriege gegen den Karmapa-Orden im Osten und gegen eine neue Sippe, die sich im Westen breitgemacht hatte, die Tsang. Diese hatte die Herrschaft über die Regionen Gyantse und Shigatse an sich gerissen und schenkte ihrerseits dem Land drei Könige.

Und um diese Zeit ging ein neues Licht über Tibet auf, um das Land aus der Dunkelheit und aus dem Unglück herauszuführen und es wieder auf den Weg seiner Bestimmung zu bringen.

1357 wurde in der Nähe des Kukunorsees im Norden Tibets ein Kind geboren, das schon in sehr jungen Jahren durch seine tiefe intellektuelle und religiöse Neugierde auffiel. Es wurde Mönch und wanderte von einem Kloster zum anderen, um die Lehren der verschiedenen Schulen zu studieren. Vor allem die Atisha zugeschriebenen Schriften vermochten es zu fesseln, und so wandte es sich ganz dem Kadampa-Orden zu, der seine Autorität, sein Wissen und seinen Sinn für Organisation erkannte. Im wichtigsten Kloster des Ordens, Radeng, verbrachte Tsongkhapa die Zeit von 1402 bis 1405. Aus diesem Rückzug in die Stille ging zunächst ein gelehrtes und anregendes Werk hervor, das *Lamrim Chenmo (Zusammenfassung der Lehre)*. In Tsongkhapa wuchs aber auch der Wille, die Mönchsregeln im Sinne einer strengen Disziplin zu reformieren. Der beste Weg für die Erreichung dieses Ziels schien ihm die Gründung einer neuen Mönchsgemeinschaft zu sein. Zuerst nannte er sie schlicht «neues Kadampa»; dann wurde die reformierte Schule zum Gelugpa-Orden («Vorbilder von Tugend»). Tsongkhapa verpflichtete seine Jünger zum Zölibat, zu einer vegetarischen Lebensweise, zu einem Verzicht auf alkoholische Getränke und zum Gelübde der persönlichen Armut.

Der Ruf des buddhistischen Reformators verbreitete sich bis zum chinesischen Kaiserhof. 1408 schickte der Kaiser dem Mönch eine Einladung nach Peking. Eben in diesem Jahr führte die neue Schule in Lhasa ein Fest ein, das die Bewohner in Massen anzog: Das im Tempel von Jokphang gefeierte Mönlam Chenmo wurde schon bald sehr populär. Es wurde bis 1959 unter Respektierung der ursprünglichen Tradition regelmäßig abgehalten.

Im folgenden Jahr arbeitete Tsongkhapa an den Fundamenten des Klosters Ganden[22], «Berg der Freude», weiter.

Um dem Wunsch Pekings nachzukommen, sandte er einen seiner Jünger, Jamchen Chöje, an den Kaiserhof, wo ihm der Titel eines «Meisters der Religion» verliehen wurde. Er gründete nach seiner Rückkehr bei Lhasa das Kloster von Sera (1419).

Ein anderer Jünger der neuen Schule gründete das Kloster von Drepung (1416), ebenfalls in der Umgebung der Hauptstadt. Die drei Zentren entwickelten sich rasch zu eigentlichen Hochschulen mit verschiedenen Fakultäten, in denen alle Bereiche des menschlichen Wissens gelehrt wurden.

Tsongkhapas Tod war der Anfang einer gehässigen Rivalität zwischen den Mönchsgemeinschaften, den Gelugpa, die wegen der Farbe ihrer Kopfbedeckung «Gelbmützen» genannt wurden, auf der einen und den alten Orden auf der anderen Seite. Der Karmapa-Orden blieb in den Regionen Kham und Amdo vorherrschend. Die Sippen, welche die zeitliche Macht ausübten, mischten sich aus offensichtlich politischen Gründen in diese Kämpfe um religiösen Einfluß ein. Die Phagmodupa setzten sich klar und eindeutig für die Reform ein, die Tsang hingegen griffen mit militärischen Mitteln in die Auseinandersetzung ein. Sie bekämpften die Fürsten, welche die Mönche von Ganden unterstützten.

Fast zweihundert Jahre lang wurde Tibet so von neuem zu einem Schauplatz innerer Kämpfe, bei denen zeitlich begrenzte Bündnisse zwischen Feudalherren und Klosteräbten zahllose Zwischenfälle und Zerstörungen hervorriefen.

Doch der Gelugpa-Bewegung gelang es, den ihr von ihrem Gründer verliehenen Schwung beizubehalten. Vom Karmapa-Orden übernahm sie das Prinzip der Reinkarnation der Würdenträger in Kindern, die kurz nach deren Tod geboren wurden.

Tsongkhapas Jünger Gendün Drub (1391–1474) gründete 1447 das Kloster Tashilhunpo. Er wurde dessen erster Abt, «Gyalwa Rimpoche» (Großer Kostbarer Herrscher). Er reinkarnierte sich noch in seinem

Todesjahr in einem Säugling, dem die mit der Suche beauftragten Mönche den Namen Gyalwa Gendün Gyatso gaben.

Damit befinden wir uns bereits in der Ära der Dalai Lamas.

Die Religion

«Niemand kann Tibet ohne einige Kenntnisse unserer Religion verstehen», schreibt Tenzin Gyatso, der gegenwärtige Dalai Lama.²³ Und Mircea Eliade spricht in seiner *Geschichte der religiösen Ideen* von der religiösen Kreativität des tibetischen Geistes.

Die Bön-Religion

Die ursprüngliche Religion Tibets wurzelt in Mythen und Legenden. Schon der Name wirft ein Problem auf: Er könnte auf eine fehlerhafte Schreibweise des Begriffes *Bod* zurückzuführen sein, mit dem die Tibeter ihr Land bezeichnen. In diesem Sinne wären die Bönpo die ersten Eingeborenen, denen zusammen mit ihrem, wie wir gesehen haben, vom Himmel herabgestiegenen König eine kosmogonische Offenbarung zuteil geworden wäre, welche anfänglich *Gcug* (oder *Tchö:* Brauch) genannt wurde.

Dieser überlieferte Glaube, den die ersten Buddhisten bei ihrer Ankunft im Hochland antrafen, war nicht bloß «ein Gemisch von anarchischen und bruchstückhaften magisch-religiösen Begriffen, sondern eine Religion mit Kulten und Riten, die in einem den Auffassungen des Buddhismus radikal entgegengesetzt strukturierten System verwurzelt waren» ²⁴. Dieser Gegensatz zu den Gebräuchen und Grundprinzipien des Buddhismus hinderte die beiden Religionen nicht daran, während langer Zeit nebeneinander fortzubestehen, denn die Bön-Religion ist in einigen abgelegenen Tälern Tibets wie übrigens auch in Nepal²⁵, vor allem im Himalaja-Gebiet dieses Königreichs, bis in unsere Zeit erhalten geblieben. Mehr noch: Die Bön-Religion hat vom Buddhismus gewisse kulturelle Elemente übernommen, um die eigene Lehre genauer zu umschreiben. Ihre festgeschriebenen Texte wurden erst im 11. Jahrhundert unter Verwendung der Schrift verfaßt, welche die buddhistischen Könige in die tibetische Gesellschaft eingebracht hatten.

Die Schriften sollen in Zeiten der Verfolgung versteckt und erst im 15. Jahrhundert in die endgültige Form gebracht worden sein, wobei dem tibetischen Buddhismus die Titel *Kangyur* (75 Bände) und *Tengyur* (131 Bände) entlehnt wurden [26]; darin wird vom Gesetz der Unbeständigkeit und der Verkettung aller Handlungen gesprochen, ebenso vom letzten Ziel der Erweckung, die aber eher durch einen Zustand der Leere als der Erleuchtung gekennzeichnet ist.

In der Biographie von Böntön Shenrab, dem historischen Stifter, dessen Geburt auf das Jahr 1063 v. Chr. festgelegt worden ist, wird von ähnlichen Auftritten und Kräften wie von den historischen Persönlichkeiten des Buddha Shakyamuni oder eines Padmasambhava berichtet. Ein weißer Lichtstrahl kommt aus dem Kopf seines Vaters, ein roter Lichtstrahl aus dem seiner Mutter: ein gängiges Thema bei himmlischen Geburten in den mongolischen Steppen; laut anderen Versionen ist er in Gestalt eines Vogels vom Himmel herabgeflogen. Seine Eselsohren, die unter einem wollenen Turban versteckt sind, noch heute das äußere Kennzeichen der Bönpo-Priester und -Gläubigen, deuten eine Verwandtschaft mit dem König Midas an. Auf eine westliche Quelle weisen auch andere Elemente hin, insbesondere der Gegensatz zwischen Gut und Böse, Sein und Nichtsein, wie er im iranischen Manichäismus besonders ausgeprägt ist.

Der Stifter dieser Religion hat sich, nachdem seine Aufgabe erfüllt war, aus der Welt zurückgezogen; er führte ein asketisches Leben und ging wie der Buddha in das Nirvana ein; seine Lehre wurde zunächst von seinem Sohn und später von Jüngern verbreitet, die dieser Sohn geformt hatte.

Ursprüngliches Element dieses Bön-Synkretismus ist die Vorstellung von Göttern, die sich in Wesen inkarnieren, die einen bestimmten Ausschnitt der Natur beschützen. Als der Mensch auftrat und zu handeln begann, waren Zusammenstöße mit diesen Schutzwesen unvermeidlich. Davon berichtet die Legende:

Als er mit Brechstangen heilige Steine herausbrach, die von Gottheiten gerne aufgesucht wurden, und sie dazu verwendete, um sich Schlösser zu bauen, zog er sich den Haß des Herrn der Steine zu. Als er mit der Axt die heiligen Bäume umhieb, um sich Häuser zu bauen, zog er sich den Haß des Herrn der Bäume zu. Als er mit der Sichel heilige Sträucher dem Erdboden gleichmachte, um daraus Hütten herzustellen, zog er sich den Haß des Herrn der Sträucher zu. Als er mit der Hacke den heiligen Boden bearbeitete, zog er sich den Haß des Herrn des Ortes und des Bodens zu. Als er dem wilden schwarzen Yak, dem Herrn des Ortes, Haare ausriß, um daraus Zelte herzustellen, zog er sich den Haß der Türwächter, der Hüter des Ortes, zu.

Die Rache der Götter, die Strafe, folgte darauf in Form von Krankheiten; der Mensch mußte deshalb Mittel finden, um diese zu heilen. Es waren die Priester der Bön-Religion, die die Aufgabe hatten, die Ursache des Übels und das dagegen wirksame Heilmittel herauszufinden. Sie waren deshalb zuallererst Zauberer und Dämonenaustreiber. Als Schamanen benutzten sie rituelle Werkzeuge, so Fallen, um die Dämonen zu fangen, oder das Tamburin, mit dessen Tönen sie deren Wege durchkreuzten. Die magische Handlung wurde mit Orakeln, Gesängen und Opfergaben eingeleitet. Sobald das Übel erkannt war, wurde es durch verschiedene Zauberpraktiken und selbstverständlich auch Opfer beseitigt. Dargebracht wurden Tiere, insbesondere Pferde, aber es gibt keinerlei Hinweise darauf, daß zum Ritual auch Menschenopfer gehörten.

Für den Buddhismus mußten solche Rituale schockierend sein.

Daß die beiden Religionen dennoch nebeneinander fortbestanden haben, wird durch verschiedene Berichte bezeugt. So soll König Dongyen Deru, der Urgroßvater von Songtsen Gampo, einen Bönpo-Medizinmann eingeladen haben, damit er ihn von einer Krankheit heile. Songtsen Gampo selbst, der dem von seinen Gattinnen eingeführten Buddhismus wohlwollend gegenüberstand, ließ in einem Tempel in Lhasa Szenen aus den Überlieferungen der Bönpo-Erzähler und -Sänger aufführen, beispielsweise die Geschichte des Hirsches, der zum Himmel hinaufsteigt.

Um solchen Verirrungen der Bön-Religion ein Ende zu setzen, lud Trisong Detsen, der schon früher als erster ein Konzil der verschiedenen Religionsformen einberufen hatte, zu einer weiteren Veranstaltung ein, um ein klares Urteil fällen zu können. Bönpo-Anhänger und Buddhisten trafen sich zu einem Wettstreit, der zuungunsten der alten Religion ausfiel. Trisong Detsen beschloß, die Bön-Religion zumindest in der Gegend von Samye zu verbieten, und schickte ihre Priester und Zauberer ins Exil. Ihre Religion wurde als häretisch verurteilt. Es erging der Befehl, die Bönpo-Bücher ins Wasser zu werfen oder unter einem schwarzen Stupa zu vergraben; auch durften keine Pferde mehr geopfert werden.

Ein Glaubenskrieg im eigentlichen Sinne des Wortes, also die physische Vernichtung der Ketzer, fand jedoch nicht statt; die Bönpo haben an ihren Gebräuchen festgehalten. Vielleicht haben sie ihre Riten vermenschlicht und immer mehr denen der herrschenden Religion, des Wortes des Buddha, angeglichen.

Der tibetische Buddhismus

Für den Buddhismus wären Begriffe wie Lehre oder Philosophie angebrachter als der Ausdruck Religion. Mit dem Wort Religion ist eine bedingungslose Anerkennung von nicht näher umschreibbaren Geheimnissen und von Glaubensartikeln verbunden; der religiöse Mensch vertraut einer höheren Macht, welche die menschlichen Geschicke lenkt. Gautama Buddha hat aber nie den Begriff Gott oder den Namen eines Gottes verwendet.

Von der Erkenntnis ausgehend, daß es Leiden oder vielfältige Formen von Leiden gibt, welche die Natur und insbesondere die Menschheit treffen, wobei allein die Menschen sich ihrer bewußt werden, bekennt sich der Buddhismus zu einem Dualismus von spirituellem Leben und physischem Körper; diese beiden Wirklichkeiten sind nicht ineinander verwoben, es sei denn durch bloße und zeitlich begrenzte Koexistenz.

***

Der Körper beginnt wie der Geist sein gegenwärtiges Leben im Augenblick der Empfängnis. Doch ein physisches Element kann so wenig den Geist hervorbringen wie der Geist die Materie. Die unmittelbare Quelle des Geistes muß deshalb ein Geist sein, der vor der Empfängnis existierte und in dem seinerseits ein schon vorher existierender Geist weiterlebt. [...] Wenn man von einer solchen Voraussetzung her zum Schluß kommt, daß es vergangenes Leben gibt, so läßt sich auch sagen, daß es künftiges Leben gibt. Und als Vorbereitung darauf ist die religiöse Praxis eine Notwendigkeit, die sich durch nichts ersetzen läßt.

Mit diesen Worten faßt der jetzige Dalai Lama das Wesen der buddhistischen Lehre zusammen. Von einer großen Toleranz beseelt, die für den Buddhismus kennzeichnend ist, anerkennt er, daß es viele Therapien gibt, um den Menschen auf den Weg einer ausgeglichenen Heiterkeit, also des Glücks, zu führen. Nach dieser Vorbemerkung zitiert er die grundlegenden Worte des Meisters des Dharma; sie drücken aus, was jeder Handlung des Geistes, des Leibes und des Wortes zugrunde liegen sollte:

> Erkennt das Leiden,
> obwohl es nichts zu erkennen gibt;
> gebt seine Ursachen auf,
> obwohl es nichts aufzugeben gibt;
> widmet euch mit Eifer der Entsagung,
> obwohl es nichts gibt, dem man entsagen könnte;
> pflegt die Mittel, um dahin zu gelangen,
> obwohl es nichts zu pflegen gibt.

Das sind die Vier Edlen Wahrheiten.

Das ganze Problem besteht darin, daß man für sich eine Lebensweise entdeckt und befolgt, die das menschliche Sein vom Leiden und von dessen unaufhörlicher Erneuerung im Kreislauf des Samsara, der Tode und der Wiedergeburten, mit anderen Worten von der Welt der Wünsche und Begierden, erlöst; letztes Ziel ist es, sich völlig von den mit der Existenz verbundenen Bindungen zu befreien und so zur Erleuchtung, zum Nirvana, zu gelangen.

In den ersten Jahrhunderten der Ausbreitung des indischen Buddhismus sind zwei Denkschulen entstanden, das Hinayana oder «kleine Fahrzeug» und das Mahayana oder «große Fahrzeug». Die Anhänger des Hinayana versuchen durch Konzentration und Meditation das höchste Glück für sich selbst zu erreichen. Auch die Anhänger des Mahayana pflegen solche Übungen, aber ihr Ziel ist es, nicht nur selbst zur Buddhaschaft zu gelangen, sondern alle Lebewesen so weit zu bringen.

Diese zweite Schule mit ausführlicheren Erlöserabsichten hat reichhaltigere und verschiedenartigere Methoden und Übungen entwickelt. Aus ihr sind zahlreiche geistliche Meister hervorgegangen, die neue Schulen und Klostergemeinschaften gründeten.

Dieser Version des Buddhismus hat sich Tibet nach den von König Trisong Detsen Ende des 8. Jahrhunderts gewünschten und organisierten theologischen Diskussionen angeschlossen. Gewiß hat die neue Lehre, wie wir gesehen haben, die alte Bön-Religion nicht völlig verdrängen können. Wie der ursprüngliche indische Buddhismus die männlichen und weiblichen Gottheiten des Brahmanismus, insbesondere

Shiva in seinen verschiedenen Erscheinungsformen, übernommen hatte, nahm auch der tibetische Buddhismus Elemente der Orakelkunst, der Astrologie und der Magie in sich auf, die in den Überlieferungen des tibetischen Hochlandes tief verankert waren.

Während der geistlichen Blütezeit zwischen dem 11. und dem 14. Jahrhundert, als sich der Buddhismus dank der Mystiker, die wir kennengelernt haben – Marpa, Milarepa, Atisha –, in Tibet ausbreitete, erlebten die verschiedenen Denkschulen einen gewaltigen Aufschwung. Aus ihnen sind Mönchsgemeinschaften mit eigenen Klöstern und eigenen Studiengängen für Schüler und Mönche hervorgegangen.

Der tibetische Buddhismus hatte durch vertieftes Eindringen in die Lehre eine Auswahl in diesem spirituellen Wildwuchs zu treffen, um den wahren Weg zu suchen. Die wichtigste Quelle für das spirituelle Suchen wurde die Lehre von Nagarjuna, eines Weisen aus dem ersten Jahrhundert unserer Zeitrechnung[27], von dem die Theorie des *Madhyamika*, des «Weges der Mitte», stammt. Nach der Meinung des jetzigen Dalai Lama übersteigt diese Lehre alle Auffassungen der verschiedenen anderen Schulen des Buddhismus.

Im Westen beginnt man erst, sich ernsthaft mit dem Buddhismus zu befassen; sobald die zahllosen Werke tibetischer Denker und Mystiker einmal übersetzt sind, wird man sich viele Jahre lang intensiv mit diesen Schriften beschäftigen müssen, und erst dann wird man den ganzen Reichtum des tibetischen Denkens überblicken können. Ein sehr spezialisiertes esoterisches Vokabular trägt nicht unbedingt dazu bei, einem von Descartes geprägten Denken das Verständnis zu erleichtern.

Ein Buddhist, der sich in dieser Überfülle von Werken und Schulen zurechtfinden will, muß den einzelnen Lehrmeistern eine bestimmende Rolle zuerkennen. Deshalb ist der «Guru» so wichtig, der Hüter der Mantras und Sutras, der Meister der Initiation und der Disziplin.

Die gesamte Denk-, Meditations- und Bildungsarbeit ist in Tibet immer in den Klöstern erbracht worden. Im Gegensatz zu den Religionen, die vom Christentum abstammen, gab es hier nie eine Aufspaltung in Welt- und Ordensgeistlichkeit; die Kirche ist das Kloster mit seiner Hierarchie, zuunterst der Novize *(Genyen)*, dann der Diakon *(Getsul)*, der geweihte Priester *(Gelong)* und zuoberst schließlich der Lama, der Obere, der dem Abt der christlichen Klöster entspricht.

Die religöse Beschäftigung der Mönche besteht vor allem in spirituellen Übungen von der Art des Yoga, mit der Meditation als wichtigstem

Bestandteil. Der Meditierende kann sich bei seinem Tun selbst helfen, etwa indem er sich Gottheiten vorstellt, durch Gesänge, durch das Rezitieren von Texten, aber er muß sich immer bewußt bleiben, daß das individuelle Nirvana nichtig ist, wenn es nicht mit dem Heilswillen für den anderen verbunden ist. Deshalb legen die Bodhisattvas von sich aus das Gelübde ab, im Kreislauf der Geburten und der Tode zu verharren, um den anderen Lebewesen auf dem·Weg zum höchsten Heil behilflich zu sein.

Der Islam

Noch jetzt gibt es in Lhasa eine Moschee und eine muslimische Gemeinschaft. Wann und wie hat sich der Islam in Tibet ausgebreitet?

In ihrem messianischen Eifer sind Allahs Reiterscharen in zwei ungestümen, durch die Himalaja-Kette gegeneinander abgegrenzten Wellen nach Asien vorgedrungen, im Süden durch die weiten Ebenen des Indus und des Ganges, im Norden durch die zentralasiatischen Steppen. Diese zweite Welle bereitete den Chinesen 751 in Talas (Turkestan) eine vernichtende Niederlage, eines der wichtigsten Ereignisse in der Geschichte, denn damit wurde nicht nur die Expansion der T'ang-Dynastie in Richtung Westen gebremst, sondern gleichzeitig auch dem Islam in Zentralasien der Weg zum Fernen Osten versperrt.

In diesem 8. Jahrhundert kam es auch zu den ersten Kontakten zwischen Tibet und der islamischen Welt. Wir stützen uns auf das Zeugnis von Marc Gaborieau, der in seiner *Erzählung eines muslimischen Reisenden in Tibet* von diesen Ereignissen spricht. Er hat ein Manuskript übersetzt, das ein in Katmandu ansässiger Kaschmiri, Kwajah Ghulam Muhammad, der Lhasa 1882/1883 besucht hatte, auf Urdu verfaßte:

Auf dem Höhepunkt ihrer Macht stießen die arabischen Armeen an den Westgrenzen Tibets, in der Region von Gilgit im heutigen Pakistan, an der Straße nach dem chinesischen Sinkiang, mit den Tibetern zusammen; später im Nordwesten in den Oasen Turkestans. Seither kennen muslimische Autoren das Land, das sie Tibbat nennen (wobei in diesem Namen auch Baltistan und Ladakh eingeschlossen sind[28]). [...] In den folgenden Jahrhunderten breitete sich die muslimische Herrschaft in die Nachbarländer aus; dann verstärkte sich der Druck im Westen. Im 14. Jahrhundert fiel Kaschmir unter die Herrschaft der Sultane. Zweihundert Jahre später unternahm Mirza Haidar von Kaschghar aus mehrere Expeditionen nach Kafiristan, Ladakh und sogar Tibet; nachdem er 1540 Herrscher über Kaschmir geworden war, bemühte er sich um die Entwicklung des Handels mit Zentralasien; um die Sicherheit der Verbindungswege zu gewährleisten, zwang er Ladakh und Baltistan, seine Lehensherrschaft anzuerkennen. Baltistan wurde vom 15. Jahrhundert an islamisiert. Nach der Annexion von Kaschmir durch die Mogulen gegen das Ende des 16. Jahrhunderts ließen sich muslimische Händler endgültig in Ladakh nieder. (Den Muslimen aus Kaschmir wurden in den Jahren 1646/1647 unter der Herrschaft des Mogulkaisers Schah Jahan in Ladakh Privilegien eingeräumt, und zwar als Dank für die Hilfe, die der Kaiser dem König von Ladakh, Delek Namgyal, im Kampf gegen die Mongolen-Einfälle geleistet hatte. Die erste Moschee wurde 1666/1667 in Leh, der Hauptstadt von Ladakh, gebaut; die Muslime in Ladakh sind mehrheitlich Schiiten.) Die Muslime befanden sich somit vor den Pforten Tibets. Sie versuchten bereits auf vielfache Weise, in das Land vorzudringen. Mindestens zwei bewaffnete Einfälle sind bekannt: Im 13. Jahrhundert unternahm Muhammad Bakhtyar Khalji von Bengalen aus einen fruchtlosen Eroberungsversuch; 1533 hatte Mirza Haidar eine Expedition mit dem Ziel unternommen, «Ü-Sang» (das heißt die Provinzen Ü und Tsang in Zentraltibet) zu erobern, aber sein Vormarsch wurde bei einem Ort namens Askabrak, acht Tagesmärsche von Lhasa entfernt, aufgehalten.

Es fehlte auch nicht an Versuchen, durch friedliche Ausbreitung des Islam in Tibet Fuß zu fassen. Unter dem Kalifen Omar II. (717–720) soll eine tibetische Delegation den Gouverneur von Khorasan, Djarrah ben Abdallah, aufgesucht und ihn gebeten haben, jemanden nach Tibet zu entsenden, der die islamische Religion lehren könnte. Das ist keineswegs unmöglich, wenn man daran denkt, daß zu dieser Zeit in der Geschichte des tibetischen Königreiches tiefe spirituelle Bedürfnisse erwacht waren, die schließlich in der endgültigen Annahme des Buddhismus gipfelten. Man darf aber auch, und vielleicht mit größerer Wahrscheinlichkeit, annehmen, es sei darum gegangen, Kontakte aufzunehmen und Informationen zu sammeln, worauf ein begeisterter Geschichtsschreiber eine etwas tendenziöse Deutung dafür gab.

In jüngerer Zeit hat der Reformator Khwajah Khawand Mahmud von der Naqshbandiyah-Bruderschaft, der um 1606/1607 nach Kaschmir kam, zwei seiner Jünger nach Tibet gesandt, um dort Anhänger für den Islam zu gewinnen.

Vor allem kommerzielle Interessen haben die Muslime in das tibetische Hochland gelockt. Laut Marc Gaborieau soll es schon im 18. Jahrhundert zu Zusammenstößen zwischen Chinesen, Tibetern und Arabern gekommen sein, die alle die Kontrolle über die Handelsstraße durch Turkestan anstrebten. Die Muslime errangen schrittweise ein Monopol im Karawanenwesen. Das ganze Gebiet war um diese Zeit islamisiert, und muslimische Kolonien wurden in wachsender Zahl in den chinesischen Provinzen Szetschuan und Kansu an der Ostgrenze Tibets gegründet.

Die tibetischen Machthaber und Geschichtsschreiber haben ihrerseits den muslimischen Völkern in ihrer Auffassung und ihrer Vorstellung von der Welt und deren Geschichte einen Platz eingeräumt. Solcher buddhistischer Überlieferung gemäß, die übrigens von muslimischen Autoren im 9. und 10. Jahrhundert aufgenommen wurde, sind die Muslime die Nachbarn Tibets im Westen; Muslime besiedeln auch Tazig, das heißt annäherungsweise den Iran, der nicht so genau von Byzanz unterschieden wurde, und noch näher Kaschmir. Ein arabischer Text aus dem 10. Jahrhundert, der *Hudud-Al-Alam*, berichtet von in Tibet ansässigen Muslimen. Doch erst im 17. Jahrhundert finden sich etwas solidere Zeugnisse.

Der fünfte Dalai Lama (1618–1682) soll Muslimen aus Kaschmir die Niederlassung bewilligt haben. Die goldene Legende berichtet, er habe ihnen ein Quartier im Westen von Lhasa zugewiesen und vom Potala aus vier Pfeile abgeschossen, um den Ort und dessen Abgrenzung festzulegen. 1624 meldet ein Jesuit, Pater de Andrade, Händler aus Kaschmir hätten sich angesiedelt, besäßen aber zu dieser Zeit noch nicht das Recht, sich dauerhaft niederzulassen. 1627 schreibt sein Ordensbruder Pater Carella aus Bhutan: «Der hiesige Handel mit den Völkern in Kaschmir wird von ausländischen Händlern kontrolliert, die sich nach Gyantse und Lhasa begeben.» Laut einem anderen Jesuiten, Pater Desideri, der sich von 1716 bis 1721 in Lhasa aufhielt, besaßen die Händler aus Kaschmir in Lhasa und Schigatse Agenturen oder kleine Läden. Sie waren auf direktem Weg durch Ladakh und Westtibet hierhergelangt. Später benutzten sie jedoch als regelmäßigen Handelsweg die Route durch Nepal, das Tal von Katmandu, und anschließend durch die nordindischen Städte Patna, Delhi, Agra und Lahore. Zu Beginn des 18. Jahrhunderts berichtet ein Kapuzinermissionar von sechsundfünfzig Kaschmiri in Lhasa. Andere kleine Kolonien waren längs der Wege nach Nepal und im Westen, im Yarlung-Tal, entstanden. Insgesamt dürfte es sich um Gemeinschaften von einigen tausend Menschen gehandelt haben. Sie waren derart in die tibetische Gesellschaft integriert, daß sie als Geldwechsler und Mittelsleute für Handelsgeschäfte reicher Tibeter oder der Klöster eine nicht unbedeutende Rolle spielten. Pater Huc hat festgehalten, daß sie von einem weltlichen und einem religiösen Oberhaupt *(Pascha und Mufti)* regiert wurden, dessen Autorität von der tibetischen Regierung anerkannt war. Die von Marc Gaborieau übersetzte Erzählung des muslimischen Reisenden vermittelt ein anschauliches Bild ihrer religiösen Bräuche: strikte Beachtung der täglichen Rituale, der Beschneidung, der Wallfahrt nach Mekka, des Fastens während des Ramadan, der Verehrung der heiligen Gründer der Qadiriyah- und Naqshbandiyah-Gemeinschaften. Ein Imam leitete die Gebete und lehrte an der Koranschule. Eine aus dem Imam und drei gewählten Mitgliedern bestehende Kommission verwaltete eine fromme und gemeinnützige Stiftung *(Waqf)*.

Für die religiösen Unterweisungen wurde nicht so sehr auf arabische, sondern auf persische und in Urdu geschriebene Bücher aus Bihar zurückgegriffen, die somit den nordindischen Islam vermittelten. Meinungsverschiedenheiten zwischen Kaschmiri und Tibetern wurden von einem gemischten Gerichtshof geregelt. Die meisten Ehen wurden innerhalb der Gemeinschaft geschlossen, bisweilen mit chinesischen Muslimen.

Im Bericht von Kwajah Ghulam Muhammad werden zwei weitere Gruppen von Muslimen in Lhasa erwähnt, die Gharib oder Armen, vermutlich Angehörige von Randgruppen, Verbannte oder Verurteilte, die von reichen Kaschmiri unterstützt wurden, und die Ho-Pa-Ling, Muslime chinesischer Abstammung. Die letzteren hatten ihre eigenen Quartiere, meistens auch besondere Berufe, zum Beispiel Fleischer und Gastwirt; an ihren Kleidern und ihrer Nahrung ließ sich noch ihre Herkunft erkennen.

Die muslimische Überlieferung hat in ihrem Überschwang sogar die Idee verbreitet und wachgehalten, der fünfte Dalai Lama habe sich nach einer Begegnung mit dem heiligen Khaïr Ud-Din, der als Händler verkleidet aus Patna hergereist sei, heimlich zum Islam bekehrt. Das ist freilich nur eine Legende. Man muß sie in einem doppelten Zusammenhang sehen. Einerseits waren die Kaschmiri und die muslimischen Chinesen in die Gesellschaft integriert, und andererseits befleißigte sich

der tibetische Buddhismus den Glaubensgemeinschaften und Geistes-
haltungen von universalistischem Anspruch gegenüber intelligenter
Toleranz.

Das Christentum

Aus Legenden, Überlieferungen, Geschichte und Archäologie ergeben
sich keinerlei Hinweise auf das Christentum in Tibet. Während der großen Zeit der nestorianischen Kirche in Zentralasien, nach deren Ver-
urteilung auf dem Konzil von Ephesus (431), gelangten um das Jahr
635 Missionare an den Hof der T'ang, wo sie sich gegen die in China
schon fest etablierten Buddhisten wandten. Doch durch Tibet sind sie
höchstens aus Neugierde gereist, wie später die Jesuiten im 17. und zu
Beginn des 18. Jahrhunderts, die Kapuziner etwas später und der Laza-
rist Evariste Huc mit seinem Begleiter Gabet in den Jahren 1845/1846.

In seiner *Geschichte der Kirche*[29] erwähnt Daniel-Rops, ohne freilich
genauer darauf einzugehen: «Noch heute lassen sich Spuren des Nesto-
rianismus bei verschiedenen lamaistischen Sekten erkennen; es gibt bei
ihnen eine geheime Zeremonie, die aus der Eucharistie hervorgegangen
zu sein scheint und die auf einer geheimnisvollen Kraft des Senfkorns
beruht.» Vielleicht besteht eine Analogie, zweifellos aber keine direkte
Beziehung, denn dafür ist das tibetische Ritual zu reichhaltig, vielfältig
und universell.

Den Jesuiten gelingt es nicht, in Tibet das Bekehrungswerk fortzusetzen, das Pater Matteo Ricci in China begonnen hat. 1721 werden sie von
Kapuzinern abgelöst, die in Lhasa die erste katholische Kapelle errichten und um die dreißig Gläubige taufen. Die Mission bleibt jedoch eine
kurzlebige Episode. Schon 1745 verschwindet sie auf chinesischen Druck
und aus eher politischen denn religiösen Motiven endgültig aus der geistlichen Landschaft Tibets.

Die außenpolitischen Beziehungen
(China, Indien, Nepal)

Ein eigentlicher politischer Raum ist, wie wir gesehen haben, in Tibet mit der Institutionalisierung der Königsmacht um das Jahr 600 unserer Zeitrechnung entstanden. Zuvor hatten sich die Beziehungen zu den Nachbarn bestenfalls auf Zusammenstöße zwischen Stämmen bei der Abgrenzung ihrer Lebensräume beschränkt.

Im Norden und Westen des Hochlandes sind die Tibeter durch die beweglichen Nomaden, deren plötzlichen Aufstieg zu mächtigen Gemeinschaften, die sich wie Brandungswellen in die Nachbarschaft ausbreiteten, mit verschiedenen Völkerschaften in Berührung gekommen, deren Namen in der tibetischen Überlieferung und Sprache mit Begriffen wie Armee und Pferde, Wildheit und Gewalt verbunden sind – «fast wie Gog und Magog in unserem Mittelalter» laut Rolf A. Stein. Von den Oasen (Turfan, Kucha, Khotan) abgesehen, die rasch der chinesischen Lehensherrschaft unterworfen wurden, vermochten die Tibeter den Expansionsdrang mächtiger Kriegervölker einzudämmen: der Turkvölker vom Orkhon und vom Ili, der Uiguren aus dem Tarimbecken.

Weiter im Westen faßt die tibetische Überlieferung den Iran, Byzanz und die großen Oasen von Sogdiana, freilich ohne genaue Ortsangabe, unter der Bezeichnung Tazig zusammen. Dieser Name ist vermutlich vom persischen Volk der Tadschiken, den Ta-Che der Chinesen, abgeleitet. Beziehungen zu noch weiter entfernt liegenden Gebieten sind eher als Märchen aufzufassen, die von abenteuerlichen Erlebnissen waghalsiger Händler genährt wurden.

Indien im Süden, das nach der Invasion der Hephthaliten oder Weißen Hunnen in viele kleine Dynastien zerfiel, bestand für die Tibeter bloß aus den Königreichen der Harsha, der Kanau am Oberlauf des Ganges und der Pagh in Bengalen. (An der Himalaja-Kette hörte die begrenzte militärische Macht dieser Fürstentümer auf; doch sie haben Tibet etwas gebracht, was im Land eine unauslöschliche Spur hinterlassen und ihm seine Einheit und seine Macht verliehen hat: den Buddhismus.)

Letzten Endes hatten die Tibeter keine andere Wahl, als sich mit zwei Nachbarn, China und Nepal, zu schlagen oder zu verständigen. Als Songtsen Gampo das tibetische Königreich einigte und organisierte, bestimmte er durch seine doppelte Heirat mit einer nepalesischen und einer chinesischen Prinzessin die Beziehungen zu diesen beiden Staaten. Von da an haben immer mehr indische und chinesische Reisende Tibet besucht. Offizielle Delegationen haben in immer größerer Zahl Inschriften oder Berichte in den Archiven hinterlassen.

Zu Nepal, das dem brahmanischen Glauben immer treu geblieben ist, bestanden nur lockere Beziehungen. Pilger auf dem Wege zu den heiligen buddhistischen Orten von Bodhgaya und Händler kamen über die Grenze. Eine kleine nepalesische Gemeinschaft hat schon immer in Lhasa und in einigen wichtigeren Orten an dieser Verbindungsstraße gelebt; diese Beziehung ist noch immer daran zu erkennen, daß es in Lhasa eine einzige ausländische Vertretung gibt, nämlich das nepalesische Konsulat.

China war und ist noch immer für Tibet das grundlegende Koexistenzproblem. Die Geschichte der Beziehungen zwischen den beiden Ländern – man kann sogar von Staaten sprechen, seit das tibetische Königtum den Sippen eine einheitliche Struktur aufzuzwingen und eine Verwaltung zu organisieren vermochte, die zwar noch feudalistisch strukturiert, aber doch auch schon zu nationalistischen Reaktionen imstande war – ist geprägt durch Kriege, Austausch von Delegationen, Verträge, Ehen. Die chinesisch-tibetischen Beziehungen lassen sich nicht ohne weiteres in eine Kategorie einordnen, die den durch die Entwicklung des internationalen Rechts geschaffenen Normen entsprechen würde. In der Nachbarschaft eines chinesischen Imperialismus leben zu müssen, der von den aufeinanderfolgenden Dynastien mit bemerkenswerter Kontinuität betrieben wurde (noch im 19. Jahrhundert hatte Peking die Tendenz, das viktorianische England als einen potentiellen Vasallen zu betrachten), war keine geruhsame Angelegenheit; dafür wurde mehr Geschick als Macht, mehr Überzeugungskraft als Kompromißbereitschaft benötigt. Daraus ist eine äußerst vieldeutige Situation entstanden, die sich sowohl aus den Dokumenten als auch aus den Ereignissen herauslesen läßt und die alle möglichen Interpretationen zuläßt.

Die erste chinesische Prinzessin, die Königin von Tibet geworden ist, Wen Cheng, hat ihren Gatten um mehr als dreißig Jahre überlebt; bevor sie im Jahr 680 verschied, lernte sie zwei weitere Könige kennen, die nicht von ihr abstammten, die sie aber immer geachtet haben. Ein Vierteljahrhundert später setzte König Tride Tsukten, wie wir gesehen haben, die von seinem Großvater begonnene Heiratspolitik mit China fort. Es stellt sich die Frage, ob die Prinzessin Kin Ch'eng, die ihm zur Gattin gegeben wurde, eine Adoptivtochter oder eine Großnichte des Kaisers Chong-Tson war. Der Kaiserhof in Peking hatte größte Schwierigkeiten mit der Nachfolgeregelung, als die tibetische Delegation die Braut abholte. Diese brach, wie wir gesehen haben, mit einer genauen Beschreibung der ihr aufgrund der ihr zugedachten Funktion und aus Gründen der Staatsräson zustehenden Titel und Privilegien nach Tibet auf. Und Kaiser Jui Tsung, der wahrlich Mühe hatte, seine Autorität durchzusetzen, verlor die tibetischen Angelegenheiten nie aus den Augen. Im Jahr 711 entsandte er eine Delegation mit dem Text eines Erlasses nach Lhasa, welcher der Prinzessin höchst offiziell kaiserliche Legitimität zuerkannte. Hinter dieser anscheinend rein formalen Anerkennung zeigt sich ein Wille, die politischen Privilegien, die sich aus der ehelichen Verbindung ergaben, auf eine unanfechtbare legale Weise festzuschreiben. Mit dem Hinweis auf die durch die Abstammung bestehende Beziehung wird eine Abhängigkeit durch familiäre Bindung festgelegt. Die Tibeter wurden umgekehrt durch diese Bindung zu Gleichberechtigten, denn ein Schwiegersohn ist nicht bloß ein Vasall. Diese unterschiedliche Interpretation zog einen Austausch von gereizten und beidseits arroganten diplomatischen Depeschen nach sich. Lhasa forderte das Recht auf Nutzung der Güter der Prinzessin, die aus fruchtbaren Grundstücken am linken Ufer des Gelben Flusses bestanden. Peking wollte jedoch keine Feudalrechte zugunsten der Tibeter zulassen und überhäufte den tibetischen Abgesandten mit ablehnenden Argumenten; der unglückliche Diplomat, seine Exzellenz Li Kuei, starb, noch während er mit seinem Auftrag beschäftigt war, an Erschöpfung. Die Prinzessin Ch'eng überlebte die Meinungsverschiedenheiten bis zum Jahr 739; sie hatte Tibet einen Sohn geschenkt, der zum großen König Trisong Detsen werden sollte.

Von Grenzkonflikten geprägte Jahre gingen dahin, bevor ein neuer Vertrag die chinesisch-tibetischen Beziehungen durch einen präziseren historischen Inhalt ergänzte. In diesem Text, den wir schon kennengelernt haben, kamen die beiden Parteien überein, die Harmonie ihrer wechselseitigen Beziehungen durch den ausdrücklichen Hinweis zu untermauern, daß zwischen Mitgliedern ein und derselben Familie, in diesem Falle Onkel und Neffe, eine ganz besondere Beziehung bestünde. Die beiden Staaten anerkannten ihre Grenzen auf der Grundlage der zu dieser Zeit von den beiden Partnern besetzten Territorien; dieser Begriff einer bloßen Besetzung ermöglichte es China, die Schwächung der königlichen Macht zur Zeit des angefochtenen Monarchen Langdarma dafür zu nutzen, um 850 die Gebiete zurückzuerobern, die nach Meinung seiner Herrscher von den Tibetern widerrechtlich in Besitz genommen worden waren.

Die mongolische Dynastie war mit ihren Vorherrschaftsansprüchen gegenüber Tibet noch weiter gegangen; sie hatte Volkszählungen veranlaßt und Verwaltungsreformen durchgeführt, die zunächst ihren Schützlingen, der Sakyapa-Gemeinschaft, nützten, wie wir gesehen haben. Sie wird noch einmal in bezeichnender Weise bei der Entstehung einer religiösen und politischen Institution intervenieren, durch welche die tibetische Landschaft ein neues Gepräge erhält; die Bekehrung der Mongolen zum Buddhismus wird umgekehrt zu einer Art Patenschaft für die kommende Institution des Dalai Lama.

Zweiter Teil

DER BEGINN

In einem Zustand reiner Geistigkeit
nimmt der Buddha das sichtbare Leben an,
um mitzuwirken für das Heil aller.

Aus einem Gesang Marpas

Der Aufbau einer zentralen Staatsgewalt und die Ausbreitung des Buddhismus waren in Tibet zwei eng miteinander verkoppelte Vorgänge. Weil sich zwischen der Struktur und der Organisation der Gesellschaft auf der einen und der Ausbreitung der Religion auf der anderen Seite eine vollkommene Symbiose ausgebildet hatte, läßt sich unmöglich ein Unterschied zwischen einem weltlichen Bereich und einer geistlichen Sphäre feststellen. Als sich unter dem Schutzmantel des Christentums die europäischen Nationen bildeten, war genau dasselbe geschehen; das römische Pontifikat hat mit der Taufe von Chlodwig die Herausbildung einer Dynastie beeinflußt, und dasselbe geschah 751 mit der Legitimierung von Pippin dem Jüngeren durch Papst Zacharias, diesen scharfsinnigen Papst griechischer Abstammung; durch die Belehnung des Hauses Anjou mit Sizilien und 962 bei der Wiederherstellung des Westreiches durch Otto den Großen hat die Kirche ebenfalls in weltlichen Fragen eingegriffen, vom Schiedsspruch, den Papst Alexander VI. 1498 über die Aufteilung des neu entdeckten Kontinents Amerika zwischen Spanien und Portugal gefällt hat, gar nicht zu sprechen.

«Überall und jederzeit hat sich das Priestertum bemüht, die zeitliche Macht in seine Hand zu bekommen und die weltliche Regierung der Religion unterzuordnen.»[30] In unserer Zeit könnte man, obwohl von der Größe her erhebliche Unterschiede bestehen, zwei theokratische oder genauer mönchische Gesellschaften miteinander vergleichen: Tibet und die Mönche auf dem Berg Athos.

Der Buddhismus hatte, als er sich in Indien auszubreiten begann, die männlichen und weiblichen Gottheiten des Brahmanismus, und zwar insbesondere den Shiva-Kult, übernommen; als er sich in Tibet durchsetzte, verstand er es, sich gewisse Eigenarten und Äußerlichkeiten der Bön-Religion und bestimmte Elemente wie Orakel, Astrologie oder Magie, die in ihr eine wichtige Rolle spielten, einzuverleiben. Und als die buddhistische Hierarchie nach einem auch aus dem christlichen Europa bekannten Vorbild durch ihre Machtvollkommenheit und die angesammelten Reichtümer dazu verführt wurde, sich in finanzpolitische Aktivitäten und Spekulationen im Warenhandel, ja sogar in korrupte Geschäfte und Hexerei einzulassen, fand auch der tibetische Buddhismus in Tsongkhapa (1355–1419) den Reformator, der für die Erneuerung der geistlichen Institution sorgte, was Luther im katholischen Abendland aus denselben Gründen tun wird.

«Am Versuch, das Äußere zu regieren und gleichzeitig die innere Ruhe zu bewahren, kann nur der Heilige nicht scheitern.» Hat sich der tibetische Buddhismus als Synthese verschiedener asiatischer Philosophien an die konfuzianische Empfehlung gehalten?

I

Gendün Drub
1391–1475

Heiligkeit war nicht bloß ein Ehrentitel des ersten geistlichen Oberhaupts der Tibeter.

Gendün Drub wurde noch nicht als Dalai Lama bezeichnet; dieser Titel ist erst 1578 eingeführt worden, wie wir noch sehen werden; seine Biographen bezeichnen ihn als *Mahatma*, mit einem Ausdruck aus der indischen Philosophie, der sich mit «große Seele» übersetzen ließe.

Zwei Biographien des «ersten Dalai Lama» sind bis in unsere Zeit erhalten geblieben. Die eine, *Juwelen-Kette (String of Jewels)*, wurde ungefähr zwanzig Jahre nach seinem Tod von einem Mönch in Tashilhunpo verfaßt, in jenem Kloster, das Gendün Drub gegründet und errichtet hatte. Der Autor, Ye-She Tse-Mo, war ein Jünger des gelehrten Heiligen gewesen. Er stützte sich zusätzlich auf Notizen von jungen Mönchen; diese hatten Belehrungen aufgezeichnet, die sie von ihrem Meister zum Überdenken erhalten hatten.

Die andere ist ebenfalls das Werk eines Mönchs, Künga Gyaltsen; sie wurde 1497 verfaßt. Diese Schrift hält sich nicht an den zeitlichen Ablauf, sondern behandelt in zwölf Kapiteln verschiedene Aspekte aus dem Leben und der Tätigkeit von Gendün Drub; dem Verfasser, der seinem in einem anregenden und poetischen Tonfall geschriebenen Werk den bezeichnenden Titel *Die zwölf hervorragenden Taten des allwissenden Gendün Drub* gegeben hat, ging es darum, eine Art Handbuch vorzulegen, das die Verhaltensweise auf dem Weg zur Heiligkeit aufzeigte.

Der Mann, welcher der erste in der Reihe der geistlichen Führer Tibets werden sollte, ist als Kind einer bescheidenen Familie in der Provinz Tsang zur Welt gekommen, im zentralen Teil des Landes, nicht weit von Sakya entfernt. Seine Eltern, Hirten-Nomaden, gaben ihm den Namen Padma Dorje, «Lotus und Blitz». Sie hatten bereits zwei Söhne und bekamen später noch eine Tochter.

In der Nacht, als das Kind geboren wurde, überfielen Banditen das Lager. Die Mutter wickelte ihren Sohn in eine Decke und versteckte ihn in einer Felsenhöhle, bevor sie in die Hügel floh. Als sie am folgenden Tag zurückkehrte, um das Kind zu holen, erschrak sie, denn um die Stelle, wo sie das Kind versteckt hatte, hatten sich Raben und Schakale angesammelt. Sie ging auf die Höhle zu: Ein riesiger schwarzer Vogel wachte neben dem Säugling und schützte ihn vor den anderen Raubtieren. In seinem Kommentar bezeichnet der Verfasser den Raben als eine Inkarnation von Mahakala, dem Bodhisattva der Weisheit[31], und er schließt daraus, daß Gendün Drub schon bei seiner Geburt von göttlichem Segen und vom Schutz der höheren Mächte getragen war. Im 15. Jahrhundert sind in Tibet alle spirituellen Werke von wunderbaren Geschehnissen durchdrungen. Gilt aber nicht dasselbe auch für die literarischen und spirituellen Werke im christlichen Europa? In seiner Beschreibung des Lebens des heiligen Remigius berichtet Erzbischof Hinkmar 878 im Zusammenhang mit der Taufe Chlodwigs, an diesem Tag habe man vom Himmel eine Taube herabfliegen sehen, die weißer als Schnee war und in ihrem Schnabel ein Gefäß mit geweihtem Öl herbeitrug; das heilige und wundertätige Öl für die Salbung der Könige soll sich in diesem Gefäß fortwährend erneuert haben.

Fraglich ist, ob Gendün Drub wirklich ein Neffe von Tsongkhapa war; die Wahrscheinlichkeit ist nicht sehr groß, denn die beiden Persönlichkeiten stammen aus weit voneinander entfernten Regionen und Familien; nur die äußeren Anzeichen hätten darauf hinweisen können. Die Geburt und die ersten Lebenstage des Kindes waren zwar durch wunderbare Geschehnisse geprägt gewesen, aber man unterzog es nicht schon in frühester Jugend dem Verfahren für die Erkennung einer göttlichen Reinkarnation; diese Methode wurde erst später für die Suche eines Nachfolgers für einen verstorbenen Dalai Lama entwickelt. Aufgrund der wunderbaren Vorkommnisse im Leben des jungen Mannes läßt sich aber vermutlich kaum bestreiten, daß eine moralische und religiöse Autorität über ihn gewacht hat.

Er war erst sieben Jahre alt, als sein Vater starb. Seine Mutter brachte ihn im Kloster Narthang unter; einer der Würdenträger dieser Gemeinschaft, der Mönch Geshe-Choshe, gehörte ihrer Familie an. Die außergewöhnliche Intelligenz und die zartfühlende Empfindsamkeit des Knaben fielen seinen Lehrern von allem Anfang an auf. Schon bald wurde er in eine Vorstufe des Noviziats aufgenommen, womit der lange Weg der mönchischen Unterweisung begann. Grundwissen und Stil, Bedeutung und Form waren in der vom Buddhismus für die intellektuelle und künstlerische Ausbildung entwickelten Methode eng miteinander verquickt. Zur Belehrung gehörte nicht nur das Studium der Schriften, sondern auch die Kalligraphie, die Illustration von Texten und die Malkunst.

Als Fünfzehnjähriger erbat sich der Knabe von seiner Mutter die Erlaubnis, die Mönchsweihe empfangen zu dürfen; als sie ihm gewährt wurde, erhielt er auch einen neuen Namen: Gendün Drub.

Noch fünf Jahre lang vertiefte Gendün Drub seine Kenntnisse in den heiligen Büchern und übte sich im Dharma ein, der Gesamtheit der Regeln, die den Weg zur Weisheit und zur Buddhaschaft aufzeigen; gleichzeitig beteiligte er sich auch schon an der Ausbildung der jüngeren Schüler. Mit zwanzig Jahren trat er endgültig der Mönchsgemeinschaft bei.

Die ausführliche Biographie enthält eine Liste der sechzig Meister, die ihm ihre Belehrungen zuteil werden ließen. Man darf annehmen, daß aus einer derart spirituellen und intellektuellen Atmosphäre eine Persönlichkeit von zu dieser Zeit seltenem Bildungsniveau hervorgegangen ist; natürliche Voraussetzungen beim betreffenden Menschen mußten selbstverständlich einen günstigen Nährboden bilden; nur so konnte die Gesamtheit der verfügbaren Kenntnisse aufgenommen und für Handlungen genutzt werden, die in dieser Geschichtsperiode, die durch die Entstehung eines neuen Machtgefüges geprägt war, Tibet dann die entscheidende Wende gaben.

Die Könige und ihre Minister behielten ihre Funktion; sie trugen die Verantwortung für das richtige Funktionieren einer weltlichen Verwaltung, die für die Gesellschaft offenbar von geringer Bedeutung war; in der Geschichtsschreibung haben diese Männer und ihre Politik keine Spuren hinterlassen. Die ganze Aufmerksamkeit des Volkes galt den mönchischen Institutionen, die für die Struktur der tibetischen Gemeinschaft und das Alltagsleben jedes einzelnen Menschen bestimmend waren.

Gendün Drub konzentrierte sich bei seinen Studien und in seiner Lehre auf die Sutras, die den sogenannten «Korb» *(Pitaka)* der Disziplin *(Vinaya)* bilden; die Einübung in die Meditation wurde unterbrochen durch Zusammenkünfte für Diskussionen und den Austausch von Erfahrungen und Ideen. In der Person und in den Auffassungen von Gendün

Drub findet die Lehre des Mahayana-Buddhismus möglicherweise ihren klarsten Ausdruck.

Ich habe nicht die Absicht, mich in den Einzelheiten mit den Grundsätzen der buddhistischen Religion in ihrer spezifisch tibetischen Ausprägung zu befassen. Es sei nur festgehalten, daß die tibetischen Mönche dem vom Buddha Shakyamuni formulierten Ideal voll nachgelebt und es fortwährend im Alltag angewandt haben: «Keines der Wesen aufgeben und in Wahrheit erkennen, daß alle Dinge leer sind.»[32] Der Begriff der Leere – die Entleerung des Universums von den Wirklichkeiten – ist die Voraussetzung für die Loslösung von der Welt und führt zur Selbstauslöschung. Gendün Drub hat das Ideal der Liebe und des Mitgefühls mit allen Wesen folgendermaßen in die höchste Form gebracht und in seinen Werken zusammengefaßt:

> Man muß sich bemühen, zur Erleuchtung zu gelangen, und zwar nur deshalb, damit letztlich alle profitieren.

Die religiöse Praxis und das Denken sind untrennbar miteinander verquickt; alles trägt zur Konzentration und zur Loslösung bei. Gendün Drub und seine Jünger schritten im Tempel auf und ab, wobei sie fortwährend diesen grundlegenden Vers wiederholten:

> Die allwissenden Buddhas kümmern sich nicht um die Sorgen der Welt; Verlust oder Gewinn, Behaglichkeit oder Unbehagen, Bekanntheit oder Unauffälligkeit, Ruhm oder Tadel bedeuten ihnen wenig; diese acht Eigenschaften sind für sie wertlos, und sie schenken ihnen keine Beachtung.

Gendün Drub steht in diesem Stadium der Erkenntnis dem Reformer Tsongkhapa nahe, der, wie wir gesehen haben, direkt oder durch Vermittlung seiner Jünger eine große Aktivität bei der Gründung neuer Klöster entfaltet hat.

Eine weitere Eigenschaft zeichnet sich im Leben und in der Lehre von Gendün Drub ab: Toleranz gegenüber anderen Auffassungen. Er selbst hat sich nie davon abhalten lassen, anderen zuzuhören, die nicht wie er dachten, und er hat es seinen Jüngern nie untersagt, sich von Anhängern anderer Schulen des tibetischen Buddhismus belehren zu lassen. Wichtig war ihm, die satte Selbstzufriedenheit auszulöschen, da Egoismus der schlimmste Feind ist; seiner Meinung nach kann und muß jeder Weg zur Erleuchtung führen, sofern man nie von der Wertschätzung des anderen abweicht und den Lebewesen wohlwollend gesinnt ist.

Trotz aller Aufmerksamkeiten und Gunstbezeugungen, mit denen er überhäuft wurde und die man als ein Zeichen seiner göttlichen Auserwählung betrachten darf, ist er dennoch nie von der Tugend der Demut abgewichen. Während seines ganzen Lebens hat er sich Zeit genommen, sich in die Stille und die Meditation zu versenken. Durch nichts hat er sich von seiner spirituellen Konzentration abhalten lassen. So hat er sich im Alter von fünfzig Jahren in eine Einsiedelei beim Kloster Narthang zurückgezogen; im Gebiet brach aber ein bewaffneter Konflikt aus, der ihn zwang, seinen Wohnsitz zu wechseln. Der vom Biographen Gendün Drubs verfaßte Bericht über diesen Zwischenfall beweist, daß er, der später als der erste Dalai Lama anerkannt werden sollte, sich in keiner Weise in die weltliche Staatsführung einmischte. Offenbar war es eine Hauptsorge der religiösen Persönlichkeiten, die mönchischen Einrichtungen aus den Umwälzungen in der weltlichen Gesellschaft herauszuhalten und sich auf das Wesentliche zu konzentrieren, nämlich die Erhaltung des buddhistischen Ideals und den Schutz der Klöster – die Tempel des Denkens und der Religion scheinen von den Kampfparteien immer respektiert worden zu sein; die politischen Ereignisse waren für die tibetischen Geschichtsschreiber bedeutungslos, denn sie berichten in ihren Dokumenten nicht über die Wechselfälle in der weltlichen Gesellschaft und die Rivalitäten unter den Machthabern.

Gendün Drub hat sich nicht damit begnügt nachzudenken, zu meditieren und zu lehren. Er hat auch die mönchischen Bauten in Tibet um ein wahres Juwel bereichert: Im Jahr 1447 begann er in der Umgebung der Stadt Shigatse mit dem Bau des Klosters Tashilhunpo. Mit seiner persönlichen Ausstrahlung und seinem Ansehen vermochte er die Gläubigen dazu zu bewegen, die dafür benötigten Geschenke und Geldmittel aufzubringen.

Dem Tempel und seinem Gründer sind viele Gaben zugeflossen. Gendün Drub behielt nichts für sich, er führte ein einfaches und anspruchsloses Leben. Alle Güter, die er erhielt, wurden für die Gemeinschaft verwendet; neue Bauten wurden damit errichtet und die Kosten gedeckt für die großen Versammlungen der Novizen, denen er seine Lehre darlegte.

Solche Veranstaltungen mehrten den Ruf des Klosters Tashilhunpo wie auch seines Stifters und Abtes.

Er war siebenundfünfzig Jahre alt, als er den Grundstein des Klosters legte. Fünfzehn Jahre später, als der Bau vollendet war, ließ er nepalesische Künstler kommen. Sie sorgten für die Ausschmückung und fertigten insbesondere die Statuen an, welche die verschiedenen Manifestationen des Buddha verkörperten. Die wichtigste von ihnen, sie ist auch das imposanteste Kunstwerk in Tibet, ist Maitreya gewidmet, dem Buddha der Zukunft; für die sechsundzwanzig Meter hohe Statue wurden hundertfünfzig Tonnen Bronze und Kupfer sowie zweihundertneunundsiebzig Kilo Gold benötigt. Im Alter von dreiundsiebzig Jahren führte Gendün Drub den Vorsitz bei der Weihezeremonie.

Als Kenner der buddhistischen Botschaft, deren Vielfalt und Reichtum er sich durch vertiefte Studien und deren unendliche Differenzierungen er sich durch seine Meditationen vollkommen angeeignet hatte, bemühte sich Gendün Drub um deren Weitergabe. Für ihn war die Erleuchtung in greifbare Nähe gerückt, aber er war sich bewußt, daß es nicht das Ideal des Bodhisattva sein konnte, allein in das Nirvana einzugehen; nach der Überzeugung der Mahayana-Schule kann man nicht als einzelner zum Heil gelangen, sondern man muß im Kreislauf der Geburten und der Tode, im Samsara, ausharren, um allen anderen Menschen zu helfen und sie auf dem Weg der Erweckung zu führen. Die mündliche Belehrung mußte folglich unterstützt und weitergeführt, in ihrer Wirkung vervielfacht werden. Gendün Drub erweiterte das Kloster Tashilhunpo um eine Druckerwerkstatt; man sieht dort noch heute die geschnitzten Holzblöcke, mit denen die heiligen Texte gedruckt wurden. – Das Kloster erfüllt diesen Auftrag bis heute, denn in dieser Druckerei werden noch immer religiöse Werke hergestellt.

Mit dieser Arbeit wurde sogleich nach der Weihe der Statue des Buddha Maitreya begonnen. Zuerst wurden die beiden grundlegenden und umfangreichen Sammlungen der heiligen Schriften Tibets, *Kangyur* und *Tengyur,* gedruckt. Die ursprünglich in Sanskrit verfaßten Schriften waren vom Abt und von den Mönchen des Klosters Shalu übersetzt und geordnet worden. Dieses Kloster Shalu, zweiundzwanzig Kilometer von Shigatse entfernt, war 1040 von adligen Familien in der Provinz Tsang gegründet worden. Durch ein Erdbeben war es 1329 zerstört worden, es wurde aber auf Befehl eines Kaisers der chinesischen Mongolendynastie

1333 wieder aufgebaut. Der erste Abt von Shalu, Butön, der von 1290 bis 1364 lebte, hat nicht nur die bereits erwähnten Übersetzungen angefertigt, sondern auch eine Geschichte des Buddhismus in Indien und in Tibet verfaßt.

Gendün Drub selbst schrieb ebenfalls zahlreiche Bücher; zu seinem Werk gehören Kommentare zu den heiligen Texten, Essays, Gebete und sogar Gedichte. Das war einer der Gründe, weshalb er als der erste Dalai Lama anerkannt wurde, denn er hat, und seine Nachfolger haben ihn darin bestätigt, die Tradition begründet, daß der Mönch, der Tibet verkörpert, vor allem ein Schriftsteller und ein Prediger ist.

Für seinen Biographen ist sein reiches schöpferisches Werk zuallererst ein Ausfluß des von ihm angehäuften Wissens. Was ihm seine Meister im Kloster Narthang und später Tsongkhapa, der Reformator und Gründer der Gelugpa-Mönchsgemeinschaft, aus der die spätere Linie der Dalai Lamas hervorgegangen ist, an Wissen weitergegeben hatten, ergänzte er durch eigene Forschungen. Dabei hielt er sich mit offensichtlicher Vorliebe an den ersten Reformator des tibetischen Buddhismus, diesen Mönch bengalischer Herkunft, der, wie wir gesehen haben, 1042 nach Lhasa gekommen war: Atisha, auf den die vom Kadampa-Orden weitergepflegte Liturgie und mönchische Disziplin zurückgeht. Es ist zu einem großen Teil der Energie von Gendün Drub und den von ihm hinterlassenen Werken zu verdanken, daß in Tibet die Verbreitung der buddhistischen Botschaft als eine noch immer lebendige Tradition erhalten geblieben ist.

Gendün Drub hat in seinen Studien und Belehrungen nie eine der anderen Denkschulen abgelehnt. Dank seinem reichen Wissen hatte er Verständnis dafür, daß der Dharma des Buddha auf verschiedene Weisen formuliert werden konnte. Die ursprüngliche Botschaft hatte sich zunächst in Hinayana und Mahayana gespalten, das kleine und das große Fahrzeug der westlichen Kommentatoren. Innerhalb des Mahayana kam es anschließend zu einer weiteren Teilung in das Prajnaparamita, das Fahrzeug der vollkommenen Weisheit, und das Guhyamantrayana, das Fahrzeug des Geheimen Mantra. Aus dem Prajnaparamita sind zwei weitere Strömungen hervorgegangen: Chittamatra (Nur-Geist) und Madhyamika (Schule des Mittleren Weges); das Guhyamantrayana wiederum hat etliche mehr oder weniger esoterische Schulen und Geheimlehren des Tantrismus und des Yoga hervorgebracht. Nichts von dem ist Gendün

73

Drub entgangen, nichts davon war für ihn unnütz, überflüssig oder anfechtbar, wenn es darum ging, die buddhistische Botschaft weiterzugeben.

Unzählige Jünger haben ihn aufgesucht. Er belehrte sie in Gruppen oder einzeln; er nahm sich Zeit, die jungen Novizen zu prüfen und seine Lehrmethode jeweils den Eigentümlichkeiten eines jeden von ihnen anzupassen, damit alle Jünger den Weg zur Vertiefung des Wissens, der Selbstdisziplin und der Meditation zu finden vermochten. Er war wirklich die Persönlichkeit, die vom Propheten in einem der Texte des Kadampa-Ordens angekündigt worden war: «Bald wird eine Reinkarnation von Avalokiteshvara, des Buddha des Mitleidens, auf die Welt kommen.»
Avalokiteshvara ist eine Erscheinungsform des höchsten Buddha, der auch Amitabha genannt wird. In alten buddhistischen Kunstwerken wird er in menschlicher Gestalt, sitzend oder aufrecht stehend, dargestellt. In der tibetischen Kunst hat er vier Arme; in zwei Händen hält er jeweils einen Rosenkranz und eine Lotusblüte. Manchmal hat er auch elf Köpfe und sechzehn Arme, bisweilen ist er von «tausend Armen» umgeben. Er reinkarniert sich im Dalai Lama.
Die Biographie berichtet in allen Einzelheiten von den Visionen, die Gendün Drub während seines irdischen Lebens zuteil geworden sind.

Einige seiner Meister hatten zunächst Zeichen erhalten, die sich auf ihn bezogen. Der Abt des Klosters Narthang erklärte dem Kind, kurze Zeit nachdem er es aufgenommen hatte, er habe es im Traum neben einem Buddha mit hellem Haar gesehen, dessen Thron von zahlreichen Löwen getragen wurde – ein Hinweis darauf, daß es in seinem Leben von Krankheiten verschont bleiben würde und so den Glauben bis in ein hohes Alter hinein verkünden könne. Später empfing auch das Kind selbst Zeichen, die das ihm bevorstehende Schicksal bestätigten.
Eine weibliche Gottheit, Shridevi, erteilte ihm den Auftrag, in einer von Bergen umschlossenen Region ein Kloster zu gründen. Kurz nach Beginn der Arbeiten, als er unter einem Zelt aus weißem Filz schlief, wurde er von einem Donnerschlag geweckt; in den vom Himmel kommenden Tönen erkannte er die Silben *Ta-Shi-Lhun-Po*, und da wußte er, daß das der Name war, den er dem neuen Kloster zu geben hatte. Später sah er im Traum seine mit elf im Wind flatternden Siegesfahnen geschmückte Wohnung im Innern des Klosters, und am folgenden

Tag deutete er seinen Jüngern diese Botschaft: «Elf Generationen lang
wird für die Gurus von Tashilhunpo alles gutgehen.»[33]

Weil Gendün Drub daran lag, den Zentren der Glaubenslehre neue
Impulse zu geben, mußte er oft auf Reisen gehen. Himmlische Visionen
beeinflußten auch dabei oft sein Programm oder die Änderung der
Reiseroute. So wurden ihm die Namen der Gurus, Äbte und Lamas mitgeteilt, mit denen er zusammentreffen mußte. Der Obere eines abgelegenen Klosters, in dem er sich aufhielt, als er das fünfzigste Lebensjahr
erreicht hatte, erklärte ihm, er habe eine himmlische Botschaft erhalten,
die ihm den Befehl erteile, in das zentrale Hochland Tibets zurückzukehren; und wenig später mußte er dort tatsächlich mit den Arbeiten
am Kloster Tashilhunpo beginnen. Achtundzwanzig Jahre seines Lebens
widmete er diesem Bau, der Anfertigung der Statuen und der heiligen
Bilder, der Niederschrift von Texten und der Ausbildung der Novizen
dieser Gemeinschaft.

Im Jahr 1474 feierte Gendün Drub das große Gebetsfest. Anschließend
zog er sich sieben Tage lang zur Selbstbesinnung zurück, worauf er sich
entschloß, noch einmal das Koster Narthang aufzusuchen, wo er sein
geistliches Leben begonnen hatte. Bei seiner Rückkehr nach Tashilhunpo
vor dem Wintereinbruch mußte er auf einer Sänfte getragen werden,
weil sich sein Gesundheitszustand verschlechtert hatte. Kaum angekommen, wollte er die Jahresversammlung der Mönche leiten; als er immer
schwächer wurde, beteten seine Mitbrüder für ihn; sie leiteten die Rituale für Gesundung und langes Leben ein. Gendün Drub gab ihnen
den Rat, sich lieber den von der Ordensregel für die bevorstehende Versammlung vorgeschriebenen Arbeiten und spirituellen Übungen zu widmen. Er selbst fand noch die Kraft, vor der Versammlung zu predigen.
Er legte seinen Mönchen vor allem die Meditation ans Herz. Um die
Mitte des ersten Wintermonats rief er die wichtigsten Meister seines
Klosters zu sich, um ihnen seine letzten Ermahnungen mitzugeben:

Widmet euch zuallererst den Tätigkeiten, die auf den Weg der Erweckung
führen. Ich wäre gerne für immer bei euch geblieben, doch für mich ist die
Zeit gekommen, da ich euch verlassen muß. Das soll für euch keine Quelle
von Bedauern sein; es ist der natürliche Lauf der Dinge. Nach meinem Weggang wird es nicht notwendig sein, die üblichen Rituale zu vollziehen oder
ein Grab für meine Überreste auszuheben. Verbrennt meinen Leib, ver-

mischt die Asche mit Ton und formt daraus Bilder des wundertätigen und unerschütterlichen Buddha. Es wäre gut, diese Bilder in einem einfachen Unterstand aufzubewahren. Wenn nicht, so sollt ihr nur die Gebete für die Verwirklichung der Wünsche und der Gelübde lesen, die ich euch immer empfohlen habe. Falls ihr mir treu bleiben wollt und spürt, daß meine Arbeit mitten unter euch für euch nützlich war, so bleibt im Kloster Tashilhunpo beisammen, arbeitet für das Wohl der Gemeinschaft und für die Erhaltung und Verbreitung der Botschaft des heiligen Dharma.

Er übergab ihnen die Schlüssel des Klosters. Der Mönch, der seinen Lebenslauf verfaßt hat, betont die besondere Tragweite und Bedeutung dieser Geste[34]: Alle im Zimmer anwesenden Mitglieder des Klosterkonvents, so berichtet er, hatten Angst davor, die Verantwortung für das Kloster zu übernehmen. «Wie sollen wir es leiten und verwalten?» fragten sie ihr Oberhaupt. Gendün Drub gab ihnen zur Antwort: «Ihr müßt den Rat der Ältesten einholen und gemeinsam die Entscheidungen fällen, die ihr für zweckmäßig haltet.»

Der älteste der Mönche blieb bei seinem im Sterben liegenden Abt. Während der ersten Nachthälfte beteten die beiden Männer, sie konzentrierten ihre Gedanken mit Hilfe der Technik des tantrischen Yoga auf eine intensive Meditation. Um Mitternacht schlummerte Gendün Drub für einige Stunden ein. Vor dem Morgengrauen konnte er noch einmal meditieren und seine Atmung unter Kontrolle bringen. Als der Tag sich ankündigte, zeigten sich alle Anzeichen einer Verwirklichung der vollständigen Leere des Geistes: Er hatte den Punkt der Weisheit und der Vollkommenheit erreicht. Das geschah in den ersten Januartagen 1475.[35]

Dreizehn Tage lang, bis zum ersten Vollmond des neuen Jahres, legte sich völlige Stille über die Region; nicht der geringste Windhauch, kein Vogelgesang. Der Himmel blieb gleichförmig und intensiv blau, ohne die kleinste Wolke. Alle Zeugen sahen darin ein Zeichen, daß der Mann, der die Welt der Lebenden verlassen hatte, ein Weiser gewesen war, der den höchsten Grad der Erkenntnis erreicht hatte.

An den Trauerzeremonien und -gebeten beteiligte sich eine riesige, innerlich gesammelte Volksmenge. Auf die Aufforderung der Mönche hin brachten die Gläubigen Gaben für die Errichtung eines Klosters. Der Leib des Verstorbenen wurde mit auserlesenen Wohlgerüchen gesalbt und in feine Seidentücher gehüllt. In seinem mit kostbaren Steinen geschmückten Holzsarg wurde er von Mönchen und Pilgern verehrt. Gleichzeitig wurde ein silberner Stupa errichtet. Im folgenden Jahr wurde sein Körper in den Stupa gebracht, wozu die Mönche Texte aus den heiligen Schriften rezitierten.

Gendün Drub ist der einzige Dalai Lama, der in Tashilhunpo bestattet worden ist.

Möge die Erzählung, die ich zusammengestellt habe, zum Durchbruch der Wahrheit und der Güte in der Welt beitragen; und dafür, daß ich sie geschrieben habe, hoffe ich auf den Schutz von Gendün Drub in allen meinen künftigen Leben.

Mit diesen Worten schließt die vom Mönch Künga Gyaltsen verfaßte Biographie. Wie er getreulich berichtet hat, ist der erste Dalai Lama nicht in der Pracht königlicher Paläste geboren worden; er stammt aus den bescheidensten Kreisen der tibetischen Gesellschaft. An die Spitze seiner Zeit und seines Landes gelangte er durch fortwährendes Bemühen um geistige und geistliche Erkenntnis und durch bedingungslose Beachtung der Regeln für das Mönchsleben, zu dem er durch eigene Entscheidung und seine Vorbestimmung geführt worden war. Der Bericht über seine Werke trägt zweifellos hagiographische Züge, doch in ihm widerspiegelt sich auch das reiche geistige Leben der tibetischen Gesellschaft im 14. und 15. Jahrhundert. Weil er sein Leben ganz der Botschaft des Buddha geweiht hatte, wurde er zu einer Quelle von Anregungen für seine Jünger und das tibetische Volk. In der Geschichte Tibets hat er unzerstörbare Spuren hinterlassen, die noch jetzt in den Reaktionen und Bestrebungen der Tibeter sichtbar sind. Das Wunderbare im tibetischen Buddhismus ist um das Beispiel seines Übergangs vom Leben zum Tod in einer Phase tiefer Meditation bereichert worden. Seine Schriften haben die religiöse Literatur beeinflußt; und die von ihm angeregten und geförderten architektonischen und künstlerischen Leistungen haben eine Periode des Wiederaufschwungs in der Kultur Zentralasiens eingeleitet.

II

Gyalwa Gendün Gyatso
1475–1542/1543

Im Anschluß an die Bestattungsrituale bestimmten die Mönche von Tashilhunpo eine Delegation, die die Reinkarnation ihres verstorbenen Meisters aufzufinden hatte. Ihre aus den gelehrtesten und geachtetsten Mönchen ausgesuchten Mitglieder studierten die Prophezeiungen in den heiligen Schriften und meditierten während ihrer Übungen, um ihre Gedanken auf den ihnen erteilten Auftrag zu konzentrieren und ihren Weg durch die himmlischen Offenbarungen zu suchen; sie hörten sich auch die Erzählungen von Pilgern und Mönchen an, die von Kloster zu Kloster zogen und so am Gewebe einer kollektiven Mystik mitarbeiteten.

Zehn Monate nach dem Tod von Gendün Drub wurde im Kloster bekannt, daß vom Dorf Tanak Dorje Den und der Geburt eines Kindes gesprochen wurde, die mit Zeichen und Wundern verbunden gewesen war.

Die Eltern gehörten zu einer Familie von Adligen und Gelehrten. Der Vater Dorje Chang Künga Gyaltsen war ein einflußreiches Mitglied der Nyingmapa-Schule, der Schule der «Alten», also der Schüler von Padmasambhava, die die Reform nicht nachvollzogen hatten. Er war aber auch den anderen buddhistischen Schulen bekannt, deren Schriften und religiöse Praktiken er gewissenhaft studiert hatte. Die Mutter, Ma-Chik Künga Palmo, war mit der Disziplin und der Lehre der Yoga-Tradition sehr verbunden.

Der Mönch Desi Sangye Gyatso, der Biograph des zweiten Dalai Lama, hat die Quellen der mündlichen Überlieferung und die von ihm zusammengefaßten Schriften des zweiten Dalai Lama in einer Schrift mit dem Titel *Ein aus Seide gewobenes Kleid* vereinigt. Er war damals Regent des fünften Dalai Lama, das heißt, daß er sein Werk ungefähr ein Jahrhundert nach dem Tod von Gyalwa Gendün Gyatso verfaßt hat. Er gibt getreulich alle Berichte wieder, die er über die Geburt und die ersten Lebensjahre der neuen Reinkarnation von Avalokiteshvara gesammelt hatte.

In der Nacht, als die Mutter das Kind empfing, sah sie im Traum viele vergoldete Schriftbände, die eine Art Krone bildeten und in ihr verschmolzen. Später sagte ein Bodhisattva im Traum zu ihr: «Das Kind, das du in dir trägst, ist dazu berufen, die buddhistische Botschaft weiter auszubreiten; gib ihm den Namen Sangye Pel.»

Dem Vater träumte, er statte dem allwissenden Gendün Drub einen Besuch ab; er war ihm nie persönlich begegnet, aber er hatte sein Tun und Lassen aufmerksam verfolgt und seine Schriften studiert. Er sah ihn zuerst in der Gestalt eines jungen Mönchs, der ihn aufforderte, ihm in das Innere eines Tempels zu folgen, wo er sich in einen Greis verwandelte und sagte: «Ich habe soeben eine lange Periode der Abgeschiedenheit beendet und Tara um ihren Schutz für das Kloster Tashilhunpo gebeten.»[36]

Für die Mutter war die Geburt mit keinerlei Schmerzen verbunden. Der Körper des Neugeborenen war so hell wie ein Bergkristall und von einem Lichterkranz umgeben. Schon nach wenigen Minuten wandte das Kind seinen Kopf in Richtung des Klosters Tashilhunpo; es faltete seine Hände zu einer Geste des Gebets. Aus seinem Gemurmel hörte sein Vater Mantras heraus, die der Tara gewidmet waren; er sprach sie zu Ende, um deren Segen auf seinen Sohn zu lenken.

Sobald das Kind zu sprechen begann, hörte man von ihm immer wieder den Namen des Klosters Tashilhunpo. Seinem Vater, der sich um seine erste Unterweisung kümmerte, erklärte es eines Tages: «Nach meinem Tod, am Ende meines vorangegangenen Lebens, ist mein Leib einbalsamiert worden. Der Bodhisattva der Weisheit, Mahakala, ist zu mir gekommen, hat das Leichentuch geöffnet und mich mit sich fortgenommen. Er hat mich zum Buddha Maitreya, zu Atisha und dessen Jüngern und zu Tsongkhapa gebracht. Dieser sagte zu mir: ‹Deine ganze Tätigkeit wird zum Nutzen der ganzen Welt dem Dharma geweiht sein.›»

Das alles kam den Mönchen von Tashilhunpo zu Ohren. Sie forderten die Eltern auf, mit ihrem Kind das Kloster aufzusuchen. Der junge Knabe nannte einige Mönche, die er zum erstenmal sah, bei ihrem Namen; als er dem Sessel gegenüberstand, auf den sich Gendün Drub bei seinen Lehrveranstaltungen gesetzt hatte, ging er darauf zu und erklärte, er habe sich oft auf ihn gesetzt, wenn er über die Lehre gepredigt habe. Er wurde als die Reinkarnation des Lama anerkannt, aber er ließ sich erst im Alter von elf Jahren im Kloster nieder. Damals erhielt er die

Weihe zum Novizen und den Namen, der in der Geschichte erhalten geblieben ist: Gendün Gyatso.

Für ihn folgte nun die lange und sorgfältige Einführung in die grundlegenden Erkenntnisse: das Studium der heiligen Texte, die Einübung in die Yoga-Meditation und -Disziplin, das Hören auf die Lehren der Mönche, die das Beste vom Glauben, der Philosophie und den Wissenschaften der damaligen Zeit in sich vereinigten, das Erlernen der Techniken für die Konzentration der Persönlichkeit. Es galt, ein starkes, in seinem Glauben unerschütterliches, seine Gemütsbewegungen beherrschendes Wesen zu schmieden, einen Menschen, der sich vor der Leerheit der wirklichen Dinge und vor der unausweichlichen Tatsache des Todes nicht fürchtete, denn für den, der sich darauf vorbereitet hat, wird durch diesen Tod der Weg zur Erweckung geöffnet. Man fragt sich, wie ein Karl Marx, offensichtlich aus voller Unkenntnis des Inhalts und der Methoden des religiösen Glaubens und der religiösen Vorstellungen, sich um die Mitte des 19. Jahrhunderts zur Formulierung versteigen konnte: «Der Begriff des Göttlichen hindert den Menschen daran, seine eigene Vervollkommnung zu verwirklichen.» Und sein Zeitgenosse Ludwig Feuerbach überbot ihn noch: «Religion ist nichts anderes als die versteckten Wünsche des menschlichen Egoismus.» Bei den Mönchen des Mahayana-Buddhismus bewirkt die Religion im Gegenteil ein außergewöhnliches Verhalten, ein Streben nach Heiligkeit auf der doppelten Grundlage von Wissen und Ausstrahlung.

Wissen allein genügt nämlich nicht. Alle Menschen müssen aus der Überzeugungskraft, aus den eingedämmten Leidenschaften und der inneren Reinheit ihres geistlichen Führers Nutzen ziehen können.

Laut einem vom Hinduismus übernommenen Prinzip kann der Mensch die Gottheit nur erfassen, hochachten und anbeten, indem er selbst eine Gottheit wird. Diese Botschaft hat der Buddhismus durch die Feststellung ergänzt, daß die Buddha-Natur in jedem Menschen vorhanden ist. Einige seiner Anhänger sind so weit gegangen, die Buddhaschaft auch Tieren und sogar Mineralien zuzusprechen, doch die Mahayana-Lehre hat sich auf den Menschen konzentriert. Mit der Vorstellung einer Übertragbarkeit der Gnade, ein Begriff, der auch vom Christentum her bekannt ist, hat diese Lehre die Übertragung von Verdiensten zu einer Grundlage ihres Wesens erhoben: «Die Jünger werden aufgefordert, ihre Verdienste für die Erleuchtung aller Wesen einzusetzen und ihr zu weihen», schreibt Mircea Eliade, der zur Begründung seiner Aussage den nachfolgenden Text von Shantideva, einem mystischen Schriftsteller aus dem 7. Jahrhundert, zitiert:

> Durch das Verdienst, das von allen meinen guten Handlungen ausgeht, will ich das Leiden aller Geschöpfe lindern, will ich der Arzt, der Heiler, die Amme des Kranken sein, solange es Krankheit gibt. Mein Leben mit allen meinen Wiedergeburten, allem meinem Besitz, allen Verdiensten, die ich erworben habe oder erwerben werde, all das gebe ich auf ohne Hoffnung auf Gewinn für mich selbst, damit das Heil aller Wesen gefördert werden kann.[37]

Das ganze Tun des jungen Novizen im Kloster Tashilhunpo war auf dieses doppelte Ziel konzentriert: Wissen erwerben und die dadurch erworbenen Verdienste auf seinen Nächsten übertragen. Der junge Mann förderte dadurch auch seine intellektuellen Möglichkeiten; mit sechzehn Jahren war Gendün Gyatso dazu imstande, hundert geschriebene Zeilen in derselben Zeit, die man benötigt, um eine Tasse Tee zu trinken, in sein Gedächtnis aufzunehmen; Gedichte über jedes beliebige Thema vermochte er spontan und ohne jede Anstrengung zu schreiben.

Er wurde anschließend in das Kloster Drepung versetzt, eine gewissermaßen für alle Lamas als Pflicht betrachtete Übung. Die Jünger von Tsongkhapa, der das Kloster 1416 errichtet hatte, bewahrten hier die Werke des großen Gelugpa-Reformators und des berühmt gewordenen Milarepa, des mystischen Dichters und Meisters der Meditation.

Damit begann für Gendün Gyatso die Vertiefung in die letzte Vollendung des Mahayana, in das Vajrayana, das «Diamantfahrzeug», das Kernstück des tantrischen Buddhismus. Nur Initiierte finden ihren Weg in diesem Komplex von meditativen und subtilen psychophysischen Techniken, in denen die Methode mit Weisheit verbunden wird, damit sich der Buddha-Zustand rascher erreichen läßt.

Er erhielt jetzt die volle Weihe und verbrachte eine lange Zeit in innerer Zurückgezogenheit, bevor er selbst zu lehren begann. Mehrere Monate wallfahrte er von Kloster zu Kloster; er sprach zu den Mönchen, gleichzeitig vervollkommnete er seine Kenntnisse der heiligen Schriften und sein Wissen über die Komplexität der Wesen, die er auf den Weg der Erleuchtung zu führen hatte. Seine Reisen und sein Forschen führten ihn in die Provinz Tsang in Zentraltibet zurück, wo er mit seinem Vater zusammentraf, um mit ihm über ihre jeweiligen spirituellen Erfahrungen zu diskutieren.

Im alten Kloster Yarlung verfaßte er ein Werk über Mañjushri, den Glorreichen Bodhisattva, der das mystische Wissen, die höchste Erkenntnis, verkörpert.[38]

Er zog sich anschließend in das Kloster Radeng zurück, wo ihm prophetische Visionen zuteil wurden. Hier wurde ihm kundgetan, daß er ein Kloster beim Lhamoi-Latso, dem See der Visionen, etwa hundertfünfzig Kilometer südöstlich von Lhasa, zu errichten habe.

Unter den zahlreichen heiligen Seen Tibets hatte dieser den besonderen Ruf, er offenbare jenen Menschen, die zu lesen und zu deuten vermöchten, in die Zukunft weisende Zeichen. – Wie wir noch sehen werden, ist dieser See auch ein vorgeschriebenes Ziel für die Persönlichkeiten, die damit beauftragt sind, die Reinkarnation des Dalai Lama zu finden.

1509 errichtete Gendün Gyatso neben dem Dorf Me-Tok-Tang am Ufer dieses Sees das Kloster Chökhorgyal; wie schon sein Vorgänger für Tashilhunpo erhielt auch er dafür große Geschenke, dank denen er die Arbeiten rasch abschließen und das Innere des Klosters reich ausschmücken konnte.

Vielfältige mystische und literarische Aktivitäten, Neugründungen von religiösen Institutionen: Das war damals in Tibet vor einem äußerst wirren weltlichen Hintergrund möglich. Die tibetische Überlieferung hat sich auf den geistlichen und kulturellen Aspekt konzentriert, doch historische Quellen aus China erinnern daran, daß das Land zu dieser Zeit in eine Vielzahl von Sippen, Familien, feudalen Kleinstaaten zerfallen war, die einander ununterbrochen bekämpften. Die Königsmacht fiel dem zu, der sich ihrer bemächtigte, und doch blieb kaum einer dieser Namen in einer verworrenen Genealogie der Nachwelt erhalten. Die Chinesen nutzten die Gelegenheit für Interventionen und weiteten ihre Herrschaft auf tibetische Grenzgebiete aus, ohne auf nennenswerten Widerstand zu stoßen. Und die Lamas hatten andere Sorgen, als mit ihren Predigten zu Kreuzzügen oder nationalistischen Aufständen aufzurufen, denn in der damaligen Zeit spielten sie noch keine entscheidende Rolle im Staat. Man kann höchstens darauf hinweisen, daß Gendün Gyatso eine Einladung des Kaisers U-Tsong (1505–1521) nach Peking ablehnte. Die Vertreter der Ming-Dynastie verfügten um diese Zeit kaum über besonders überzeugende Machtmittel. Der folgende Kaiser, Süan Tsong (1522-1567), hatte zudem für den Buddhismus nicht viel übrig; er ließ sogar einen Tempel schleifen, der in der Nähe seines Palastes in Peking errichtet worden war.

Es muß auch gesagt sein, daß in Tibet nicht nur eine gewisse politische Anarchie herrschte. Der stille und unmerkliche Aufstieg derer, die noch keine eigentlichen Dalai Lamas waren, nämlich Träger sowohl der geistlichen als auch der weltlichen Macht, vollzog sich in einer Umwelt rauher Rivalitäten zwischen den religiösen Orden. Vor allem die jüngste Mönchsgemeinschaft, der Gelugpa-Orden, wurde unterdrückt und in Verruf gebracht; es fand eine Art Machtkampf zwischen den Traditionalisten und den Progressiven statt. Die Ereignisse entwickelten sich zum Unguten, denn der Karmapa-Orden, der 1147 von Düsum Khyenpa gegründete und von der älteren Schule der Kagyüpa abgetrennte Zweig, nahm für sich die Wiedereinführung des Mönlam Chenmo in Anspruch, des großen Gebetsfestes im ersten Mondmonat des Jahres. Dieses Fest war von Tsongkhapa eingeführt worden; die «Gelbmützen» waren aber davon ausgeschlossen, ihnen drohte Gefängnis oder sogar der Tod. Solche Verhältnisse dauerten beinahe zwanzig Jahre lang. Auf die Initiative von Gendün Gyatso hin bildeten die Klöster Sera und Drepung ein Mönchskomitee, womit wieder allen die Teilnahme am großen Fest ermöglicht wurde. Einen Beitrag dazu leistete auch er selber, der später als der zweite Dalai Lama anerkannt werden sollte; beim Fest las er aus den heiligen Schriften vor. Gendün Gyatso kommt das Verdienst zu, die Geister beruhigt und die verschiedenen Orden einander nähergebracht zu haben, damit sie ihre rituellen Funktionen wieder gemeinsam ausführen konnten. Dieser besondere Aspekt, daß es ihm nämlich gelungen ist, die verschiedenen Orden durch seine Persönlichkeit miteinander zu versöhnen, wird von seinem Biographen ausführlich betont und verherrlicht; man kann sich durchaus vorstellen, der Eindruck, den diese Tat im Geiste des tibetischen Volkes hinterließ, sei der Hauptgrund dafür gewesen, daß sich das Amt des Dalai Lama in Zentralasien mit solcher Autorität und Popularität durchzusetzen vermochte.

Ein anderer Streit über die Lehre war um die gleiche Zeit zwischen zwei Denkschulen ausgebrochen, nämlich zwischen den Anhängern der Sutras, der Sutrayana-Tradition, und der Tantra-Schule.[39] Die Tantra-Tradition bildete die Basis der Sakyapa-Gemeinschaft, die zu dieser Zeit sich nicht nur auf geistlicher Ebene durchsetzen, sondern auch die politische Macht an sich reißen wollte und alle anderen Schulen zu verdrängen versuchte. Der Tantrismus – im eigentlichen Wortsinn: Zusammenhang, Kontinuum – beruht auf dem Studium, der Analyse und der Auslegung der Schriften und äußert sich in einer dreiteiligen geistigen Tätigkeit: Lehre, Diskussion und Vergleich. In der Sutra-Tradition hingegen, die von der Gelugpa-Reformbewegung zwar nicht ausschließlich, aber doch als Ergänzung zum Bücherwissen gepflegt wird, wird durch spirituelle Formung und esoterische Riten eine Selbstübersteigerung angestrebt, was zu spiritueller Überspanntheit führen kann, die bei den Traditionalisten Beunruhigung, ja Verdacht auszulösen vermochte. Rolf A. Stein faßt diese Rivalität in einer Studie über die tibetische Gesellschaft folgendermaßen zusammen:

> Zu dieser Doppelspurigkeit kommt eine andere, auf der einen Seite ein Lernen aus Büchern, das mit diskursivem Denken, mit Logik und Dialektik zu tun hat, und auf der anderen Seite eine mündliche, auf Geheimwissen und Initiation beruhende Belehrung, die grundsätzlich mit einer Einübung in die Meditation gleichzusetzen ist. Dieser Unterschied ist im Prinzip nicht gleichbedeutend mit der Aufspaltung in reformierte und nicht-reformierte Orden. Die Nyingmapa-Gemeinschaft betont unermüdlich ihre Verachtung für die Bücher und die Nutzlosigkeit des Wissens; was sie nicht daran gehindert hat, eine umfangreiche Literatur hervorzubringen. Ein Blick in eine ältere Periode macht diesen doppelten Aspekt der mönchischen Unterweisung besser verständlich. Denken wir an die Schenkungen, die unter Trisong Detsen den Mönchen von Samye gemacht wurden: Die Mönche erhielten jährlich Papier und Tinte, die Einsiedler und Meditierenden aber nicht.

Der Streit drehte sich nicht nur um Grundsätze; es galt auch herauszufinden, welche Denkschule am besten der Situation in Tibet entsprechen würde, in einem Land mit einer intellektuellen Minderheit religiöser Observanz und einer großen Mehrheit von Menschen, deren naturgegebener Hang zur Mystik durch rein mündliche Überlieferungen gefördert worden war; ein Mittelding zwischen Vernunft und Wunderglauben, zwischen Poesie und Sakralität, mit anderen Worten: auf der einen Seite sterile Gebildete und auf der anderen Seite ungebildete Meditierende. Gendün Gyatso war der Meinung, Tibet benötige beide Schulen, denn die der Sutras befasse sich mit den Grundlagen des

buddhistischen Lehrgebäudes, während die der Tantras die höheren
Stufen der Erkenntnis darstelle. Durch die Verschmelzung dieser bei-
den Strömungen hat er einen tiefen Einfluß auf die Kulturgeschichte
Tibets ausgeübt.

Gendün Gyatso blieb noch Zeit, um innerhalb des riesigen Grundstücks
des Klosters Drepung den Ganden-Podrang-Tempel zu errichten. Dieses
Gebäude wurde später Sitz der tibetischen Regierung, denn hier wohnte
1642 der fünfte Dalai Lama während der Bauarbeiten am Potala; später
wurden hier während einer gewissen Zeit die noch jugendlichen Dalai
Lamas unterrichtet.

Gendün Gyatso vermochte seine Todesstunde vorauszusagen und den
Tod in einem Zustand völliger Ausgeglichenheit zu erleben; auch das
ist für die Tibeter ein unanfechtbares Zeichen von Heiligkeit. Im Kreise
seiner Jünger erklärte er auf dem Totenbett: «Dieser Leib ist jetzt alt
und gebeugt; er ist nicht mehr imstande, mir oder jemand anderem zu
dienen. Ich hatte eine mystische Verbindung zum Kloster Drepung;
heute morgen habe ich, obwohl es keine Teezeremonie gab, gehört, wie
die heilige Muschel die Mönche zu dieser Versammlung rief... Und
ich habe geträumt, ich sei von fünf Siegesfahnen umgeben.»

Seine Zuhörer begriffen, daß er damit seine letzten Worte ausgesprochen hatte. Noch eine Woche lang konzentrierte sich der Meister auf
Meditation und Gebet. Am achten Tag setzte er sich hin, und in dieser
Haltung hörte er auf zu atmen. Das geschah in seinem achtundsech-
zigsten Lebensjahr.

Der zweite Dalai Lama wurde im Kloster Drepung beigesetzt, ebenso
wie seine beiden unmittelbaren Nachfolger.

> Es gibt einen See, dessen Wasser im Sommer anschwellen, [...]
> Durch zahllose mystische Zeichen verherrlicht.
> Seine Mitte ist wie die Nabe eines Rades,
> Von der die Wellen in Kreisen ausgehen,
> Sie breiten sich aus und verschmelzen
> Am Rande des Rades ineinander.
> Sie lehren den Dharma, ohne Worte zu benötigen.

Gendün Gyatso hat seinen Platz in der Geschichte als Gründer des
Klosters Chökhorgyal und als Entdecker des Sees der Visionen, mit

dessen Unterstützung alle nachfolgenden Dalai Lamas entdeckt und in ihr Amt eingesetzt worden sind.

Sein Leben und sein Wirken sind beispielhaft für den Orden der «Tugendhaften», der Gelugpa-Gelbmützen. Er hat aber seine moralische und spirituelle Autorität auch dafür eingesetzt, um die Denkschulen und die verschiedenen Mönchsgemeinschaften des tibetischen Buddhismus zu einer Einheit zu verschmelzen. Dadurch wies er seinen Nachfolgern den Weg: die auseinanderstrebenden Gruppierungen einigen, sammeln und anspornen.

III

Gyalwa Sonam Gyatso
1543–1588

Am fünfundzwanzigsten Tag des ersten Frühlingsmonats 1543 kam im Dorf Khang-Sar im Tölung-Tal, nicht weit vom Kloster Yarlung entfernt, ein Kind zur Welt. Sein Vater, Depa Namgyal Drakpa, gehörte dem regionalen Kleinadel an und war bekannt für die weise Verwaltung seiner Güter und seine Wertschätzung der religiösen Traditionen. Als das Kind von seiner Mutter, Paldzom Butri, geboren wurde, leuchtete der Körper des Neugeborenen auf, und zwar so hell wie ein Bergkristall; rund um das Haus bildete sich ein Regenbogen nach dem anderen; sie ließen Blütentropfen fallen, die in irisierenden Farben erglänzten. Die Eltern gaben dem Kind die Milch einer weißen Ziege, rezitierten über ihm glückbringende Verse und Gebete und gaben ihm den Namen Ranu Shih Palzango.

Schon in seiner frühesten Jugend spielte das Kind nicht wie andere Knaben seines Alters. Es kreuzte seine Beine in Meditationshaltung und schlug mit den Händen die Zeichen der Segnung und der Lehre des Dharma. Sobald es sprechen lernte, erwähnte es den Namen von Gendün Gyatso und erinnerte sich an Ereignisse aus dessen vergangenem Leben. Das Kind war damals drei Jahre alt.

Über dieses Verhalten wurde in der ganzen Umgebung gesprochen, und die Kunde davon gelangte auch zu den Mönchen von Drepung, die ihren Meister eben bestattet hatten; wie ihre Mitbrüder in Tashilhunpo nach dem Tode des ersten Dalai Lama, hatten auch sie eine Delegation bestimmt, welche die neue Inkarnation von Avalokiteshvara suchen sollte. Diese Abgesandten begaben sich zur Familie des Kindes und waren überzeugt, die Reinkarnation gefunden zu haben. Das Kind sprach verständig über die schwierigsten Themen der buddhistischen Lehre. Die letzten Zweifel waren ausgeräumt, als es eine Krone aus Kristallrosen und eine Tara-Statuette erkannte, die Gendün Gyatso gehört hatten. Der junge Knabe wurde ins Kloster gebracht; und in der Ganden-Podrang-Residenz, die von jenem Mönch errichtet worden war, der von jetzt an als sein Vorgänger galt, wurde er auf dem Löwenthron installiert. Sein Lehrer wurde der Panchen Sonam Drakpa, der höchste und gelehrteste Jünger des zweiten Dalai Lama; von ihm erhielt er die erste Weihe und seinen neuen Namen: Sonam Gyatso. Daß der alte Guru ihm nicht als ersten Teil des Namens den Titel *Gendün* («Mönch») verliehen hatte, wie eine Prophezeiung, in der die Namen der ersten Dalai Lamas festgehalten waren, nahegelegt hätte, erstaunte die tibetischen Exegeten im folgenden Jahrhundert und insbesondere den fünften Dalai Lama. Doch niemand hat je herausgefunden, welche tiefere Absicht hinter dieser in Widerspruch zu den Schriften stehenden Namensgebung stand. 1547 begab sich der junge Knabe zum erstenmal für seine Andachtsübungen zu den heiligen Stätten in Lhasa. Und ein Jahr später legte er vor seinem Lehrer die Gelübde als *Getsul* ab.

Damit begannen die langen und sorgfältigen Studien, mit denen sich die Lamas die Summe der mystischen, philosophischen, wissenschaftlichen und künstlerischen Kenntnisse ihrer Epoche aneigneten. Der Mönch Tsechog-Ling Yeshe Gyaltsen, der rund dreihundert Jahre später Sonam Gyatsos Lebensgeschichte schrieb, als er selbst der Betreuer des achten Dalai Lama war, berichtet in allen Einzelheiten über die Lehrveranstaltungen und die studierten Werke. Eine derart genaue und detaillierte Beschreibung der Reisen und Wallfahrten des dritten Dalai Lama war damals möglich, weil zusätzlich zu den mündlichen Quellen, die von tibetischen Chronisten nie vernachlässigt wurden, noch zahlreiche schriftliche Dokumente vorhanden waren, die jedoch seit 1959, nach den Ausschreitungen der chinesischen kommunistischen Truppen, zum großen Teil verschwunden sind; in der kurzen Biographie, die der fünfte Dalai Lama seinem Vorgänger gewidmet hat, werden beispielsweise ein rundes Dutzend frühere Werke erwähnt, die es heute nicht mehr gibt.

Sonam Gyatso machte es sich schon in seiner Jugend zur Gewohnheit, die Klöster zu besuchen. Er bemühte sich, so scheint es, mehr als seine beiden Vorgänger um die Verwaltung der Klostergüter, die allmählich zu erheblicher Größe angewachsen waren. Schon im Jahr seiner Weihe zum *Gelong* übertrug ihm im übrigen die Mönchsgemeinschaft in Drepung die Verantwortung sowohl für das geistliche als auch das materielle Wohlbefinden des Klosters. Während einiger Jahre verbrachte er seine Zeit je zur Hälfte in Drepung und in Chökhorgyal. Unterwegs knüpfte er viele Kontakte und hielt auch Predigten. Durch seine Tätigkeiten erwarb er sich ein Charisma, das seinen Absichten und den Bestrebungen der tibetischen Gemeinschaft sehr rasch förderlich war.

Der junge Mönch hatte freilich seine Ausbildung noch nicht abgeschlossen. Zum letzten Stadium der mystischen Erfahrung gehörte eine intensive Meditationsdisziplin durch Einübung in das Vajrayana. Den spirituellen Meistern fiel die Aufgabe zu, darüber zu wachen, daß diese Methode der buddhistischen Botschaft treu blieb und nicht durch Vermischung mit magischen Bräuchen und Verfahren oder heidnischen Emblemen entartete.

Der jetzige Dalai Lama hat das Vajrayana[40] gerafft definiert:

Schlechte *Karmans*[41] sind für die Übel verantwortlich, unter denen wir leiden. Sie erwachsen aus der Unwissenheit, und diese rührt vor allem von einem undisziplinierten Geist her: Man muß deshalb den Geist unter Kontrolle bringen, indem man den Strom von negativem Denken aufhält. Und dieser Strom kann eingedämmt werden, die Unruhe des Geistes kann besänftigt werden, indem man sich auf das physische Aussehen seines eigenen Körpers oder auf die psychologische Struktur seines eigenen Geistes konzentriert. Unter Zuhilfenahme kraftvoller Konzentrationsmittel kann der Geist auch auf außerhalb der Meditation befindliche Gegenstände gelenkt werden; für diese Aufgabe eignen sich am besten die Bilder von Gottheiten; und aus diesem Grunde sind solche Götter im Vajrayana in unüberblickbarer Zahl vorhanden. Es handelt sich dabei nicht um willkürliche Schöpfungen, in ihrer Vielgestaltigkeit wollen sie vielmehr den physischen, geistigen und sinnlichen Eignungen der verschiedenen Individuen entsprechen, die sich auf der Suche nach dem letzten Zweck befinden. Die Götter dienen als bildhafte Gegenstände für die Kontemplation, um den Körper, den Geist und die Sinne zu reinigen. Es sind Bilder mit erschreckendem ebenso wie mit friedlichem Aussehen geschaffen worden, und bisweilen sind sie mit vielen Köpfen und zahllosen Armen ausgestattet. In einigen Fällen ermöglicht ein starkes Hingabe- und Glaubensvermögen den allmählichen Zugang zu diesem letzten Zweck (Reinigung und Erleuchtung), doch im allgemeinen ist die Vernunft der Weg dazu. Und wenn man systematisch dem Weg der Transzendenz folgt, ist es die Vernunft, die einen authentischen Glauben hervorbringt.

In diesem Sinne erforschte Sonam Gyatso zielstrebig die verschiedenen Wege der Erkenntnis, Sutrayana und Vajrayana, und gleichzeitig nahm er auch die grundlegenden Schriften in sich auf, insbesondere die ursprünglichen Texte der Kadampa-Lehre. Und er vermochte so eine Synthese dieser Lehren durch intensive Meditation und Yoga-Einübung zu verwirklichen.

Auf diese Weise gelangte er in den vollen Besitz seiner physischen und intellektuellen Mittel, und er nutzte diese für einen ersten Versuch einer Friedensstiftung. Im Gebiet von Nub-Hor im Norden des tibetischen Hochlandes lebten Nomadenstämme mit gewalttätigen und barbarischen Sitten. Sonam Gyatso begab sich zu diesen Völkern und brachte es fertig, ihnen ihre Fehler bewußtzumachen und die Eintracht unter ihnen wiederherzustellen. Er erreichte, daß sie der buddhistischen Botschaft Gehör schenkten und sie anschließend auch praktizierten. Auf dem Rückweg machte er einen Zwischenhalt im Kloster Radeng, einem der ältesten Glaubenstempel: Er war 1057 von Domtön, dem treuesten der Schüler Atishas, gestiftet worden, der seinerseits die Grundregeln der Kadampa-Schule festgesetzt hatte.

Nach seiner Rückkehr wurde er in Drepung mit einer großen Zeremonie zum Lama geweiht, womit er zum höchsten Grad in der buddhistischen Hierarchie aufstieg. Wenig später erhielt er eine Einladung in das Kloster Tashilhunpo. Unterwegs strömten ganze Völkerscharen zusammen, um ihn zu sehen und zu hören. Anschließend besuchte er die Klöster Narthang und Sakya[42]; in Sakya löste die schreckenerregende Maske einer Schutzgottheit solche Furcht aus, daß niemand es je gewagt hatte, sie anzurühren. Sonam Gyatso nahm sie von ihrem Platz, und während er sie reinigte, so berichtet sein Biograph, soll das geschnitzte Gesicht vor Befriedigung mit den Augen geblinzelt haben.

Auf seinen Wallfahrten besuchte Sonam Gyatso auch die Klöster der anderen Mönchsgemeinschaften, Nyingma und Karma-Kagyüpa; mit seinen Predigten versuchte er die Einheit im Glauben und in den Riten wiederherzustellen; mehrere Äbte mitsamt den Gemeinschaften, denen sie vorstanden, schlossen sich daraufhin den Gelugpa an. Die Biographen haben ihre Berichte auf die spirituellen Aktivitäten konzentriert und lassen höchstens andeutungsweise durchblicken, daß es Sonam Gyatso gelungen ist, sogar einige weltliche Fürsten zu bekehren. Diese brachten dann ihre Untertanen und die von ihnen unterhaltenen Klöster ebenfalls dazu, sich zu den Lehren eines Lama zu bekennen, dessen Heiligkeit unwidersprochen feststand.

Die Jahre vergingen; das Ansehen und der Ruf von Sonam Gyatso breiteten sich weit über die Grenzen Tibets aus. 1576 sprach eine Delegation im Kloster Drepung vor. Sie war von Altan Chagan entsandt worden, dem Fürsten der Tümed-Mongolen, die sich im Gebiet von Amdo im Norden Tibets angesiedelt hatten. Dieser Khan aus den weiten Steppen, ein Enkel von Dayan Khan (1470–1543), hatte drei Jahre vorher, als er einen siegreichen Feldzug gegen den rivalisierenden Nomadenstamm der Tangüt unternommen hatte, unter seinen Gefangenen auch zwei Gelugpa-Mönche vorgefunden. Diese vermochten die Aufmerksamkeit des alternden Prinzen (er war 1506 zur Welt gekommen) auf sich zu lenken; in Gesprächen überzeugten sie ihn davon, daß er und sein Volk ihr Verhalten grundsätzlich verändern müßten. Haben sie vielleicht mit ihren Reden und der von ihnen gelehrten Methode, wie man dem Körper seinen Willen aufzwingen kann, die Beschwerden des Greises lindern können? Jedenfalls steht fest, daß sie sein Interesse für den «Meister der Weisheit und der Erkenntnis» weckten, auf den sie immer wieder zu sprechen kamen.

Die von der mongolischen Delegation überbrachte Einladung ließ sich nicht einfach stillschweigend übersehen; die Abgesandten beharrten derart darauf, daß man schon beinahe von einer Vorladung hätte sprechen müssen. Die Mönchsgemeinschaft in Drepung reagierte eher bestürzt darauf. War es klug, den Abt in ein fernes Land ziehen zu lassen, mitten unter rohe und wilde Völker? Boten aus anderen Klöstern, Vertreter der weltlichen Macht – weil diese so schwach war, benötigte sie die Unterstützung durch die religiöse Hierarchie – und Hunderte von einzelnen Menschen flehten den Lama an, in Tibet zu bleiben.

Sonam Gyatso hingegen fühlte sich durch die Einladung in seiner inneren Berufung angesprochen. Er empfand diesen Auftrag als eine ihm zugefallene Herausforderung, neue Jünger zum wahren Glauben zu führen. Oder gab es vielleicht noch andere Gründe für seine Entschlossenheit?

Obwohl er seine ganze Autorität eingesetzt hatte und sich in seiner unermüdlichen missionarischen Aktivität nie hatte beirren lassen, blieb die Rivalität zwischen den Orden bestehen; sie wurde sogar noch durch Ereignisse gefördert und geschürt, die nichts mit der Religion zu tun hatten. So hatte sich in der Provinz Tsang die von den Phagmodupa abstammende Herrscherfamilie mit den «Rotmützen»[43] verbündet. Der Krieg, den die verschiedenen Parteien und Klöster im ersten Drittel des

14. Jahrhunderts gegeneinander geführt hatten, war zwar zu Ende, doch «die ungewissen Zukunftsaussichten der zeitbedingten Bündnisse und örtlichen Auseinandersetzungen wurden durch den abermaligen Auftritt der Mongolen auf der politischen und militärischen Ebene entschieden»[44].

Nicht zum erstenmal riefen die tibetischen Hierarchen ausländische Schutzmächte zu Hilfe. Im 13. Jahrhundert hatte die Sakyapa-Gemeinschaft ihren Aufstieg und die Erhaltung ihrer Lehensherrschaft der Unterstützung zu verdanken, die sie von den Mongolen erbeten hatte. Wir haben gesehen, daß Kublai Khan, seine Nachkommen und später seine Nachfolger in der Ming-Dynastie noch so gerne diesem Hilferuf entsprochen hatten, verlieh er ihnen doch die Möglichkeit, sich in tibetische Angelegenheiten einzumischen und gleichzeitig die aufsässigen Völkerschaften im Auge zu behalten, die den von ihnen angeblich errichteten Frieden störten. Im Zusammenhang mit diesen Ereignissen hatten sich die Mongolen von Tschingis Khan zum Buddhismus bekehrt. Sonam Gyatso betrachtete sich als Vorboten einer zweiten Bekehrungswelle. Nichts läßt jedoch darauf schließen, daß er die Bestätigung seines messianischen Unterfangens, die ihm auf seiner Reise zuteil wurde, vorausgefühlt oder gar gesucht hatte. Was jedoch auf dieser Reise geschah, sollte die ganze spätere Geschichte Tibets entscheidend und unauslöschlich prägen.

Als erstes erteilte er seinem wichtigsten Jünger und persönlichen Berater, Tsöndru Sangpo, den Auftrag, sich an den Hof von Altan Chagan zu begeben, der damals in Tso-Kha, nicht weit vom Kukunorsee entfernt, residierte, dort eine Botschaft einzurichten und sein Kommen vorzubereiten.

Im Herbst 1576 machte er sich selbst auf den Weg, nachdem er noch in Lhasa das große Gebetsfest gefeiert hatte, dessen Zeitpunkt er umständehalber bedenkenlos vorverlegt hatte. Die Reise würde lange dauern: ungefähr tausendfünfhundert Kilometer Weg durch wenig besiedelte und deshalb auch wenig gastfreundliche Gebiete mit der fortwährenden Drohung unerfreulicher Zusammenstöße. Sobald er in unbekannte Regionen vorstieß, verlieh er seiner Reise mit viel Geschick den Nimbus des Wunderbaren; himmlische Zeichen häuften sich, so daß ihm der Ruf eines Wundertäters vorauseilte. Unterwegs stürzte er die falschen Götter und Dämonen, die den Geist der Nomaden schwer belasteten.

Als die schwerfällige Karawane das Ufer des Oberlaufs des Yangtse Kiang erreichte, wälzte der Fluß tobende und bedrohliche Wassermassen talwärts. Die Reisegesellschaft wie auch die hier ansässigen Menschen sahen darin ein Zeichen, daß übelwollende Kräfte die Weiterreise zu verhindern versuchten. Sonam Gyatso warf einen scharfen, mit allen Geheimkräften seines mystischen Wesens ausgestatteten Blick auf den Fluß, und schon beruhigten sich die tobenden Wassermassen. Dasselbe Ereignis wiederholte sich, als die Karawane den Oberlauf des Huang Ho überquerte. Der Gelbe Fluß führte Hochwasser, und das Lager wurde so eingerichtet, als erwarte man einen mehrtägigen Unterbruch. Doch schon am folgenden Tag gingen die Wassermassen zurück, verwandelte sich der reißende Strom in einen ruhigen Bach.

Einige Tagereisen danach wurde Sonam Gyatso in einem luxuriösen Feldlager, das Altan Chagan hatte errichten lassen, von seinem Sondergesandten und einigen tausend mongolischen Reitern empfangen. Eine große Volksmenge hatte sich bei den Zelten für die Ehrengäste eingefunden, und die Tibeter wurden mit Geschenken, worunter ganzen Tierherden, überhäuft. Die Karawane nahm beeindruckende Ausmaße an, als man sich von neuem auf den Weg machte; ein langes Band schlängelte sich durch die Wüste, mit Fahnen, die im Wind flatterten, und Hörnern, deren Töne in der Luft widerhallten und die das bunte Gemisch von mongolischen, chinesischen und tibetischen Reitern antrieben. In der Biographie wird die Szene zusätzlich mit Regenbogen ausgeschmückt, aus denen sich schließen ließ, daß auch wohlwollende Götter sich dem Zug angeschlossen hatten.

Altan Chagan hatte sich in seiner Hauptstadt auf den Empfang seines verehrten Gastes vorbereitet: Das ganze Jahr 1577 über war der Bau eines Tempels vorangetrieben worden, der nur noch auf buddhistische Künstler und Lehrer wartete.

Die Begegnung zwischen dem Mongolenherrscher und dem Dalai Lama fand zu Beginn des Jahres 1578 statt. Als äußeres Zeichen seiner Absicht, sein Volk von seinem finsteren Aberglauben zu befreien, trug der mongolische Khan eine Robe aus weißer Wolle; er war von seiner Gattin und seinem Hofstaat umgeben; ein Dolmetscher sorgte für die Verständigung. Zunächst wurden in einem langen Zug die Geschenke vorbeigetragen, die man dem illustren Besucher übergeben wollte: eine mit kostbaren Steinen gefüllte goldene Schale, «so groß wie vier Hände», Rollen

von Seidentüchern und gefärbten Baumwollstoffen, Pferde mit reich-
geschmücktem Zaumzeug und Geschirr. Sonam Gyatso wurde aufgefordert, auf einem goldenen Thron Platz zu nehmen und Gebete und Anru-
fungen zu sprechen, welche vom Dolmetscher übersetzt wurden. Seine
ersten Worte gingen geradewegs auf das Ziel zu, das er sich gesetzt hatte:
«Ihr müßt», so sprach er, «dem Bösen entsagen und dem vom Buddha
vorgeschriebenen Weg des Guten folgen. Mord, Plünderung, Frauenraub
bei anderen Stämmen müssen aufhören, ihr solltet im Gegenteil lernen,
das Leben, das Eigentum und die Rechte aller zu achten.»

Mehrere Monate lang predigte Sonam Gyatso über dieselben Themen. Und es war für ihn eine große Befriedigung, als Altan Chagan das
Gesetzbuch des Stammes Chakhar, dem Kaiser Kublai angehörte, ab-
schreiben und veröffentlichen ließ. Dieses Gesetz sollte von jetzt an auf
alle Untertanen seines Herrschaftsgebietes, Mongolen, Chinesen, Tibeter, Sogdier (westliche Mongolen), angewendet werden. Von den neu
verfügten Maßnahmen seien insbesondere erwähnt:

- Anstatt daß beim Tode eines Familienoberhauptes seine Frau, seine
  Sklaven und seine Pferde geopfert werden, ist ein Teil seiner Güter
  den Mönchen zu schenken, die Gebete für den Verstorbenen sprechen
  sollen.

- Wer einen Menschen tötet, muß selbst sterben; wer ein Pferd oder
  ein Nutztier tötet, die einem anderen gehören, geht seiner Güter
  verlustig.

- Wenn jemand seine Hand gegen einen Mönch erhebt oder diesen be-
  leidigt, so sollen sein Haus zerstört und seine Felder beschlagnahmt
  werden.

- Es ist verboten, traditionellen Gottheiten Opfer darzubringen; für
  jedes geopferte Tier muß eine Buße im zehnfachen Wert des Tieres
  bezahlt werden.

- Die Bilder der alten Gottheiten müssen verbrannt werden; die Häu-
  ser derer, die diesem Gebot nicht nachkommen, werden zerstört.
  Umgekehrt wird empfohlen, Bilder und Statuen des Beschützers der
  Weisheit, Mahakala, aufzuhängen und aufzustellen.

- Die Mönche sind von Steuern und im Falle eines Krieges vom Mili-
  tärdienst befreit.

- Alle Bewohner haben ein tugendhaftes Leben zu führen und die
  Drei Juwele zu ehren: Buddha, Dharma und Sangha (das heißt Buddha, seine Lehren und die Versammlung seiner Jünger).

Auf die Empfehlung von Sonam Gyatso hin hatten alle Neubekehrten mehrmals täglich die sechs heiligen Silben: *Om Ma Ne Pad Me Hum* («Oh Du, Juwel in der Lotusblüte», die Anrufung, mit der sich die Tibeter jeweils an Buddha wenden), und das Gebet *Mik Tse Ma*, das von Tsongkhapa eingeführte Mantra, zu sprechen.

Schließlich verlieh Altan Chagan, um seinen Gast mit einer Würde auszuzeichnen, die ihn über die gewöhnlichen Menschen erheben würde, Sonam Gyatso den Titel *Talaï*, was in der mongolischen Sprache «Ozean» (worin «Weisheit» eingeschlossen ist) bedeutet. Dieser Ausdruck entspricht dem tibetischen *Gyatso*, und das Wort ist im Alltagsgebrauch in der Form von «Dalai Lama» erhalten geblieben und hat dadurch eine besondere Weihe erhalten.

Aus Bescheidenheit und um die beiden Lamas, als deren Reinkarnation er sich betrachtete, in die ihm zuteil gewordene Ehrung einzubeziehen, setzte sich Sonam Gyatso dafür ein, daß Gendün Drub und Gyalwa Gendün Gyatso als der erste und der zweite Dalai Lama anerkannt wurden.

So entstand der Titel, der in der späteren Geschichte Tibets noch durch die zeitliche Macht ergänzt wird.

Gegen Ende Sommer in diesem Jahr 1578 erhielt der Dalai Lama im Mongolenlager eine Einladung zu einem Besuch in Peking. Der Ming-Kaiser Shen Tsung (1573–1620) hatte seinen Botschaftern Geschenke für Sonam Gyatso mitgegeben. Dieser wollte jedoch keinen Streit zwischen Mongolen und Chinesen heraufbeschwören und bei Altan Chagan auch nicht den Eindruck erwecken, er strebe nach weiteren Ehrungen und Anerkennungen. Er ließ deshalb den Kaiser wissen, er habe ein neues missionarisches Werk im Norden und Osten Tibets begonnen und müsse es in den Regionen Amdo und Kham weiterführen. Was er auch tat.

Ein zahlreiches Gefolge gab ihm das Geleit, weshalb sich diese Reise über mehrere Jahre hinzog; neue Mühen und Arbeiten kamen auf den Dalai Lama und seine Mitarbeiter zu. So wurden mehrere Klöster gegründet; besonders hervorgehoben seien Lithang und Kumbum (nicht zu verwechseln mit der großen Pagode, die zu Beginn des 15. Jahrhunderts auf Befehl des Prinzen Chögyal Rabten in Gyantse errichtet wurde; sie ist in nepalesischem Stil gebaut und reich mit Wandmalereien verziert, unter anderem mit rund sechsundzwanzigtausend Darstellungen von Göttern und Lamas). In Lithang gab es Platz für mehr als dreitausend Mönche, Kumbum wurde beim Geburtsort von Tsongkhapa in der Provinz Qinghaï, südlich des Kukunorsees, gebaut. Die hier ansässigen Mönche zeigten Sonam Gyatso einen mächtigen Sandelholzbaum, der, so sagten sie, an der Stelle gewachsen war, wo bei der Geburt des Reformators ein Blutstropfen aus der Nabelschnur des Kindes auf den Boden gefallen war. Der Dalai Lama ließ zum Schutze des Baumes um ihn herum einen Stupa errichten.

Doch die Mönchsgemeinschaften in Zentraltibet machten sich Sorgen, weil ihr Lama so lange abwesend war, und schickten ihm eine Bittschrift, um ihn zur Rückkehr zu bewegen. Sonam Gyatso ließ sich überzeugen und nahm seine Lehrtätigkeit unter seinen Jüngern wieder auf. 1583 wurde er von einer mongolischen Delegation gebeten, dem Hof abermals einen Besuch abzustatten. Altan Chagan war gestorben. Bemühten sich seine Nachfolger um Anerkennung bei dem Mann, der maßgeblich zur Einführung der neuen Gesetze im Königreich beigetragen hatte?

Sonam Gyatso fühlte sich zu alt, um noch einmal eine lange und gefahrvolle Reise in den Norden zu unternehmen. Er versuchte deshalb, der Einladung auszuweichen. Doch neue und immer inständigere Bitten erreichten Lhasa. Der Dalai Lama sah ein, daß der Wankelmut der mongolischen Prinzen die Früchte seiner jahrelangen missionarischen Tätigkeit zunichte machen könnte und die Mongolei für den Buddhismus verlorengehen würde.

Er machte sich auch Sorgen wegen der politischen Unterstützung, die er für die innere Organisation seines Landes und dessen Schutz gegen außen benötigte. Und so machte er sich noch einmal auf den Weg zum Lager der Mongolen.

Dort wartete bereits eine weitere Einladung auf ihn: Der chinesische Kaiser Shen Tsung erneuerte seinen Wunsch, ihn in seinem Palast in Peking empfangen zu dürfen. Die Botschaft war in goldenen Lettern verfaßt und von reichen Geschenken begleitet. Diesmal wollte Sonam Gyatso die Einladung annehmen, und er ließ dem Kaiser eine Antwort in diesem Sinne zukommen. Doch sein Gesundheitszustand verschlechterte sich rasch.

Anfang 1588 schrieb er seinen Jüngern einen langen Brief mit seinen letzten Empfehlungen. Wie seine Vorgänger hauchte er sein Leben während einer Meditation aus. Das war am Morgen des 20. April 1588.

Ein schwerfälliger Leichenzug brachte seinen toten Leib zum Kloster Drepung, wo er bestattet wurde.

Sonam Gyatsos Leben und Werk haben der tibetischen Geschichte eine neue Richtung gegeben. Von da an war ihr der Weg gewiesen, den sie bis in die heutige Zeit gegangen ist. Mit ihm ist der Titel Dalai Lama zu einer Institution geworden, auch wenn deren Funktion erst durch spätere Entwicklungen genauer umschrieben worden ist. Als höchster Lama hat er einen großen Teil seiner Energie und seiner Arbeitskraft für den Erwerb des mystischen Wissens, für dessen Anwendung und Weitergabe an eine neue Generation von Jüngern aufgewendet. Seine Schriften sind weniger umfangreich als die seiner Vorgänger; doch seine Abhandlung über die *Essenz des feinen Goldes* gilt als eine vorzügliche Einführung in die Stufen des geistlichen Lebens bis zur Erleuchtung.

Doch der Dalai Lama nahm auch zu weltlichen Streitigkeiten Stellung, in denen sich oft Auseinandersetzungen zwischen Mönchsgemeinschaften um mehr Einfluß widerspiegelten. Das war der Grund, weshalb er die bereits in der Vergangenheit eingeleitete Politik fortsetzte und bei den Mongolen äußeren Schutz gegen die inneren Auflösungstendenzen suchte, die sich in der tibetischen Gesellschaft bemerkbar machten. So ließ es sich vermeiden, daß er sich an die Chinesen hätte wenden und deren Drängen hätte nachgeben müssen; er fürchtete sich vor den hegemonistischen Ansprüchen Pekings auf Tibet. Auch in diesem Sinne war er ein Vorläufer in der Geschichte seines Landes, indem er den politischen Bereich als bloßes Element der buddhistischen Lehre behandelte.

IV

Yönten Gyatso
1589–1617

Der tibetische Buddhismus hat einen tiefen und prägenden Einfluß auf
die mongolischen Fürsten ausgeübt. Deshalb läßt sich kaum etwas Über-
natürliches darin sehen, daß am 15. Februar 1589 in einer dieser mongolischen Familien ein Kind zur Welt kam, bei dessen Geburt alle diese
Zeichen und Wunder zu beobachten waren, die den Reinkarnationen
des «Meisters des Lichts» und seiner Jünger vorbehalten sind. Durch seinen Vater Sumer Daitshing Chungtaidshi, den Gatten der Prinzessin
Dara Chatun, war dieses Kind der Ururenkel von Altan Chagan. Es war
in einer Aureole aus Kristallrosen zur Welt gekommen. Schon während
seiner ersten Lebensjahre erzählte es seiner Umgebung von seinen Visionen, in denen ihm verschiedene Gottheiten erschienen waren, ja es
bezeichnete sich selbst als den Nachfolger des dritten Dalai Lama. Die
Meister, die unter den Mongolen über die Erhaltung und die Ausbreitung des Glaubens wachten, begannen das Kind im Alter von vier Jahren in der buddhistischen Lehre zu unterweisen. Schon wurden nämlich
erste Klöster errichtet; vor allem aber wurden auch die ersten Schriften
in den Sprachen der Steppenvölker herausgegeben. Wie viele Mönche
buddhistischen Glaubens haben wohl, den christlichen Vorbildern Kyril-
los und Methodios nacheifernd, diese Arbeit von Schreibern und Über-
setzern auf sich genommen, um möglichst viele Gläubige zu erreichen
und ihnen in ihren eigenen Sprachen die Lehren anzubieten, in denen
das gesamte Wissen der damaligen Zeit zusammengefaßt war? Wie die
Benediktiner- und Zisterziensermönche im 12. Jahrhundert hatten auch
sie eingesehen, daß «die in den Geschichtsbüchern enthaltenen Wahrheiten ebenso die weltlichen Angelegenheiten voranzubringen vermögen, wie die in den heiligen Schriften enthaltenen Wahrheiten die
Macht haben, die Pforten zum Himmel zu öffnen»[45]. Diese mongolische Schule und ihre weltlichen Beschützer pflegten regelmäßige Beziehungen zu den tibetischen Klöstern. Diesen fiel die Verantwortung zu,
die Echtheit des neuen Dalai Lama festzustellen. Der Dekan der «Gelbmützen»-Schule, der regierende Abt in Ganden, war zu alt, um persön-

lich die komplexen Prüfungsrituale auszuführen und die Authentizität der Reinkarnation zu proklamieren. Er ließ sich durch seinen Verwalter vertreten, der alsbald in die Länder des Nordens aufbrach.

Konnte Diplomatie bei der Auserwählung eines mongolischen Kindes für die höchste tibetische Funktion verbürgen, daß die geistlichen Aspekte gebührend beachtet worden waren? Wir wollen uns lieber nicht in den ureigenen Bereich der Mystik vorwagen. Wir stimmen vielmehr den tibetischen Abgesandten zu, die davon überzeugt waren, die Kraft des von Sonam Gyatso ausgebreiteten Glaubens sei stark genug gewesen, um aus dem Kreise der bekehrten Mongolen einen Sproß hervorgehen zu lassen, der würdig war, die Reihe der Buddhas fortzusetzen, die sich nicht nur für die bereits auf dem Weg des Lichts befindlichen Privilegierten, sondern für die gesamte Menschheit reinkarnieren.

1602 mußte sich der Junge endgültig von seinem Heimatland und von seinen Eltern trennen, um sich dem harten Schicksal zu stellen, das ihn erwartete. Wie vor einem Vierteljahrhundert, als die Reise des tibetischen Religionsführers in den fernen Norden beschlossen worden war, weckte auch der bevorstehende Aufbruch der Fackel des Glaubens Befürchtungen; zunächst bei den Mongolen, die damit das kostbare Unterpfand aus ihrer Hand gaben, das die Anwendung der auf Anregung von Sonam Gyatso eingeführten Gesetze gewährleistete; aber auch bei den Tibetern, die immer eine gewisse Angst vor einem möglichen Meinungsumschwung bei ihren neuen Glaubensbrüdern und Verbündeten hatten. Man beschloß, der Dalai Lama habe einen Stellvertreter zurückzulassen; man wählte für diese Funktion ein anderes Kind aus, das bis 1635 die Eigenart des tibetischen Buddhismus unter den Mongolen verkörperte.

Eine Delegation reiste dem jungen Dalai Lama entgegen. Sie traf mit ihm in Kuei-Suei, dem heutigen Khökh Khoto, in der Inneren Mongolei zusammen. Ihr gehörten nicht nur Mönche aus dem Kloster Drepung an, die sich geschäftig um ihren hohen Mitbruder kümmerten, sondern auch Fürsten aus der Zentralprovinz Ü, die Unterstützung in den nicht enden wollenden Rivalitäten um die weltliche Macht zu finden hofften. Andere fürstliche Familien, die wie sie die tibetische Souveränität praktisch untereinander aufgeteilt hatten, taten es ihnen bei den anderen religiösen Schulen gleich. So wird es die Karmapa-Gemeinschaft, die eifersüchtig auf den Aufstieg des Gelugpa-Ordens war und von den mächtigen Tsang dazu gedrängt wurde, für richtig halten, ebenfalls einen religiösen Oberen in den Reihen der mongolischen Fürsten zu suchen, Ligdan Khan aus dem Chakhar-Stamm. Solche Auseinandersetzungen, die sogar zu bewaffneten Konflikten ausarteten, vergifteten die ersten Jahre Yönten Gyatsos nach seiner Amtseinführung, doch seine mongolische Familie wachte über ihn. Sie war sich ihrer Aufgabe als Beschützerin der geistlichen Oberhäupter in Lhasa bewußt und tat alles, was notwendig war, um eine drohende politische Spaltung oder auch ein religiöses Schisma zu verhindern.

Unterwegs hielt sich der junge Mann, nachdem er an der Großen Mauer entlanggeritten war, einen Monat lang in der Gegend des Kukunorsees auf, wo mehrere Klöster entstanden waren. Hier weihte er Mönche und Priester und hielt seine ersten Predigten; er war noch nicht einmal dreizehn Jahre alt.

In Lhasa wurde er von einer riesigen und andächtigen Volksmenge erwartet. In Drepung war der alte Abt gestorben, der sich dafür entschieden hatte, in Yönten Gyatso die Reinkarnation des Dalai Lama zu sehen. Sein Nachfolger inthronisierte das neue geistliche Oberhaupt nach dem bereits Tradition gewordenen Zeremoniell.

Wie seine Vorgänger zog sich auch Yönten Gyatso zeitweilig zur Belehrung und Meditation zurück. Besuche in anderen Klöstern unterbrachen solche Perioden innerer Sammlung. Er begab sich auch in bescheidene Einsiedeleien, in denen einige Mönche in völliger Entsagung lebten.

Der Obere von Tashilhunpo, der damals noch nicht das Amt des Panchen Lama ausübte, suchte ihn auf, um ihm seine Belehrungen zuteil werden zu lassen. Er versicherte ihn gleichzeitig aber auch der Loyalität dieser berühmten und wichtigen Mönchsgemeinschaft.

Zahlreiche Würdenträger aus weit entfernten religiösen Gemeinschaften, beispielsweise aus den Regionen Amdo und Ordos oder aus der damals mongolischen Provinz Kansu, besuchten ihn in Drepung. Die Autorität und die Ausstrahlung des Gelugpa-Zweigs des tibetischen Buddhismus schienen von jetzt an ausreichend gefestigt zu sein. Das war dem Einsatz des dritten und des vierten Dalai Lama zu verdanken, auch wenn Yönten Gyatso allem Anschein nach nicht eine ebenso starke Persönlichkeit wie sein Vorgänger war. Er war ein gelehriger Schüler in der Hand seiner Lehrer und der Klosteräbte, aber gleichzeitig auch ein nachsichtiger Fürst den Mönchen gegenüber, die sich über die Disziplin und Armutsregeln des Ordens hinwegsetzten und nicht abgeneigt waren, die von den Gläubigen oder den Schutzherren gespendeten Mittel zum eigenen Nutzen zu verwenden.

Daß mit Yönten Gyatso ein Mönch mongolischer Herkunft religiöses Oberhaupt wurde, ist angesichts der Ausbreitung des Buddhismus nach Zentralasien und bis nach Sibirien keineswegs überraschend. Wir wissen bereits, daß der junge Dalai Lama, bevor er seine adlige Familie verließ, bei seinem Volk einen Vertreter eingesetzt hatte, der wie er selbst noch ein Kind war. Diesem wurde der Titel Maidari-Hutuketu verliehen, und dieses Amt blieb bei den buddhistischen Mongolen mehrere Jahrhunderte lang erhalten. Der erste Titular übte seine Funktionen bis 1635 aus. Während seiner Herrschaft wurden Klöster gegründet, wobei vor allem das in Urga Erwähnung verdient, das bis in jüngste Zeit Sitz der mongolischen Patriarchen blieb. Die Neubekehrten begnügten sich jedoch nicht damit, Gebäulichkeiten zu errichten, Bilder zu malen und die Rituale ihres Glaubens zu feiern. Sie benötigten auch Schriften in ihren eigenen Sprachen und entwickelten, zum größten Teil auf Uigurisch, eine Sammlung buddhistischer Werke im Sinne ihrer Völker. Einer der mongolischen Jünger des dritten Dalai Lama übersetzte zudem eine Biographie von Milarepa aus dem Tibetischen. Eine derart beeindruckende Leistung in einem intellektuell wenig anregenden Umfeld wie dem der Nachkommen von Tschingis Khan beweist, wie tief die buddhistische Botschaft Menschen beeinflussen kann und daß sie sich in ihrer tibetischen Version den Völkern der asiatischen Steppe ohne weiteres anzupassen vermochte.

Den Wegen der Nomaden folgten die Predigten, die Belehrungen und ihre Träger; sie brachten den tibetischen Buddhismus bis zu den fernsten Steppen, die von mongolischen Stämmen durchwandert wurden: den Oiraten (oder Altaiern), den Dsungaren, den Türgüt, den Kalmüken usw. Marco Polo hat auf seinen Reisen die Zeichen dieser Ausbreitung gesehen. Der aktivste und eifrigste Kern lebte in der Nähe des Kukunorsees. Insgesamt aber breitete sich der Buddhismus vom Karakorum-Gebiet im Norden bis zum chinesischen Huang Ho im Osten, vom Oberlauf des Yangtse Kiang bis zu den Grenzen der islamischen Welt im Westen aus, also bis zum Pamir-Gebirge, bis Khotan und Kaschgar. Im oberen Indus-Tal schloß der italienische Entdecker Bekanntschaft mit dem Buddhismus von Ladakh, der sich auf den Spuren von Padmasambhava aus Indien bis hierher ausgebreitet hatte.

Yönten Gyatso, der einzige Nicht-Tibeter in der Reihe der Dalai Lama, hat seine historische Aufgabe in Einklang mit dem Werk seines Vorgängers bei den Mongolen weitergeführt. Er starb noch jung, erst achtundzwanzig Jahre alt, vermutlich am 21. Januar 1617. Nach einer neunundvierzigtägigen Trauerzeit wurde er neben dem zweiten und dem dritten Dalai Lama im Kloster Drepung beigesetzt.

V

Ngawang Lobsang Gyatso
1617–1682

*The history of the world
is but the biography of great men.*

Thomas Carlyle

Das erste historisch belegte tibetische Königreich hatte sich im
7. Jahrhundert um die alte Hauptstadt Yarlung herum gebildet; in einem Nachbardorf, Chongye, wurde 1617 in einer aristokratischen Familie, die weltliche Würde mit fest verankerter religiöser Überzeugung verbunden hatte, das Kind geboren, welches die Linie der Dalai Lamas mit
ihrer gleichzeitig weltlichen und geistlichen Macht endgültig begründete. Die Ahnen väterlicherseits hatten am Hof der Phagmodu, der bemerkenswertesten aller tibetischen Dynastien, wichtige Funktionen ausgeübt; diese Könige hatten etwas länger als zweihundert Jahre, von 1350
bis 1565, das Land regiert und waren dann von ihren eigenen Premierministern gestürzt worden, welche die Dynastie der Tsang inaugurierten.
Der Vater blieb der entthronten Familie und dem religiösen Zweig der
Gelugpa, ihrer geistlichen Grundlage, treu. Die Mutter gehörte der
Schule einer buddhistischen Minderheit an, dem Jonangpa-Orden[46],
dessen Oberhaupt, Taranatha (1575–1634), der geistliche Pate des Kindes
war und ihm seinen ersten Namen gab.

Als man nach der Reinkarnation des Dalai Lama suchte, war eine Auswahl aus mehreren Kandidaten zu treffen. Der Abt des Klosters Drepung,
der diese Funktion seit 1569 ausübte und bei der Ausbildung von Yönten
Gyatso mitgewirkt hatte, übernahm persönlich die Verantwortung in
dieser Angelegenheit. Eine lange Erfahrung im Umgang mit religiösen
Angelegenheiten hatte ihn vorsichtig werden lassen. Er war sich auch
der mit einer Wahl verbundenen Risiken bewußt, denn zwischen den
verschiedenen buddhistischen Schulen herrschte eine Atmosphäre der
Rivalität, weil alle gerne die dynastischen und nationalistischen Que-

relen zu ihren Gunsten ausgenützt hätten. Das Jahr 1622 war angebrochen; der vierte Dalai Lama war bereits seit fünf Jahren tot, eine Entscheidung drängte sich deshalb auf. Mit einem zahlreichen Gefolge von Mönchen und Priestern begab er sich zu einem der Kinder. Sobald dieser noch nicht einmal fünf Jahre alte Knabe den alten Mann sah, sagte er zu ihm: «Weshalb kommst du erst jetzt hierher?», worauf er sich ihm auf die Knie setzte. Alle Zeugen wußten sogleich, daß sie auf den richtigen Weg geführt worden waren. Die Delegation kehrte nach Ganden zurück, wo die lange Ausbildung des jungen Lama begann.

Außerhalb der Klöster war die politische Situation in Tibet außerordentlich gespannt.

Der dynastische Wechsel hatte eine politische Krise ausgelöst. Die Spaltung in der regierenden Klasse und im tibetischen Adel hatte sich auf den religiösen Bereich ausgedehnt. Die Karmapa-Schule, die überzeugt war, sie verkörpere die reinste Lehrtradition, so, wie sie sich aus den heiligen Schriften herleite, hatte mit Unwillen den Aufstieg des Gelugpa-Ordens verfolgt, der seine Kraft und seinen Einfluß der Strenge seiner disziplinarischen Regeln und der geistlichen Würde seiner Lamas verdankte. Doch ihre Meditationsübungen und Visionen rückten sie in die Nähe der Magie und erregten Verdacht. Eine derart esoterische Auseinandersetzung vermochte freilich die öffentliche Meinung und die tibetischen Volksmassen kaum zu mobilisieren. Und so ging das Gerücht um, die Gelugpa-Gemeinschaft habe sich mit den Fremden, den Mongolen und den Chinesen, verbündet, um ihre Macht auszudehnen. Zwischen der neuen Herrscherfamilie der Tsang und dem Karmapa-Orden bahnte sich, von solchen nationalistischen Themen beflügelt, eine Annäherung an.

Nachdem die Tsang die Provinz Lhasa unter ihre Herrschaft gebracht hatten, beging der vierte Dalai Lama, Yönten Gyatso, einen Fehler, denn er weigerte sich, den neuen König, Karma Phuntsog Namgyal, zu empfangen; eine solche Haltung und seine mongolische Abstammung verliehen der These einer Zusammenarbeit mit dem «fremden Feind» eine gewisse Glaubwürdigkeit. Die Folge waren offene Angriffe auf die Gelugpa-Klöster, insbesondere die beiden wichtigsten, Sera und Drepung; zahlreiche Mönche wurden getötet. Eine mongolische Armee griff ein und stellte die Ordnung wieder her, aber um den Preis mehrerer tausend tibetischer Kämpfer im Solde der Tsang. Die Besetzung durch eine fremde Armee und die dadurch ausgelösten Unruhen zogen sich über einen großen Teil der Herrschaftszeit von Phuntsog Namgyal (1611–1621) hin. Doch die Tümed-Sippe verlor in der Mongolei ihre Machtstellung, ihre Armee zog sich deshalb zurück, und der neue tibetische König, Karma Tenkyong, welcher der letzte weltliche Herrscher sein sollte, war so klug, die Wahl der Mönche des Klosters Drepung zu billigen und die Reinkarnation des geistlichen Oberhauptes des Landes anzuerkennen.

1625 leitete der Abt von Tashilhunpo die Weihezeremonie für den jungen Mönch, und er verlieh ihm bei diesem Anlaß auch seinen endgültigen Namen: Ngawang Lobsang Gyatso. Bis 1627 studierte der neue Dalai Lama unter der Aufsicht der höchsten Persönlichkeit in der Hierarchie der Gelugpa-Mönchsgemeinschaft, Lingme Köntchok Chöspel, die Philosophie und die als grundlegend betrachteten Disziplinen der Astrologie, der Medizin und der Dichtkunst; er lernte zusätzlich auch Sanskrit. Der fünfte Dalai Lama war von einem universalistischen und nach einer Einigung der Gegensätze strebenden Geist beseelt; das bewog ihn, sein Wissen nicht auf das Erbe des Gelugpa-Ordens zu beschränken; er umgab sich auch mit Meistern der nicht-reformierten Nyingmapa-Gemeinschaft; diese umfassende Bildung prägte seine Persönlichkeit sehr tief, sie förderte auch seine visionären Neigungen.

Schon in jungen Jahren wurden Lobsang Gyatso, der in einer mystischen Familienatmosphäre erzogen worden war, göttliche Offenbarungen zuteil, die sein Verhalten bestimmten. Während seines ganzen Lebens wiederholten sich solche Phänomene, insbesondere wenn wichtige Entscheidungen bevorstanden. In seinem erhalten gebliebenen autobiographischen Werk berichtet er von seinen Visionen, die ihn seit seinem sechsten Lebensjahr bis zu seinen letzten Lebenstagen begleiteten.[47] Er war sich vollauf bewußt, daß derartigen Erinnerungen etwas Ungewöhnliches anhaftet, denn er setzt seinen Berichten die folgende Bemerkung voran:

Als ob die Illusionen des Samsara nicht ausreichten,
Wird mein beschränkter Geist auch noch von den illusorischsten
    Visionen angezogen,
Denn es wäre zweifellos absurd zu sagen, das Bild des
    Mitleidens des Buddha
Könnte sich im Spiegel der Karma-Existenz widerspiegeln.
Dennoch möchte ich die folgenden Seiten schreiben.

Sie werden alle jene nicht enttäuschen, die zum Glauben
  neigen, die Fata Morgana in der Wüste sei wirklich ein See,
Ebensowenig alle jene, die sich von Märchen bezaubern lassen,
Oder alle jene, die sich ganz einfach an den sommerlichen
  Wolken erfreuen.

Doch die mit der Verwaltung der weltlichen Dinge verbundenen
Sorgen erforderten bereits die volle Aufmerksamkeit des geistlichen
Oberhauptes Tibets. Klöster waren wiederaufzubauen und instand zu
setzen, sie benötigten mehr Räumlichkeiten, um den Erwartungen vieler
Anwärter auf ein Mönchsleben zu genügen. Lobsang Gyatso hatte das
Glück, daß er einen ebenfalls außergewöhnlichen Menschen, Sonam
Chöpel (1595–1657), fand, der ihn bei dieser Aufgabe unterstützte; er war
nicht nur sein Schatzmeister, sondern auch der starke Mann sowohl in
geistlichen als auch in weltlichen Angelegenheiten, und in der Folge lei-
tete er als politischer Wegbereiter den endgültigen Sturz der tibetischen
Monarchie ein.

Der Dalai Lama war noch zu jung, um mit einer schwierigen Situation
fertigzuwerden, die zusätzlich durch äußere Ereignisse belastet wurde.
Die zugleich politischen und religiösen Rivalitäten zwischen den Für-
stenfamilien und den buddhistischen Schulen waren einzudämmen. In
diesem unruhigen Umfeld, wo alle Bündnisse mit außenstehenden
Machthabern das Risiko von Verdächtigung nach sich zogen, mußte er
sich insbesondere um seine eigenen Beziehungen zu den Mongolen kümmern. Doch auch in der Mongolei entzündeten sich Zerwürfnisse zwischen den einzelnen Sippen sowohl an hegemonistischen Ambitionen als
auch an Uneinigkeit in geistlichen Fragen.

Die Qoshot-Stämme hatten sich unter einem energischen Anführer,
Gushri Khan, neu formiert. Unter dem Vorwand, die rivalisierende Sippe
der Kalmüken habe Partei für die Karmapa-Mönchsgemeinschaft ergrif-
fen, mobilisierte er 1636 eine starke Armee, mit der er ihr Gebiet angriff.

1637 entschloß sich Gushri Khan zu einer Wallfahrt nach Lhasa. Er
wurde von Lobsang Gyatso mit einem besonders herzlichen Zeremoniell
empfangen. Im Jokhang-Tempel wurde für ihn ein Thron aufgestellt,
damit er dem Gottesdienst beiwohnen konnte, ein Privileg, das bis dahin
noch niemandem zugestanden worden war. Als Geschenk wurde ihm
eine goldene Statue von Tsongkhapa überreicht. Gushri Khan und der

106

Dalai Lama stimmten in ihren Meinungen zu politischen und religiösen Problemen vollkommen miteinander überein. Aus dieser persönlichen Begegnung erwuchs ein gegenseitiges Verständnis, das historische Ereignisse von allergrößter Bedeutung für Tibet auslösen sollte.

Das Mönchsleben von Lobsang Gyatso unterschied sich in nichts von dem seiner Vorgänger. 1638 erhielt er im Jokhang-Tempel die endgültige Weihe nach dem bereits fest etablierten Ritual der Gelugpa-Schule.

Der Besuch des Mongolenführers in Lhasa beeindruckte weder die Tsang-Monarchie noch die Karmapa-Mönchsgemeinschaft. Hatte er aber deren Groll gegen die Gelbmützen neu entfacht? Jedenfalls kam es zu neuen Verfolgungen. Für Gushri Khan war dies ein Vorwand für eine weitere Intervention. Er teilte dem Dalai Lama mit, er habe die Absicht, die von ihm als Ungläubige betrachteten Machthaber auszuschalten. Zuerst griff er Beri an, den tibetischen Fürsten in der Region Kham, der nicht nur ein Verbündeter der Tsang-Dynastie war, sondern auch ein Anhänger der alten Bön-Religion, die er in ganz Tibet wieder einführen wollte. Das war zumindest in den Lageberichten nachzulesen, welche Gushri Khan Argumente für sein Vorgehen geliefert hatten. Der Mongolenfürst drang folglich 1640 in das Gebiet Kham ein, beseitigte Beri und annektierte dessen Herrschaftsgebiet.

Während dieser Ereignisse verhielt sich Lobsang Gyatso neutral. Seine persönliche Neigung zur Vorsicht war dafür ebenso maßgebend wie eine gewisse Nachsicht den alten Mönchsgemeinschaften gegenüber, die wie beispielsweise die Nyingmapa-Lehrer zu seinem Wissen beigetragen hatten. Sein Schatzmeister und Berater, Sonam Chöpel, hatte jedoch den Plänen des Mongolenführers ausdrücklich zugestimmt; er hatte ihm sogar vorgeschlagen, seine Intervention bis nach Lhasa auszudehnen. Da ihm jedoch am Einverständnis des Dalai Lama lag, bat er diesen, die ihm vertrauten magischen Rituale auszuführen, um dem mongolischen Unterfangen zum Erfolg zu verhelfen. Lobsang Gyatso reagierte ohne zu zögern: «Wie können Sie so etwas von mir erbitten, wenn Sie doch für solche Rituale nichts übrig haben?»

1641 wurde in Lhasa gleichzeitig bekannt, daß Beri eine Niederlage erlitten hatte und daß eine mongolische Armee von dreißigtausend Kriegern, die keine große Mühe hatte, die Truppen der Tsang zurückzudrängen, im Anmarsch war. Der Premierminister wurde gefangengenommen und ins Gefängnis geworfen. Gushri Khan annektierte kurz entschlossen das von den Tsang beherrschte Hochland. Er richtete in Gyantse seine Hauptstadt ein und vertraute die weltliche Herrschaft über das Gebiet von Shigatse dem Großlama von Tashilhunpo an, der sich dieses Privileg bis in unsere Zeit zu wahren vermochte. Der letzte König, Karma Tenkyong, ergab sich seinem Besieger. Angesichts des offenkundigen Verfalls der tibetischen Dynastie proklamierte Gushri Khan sich selbst zum neuen Herrscher des Landes und zum Schutzherrn der Religion.

Sonam Chöpel, der einflußreiche Schatzmeister, sah jetzt ein, daß sich die Dinge nicht so entwickelt hatten, wie er es sich vorgestellt hatte, und daß Tibet seine Unabhängigkeit zu verlieren drohte. Er drängte den Dalai Lama, seinen Einfluß geltend zu machen, um die mongolischen Machtgelüste einzudämmen. Lobsang Gyatso entschied sich für eine lange Meditation, um das göttliche Licht um seinen Beistand zu bitten. Als er eingeladen wurde, die Orte zu besuchen, in denen sich die Mongolen festgesetzt hatten, sagte er bereitwillig zu. Die sorgfältig und umsichtig vorbereitete Begegnung wurde mit einem beeindruckenden Zeremoniell eingeleitet. Alle in der tibetischen Geschichte agierenden Personen nahmen daran teil, der Dalai Lama, die übriggebliebenen Höflinge des abgesetzten Königs, die Vertreter der verschiedenen buddhistischen Schulen und die Mongolen. Eine Eskorte von sechshundert reich ausstaffierten Reitern geleitete Lobsang Gyatso nach Tashilhunpo. Hier erklärte der Khan der Mongolen, er überantworte Tibet den Händen des Dalai Lama, und dieser sei von jetzt an als der Souverän des Landes zu betrachten.

Das geschah 1642. Nach der Bekehrung Kublai Khans, des Begründers der Yuan-Dynastie, durch den tibetischen Mönch Phagpa, nach der geistlichen und politischen Annäherung zwischen dem dritten Dalai Lama und Altan Khan, dem Führer der Tümed-Mongolen, ging damit der dritte Akt des eng mit den Mongolen verquickten tibetischen Schicksals zu Ende.

Am regionalen politischen Gleichgewicht in Zentralasien war freilich noch eine weitere Macht beteiligt. In Peking näherte sich die Ming-Dynastie ihrem Ende. Durch die Palastrevolte, die 1644 die Mandschu-Dynastie der Qing (Ching) an die Macht brachte, war die kaiserliche Macht völlig gelähmt worden; sie konnte nur passiv verfolgen, was Gushri Khan alles unternahm. Sobald sich Kaiser Shun Chih fest im Sattel fühlte, riß er die Initiative wieder an sich. Von der neuen Situation konnte er freilich nur Kenntnis nehmen: Weder frühere Entwicklungen in den chinesisch-mongolischen Beziehungen noch seine gegenwärtigen Machtmittel hätten es ihm ermöglicht, seinen Nachbarn eine Lehensherrschaft aufzuzwingen, wie sie von chinesischen Historikern aufgrund von diplomatischen Akten oder Korrespondenzen aus dieser Zeit immer wieder behauptet wurde. Auch die Herrscher der Nachbarländer, der indischen und nepalesischen Königreiche, verhielten sich, das darf man ruhig sagen, nicht anders: Alle hatten es eilig, Delegationen und Geschenke zu den siegreichen Mongolen zu entsenden, wobei solche Gesten nicht als Anerkennung einer Vasallenschaft interpretiert werden dürfen.

Gushri Khans gesamte Politik ist ein Beispiel für die in Zentralasien so tief verankerte Vorstellung von den Beziehungen zwischen dem «zeitlichen Beschützer» und dem «geistlichen Oberhaupt»; als Gegenleistung für die Unterstützung durch die religiöse Führung wird dieser ein Rückhalt durch die weltliche Macht gewährt. Man könnte versucht sein, Analogien in den Beziehungen zwischen dem Papsttum und dem Kaiserreich und den europäischen Königreichen zu suchen, doch die asiatische Mentalität läßt sich nicht ohne weiteres mit unserer westlichen und von Descartes' Philosophie geprägten Auffassung von politischen Bündnis- und Abhängigkeitsbeziehungen vergleichen. Im 17. Jahrhundert gibt es in Asien keine klare Definition dafür, was Vorherrschaft des einen und Unterordnung des anderen bedeuten soll; solche Begriffe haben nur einen praktischen Sinn im Hinblick auf tatsächliche Ereignisse, die sich zu gegebener Zeit abspielen. So war Gushri Khan der Garant für die religiöse Oberhoheit seines geistlichen Kollegen, des Dalai Lama. Die Funktion und der Titel eines Königs von Tibet, die er sich angeeignet hatte, blieben seinen Nachfolgern bis 1720 erhalten, aber als reine Fiktion, die keinerlei Einfluß auf die Regierung des Landes hatte. Der Königstitel war für den mongolischen Schutzherrn nur eine Verpflichtung, die Integrität Tibets und das Funktionieren seiner neuen Institutionen zu gewährleisten.

Zu seinem Vertreter und Handlungsbevollmächtigten hatte Gushri Khan eben diesen Sonam Chöpel ernannt, der vorausgesehen hatte, daß die Mongolen eine entscheidende Rolle spielen würden. Der Vertraute des Dalai Lama erhielt den Titel *Desi* (Gouverneur oder Regent), aber er war gleichzeitig der moralischen und religiösen Autorität von Lobsang

Gyatso unterstellt, dessen Entschiedenheit und Charakterstärke die Zukunft bestimmten: Er vereinigte alle Macht in sich, insbesondere war er es, der alle späteren Regenten ernannte, wie wir noch sehen werden.

Der fünfte Dalai Lama war tatsächlich «der erste, der eine weltliche Macht ausübte»[48]. Bis zum Tod von Gushri Khan im Jahre 1655 fühlte er sich möglicherweise verpflichtet, ihn über die Entwicklung der tibetischen Angelegenheiten zu informieren, wobei die Sorge um gutnachbarschaftliche Beziehungen und die Vermeidung weiterer Interventionen wichtiger gewesen sein dürften als ein Gefühl der Unterordnung; als geschickter Staatsmann stimmte er sein Verhältnis zu diesem Nomadenherrscher auf dessen Charakter ab. Gushri Khan gebärdete sich bisweilen sehr mißtrauisch und fühlte sich noch immer als Eroberer, wobei jedoch dieser Anspruch durch seinen von Ehrfurcht geprägten Respekt vor einer mystischen Macht in Schranken gehalten wurde.

Im Dalai Lama, der Verkörperung des tibetischen Buddhismus, fanden somit die Interpretation des Rechts und die eigene schicksalhafte Vorbestimmung zu einer Einheit zusammen.

Nach den Zeremonien in Shigatse kehrte der Dalai Lama nach Drepung zurück. Hier gab er seiner Regierung, dem Ganden Podrang, die Form, die sie bis 1959 beibehielt, und er bestätigte auch die Institution des Regenten, der die Funktion eines Premierministers ausübte.

1643 begann der unermüdliche Lobsang Gyatso auf Ersuchen seines Schirmherrn Gushri Khan mit der Abfassung einer Geschichte Tibets.

1645 kam er zur Überzeugung, das Kloster Drepung sei nicht der geeignete Sitz für die Regierung und die Verwaltung. Er beschloß, diese nach Lhasa zu verlegen und auf einem Hügel an der Stelle, wo 1300 Jahre früher ein tibetischer König einen Meditationspavillon gebaut hatte, einen Palast zu errichten. «Es ist eines der größten Gebäude der Welt. Auch wenn man sich jahrelang darin aufgehalten hatte, konnte man unmöglich alle Schlupfwinkel kennen.»[49] Er baute den «weiß» genannten mittleren Teil des Gebäudes; der rote Teil wurde 1690 vom Regenten Sangye Gyatso (1653–1705) angefügt. Im Potala-Palast befinden sich außer der Regierung auch die Gräber des fünften und der folgenden Dalai Lamas (mit Ausnahme des sechsten Dalai Lama). Der Namgyal, die 1574 in Drepung vom dritten Dalai Lama gegründete Hochschule für die Ausbildung der Mönche, und alle Ministerien wurden 1649 hierher verlegt.

Als ein seiner Verantwortung bewußter Verwalter ließ Lobsang Gyatso eine Zählung der Klöster vornehmen. Er reglementierte auch deren Einnahmen und Beiträge an die Staatsausgaben.

Als universaler Geist weitete er die kulturellen Aktivitäten aus. Das von ihm geförderte Bauwesen verlieh der Architektur neuen Schwung. Ebensowenig vernachlässigte er die Wissenschaften; er gründete beispielsweise auf dem Hügel in der Nähe des Potala, wo Tsongkhapa seinen Jüngern medizinische Kenntnisse vermittelt hatte, eine Ärzte-Schule, die bis in die jüngste Zeit erhalten geblieben ist (sie wurde nach der chinesischen Invasion zerstört), und ein Krankenhaus, wo noch heute altbewährte Methoden praktiziert werden, etwa die Pulsdiagnose oder die Behandlung mit Bergpflanzen. Eine Serie von sechsundsiebzig Seidenmalereien, die mit mehr als achttausend Einzelbildern die wesentlichen Kenntnisse über den menschlichen Körper und die Lebensfunktionen darstellt, war 1688 fertiggestellt worden; diese bemerkenswerten Tafeln, auf denen das Wissen der damaligen Zeit in Medizin, Chirurgie und Geburtshilfe zusammengefaßt ist, sind sorgfältig konserviert worden; für die Besucher des Krankenhauses in Lhasa sind Kopien angefertigt worden.[50]

Als Ordensmann und Diplomat organisierte der fünfte Dalai Lama die religiöse Hierarchie Tibets und kümmerte sich, zum größeren Nutzen sowohl des Landes als auch des Buddhismus, auch um die außenpolitischen Beziehungen.

Die religiöse Hierarchie erweiterte er durch das Amt und die Würde des Panchen Lama.

Der geistliche Vorsteher von Tashilhunpo, Lobsang Chökyi Gyaltsen, der von 1570 bis 1662 lebte und die Stellung eines Abtes seit 1600 bekleidete, hatte den Dalai Lama in seinem Aufstieg und seinen Pflichten unterstützt. Dieser verehrte ihn deshalb als seinen Meister und sein Vorbild. Das in allen Ereignissen der tibetischen Geschichte gegenwärtige Geheimnisvolle enthüllte ihm «geheime Texte», in denen festgehalten war, daß der ehrwürdige Abt eine Reinkarnation von Amitabha war, des Buddhas des unendlichen Lichts, dessen Lehre Zugang zum ewigen Paradies verleiht. Durch neue Entdeckungen und Visionen vermochte er die ganze Reihe der früheren Reinkarnationen bis zu einem direkten Schüler Tsongkhapas, Kedup Dje, zurückzuverfolgen, der von 1358 bis 1438 gelebt haben soll. Deshalb wurde beschlossen, daß dieser Mönch als der erste Panchen Lama zu betrachten sei, womit Lobsang Chökyi Gyaltsen zum vierten wurde. Der Titel soll eine Abkürzung von *Pandita-Chenpo*, «Großer Gebildeter Weiser», sein. Ab jetzt gab es in Tibet zwei sich gegenseitig ergänzende Hierarchien, wobei die ältere als Beschützerin und Begründerin der anderen anzusehen ist. Manche Tibeter halten den Panchen Lama für eine noch spirituellere Persönlichkeit als den Dalai Lama, weil er angeblich keinerlei zeitlichen Bindungen oder Tätigkeiten unterworfen sei; in Wirklichkeit haben aber beide Institutionen in zeitliche wie auch religiöse Angelegenheiten eingreifen müssen. Im geschichtlichen Ablauf haben ausländische Mächte sogar versucht, sie gegeneinander auszuspielen. Die Nachfolgeregelung durch Reinkarnation gilt für beide. Als Lobsang Chökyi Gyaltsen starb, wurde ein Kind aus einer Familie, die noch im Bönpo-Glauben verhaftet war, vom Dalai Lama als der neue Leib von Amitabha anerkannt, womit er seiner toleranten Haltung religiösen Gruppierungen gegenüber treu blieb. Er gab dem neuen Panchen Lama den Namen Lobsang Yeshe (1663–1737).

Der Dalai Lama war sich seiner Verantwortung Tibet als Nation gegenüber bewußt und kümmerte sich deshalb persönlich um die Beziehungen zu den Nachbarn und der Außenwelt. Dabei kamen ihm die Umstände und die Ausstrahlungskraft seiner Persönlichkeit entgegen.

Im Westen mußten sich die Steppenvölker und die Himalaja-Königreiche dem Druck des Islam stellen. Kaschmir und Baltistan waren im 16. Jahrhundert bekehrt worden. Sultane übernahmen die Regierungsgewalt und versuchten, noch weiter nach Osten vorzustoßen; Sultan Saïd Khan von Kaschgar und sein General, Mirza Haïdar, unternahmen sogar 1531 bis 1533 eine Expedition bis nach Zentraltibet. Ladakh und Guge vermochten sich ihre Unabhängigkeit zu bewahren. Die Buddhisten mußten darauf achten, daß sie sich nicht verzettelten. Ein Zweig der Kagyüpa-Gemeinschaft setzte sich in Ladakh fest; er vergrößerte und verschönerte zwischen 1602 und 1642 das Kloster von Hemis in der Nähe der Hauptstadt Leh.[51]

In Nepal war das Königreich der Malla-Dynastie entstanden; die Angehörigen dieser Sippe hatten die Gebiete im Tal von Katmandu untereinander aufgeteilt. Zwischen Nepal und Tibet bestanden seit dem frühen 17. Jahrhundert Handelsbeziehungen. Die Reise durch die Bergketten war kein einfaches Unterfangen, doch die Interessen der Händler überwanden alle Hindernisse. Ein Mitglied der königlichen

Familie und Staatsminister, Bhima Malla, begab sich persönlich nach Lhasa; er schloß sogar einen Handelsvertrag ab, in dem festgehalten wurde, die Güter von in Tibet verstorbenen Nepalesen seien der Regierung Nepals auszuhändigen. Der Handel war derart rege, daß König Siddhi Narasimha Malla (1620–1657), ein konservativer Anhänger des Brahmanismus, der Krishna so tief verehrte, daß er sich selbst entsetzliche Entbehrungen auferlegte, um 1650 ein besonderes Reinigungsreglement für die einheimischen Händler erließ, die aus Tibet kamen; denn durch diese Reise außerhalb der rechtgläubigen Länder und durch den Kontakt mit einer Rasse, die von den Brahmanen als unrein deklariert worden war, kehrten sie besudelt nach Hause zurück und brauchten eine entsprechende Reinigung.[52] Da die gegenseitigen Beziehungen nicht so sehr auf rechtlichen Grundlagen, sondern auf der Dynamik der Tibeter, Händler wie Mönche, beruhten, konnten die Nepalesen die Ausbreitung des Buddhismus auf ihr Territorium nicht verhindern. Sogar im Tal von Katmandu war König Pratapa Malla, gleichzeitig Dichter und Mönch, geneigt, allerlei göttliche Kombinationen vorzunehmen; er praktizierte einen wohlanständigen Synkretismus und umgab sich mit vier geistlichen Beratern, unter ihnen war der buddhistische Priester Jamana; er gestattete den Mönchen und ihren Gläubigen, Tempel in Bodnath und Swayambhu zu errichten, die zu Wallfahrtsorten für die Buddhisten aus den benachbarten Gebieten wurden. In den Bergen suchten Mönche abgelegene und bereits zum Buddhismus bekehrte Völkergruppen, beispielsweise Gurungs, Tamangs und Sherpas, auf; sie beteiligten sich am Bau und Unterhalt von Klöstern, die es noch heute gibt und die immer Kultur- und Glaubenszentren gewesen sind.

Die Himalaja-Völker verspürten das Bedürfnis, dem Druck des Brahmanismus zu widerstehen, der sich von Indien aus gegen Norden ausbreitete; dabei ging es nicht nur um ihre innere Überzeugung, sondern auch um ihre politische Unabhängigkeit.

Die Völkerschaften Bhutans, die von ihrer Herkunft und ihrer Lebensweise her viele Gemeinsamkeiten mit den Tibetern aufweisen, hatten sich schon seit langem zum Buddhismus bekehrt. Die Schule der Rotmützen war in dieser Region seit der ersten Hälfte des 16. Jahrhunderts vorherrschend. Um das in Punakha errichtete Kloster herum hatten die Mönche einen theokratischen Staat aufgebaut, der mit Tibet regelmäßige Beziehungen unterhielt. Dasselbe gilt für Sikkim: Dieses Land war von einem tibetischen Missionar, Lhatsün (1597–1655), zum Buddhismus bekehrt worden und gab sich mit König Phuntsog Namgyal 1657 eine stabile Dynastie.

Der fünfte Dalai Lama stellte seine Klugheit in menschlichen Angelegenheiten und seine Toleranz gegenüber anderen Glaubensformen unter Beweis, als sich ihm Gelegenheit zu Kontakten mit dem Islam bot. In seiner Arbeit über die Sufi im Himalaja-Gebiet erwähnt Marc Gaborieau einen Muslim aus Kaschmir, Maulana Bashir Ahmad, der sich in Lhasa aufhielt:

> Zu dieser Zeit verbrachte ein Heiliger, der sich ausschließlich dem Denken an Allah geweiht hatte, seine Tage auf dem Gipfel eines Berges, der dem Palast (Potala) gegenüberliegt. Immer wenn der Dalai Lama durch sein Fenster in diese Richtung blickte, sah er diesen Mann [...]. Eines Tages schickte er seine Diener mit einem Pferd aus, sie sollten diesen Mann zu ihm bringen. Der Heilige erwiderte ihnen: «Kehrt zum Palast zurück, ich komme nach.» Während sie dem Dalai Lama Auskunft über ihr Erlebnis gaben, erschien der Heilige plötzlich vor ihnen. Der Dalai Lama äußerte seinen Wunsch, sich mit ihm zu unterhalten. Der Heilige legte ihm ausführlich die Religion der Muslime dar und schilderte ihm, wie schwierig es für sie sei, ihre Toten in Lhasa zu bestatten, weil sie keinen Friedhof besäßen. Einige Tage später schoß der Dalai Lama Pfeile ab, und zwar in vier Richtungen auf ein flaches Grundstück hinter seinem Palast. Dann sagte er den Muslimen: «Nehmt das ganze Grundstück zwischen diesen vier Pfeilen als Friedhof.» Seit diesem Tag ist diese Parzelle Eigentum der Muslime.

Die Öffnung des Daches der Welt unter dem Druck politischer Ambitionen oder religiöser Kräfte, im einen wie im anderen Sinne, fällt mit der Ausbreitung des europäischen Christentums zusammen. Auf die Händler, Soldaten und Priester folgten die Reisenden in hellen Scharen.

Trotz intensiver Forschungen und vieler Zeugnisse, die den Archiven entrissen wurden, läßt sich die Frage nicht beantworten, wer als erster Europäer nach Lhasa gelangt ist. Man glaubte lange Zeit, Odorich von Pordenone sei dieser Mann, ein Franziskaner aus dem Friaul, der im April 1318 aus Padua aufbrach, um zur Missionsstation des Johannes von Montecorvino zu reisen, der sich 1289 in China niedergelassen hatte. Sein Rückweg führte ihn durch Zentralasien, genauer gesagt durch den Norden Tibets, und zwar längs der mongolischen Oasenstrasse nach Badakhschan und Khorasan.

Die portugiesischen Jesuitenpatres Antonio de Andrade und Marquez, die sich am 30. März 1624 von der indischen Stadt Agra aus auf den Weg gemacht hatten, durchquerten Kaschmir und Ladakh, gelangten aber nicht über Tsaparang, die Hauptstadt von Guge, hinaus. In ihrem Bericht bezeichnen sie dieses Land als Tibet, und sie beschreiben darin Szenen, wie man sie tatsächlich in Shigatse oder Lhasa antreffen kann:

> Die Einwohner zeichnen sich im allgemeinen durch hervorragende Eigenschaften aus, sie sind gut, tapfer und sehr fromm. Sie legen wenig Wert auf ihre Kleidung, geben sich aber sehr viel Mühe bei der Verschönerung ihrer Kirchen. Priester, die sie *Lambon* nennen, gibt es in großer Zahl. Die einen leben in Gemeinschaften, wie unsere Mönche, die anderen haben Häuser, wie unsere Weltpriester. Sie legen alle das Gelübde der Armut ab; sie leben nur von Almosen; ihre Lebensweise ist erbaulich; sie halten sich an den Zölibat, widmen den größten Teil des Tages dem Gebet und pflegen auch den Gesang, wie wir, um dem Allerhöchsten ihre Huldigung darzubringen.

Die beiden Jesuiten geben zu, daß sie auf ihrer Reise nicht durch ganz Tibet gekommen sind:

> Noch weiter entfernt, im Inneren dieser Gebiete, gibt es andere, an China angrenzende Königreiche, die dieselbe Sprache und Religion wie Tibet haben. Während wir uns in Tsaparang aufhielten, begegneten uns mehr als zweihundert Händler mit vielen Waren, welche Chinesen in ihr Land gebracht hatten.

Am 11. April 1626 legten sie, in Anwesenheit des Königs von Guge, den Grundstein zu einer Kirche; sie hatten den Zweck ihrer apostolischen Reise nicht vergessen; sie glaubten, ihn leicht erreichen zu können, weil die Bewohner eine gewisse Vorliebe für religiöse Themen zeigten und weil sie auch viele Auffassungen entdeckt hatten, in denen zwischen der christlichen Religion und dem tibetischen Buddhismus kaum Unterschiede zu erkennen waren.

Zwei andere portugiesische Missionare, Cabral und Cacella, gelangten auf demselben Weg durch die Himalaja-Kette bis nach Shigatse (1626–1632).

Zwei Patres der Jesuitenmission in Peking, der Österreicher Johannes Grüber und der Belgier Albert d'Orville, erhielten 1661 den Befehl, nach

Rom zurückzukehren, um dort neue Instruktionen ihres Generals entgegenzunehmen. Sie konnten nicht den üblichen Seeweg benutzen, weil die Holländer die Häfen blockierten, und entschlossen sich deshalb für den Landweg. Sie verbrachten zwei Monate in Lhasa und reisten anschließend durch Nepal nach Indien weiter. Sylvain Lévi [53] berichtet, die Malla-Könige im Tal von Katmandu hätten sich gegenseitig bekriegt, während die beiden Jesuiten unterwegs waren; sie liehen dem König von Patan ein Fernrohr, durch das er die Stellungen des Königs von Badghaon beobachten konnte; aufgrund solcher Feststellungen gruppierte er seine Truppen um und vermochte seinen Feind zum Frieden zu zwingen. Der eine der beiden Jesuiten starb Anfang 1662 in Agra, der andere 1665, als er versuchte, über Rußland und Sibirien nach China zurückzukehren. Es blieb ihnen keine Zeit, Berichte über ihre Erlebnisse zu schreiben, und von ihrem Weg durch Tibet weiß man überhaupt nichts. Sie hatten sich im übrigen nicht als sehr neugierig erwiesen und kaum versucht, ihre Kenntnisse über das Land und seine Bewohner zu vertiefen, ganz im Gegensatz zur weltoffenen Tradition, die ein Kennzeichen der Gesellschaft Jesu seit ihrer Gründung, ein Jahrhundert zuvor, war; aus dogmatischen Gründen hatten sie darauf verzichtet, ein Gespräch mit dem Dalai Lama anzustreben, denn sie hielten es für von vornherein ausgeschlossen, sich mit einem Menschen zu treffen, «der sich mit Gottvater gleichsetzt».

Die Klänge aus den langen kupfernen Hörnern unterbrachen in regelmäßigen Abständen die Gesänge der Mönche; Köpfe über roten Gewändern, die eine Schulter entblößt ließen, beugten sich, mit kurzgeschnittenen grauen Haaren die Mönche, mit dunkelschwarz glänzenden Mähnen die Novizen, über die heiligen Bücher; Finger blätterten respektvoll die mit Bildern geschmückten Seiten um. Im Inneren des Jokhang-Klosters lebten die Menschen so dicht gedrängt, daß man sich praktisch kaum mehr bewegen konnte; Rauch aus zahllosen Öllampen hüllte die Gläubigen und die prachtvoll gemalten Decken in einen bläulichen Dunst; in diesem Halbdunkel ließen sich nur die glitzernde Buddhastatue aus Edelsteinen erkennen, die im 7. Jahrhundert von Prinzessin Bhrikuti hierhergebracht worden war, und die Wandmalereien, auf denen das großartige Ehrengeleit für die andere Gattin des Königs Songtsen Gampo, die chinesische Prinzessin Wen Cheng, dargestellt war. Außerhalb des Klosters bewegten sich Pilger in Gassen mit düsteren Läden langsam im Kreise; viele von ihnen gingen auf den Knien und breiteten von Zeit zu Zeit ihre Arme und Beine auf dem Boden aus, worauf sie sich erhoben und die ganze Übung wiederholten; dazu wurden pausenlos Sühneworte gemurmelt; bei jeder Prostration klapperten die Holzschuhe, die sie als Schutz mit einem Lederriemen an ihre Hände gebunden hatten. Es war kalt, die Volksmenge sah sich an wie ein Ozean von Pelzmützen. Lhasa feierte den Mönlam, das große Neujahrsfest, zwei Monate nach der Getreideernte.

Im noch nicht ganz vollendeten Potala hatte der Dalai Lama die Versammlung der hohen Beamten, der chinesischen und mongolischen Repräsentanten geleitet und dem Kriegstanz der mit buntgefärbten Seidengewändern und einem Turban aus weißem Leinen bekleideten jungen Soldaten beigewohnt. Dann hatte er sich in Begleitung der Lamas aller Klöster aus der Umgebung zum Jokhang-Kloster begeben. Vor den aus den entferntesten Tälern herbeigeströmten Völkerschaften hatte er über ein Sutra des Mahayana gepredigt. Jetzt nahm er die Opfergaben der Pilger entgegen, Gold, Silber, Perlen, kostbare Steine und Seidentücher. Er berührte die Köpfe der Schenkenden, um Glück auf sie herab zu beschwören.

Plötzlich hob Lobsang Gyatso die Augen zum Himmel, dann senkte er rasch den Kopf auf die Brust; als er ihn wieder erhob und geradeaus sah, war sein Blick einem fernen Horizont zugewandt, weit hinter den schneebedeckten Bergen, in größerer Ferne als die Paläste von Peking, woher die Abgesandten des Kaisers gekommen waren. Eine himmlische Vision befahl ihm, sich zurückzuziehen, um zu meditieren und seine Reise nach China vorzubereiten. Er verließ den Thron, der ihm unter einem Baldachin mit goldenen Fransen aufgestellt worden war, und überließ seinen Platz dem Abt des Klosters Ganden, damit er das Fest zu Ende führe. Er kehrte in seine Zelle in Drepung zurück.

Die neue Mandschu-Dynastie der Qing führte Tibet gegenüber die Politik der Ming fort, die diese bereits von den mongolischen Yuan übernommen hatten. Mit seltenem diplomatischem Geschick hatte der fünfte Dalai Lama, noch vor dem Fall Pekings, 1642 eine Delegation nach Mukden entsandt, um dem Mandschu-Oberhaupt Taï Tsong, der sich den Titel Kaiser angeeignet hatte, seine Grüße und Wünsche zu überbringen. Einige Jahre lang beschränkten sich die chinesisch-tibetischen Beziehungen auf den Austausch von Höflichkeiten; die neuen Herrscher

Chinas waren zu sehr mit der Festigung ihrer Macht beschäftigt, als daß sie sich auch noch mit den fernen zentralasiatischen Hochebenen hätten befassen können. Sobald die innere Stabilität gesichert und der Mandschu-Nachfolger Shun Chih als rechtmäßiger Kaiser anerkannt war, wurde dem Dalai Lama eine Einladung zugestellt. Sie wurde 1648 in Empfang genommen und 1649 angenommen – wir befinden uns im Fernen Osten, wo die Zeit ein wichtiger Faktor in der Kunst des Regierens ist und wo zur damaligen Zeit, auch das muß erwähnt werden, Reisen von einem Ort zum anderen zu jeder Jahreszeit lange dauerten und mühselig waren. Der Besuch wurde für 1652 vereinbart und erforderte vom Dalai Lama höchste geistige Konzentration bei der Vorbereitung. Die politische Theorie des chinesischen Reiches war ihm restlos vertraut. Welche Dynastie gerade die Herrschaft ausübte, war völlig gleichgültig, das Prinzip, daß ihre Macht sich über die ganze Erde ausbreiten müsse, blieb immer dasselbe. Die zwischenstaatlichen Beziehungen und die Grade der Abhängigkeit anderer Staaten von China waren bloß eine Sache der zeitbedingten Umstände. Der Dalai Lama wußte deshalb, daß er sich bei den geringfügigsten Gesten und Vorschlägen so zu verhalten hatte, daß der Status Tibets nicht in Frage gestellt wurde, dessen weltliches und gleichzeitig geistliches Oberhaupt er erst seit zehn Jahren war.

Lobsang Gyatso verließ Lhasa mit einem Gefolge von dreitausend Personen; Aufenthalte in den Klöstern am Wege verzögerten die Reise, weshalb seine große Delegation nur langsam vorwärts kam. Als sie zehn Monate nach dem Aufbruch endlich China erreichte, bat der Dalai Lama den Kaiser um ein Treffen an der gemeinsamen Grenze zwischen den beiden Territorien. Mühselige Verhandlungen und ein mehrfacher Austausch von Botschaften waren notwendig, bis sich die Diplomaten über dieses heikle Protokollproblem einigen konnten. Der Kaiser hätte von sich aus die Forderung des Dalai Lama akzeptiert, aber sein Hofstaat und seine Rechtsberater waren dagegen. Die offizielle tibetische Delegation wurde auf rund dreihundert Personen reduziert und legte noch einige Tagesetappen zurück; bei allen diesen Zwischenhalten wurde sie von chinesischen Emissären gebührend empfangen. Schließlich fand das Treffen in Chenlo'u statt, wobei ein minutiös ausgearbeitetes Zeremoniell befolgt wurde, das den Anforderungen zu genügen hatte, welche die beiden Parteien für die Wahrung ihrer langfristigen Interessen als notwendig erachteten.

Der Dalai Lama stieg von seinem Pferd; der Kaiser erhob sich von seinem Thron und begrüßte seinen illustren Gast. Dolmetscher halfen beim Austausch der Begrüßungshöflichkeiten. Daraufhin setzte der Dalai Lama seine Reise fort, er kam 1653 kurz nach Neujahr in Peking an; ein ganzes Jahr lang war er unterwegs gewesen. Ein Palast, der Gelbe Tempel, war ausdrücklich für ihn errichtet worden. Die beiden Monate, die er in Peking verbrachte, waren mit Empfängen, Banketten und Festlichkeiten ausgefüllt, die einander an Pracht zu überbieten versuchten.

Die Bedeutung des Ereignisses mußte durch die Abfassung eines schriftlichen Dokuments unterstrichen werden. Mit welchen Worten aber? Das war eine schwierige Aufgabe für den Dalai Lama. Schließlich löste er sein Problem auf der religiösen Ebene, indem er den Wunsch formulierte, die Stellung seiner Schule möge unter dem Schutz des Kaisers erhalten bleiben. Die Antwort bestand aus einer Urkunde, deren Text Auseinandersetzungen über den Status des Dalai Lama und Tibets gegenüber China auslöste.[54]

Schon in der Präambel stellt sich der kaiserliche Text auf einen intellektuellen Standpunkt, wie es der Dalai Lama gewünscht hatte: Der chinesischen politischen Theorie wird durch die Aussage Genüge getan, daß ein Unterschied besteht zwischen der Funktion, die Völker zu lenken, und dem Auftrag, die geistliche Leitung auszuüben, die Seelen zu führen, würden wir sagen; weil die beiden Aufgaben einander ähnlich sind, ist jedoch eine offizielle Verquickung zulässig. Mit anderen Worten: Die beiden Aspekte der Aufgabe liegen auf verschiedenen Ebenen; die eine Funktion als irdischer Souverän ist auf das Gemeinwohl bedacht, die andere als geistliches Oberhaupt kümmert sich um eine Vervollkommnung in einem Bereich jenseits der sinnlich faßbaren Welt; nicht zwischen den beiden Machtbereichen besteht eine innere Beziehung, wohl aber zwischen zwei weisen Führungsmethoden, die beide dasselbe Ziel haben, nämlich «dem Wohl zu dienen». Der Text dieser Urkunde unterscheidet sich von vielen anderen offiziellen chinesischen Dokumenten mit ähnlichem Inhalt dadurch, daß der tibetische Hierarch als eine unabhängige Größe betrachtet wird, daß er als dem ethischen und religiösen Bereich zugehörig definiert und nicht in die Sphäre des universellen kaiserlichen Einflusses einbezogen wird.

Im zweiten Paragraphen wird als theoretische und allgemeine Präambel eine genaue Umschreibung der besonderen Stellung des Dalai Lama hinzugefügt: Dank seiner hervorragenden inneren Eigenschaften, seines Konzentrationsvermögens und seiner Weisheit (*prajna* in der Original-version, was sowohl Wissen als auch Weisheit bedeutet) ist es ihm gelun-gen, sowohl die empirische als auch die transzendentale Welt zu übersteigen und den Buddhismus auszubreiten. Dabei fand er Zugang zu den Ungebildeten in den Ländern des Ostens und reformierte die Lehre in den Ländern des Westens, womit auf die religiöse Reform der «Gelbmüt-zen»-Schule und seinen Aufstieg zum tibetischen Souverän angespielt wurde.

Anschließend würdigt der Text, daß der Dalai Lama seine faktische Stellung als ein Ergebnis der himmlischen Absichten begriffen habe, was er damit bewies, daß er die vom Vater des Kaisers, Taï Tsong, dem Begrün-der der Mandschu-Dynastie, ergangene Einladung annahm. In diese wörterbuchartige Aufzählung haben somit die chinesischen Verfasser des Textes eine Darstellung ihres grundlegenden politischen Prinzips einge-flochten: Der Kaiser hat vom Himmel den Auftrag erhalten, die Erde zu lenken; unter seinem Einfluß bemühen sich die umliegenden Völ-ker, den Weg in Richtung einer Höherentwicklung einzuschlagen; der Höhepunkt dieser Entwicklung ist der persönliche Kontakt mit der Quelle, die umgekehrt das bereits Erreichte bestärkt und ihm neuen Schwung für eine Weiterentwicklung verleiht. Dadurch erhält die Reise des tibetischen Machthabers eine einzigartige Bedeutung: Sie trägt zur Vervollkommnung des Dalai Lama und gleichzeitig zur Verstärkung der kaiserlichen Macht bei.

> In der herkömmlichen politischen Theorie Chinas hat eine Reise an den Kai-serhof dieselbe Bedeutung wie die Aufnahme diplomatischer Beziehungen oder ein Vertrag in der heutigen Praxis des internationalen Rechts. In der traditionellen chinesischen Auffassung von den Beziehungen zur äußeren Welt bedeutet China die Kultur, während die ganze restliche Welt mehr oder weniger unter dem Begriff «Barbaren» zusammengefaßt wird; so gesehen ist der Besuch eines ausländischen Würdenträgers eine Offenlegung, eine Reinkarnation der potentiellen Beziehungen zwischen China und den Bar-baren. Am Ende erklärt sich der Kaiser schließlich als derart befriedigt und glücklich, daß er das ausgearbeitete Dokument zusammen mit einer über-schwenglichen Aufzählung von Titeln aushändigt.[55]

Es muß angemerkt werden, daß dieser Überschwang von Titeln eine Folge der vorangegangenen Ereignisse ist, nämlich der Reise des Dalai

Lama und der Zufriedenheit des Kaisers, und nicht etwa mit dem Status des Empfängers etwas zu tun hat; eine solche Interpretation drängt sich aufgrund der traditionellen politischen Theorie Chinas auf; sie hat derartige Titel nie als Umschreibung für den Status des Empfängers, sondern immer als ein Zeichen kaiserlichen Wohlwollens aufgefaßt.

Daraus ergibt sich, daß der Besuch des Dalai Lama für Kaiser Shun Chih ein besonders bewegendes Ereignis war. Zunächst war er selbst ein eifriger Buddhist; von ihm wird berichtet, er habe gegen das Ende seines Lebens den Hof verlassen, um Mönch zu werden. Darüber hinaus hatte er die höchste Stellung erreicht, nämlich die universelle Herrschaft über die Erde, und der offizielle tibetische Besuch bedeutete eine Anerkennung seiner Legitimität. Durch solche Überschwenglichkeit und die Hofetikette hatte das Ereignis seine einzigartige Bedeutung erhalten. Die chinesischen Kommentatoren haben versucht, diesen spontanen Enthusiasmus in chinesischem Sinne zu nutzen und die Ergüsse der beiden Staatsoberhäupter, mit denen sie sich gegenseitig überhäuften, als eine einseitige Bestätigungszeremonie zu interpretieren, was sie offensichtlich nicht war.

A. S. Martynow ist der Meinung, aus einer Analyse des chinesischen Textes ergebe sich keinerlei Hinweis auf eine wechselseitige Beziehung zwischen der religiösen Verwandtschaft und der weltlichen Schirmherrschaft, die Urkunde enthalte keine Aussagen über die territoriale Integrität oder über eine politische Annäherung zwischen China und Tibet, der Besuch des Dalai Lama in Peking habe folglich von den chinesischen diplomatischen Dokumenten her gesehen dieselbe Bedeutung wie andere ausländische Besuche.

Lobsang Gyatso verband den Rückweg nach Lhasa wiederum mit Aufenthalten in den bereits berühmt gewordenen Klöstern am Rande des Weges. Der indische Historiker Sarat Chandra Das erwähnt in einer zu Beginn unseres Jahrhunderts entstandenen Studie über die Hierarchie der Dalai Lamas, daß sich der Kaiser nach den Zeremonien in Peking zum Grab seiner Ahnen in Mukden begeben habe und auf seiner Reise vom Dalai Lama begleitet worden sei. Nach der Rückkehr nach Lhasa widmete sich der Dalai Lama, nachdem die Stellung Tibets China und seiner neuen Dynastie gegenüber gesichert war, von neuem seinen religiösen Aufgaben. Er begann mit der Abfassung seiner geheimen Autobiographie, einer Arbeit, in der er vor allem die geheimnisvollen Visionen analysierte, die sein Handeln während seines ganzen Lebens bestimmt hatten. Nicht nur als Staatsmann, sondern auch als Literat ermutigte und beaufsichtigte er alle entstehenden literarischen Werke; die Autoren profitierten von der allgemeinen kulturellen Entwicklung, um auch andere als nur religiöse Themen zu behandeln; man kann noch nicht von einer eigentlichen profanen Poesie sprechen, wie sie dann unter dem sechsten Dalai Lama aufblühte, aber die Dichter ließen sich von der reichen Folklore der tibetischen Gesellschaft inspirieren.

Die Außenpolitik beanspruchte von neuem seine Aufmerksamkeit und nötigte ihn zum Eingreifen. Solange Gushri Khan, das Oberhaupt der Qoshot-Mongolen, noch gelebt hatte, fühlte sich Lobsang Gyatso aus Dankbarkeit für dessen Unterstützung und ebenso aus diplomatischem Geschick verpflichtet, ihn über die weiteren Entwicklungen der Situation in Tibet zu informieren und ihn um seine Meinung zu fragen. Der Mongole hatte keine Einwände gegen den Besuch in China erhoben. Peking nahm den Mongolen gegenüber dieselbe Haltung eines zumindest nominalen Imperialismus ein, was jedoch die Herrscher der Steppenvölker nicht daran hinderte, ihre Angelegenheiten nach eigenem Gutdünken zu regeln. Als aber Gushri Khan starb[56], hielt der Dalai Lama die Zeit für gekommen, diese aus Huldigungen bestehende Beziehung etwas zu lockern. Die äußeren Umstände kamen ihm zu Hilfe. Zwei der Söhne von Gushri Khan hatte sich die Erbschaft geteilt: Der jüngere, Bagathur, herrschte über das Gebiet Kukunor, der ältere, Dayan Khan, wurde der neue König-Protektor Tibets. Der von Gushri Khan 1642 ernannte *Desi*, Sonam Chöpel, hatte seinen Förderer nicht lange überlebt. Dayan Khan ernannte den Lama Trinle Gyatso zu seinem Nachfolger. Und 1659 begab er sich persönlich nach Lhasa, um dem Dalai Lama bei der Niederschlagung eines Aufstandes in der Provinz Tsang zu helfen.

Von solchen kurzen Hilfeleistungen seines Protektors abgesehen, hatte Lobsang Gyatso die Regierung des Landes in seine Hand genommen, und zwar zur großen Befriedigung der Bevölkerung, die in Frieden leben durfte und sich am Wohlergehen erfreute, welches daraus hervorgegangen war.

1668 starb Trinle Gyatso, ohne besondere Spuren hinterlassen zu haben. Im folgenden Jahr entsandte Dayan Khan als Nachfolger einen Laien, genauer gesagt einen General, der eine seiner Armeen kommandierte, Chöpön Depa. Streitigkeiten zwischen dem Regenten und dem

Dalai Lama ließen nicht lange auf sich warten. Da sich Dayan Khan immer mehr mit dem symbolischen Charakter seines tibetischen Königtums zufriedengab, griff er nicht in die Auseinandersetzungen ein. Er starb im übrigen schon 1670. Lobsang Gyatso nahm einen Skandal oder eine Intrige (der Regent wurde verdächtigt, eine Nonne verführt oder, nach einer anderen Version, die Gattin eines Adligen aus der alten Familie der Phagmodu entführt zu haben) zum Vorwand: 1673 enthob er Chöpön Depa seiner Aufgaben und internierte ihn in einer Festung. Der in der Zwischenzeit neu an die Macht gekommene Mongolenherrscher, Erdeni Dalai Khan, war eine derart schwache und bedeutungslose Persönlichkeit, daß der Dalai Lama keine Mühe hatte, sich die ungeteilte Macht anzueignen. Zwei Jahre lang behielt er sie für sich, dann ernannte er, um den Schein zu wahren, am 15. Oktober 1675 selber einen Regenten, wobei er nach sorgfältiger Abwägung den Vorsteher des Potala, den Lama Lobsang Jinpa, für diese Aufgabe auswählte. Dieser trat auf eigenen Antrieb 1679 zurück, um sich der Meditation zu widmen und insbesondere sein Amt seinem Neffen abzutreten.

Dieser junge Mann übte jedoch beim Dalai Lama schon seit mehreren Jahren wichtige weltliche Funktionen aus. Er kümmerte sich um die Finanzen und die innere Verwaltung.[57] Für Sangye Gyatso begann damit eine lange politische Karriere, in deren Verlauf er für die weitere Geschichte Tibets bedeutsame Entscheidungen traf.

Um diese Zeit scheint Lobsang Gyatso seine vollen geistlichen und diplomatischen Fähigkeiten und den Höhepunkt seiner Macht und seines Einflusses erreicht zu haben. Die damaligen politischen Ereignisse in Zentralasien erforderten den ganzen Einsatz seiner Talente und seiner Tatkraft.

In Peking stand Kaiser Kangxi (1663–1722), der Nachfolger von Shun Chih, größten Schwierigkeiten gegenüber. Er mußte sich nicht nur die letzten Anhänger der Ming vom Halse schaffen, sondern auch Generäle, die versucht hatten, ihre Unabhängigkeit zu proklamieren, beispielsweise Wou San Kuei, der sich in Yünnan und im Süden von Szetschuan ein eigenes Königreich aufbauen wollte. Der Dalai Lama hatte sogar daran gedacht, diese Gelegenheit zu nutzen, um die chinesische Vormachtstellung abzuschütteln, weil er befürchtete, ein weiterer Machtzuwachs könnte die von ihm errungene Unabhängigkeit gefährden. Er hatte sich einverstanden erklärt, eine Delegation mit reichen Geschenken zu empfangen, die der alte chinesische Rebellengeneral ihm zukommen lassen wollte. Später wurde ein Brief, der zwar vom Regenten, aber im Namen des Dalai Lama, geschrieben worden war, an den Kaiser gesandt, um von ihm Milde für Wou San Kuei zu erbitten. Als die Chinesen 1680 die Festung in Yünnan überrannten, in der noch Wous Sohn, Wou Shi Pan, Widerstand leistete, fanden sie sogar einen an den Regenten in Lhasa adressierten Brief vor, worin der General vorschlug, dem Dalai Lama die Distrikte Chung-Tien und Wei-Hsi in West-Yünnan zu überlassen, falls Tibet den Rebellen Unterstützung gewährte. Doch schließlich gelang es Kangxi, alle Revolten niederzuschlagen: Es war somit nicht die geeignete Zeit, um sich mit dessen Feinden zu verbünden.

Eine andere und ernsthaftere Gefahr bedrängte die kaiserliche Macht, nämlich das kriegerische Erwachen der Dsungaren, eines Mongolenvolkes; die Horden dieser Steppenkrieger hatten schon ein großes Gebiet von Turkestan im Westen bis zu den Grenzen des von anderen Mongolenstämmen im Osten besiedelten Territoriums in ihre Gewalt gebracht. Diese bedrohten Mongolenvölker appellierten sowohl an Peking als auch an Lhasa. Der Dalai Lama verfügte bei den Dsungaren über einen starken Einfluß; er hatte sich insbesondere um die Ausbildung eines Prinzen aus einer der bedeutenden Familien verdient gemacht, der mehr als dreißig Jahre lang in Tibet gelebt hatte. Er versuchte deshalb, deren expansionistische Gelüste einzudämmen; Kaiser Kangxi überließ ihm diese heikle Aufgabe, bis er glaubte, die dsungarischen Ambitionen seien genügend zurückgebunden worden, um einen Waffenstillstand abzuschließen; danach bat er Lobsang Gyatso, von weiteren Verhandlungen abzusehen.

Der Dalai Lama nutzte seine verbliebenen Kräfte, um die Arbeiten am Potala voranzutreiben. Anzeichen von Schwäche häuften sich, und Visionen ließen ihn sein nahes Lebensende ahnen. Während der langen Krankheit, bevor er 1682 starb, übte sein Regent Sangye Gyatso die Macht aus.

Die beiden Männer waren so eng miteinander verbunden gewesen, daß der Schüler im Prägstock des Meisters völlig seinem Vorbild entsprechend geformt worden war. Er dachte gar nicht daran, einen Teil der Macht, die er von jetzt an allein ausübte, an andere abzutreten; zudem hielt er es für seine Aufgabe, das doppelte Anliegen des fünften Dalai Lama weiterzuverfolgen: einerseits die Erhaltung der Unabhängigkeit sowohl den Mongolen als auch den Chinesen gegenüber und andererseits die Vollendung des Potala. 1693 war der Bau mit dem von einem goldenen Dach gekrönten roten Palast und dem Saal, in dem künftig die Dalai Lamas beigesetzt werden sollten, fertiggestellt.

Um sich einen gewissen Handlungsspielraum zu wahren, ließ Sangye Gyatso das Gerücht verbreiten, der Dalai Lama habe sich zu einer tiefen Meditation entschlossen und das Gelübde abgelegt, sich zwölf Jahre lang nicht mehr in der Öffentlichkeit sehen zu lassen. Sangye Gyatso selbst, der nicht Mönch war, kleidete sich wie ein Lama, um noch mehr dem Bild ähnlich zu werden, das sich das tibetische Volk von seiner Persönlichkeit machen sollte.

Und so geschah es, daß der Tod des fünften Dalai Lama, Ngawang Lobsang Gyatso, rund fünfzehn Jahre lang geheimgehalten werden konnte!

In seinem Buch *Mein Land und mein Volk* erklärt der jetzige Dalai Lama, seinem Vorgänger habe viel daran gelegen, daß der Potala vollendet werde:

Als er fühlte, daß sein Ende nahe war, bat er seinen Premierminister, seinen Tod geheimzuhalten, weil er befürchtete, eine solche Todesmeldung könnte zu einer Einstellung der Bauarbeiten führen. Der Premierminister fand einen Mönch, der dem Lama glich, und dadurch gelang es ihm, den Tod dreizehn Jahre lang, bis zur Vollendung des Werks, zu vertuschen, jedoch nicht ohne zuvor auf einem Stein ein Gebet um Reinkarnation eingravieren zu lassen; diesen Stein ließ er in die Mauer im zweiten Stockwerk einsetzen, wo man ihn noch immer sehen kann.

Nach dem Dreißigjährigen Krieg ging 1648 aus dem Westfälischen Frieden ein neues Europa hervor. Die Mächte, die einander bekämpft und miteinander verhandelt hatten, um zu diesem Ziel zu gelangen, wußten nicht, daß gleichzeitig der Buddhismus mit seiner politischen Organisation Tibet mehr als ein halbes Jahrhundert lang Wohlbefinden, gutes Einvernehmen und eine kulturelle Blütezeit geschenkt hatte. Das war das Werk dessen, der als der «Große Fünfte» in die Geschichte eingegangen ist.

Seine Herrschaft, und dieser Ausdruck ist für ihn angebracht, hat beträchtliche Errungenschaften hinterlassen: Das Land, das seit dem Ende des Königtums im 9. Jahrhundert gespalten war, ist wieder geeint, und die Feudalfamilien sind bereit, sich den Gesetzen einer Zentralregierung

zu unterwerfen. Diese ist aus Drepung in den Potala umgezogen, wird
jetzt von Laien getragen und hat sich strukturiert. Ihr steht im Prinzip
der Regent vor, aber sie ist vor allem für die Anwendung der Direktiven
des Dalai Lama besorgt; ihre Tätigkeit wird von einer religiösen Grundhaltung geleitet, was nur eine wohltätige Wirkung haben kann.

Das ist darauf zurückzuführen, daß Lobsang Gyatso, der sich mit weltlichen Geschäften befassen mußte, nie von seinen strengen Grundsätzen
abgewichen und seinen Mönchsgelübden nie untreu geworden ist. Während seines ganzen Lebens ist er zuinnerst ein Mystiker geblieben. Daß
er sich auf die göttliche Inspiration seiner Handlungen, seiner Entscheidungen und seiner Methode, mit denen er gleichzeitig die buddhistische
Schule und Tibet lenkte, verließ, hat nichts von einem engstirnigen
Aberglauben oder einer Ausnützung der Leichtgläubigkeit seines Volkes
an sich. Waren seine Visionen, die er sehr genau beschrieben hat, nicht
etwas wie die «weißen Strahlen von oben», von denen der Biograph des
Ignatius von Loyola spricht? Bestätigt nicht auch der Gründer der Gesellschaft Jesu in seiner Autobiographie, daß ihm so «Einsicht und Wissen
in vielen, sowohl geistlichen als auch profanen und weltlichen Dingen»
zuteil geworden war? Ignatius wie auch der Dalai Lama sahen mit ihren
«inneren Augen». Und sogar mit einem Hinweis auf Descartes räumt
Paul Valéry ein, daß es solche Erleuchtungen des Geistes gibt:

> Plötzlich wird jemand der Wahrheit gewahr, und diese leuchtet in ihm auf;
> eine Intelligenz hat das entdeckt oder sichtbar gemacht, wozu sie im Tiefsten
> geschaffen war; in diesem Moment hat sie, und zwar für immer, das Vorbild
> ihres ganzen künftigen Wirkens hervorgebracht.

Der deutsche Historiker Schulemann, der die Geschichte der Dalai
Lamas geschrieben hat, ist sehr streng in seinem Urteil über die Herrschaft des ersten geistlichen Herrschers in Tibet; er verwendet Ausdrük-
ke wie Egoismus und Machthunger. Der Italiener Fosco Maraini ist
objektiver:

> Die Nachfolge durch Reinkarnation, die eine geheimnisvolle Anziehungs-
> kraft auf die Massen ausübte, die strenge kirchliche Organisation, das monu-
> mentale Bauwerk, die geradezu königliche Vergrößerung und aufwendige
> Verschönerung des Potala in Lhasa waren Tatsachen, die eine politische,
> wirtschaftliche, religiöse und künstlerische Realität schufen, auf welche die
> Tibeter stolz waren.

Der wirtschaftliche Aufschwung äußerte sich in einem zunehmenden Handelsaustausch mit den Nachbarn und in der rasch wachsenden Bevölkerung der Hauptstadt; in ihr bildeten sich Kolonien von Ausländern, beispielsweise Nepalesen, Chinesen und Mongolen. Nicht nur der Handel, auch Kunst und Wissenschaft profitierten von diesem Gedankenaustausch.

Der Triumph der Gelugpa-Schule war für die anderen Denk- und Mystikströmungen, die im Mahayana-Buddhismus eine Rolle spielten, zweifellos nachteilig. Es gereicht Lobsang Gyatso zur Ehre, daß er diese Entwicklung durch Toleranz und Humanität in Schranken gehalten hat, wodurch Auswüchse wie Inquisition oder Religionskriege, welche die Geschichte des Christentums getrübt haben, verhindert wurden.

Schließlich war nun Tibet zu einer Nation geworden; der Dalai Lama hatte es verstanden, seinen Weg zwischen den Mongolen und den Chinesen zu gehen. Er zählte zwar auf deren militärisches Eingreifen, wenn seine fehlenden Machtmittel einen solchen Einsatz erforderten, aber er setzte nie die Einzigartigkeit und die Unabhängigkeit seiner Autorität aufs Spiel, die sich nicht nur über die alten Provinzen, sondern auch auf die Regionen Amdo und Kham erstreckte. Für den einzelnen Menschen, so wird behauptet, sei das Glück dasjenige in der Welt, an was man sich am wenigsten gut gewöhne. Der Menschheit als Kollektiv gelingt es nur selten, ein Erbe von Frieden und Wohlstand zu bewahren, das ihr die Geschichte durch zufällige Umstände oder die Kraft der Herrscher beschert hat. Nach dem fünften Dalai Lama beginnt für Tibet eine unruhige Zeit, die die Verdienste des «Großen Fünften» in ein noch helleres Licht rückt.

VI

Rigdzin Jamyang Gyatso
1683–1706

In der Geschichte Tibets kommt nicht selten die Legende der Chronologie in die Quere. Es ist kaum anzunehmen, das Geheimnis des Todes des fünften Dalai Lama habe so lange gewahrt werden können. Einige wenige religiöse Würdenträger kannten die Wahrheit. Für die übrigen Gläubigen, Mönche wie Laien, hatte es nichts Unwahrscheinliches an sich, daß sich ein reinkarniertes Wesen aus der Welt zurückzog, um sich einer intensiven Meditation zu widmen. Es war zudem nicht das erstemal, daß ein derartiges Geheimnis hinter Klostermauern und im Schutz ritueller Zeremonien gewahrt wurde. Als der erste Regent, Sonam Chöpel, 1658 nach sechzehn Amtsjahren gestorben war, wurde sein Tod mehr als ein Jahr lang nicht öffentlich bekanntgegeben, und die Gebete für seine Gesundung gingen weiter, als ob er noch immer am Leben wäre.

Man kann sich nach den Gründen für eine solche Verschwörung des Schweigens fragen. Wurde sie möglicherweise nicht nur vom Regenten durchgezogen, der damit die Kontinuität der Macht und folglich der tibetischen Politik gewährleisten wollte, sondern sogar vom chinesischen Kaiser unterstützt, dem viel daran gelegen sein mußte, daß er die von den unruhigen Mongolen respektierte moralische Autorität der religiösen Institutionen Tibets für sich nutzen konnte, um die überbordende Energie der Steppenvölker in Schranken zu halten? Mehr noch, Kangxi mißtraute dem Regenten. Er hatte ihn im Verdacht, er arbeite mit einigen seiner inneren Feinde zusammen, und die Fiktion, daß der Dalai Lama noch lebe, konnte ihm deshalb nicht ungelegen kommen.

Wie dem auch sei, von 1682 bis 1705 wurden die Geschehnisse in Tibet vom Regenten Sangye Gyatso gelenkt, einer rätselhaften Persönlichkeit, einer Mischung aus einem rechtgläubigen Mystiker, der die Disziplin Tsongkhapas getreulich einhielt, aus einem autoritären Potentaten und einem, betrachtet man ihn von seinen wechselnden Bündnissen und seinem diplomatischen Spiel mit China und den Mongolen her, machiavellistischen Politiker. Seine Gegenspieler waren zwei andere starke Figuren der damaligen Zeit: Kaiser Kangxi und das ehrgeizige, aber weniger durchschaubare Oberhaupt der Qoshot-Mongolen, Lhabsang Khan. Dieser hatte 1697, nach dem Tode seines Vaters Dalai Khan, seinen älteren Bruder, Tenzin Wangchuk Khan, vergiftet und träumte davon, seinem Titel als König von Tibet, den er von seinem Vater geerbt hatte, eine wirkliche Bedeutung zu geben, also als Herrscher über das gesamte Hochland Tibets und die Region Kukunor zu regieren.

1675 hatte der fünfte Dalai Lama, der schon damals einen ihm ergebenen Stellvertreter für die Regierungsgeschäfte suchte, Sangye Gyatso dieses Amt vorgeschlagen. Der damals erst dreiundzwanzig Jahre alte spätere Regent hatte diese Ehrung ausgeschlagen und, wie wir gesehen haben, seinem Onkel überlassen. Die Überlieferung weiß zu berichten, daß er auch 1679 noch ablehnen wollte, aber schließlich den inständigen Bitten Lobsang Gyatsos nachgab, der an seiner Ernennung unbedingt festhalten wollte, weil sie ihm durch eine seiner Visionen nahegelegt worden war. Nach dem Tode seines Onkels hielt sich der jetzt dreißig Jahre alte Sangye Gyatso für fähig, die Leitung der tibetischen Staatsgeschäfte zu übernehmen. In den Dienst seines Ehrgeizes stellte er alle seine hervorragenden Eigenschaften und das ganze Wissen, das sich in der tibetischen Kultur bis zu dieser Zeit angesammelt hatte.

Als Literat hinterließ er unter dem Titel *Lapislazuli-Spiegel* eine Geschichte der Gelugpa-Mönchsgemeinschaft, also der Schule der «Gelbmützen». Als Wissenschaftler erntete er großen Ruhm mit seinen Arbeiten über Medizin, Astrologie und Astronomie. Als Rechtsgelehrter brachte er die Texte, die das Gesellschaftsleben regelten, in eine neue Form, indem er insbesondere die Strafen kodifizierte; den Bräuchen der damaligen Zeit entsprechend behielt er freilich alle körperlichen Strafen und Verstümmelungen bei, sein besonderes Augenmerk galt dem Schutz der Mönche und der religiösen Würdenträger.

Er selbst blieb dennoch ein den irdischen Freuden keineswegs abgeneigter Laie. Das Volk, dessen Gefühle und Reaktionen er gerne ausforschte, schätzte im übrigen seine Talente als Bogenschütze und Musiker, so wie es auch die dichterische Begabung des sechsten Dalai Lama zu würdigen wußte; die Tibeter, die sich für alles begeistern können, was ihre Traditionen und ihre Kultur fördert, haben dem einen wie dem anderen ihre eher ungewöhnlichen Verhaltensweisen verziehen.

Die mündliche Überlieferung spricht Sangye Gyatso zwei Gattinen zu; die eine wurde Mutter des kurzlebigen Regenten Ngabang Rintchen, den er zu seinem Nachfolger ernannte, als er sich 1703 für kurze Zeit von den Regierungsgeschäften zurückzog; die andere wurde Mutter zweier Kinder, die 1706 zusammen mit dem sechsten Dalai Lama gefangengesetzt und nach China deportiert wurden; sie sollen noch 1717 in Peking gelebt haben, als der siebente Dalai Lama die chinesische Hauptstadt besuchte, denn ihre Namen stehen, wie einige Kenner der chinesischen Archive herausgefunden haben, auf der Liste der Persönlichkeiten, die zum offiziellen Empfang eingeladen waren.

Der Regent soll darüber hinaus auch Mätressen gehabt haben; eine dieser Geliebten, die er mit dem Mongolen Lhabsang Khan geteilt, aber zuletzt fallengelassen haben soll, hat sich, wenn man den Quellen Glauben schenken kann, an ihm gerächt, indem sie von Lhabsang Khan, der den Regenten 1705 ins Gefängnis warf, dessen Tod forderte.

Doch zu der Zeit, in der wir uns gerade befinden, hatte der Regent eben die makabre Komödie zu Ende gebracht, die er vorbereitet hatte, um den Tod von Lobsang Gyatso geheimzuhalten. Moralisch fühlte er sich aber so sehr den Regeln für die Weitergabe der lamaistischen Macht verpflichtet, daß er auch an alle Erfordernisse für die Reinkarnation des Verstorbenen dachte. Wer auf zwei derart verschiedenen Ebenen, auf der einen Seite die Verwaltung der Staatsgeschäfte und auf der anderen Seite die Beachtung der mönchischen und geistlichen Disziplin, zu leben und zu handeln vermag, muß vermutlich ein außergewöhnlicher Mensch sein – und das war er, was auch die verschiedenen Historiker über ihn sagen mögen.

Unmittelbar nach dem Tod des Dalai Lama schickte Sangye Gyatso mehrere Gruppen auf die Suche nach dem neuen Dalai Lama. Er ließ keinen Hinweis unbeachtet und überzeugte sich persönlich von den erforderlichen Erkennungszeichen. 1685 berichtete eine der Gruppen von einem Kind, das am 1. März 1683 (am 28. März laut der von Luciano Petech aufgestellten Chronologie) auf übernatürliche Weise zur Welt gekommen sei, und zwar in der Gegend von Möun, in der Nähe des Ortes Tawang, der jetzt nicht weit von der Ostgrenze Bhutans entfernt auf indischem Gebiet liegt. Die Familie gehörte zu einem einflußreichen Geschlecht in diesem strategisch wichtigen Gebiet Südtibets; die Geschichte berichtet von einem Ahnen, der im 15. Jahrhundert eine

Festung errichtet habe, mit der sich der Zugang zum Möun-Tal kontrollieren ließ. Ihre Überreste sind jetzt noch zu sehen. Auch das Geburtshaus des sechsten Dalai Lama soll angeblich noch stehen. Sein Vater Rigdzin Trachi und seine Mutter Tsewang Lhamo gehörten der nicht-reformierten Richtung der Nyingmapa an, als Anhänger von Padmasambhava, der den Buddhismus in die bevölkerten Gebiete des Himalaja-Massivs gebracht hatte. Laut dem Bericht der Suchgruppe soll das Kind schon bei seinen ersten Schritten Fußabdrücke im Stein hinterlassen und mit bloßen Fingern mystische Zeichen in den Fels eingeritzt haben.

Der Regent nahm alle vom Ritual vorgeschriebenen Konsultationen vor und unterzog das Kind allen Prüfungen, die der für die endgültige Auswahl verantwortliche Panchen Lama vorbereitet hatte. Nachdem er sich von der Echtheit der Reinkarnation überzeugt hatte, ließ er das Kind und seine Mutter in das Kloster Tsöna, einige Tagesreisen nördlich von Tawang, bringen. Seine Vorschriften für die Ausbildung und die Überwachung des jungen Knaben wurden von den mönchischen und weltlichen Autoritäten des Ortes minutiös befolgt. Und das Geheimnis blieb so gut gewahrt, daß wir über die zwölf Jahre Aufenthalt in diesem Kloster sozusagen nichts wissen.

Doch der intellektuellen und religiösen Erziehung des Kindes wurde unter solchen Umständen offensichtlich nicht dieselbe Aufmerksamkeit geschenkt, wie sie bei den früheren geistlichen Oberhäuptern beachtet worden war. Die Meister für die verschiedenen Lehrbereiche mußten sorgfältig ausgewählt werden, doch die Verpflichtung zur absoluten Geheimhaltung dürfte dazu beigetragen haben, daß eher die zuverlässigsten als die geschicktesten unter ihnen auserkoren wurden. In Wirklichkeit dürfte das Kind meistens sich selbst überlassen gewesen sein. Vermutlich hat auch seine Mutter einen starken Einfluß ausgeübt. Das würde seine ausgeprägte Einfühlsamkeit erklären, aber auch sein langes Zögern, als es sich zwischen den beiden Schulen der Nyingmapa und der Gelugpa zu entscheiden hatte. Sein Einfühlungsvermögen dürfte seine Neigung zu einer durch Zartgefühl und Ergriffenheit gekennzeichneten Poesie gefördert haben, seine mangelnde Entscheidungsbereitschaft hinderte es daran, sich aus ganzem Herzen und mit vollem Einsatz der «Gelbmützen»-Schule zuzuwenden, so daß es am Ende sogar darauf verzichtete, die Mönchsgelübde abzulegen. Schon in Tsöna war es ungenügend betreut und motiviert worden, und jetzt überließ es sich völlig seinen natürlichen Neigungen. Als das Kind vom Regenten in die Hand genommen wurde, war es bereits zu spät.

In Lhasa blieb das Volk ruhig, weil der Schein eines noch lebenden Dalai Lama sorgfältig gewahrt blieb. Daß in weltlichen Belangen Frieden herrschte, war sowohl auf die autoritäre Herrschaft des Regenten als auch auf seine strengen und peinlich genau ausgeführten Vorschriften zurück-zuführen:

> Alle Rituale, aus denen hervorging, daß sich der Dalai Lama zur Meditation zurückgezogen habe, wurden täglich beachtet; die Mahlzeiten wurden regel-mäßig in sein Zimmer gebracht; sein Siegel fehlte auf keinem der offiziellen Dokumente. Bei besonders wichtigen Gelegenheiten wurde seine Zeremo-nialrobe im Audienzsaal auf den Thron gelegt, und alle offiziellen Persön-lichkeiten beachteten das übliche Protokoll. Wichtigen Jüngern und Prin-zen, die aus der Mongolei kamen, konnte man unmöglich eine Audienz verweigern. In solchen kritischen Fällen hatte ein alter Mönch mit dem Namen Terab, der äußerlich dem Dalai Lama sehr ähnlich sah, den Auftrag, die Gäste zu empfangen. Er trug bei solchen Gelegenheiten die Zeremonial-robe und dazu eine Art Visier vor dem Gesicht und einen Hut auf dem Kopf, vermutlich um zu verheimlichen, daß dieser falsche Dalai Lama nicht den gleichen freien, durchdringenden und alles erfassenden Blick des fünften Dalai Lama hatte.[58]

Dennoch gelangten Gerüchte in Umlauf; sie wurden bis an den Hof in Peking kolportiert, und Kaiser Kangxi nahm sie um so bereitwilliger zur Kenntnis, als er Sangye Gyatso gegenüber äußerst mißtrauisch war. 1690 entschloß er sich, eine Delegation nach Lhasa zu entsenden, um Erkundigungen einzuziehen und wenn möglich die Wahrheit herauszu-finden. Seinen offiziellen Abgesandten gab er Lamas als Begleiter mit, die in Peking lebten und den Dalai Lama 1652 bei seinem Besuch ken-nengelernt hatten. Sangye Gyatso inszenierte für sie eine wahre Theater-vorstellung. In einem kleinen Zimmer im obersten Stockwerk des Potala bekamen die kaiserlichen Emissäre hinter einem Schleier aus rötlicher Seide einen von einer Weihrauchwolke umhüllten und in einem ekstati-schen Zustand befindlichen Lama zu sehen. Kangxi schickte Lobsang Gyatso noch mehrere Jahre lang Briefe, um von ihm Hilfe zu erbitten und sich die Vollmacht erteilen zu lassen, bei den Streitigkeiten zwischen den aufsässigen Mongolenherrschern zu vermitteln. Diese Konflikte und die militärischen Feldzüge, die man für deren Schlichtung unternehmen mußte, gaben den Gerüchten über die sonderbaren Vorgänge innerhalb des Potala neuen Auftrieb. 1693 enthüllten mongolische Kriegsgefangene den chinesischen Offizieren, die sie gefangengenommen hatten, derart eindeutige Tatsachen, daß der Kaiser eine zweite Delegation nach Lhasa entsandte. Sie kehrte mit dem gleichen Bescheid wie die frühere nach Peking zurück. Doch der Druck der immer stärker gespaltenen und streitsüchtigen Mongolen brachte nun sehr rasch die Dinge ins Rollen.

Die dsungarischen Mongolen aus dem Ili-Tal, die seit 1676 von einem energischen und ehrgeizigen Herrscher, Galdan Khan, angeführt wurden, hatten in Turkestan ein Königreich mit einer soliden Grundlage errichtet. Ihre wachsende Macht beunruhigte sowohl die Chinesen als auch die Tibeter. Der fünfte Dalai Lama hatte geschickt seinen Einfluß geltend gemacht, um ein ausgewogenes Machtverhältnis unter den Sippen aufrechtzuerhalten, was auch der kaiserlichen Politik des Mandschu-Hofes in Peking entsprach. Doch das Erbe von Gushri Khan war zwanzig Jahre lang von schwächlichen Händen verwaltet worden. Galdan Khan verstand diese Situation zu nutzen; er sammelte alle Mongolen in einem neuen Reich, indem er die Qoshot in Kukunor, die Chakhar und die Khalka seinen Gesetzen unterwarf. Der Desi Sangye Gyatso war so unvorsichtig, sich auf dieses Spiel einzulassen, weil er die Mongolen, selbst wenn sie sich unter einer einzigen Herrschaft zusammengefunden hatten, weniger als die Chinesen fürchtete. Eine gewisse Zeit lang war dieses Bündnis für Tibet nützlich, weil sich sein Territorium durch mönchische und militärische Expeditionen in westlicher Richtung erheblich vergrößerte. Das eigentliche Ziel war die Einverleibung von Ladakh, doch zuletzt mußte man sich mit der Annexion des Königreichs Guge begnügen, das von einer völlig heruntergekommenen Herrscherfamilie regiert wurde.

Im Osten ersuchten benachbarte Mongolenstämme den chinesischen Kaiser um Unterstützung gegen die expansionistische Politik von Galdan Khan. Dessen militärischer Erfolg gegen die Khalka-Mongolen zwang 1690 Peking zu einem militärischen Eingreifen. Ein erster Feldzug vermochte die Dsungaren nicht einzuschüchtern, und ebensowenig Erfolg hatte ein Verhandlungsangebot. Kangxi entschloß sich deshalb, selbst einen Feldzug in den Norden der Mongolei zu unternehmen; am 16. Juni 1696 brachten seine Truppen Galdan Khan bei Terelgi, in der Nähe des

Kerulu-Flusses südlich von Urga, eine schwere Niederlage bei. Der Dsungaren-Herrscher floh und starb ein Jahr später.

Während dieser militärischen und diplomatischen Operationen war das Mißtrauen des Kaisers dem Desi Sangye Gyatso gegenüber noch gewachsen, und die Enthüllungen der mongolischen Kriegsgefangenen über den Tod des fünften Dalai Lama ließen seine letzten Zweifel verblassen. Ende 1696 schickte er durch seinen Bevollmächtigten Pho-Chu einen Brief nach Lhasa, worin er vom Regenten gebieterisch eine Erklärung forderte. Sein Botschafter Pho-Chu hatte den Befehl, sich während seiner ganzen Reise in den Klöstern und auch beim gewöhnlichen Volk über das wirkliche Schicksal von Lobsang Gyatso zu informieren und, wenn nötig, den Regenten zu einem Besuch in Peking einzuladen, damit er am Königshof die Wahrheit darlege.

Sangye Gyatso hatte, als vorsichtiger Mensch, bereits seine Maßnahmen getroffen. Im April 1697 hatte er angeordnet, daß der junge Dalai Lama unter guter Bewachung und noch immer in Begleitung seiner Mutter von Tsöna nach Nakartse gebracht wurde. Gleichzeitig entsandte er einen seiner engsten Mitarbeiter, den Minister Nyimathang Shabdrung, an den Kaiserhof. Dort sollte er bekanntgeben, daß die Reinkarnation des Dalai Lama gefunden worden sei und daß der erst fünfzehn Jahre alte Nachfolger jetzt damit beginne, seine Funktionen auszuüben; dem Kaiser hatte er zu erklären, es sei nicht möglich gewesen, den wirklichen Todestag des fünften Dalai Lama bekanntzugeben, bevor alles Notwendige für dessen Nachfolge in die Wege geleitet worden sei; er hoffe auf die Unterstützung des Kaisers für den noch unerfahrenen jungen Lama. Kangxi, der soeben erfahren hatte, daß Galdan Khan gestorben war, und von Lhabzang Khan, dem neuen Herrscher der Qoshot-Mongolen, die Zusicherung seiner Loyalität erhalten hatte, hielt damit die Intrigen und Interventionen in Kukunor und Tibet für abgeschlossen; er war so weise, sich mit den von Lhasa gegebenen Erklärungen zu begnügen. Er entsandte sogar einen Lama nach Tibet, der dem Regenten die Bestätigung überbrachte, daß er den neuen Dalai Lama anerkenne.

Im September 1697 kam der Panchen Lama Lobsang Yeshe, der zweite Titular der vom fünften Dalai Lama neu eingeführten Funktion, nach Nakartse, wo er dem jungen Dalai Lama den ersten Grad der Weihe erteilte. Nachdem er von ihm das Getsul-Gelübde empfangen hatte, gab er ihm seinen religiösen Namen, Lobsang Rigdzin Jamyang Gyatso: «Ozean der Melodie». Ein Sekretär, ein Kammerherr und andere Bedienstete wurden ernannt. Die ganze Gesellschaft begab sich von Nakartse nach Nyethang. Dort fand die Begegnung mit dem Regenten Sangye Gyatso statt, der mit den hohen Staatsbeamten und den Äbten und Mönchen der drei wichtigsten Klöster in Sera, Ganden und Drepung aus Lhasa hierhergekommen war. Vor einer riesigen Volksmenge wurde dem neuen Dalai Lama das Mandala des Langen Lebens überreicht. Nach der Zeremonie hielt der Desi Sangye Gyatso eine lange Ansprache; er stellte die Ereignisse der vergangenen Jahre ausführlich dar, seit der fünfte Dalai Lama ihm den Auftrag hinterlassen hatte, seinen Tod bis zur Entdeckung des sechsten Dalai Lama und der außergewöhnlichen Umstände seiner Geburt geheimzuhalten. Einige Offizielle, die nicht in das Geheimnis eingeweiht gewesen waren, bekundeten ihren Ärger. Das Volk hingegen nahm es dem Regenten nicht übel, daß er es hintergangen hatte; man war vielmehr der Meinung, er habe die Bürde des Todes des «Großen Fünften» ganz allein getragen, und indem er den Tibetern das Klagen über den «Sonnenuntergang» erspart habe, sei ihnen mit der Einsetzung des sechsten Dalai Lama die alleinige Freude des «Sonnenaufgangs» beschert worden; dafür war das Volk dankbar, und es betete für ihn um ein langes Leben.

Um alles wieder in Ordnung zu bringen, ließ der Regent die sterbliche Hülle des fünften Dalai Lama in einen mit Türkisen und Rubinen reichgeschmückten *Chörten* überführen, den er im Inneren des Potala hatte errichten lassen. Es wird berichtet, hundertachttausend Lamas, Mönche und weltliche Persönlichkeiten hätten an der Bestattungsfeier teilgenommen. Lobsang Gyatso wurde damit als erster Dalai Lama im Potala beigesetzt. Auch alle seine verstorbenen Nachfolger, vom unglücklichen sechsten abgesehen, haben ihre letzte Ruhestätte in diesem düsteren Mausoleum gefunden, das in den Besuchern das beängstigende Gefühl weckt, man befinde sich einen kurzen Augenblick lang auf dem Weg der Seelenwanderung.

Im Oktober 1697 wurde Jamyang Gyatso im Potala installiert und mit dem bereits zu einem Ritual gewordenen Zeremoniell in Gegenwart der Regierung, der Äbte der großen Klöster, der mongolischen Fürsten, eines Vertreters des chinesischen Kaisers und von Tausenden von Mönchen inthronisiert.

Für den jungen Dalai Lama begann nun dasselbe Leben wie für seine Vorgänger; zum einen wurde ihm unter der Leitung des Panchen Lama religiöse Unterweisung zuteil, und zum anderen führte man ihn in die Staatsgeschäfte ein. Sehr bald verlor er das Interesse an beidem. Er begann sich seinen religiösen Verpflichtungen gegenüber völlig gleichgültig zu verhalten; er fiel in beinahe allen Prüfungen durch, die im Lehrgang der Gelugpa-Novizen vorgesehen waren. Seinen wichtigen weltlichen Funktionen zog er andere Dinge vor, etwa die schlichten Freuden von Spaziergängen in Begleitung einiger Freunde in den Parkanlagen und Tälern der Umgebung von Lhasa, das Bogenschießen oder die Naturbetrachtung. Er war ein bescheidener Mensch und verachtete Pomp und Prunk, er ging lieber zu Fuß, als daß er sich von einem Pferd tragen ließ. Im Potala verzichtete er auf Diener, indem er den Tee selbst zubereitete, den er seinen zu einer Audienz oder einem Segen gekommenen Gästen anbot. Er verschönerte Norbulinka, seine Sommerresidenz, und ließ in den Gärten hinter dem Potala den Lou-Khang errichten, den man als «Liebesnest» bezeichnen könnte.

Er liebte vor allem künstlerische Tätigkeiten, die Musik und die Poesie. Auch Tänze hatten es ihm angetan; er veränderte die tibetische Mönchsoper in vielerlei Hinsicht. In der Geschichte hat er seinen Platz als anerkannter Dichter wie sechshundert Jahre zuvor der große Milarepa. Wer die Persönlichkeit von Jamyang Gyatso und die Stellung, die er noch immer in der Erinnerung seiner Landsleute einnimmt, zu verstehen versucht, muß unbedingt einen Augenblick lang bei seinen Gedichten verweilen, welche die volkstümlichsten in der tibetischen Anthologie geblieben sind: «Sie sind während der nachfolgenden Jahrhunderte im ganzen Land auf einmütige Anerkennung gestoßen.» [59] Wie Milarepa brachte er seine inneren Erfahrungen in Form spontaner Gesänge zum Ausdruck. Er schrieb so wenig wie sein Vorgänger in der Hoffnung, von künftigen Generationen gelesen zu werden; beide verfaßten ihre Lieder ganz einfach aus der Inspiration des Augenblicks heraus. Mehr noch, diese Lieder gewannen Substanz aus den volkstümlichen Traditionen, wobei sie diese freilich verfeinerten und derart bereicherten, daß diese volkstümliche Poesie unter ihrem Einfluß schließlich eine feste Bleibe in der tibetischen Literatur erhalten hat.

Im Unterschied zu Milarepa ist aber der sechste Dalai Lama der erste Verfasser von Liebeslyrik. Die Anmut und die schmerzliche Melancholie, die sich in seinen Gesängen widerspiegeln, haben sozusagen nichts mehr

von der metaphysischen Grundhaltung an sich, die man vom Werk eines
geistlichen Oberhauptes erwarten würde, aber sie erklären, weshalb sie
im Herzen des gewöhnlichen Volkes und vor allem der Jugend einen besonderen Platz erhalten haben, denn in ihnen äußert sich Liebesfreude,
gleichzeitig aber auch durch Einsamkeit und Entmutigung gekenn-
zeichnete Trauer.

> Über dem Gipfel des Hügels im Osten
> Steigt lächelnd das Antlitz des Mondes empor;
> Es nimmt in meinem Herzen
> Die süßen Züge meiner Geliebten an.
> Die Blüten des Frühlings verkümmern im Herbst,
> Den türkisfarbenen Bienen bereitet das keinen Kummer;
> Unser Liebesschicksal ist die Trennung,
> Darüber zu weinen ist unnötig.

Manchmal löst sich die Leidenschaft von ihrem Gegenstand, so daß nur
noch der Eindruck von Trauer bleibt:

> Liebhaber des Sees,
> Möchte der Schwan auf ihm noch verweilen;
> Eis hat die Wasser überdeckt,
> Und der Schwan, klaglos,
> Fliegt fort.

Oder auch:

> Der Regen verwischt
> Die Liebesgesänge, wenn sie
> Aus schwarzer Tinte bestehen;
> Doch die Liebe im Herzen,
> Die ohne die Spur einer Schrift auskommt,
> Bleibt auf ewig eingraviert.

Ist der junge Mann der wirklichen Liebe begegnet? Mehrere seiner er-
greifendsten Gesänge spielen auf eine junge Frau im Lande Möun an,
wo er zur Welt gekommen war:

> Die Geliebte meines Herzens
> Wohnt im Tal von Chungyal.

Diese vom Schicksal verhinderte Verbindung inspirierte die schönsten Verse:

Beim Abschied
Legte sie ihre Haube ab.
Sie warf ihre Haare nach hinten;
Ich sagte: «Es ist traurig, Abschied zu nehmen.»
Sie antwortete: «Sei nicht traurig, mein Liebster;
Jede Trennung ist Ankündigung
Einer neuen Begegnung.»

Der Kuckuck kehrt aus dem Lande Möun zurück;
Mit ihm der Regen für die ausgetrocknete Erde.
Ich habe mich mit meiner Geliebten getroffen,
Sanft lasse ich mich gleiten ins Glück.

Sie hatte mein Herz so erfreut,
Daß ich sie bat, mein zu werden.
«Nur der Tod kann uns auseinanderbringen», sagte sie,
«In diesem Leben kann nichts uns trennen.»

In der mündlichen Überlieferung Tibets lebt die Legende dieser unmöglichen Liebe weiter: Das Volk, das noch immer Bewunderung und Wertschätzung für Jamyang Gyatso empfindet, glaubt, wenn er die junge Frau geheiratet hätte, so wäre die Institution der Dalai Lamas durch ihre Söhne erblich und Tibet unbesiegbar geworden.

Damit haben wir uns weit von der metaphysischen Reinkarnation, dem Fortleben durch die Seelen, den Geist, die Meditation und die Disziplin entfernt!

Die Gedichte des sechsten Dalai Lama sprechen von seiner Entmutigung und grenzen fast an Häresie, an Gotteslästerung:

Ich gebe mir Mühe,
Den Belehrungen des Lama zuzuhören,
Aber mein Herz bricht insgeheim aus
Zu meiner Geliebten.

Rigdzin Jamyang Gyatso 1683-1706

In ihm ist ein Konflikt zwischen der transzendentalen und vergeistigten Liebe zu allen Seienden und der Hinwendung zu einer einzelnen Person entstanden. Vom Wunsch nach Leben, nach irdischen Freuden getrieben, muß der Mönch entschieden und bewußt hinter dem Dichter zurücktreten:

> Wenn ich die Wünsche meiner Geliebten erfülle, zerstöre ich
> Meine Möglichkeit, mich vor dem Dharma zu verneigen;
> Doch der Rückzug in die einsame Einsiedelei
> Bricht das zerbrechliche Herz meiner Geliebten.

Deshalb verläßt er den Weg des Mitleidens mit allen Menschen und geht den Weg der Zuwendung zu einem einzigen Menschen:

> Ich bin zu meinem Meister gegangen, voller Ergebenheit,
> Um die Lehre des Herrn Buddha zu lernen.
> Mein Meister belehrte mich, aber was er sagte, entging mir,
> Denn mein Geist war voll von Mitgefühl,
> Voll von der Mitfühlenden, die mich liebt.
> Das Mitgefühl hat meinen Geist gestohlen.

Doch Jamyang Gyatso ist in seinem Leben und seinen Schriften noch weiter gegangen; von der enttäuschten Liebe ging er den Weg zur Ausschweifung. War das keineswegs vorbildliche Leben des Regenten, seines Meisters im Denken, eine Entschuldigung dafür? Der wirkliche Grund dafür dürfte eher gewesen sein, daß während der Ausbildung in seiner Kindheit und seiner Jugendzeit die wirkliche Disziplin fehlte; durch nichts sind seine Neigungen rechtzeitig eingegrenzt, sein Verlangen nach Liebe in richtige Bahnen gelenkt worden. Deshalb:

> Ich habe mich ein für allemal entschieden,
> Die reifen Äpfel vor mir zu pflücken.
> [...]
> Die Geliebte erwartet mich in meinem Bett
> Und bietet mir zärtlich ihren süßen Körper dar.
> Ist sie als Verräterin gekommen,
> Um mir meinen Schatz von Tugenden zu rauben?

Rigdzin Jamyang Gyatso 1683–1706

Er gibt seinen Sündenfall ohne Zögern zu:

> In meinem Palast, dem Ort des Himmels auf der Erde,
> Nennt man mich Rigdzin Jamyang Gyatso,
> Den reinkarnierten Chenresi.
> Doch unten an meinem Palast,
> In der kleinen Stadt Shol,
> Nennt man mich Chelpo Dangzang Wangpo, Wüstling,
> Denn zahlreich sind meine Mätressen.

Und er gesteht ohne Gewissensbisse:

> Man spricht viel von mir,
> Untröstlich über mein Benehmen!
> Drei leichte Schritte
> Haben mich zur Taverne meiner Mätresse gebracht.

Der Schritt ist getan; er und seine Freunde verkehren in den verrufenen Lokalen von Lhasa:

> Wenn die Serviererin ewig lebt,
> Wird der Weinstrom nicht versiegen.
> Die Taverne ist meine Zuflucht,
> Beim Wein bin ich zufrieden.

Das Leben, das die Reinkarnation von Avalokiteshvara, der nächste in der Reihe der Dalai Lamas, das geistliche Oberhaupt des Mahayana-Buddhismus und der weltliche Souverän Tibets gewählt hat, ist außergewöhnlich, und zwar so außergewöhnlich, daß kein Bannspruch gegen seine mit der höchsten Funktion identifizierte Person zustande kommt. – Ich komme auf die offiziellen Reaktionen zurück, sobald von seiner Absetzung gesprochen wird. – Das tibetische Volk hatte ihm nicht nur Verständnis entgegengebracht, sondern schenkte ihm weiterhin Vertrauen. Viele Häuser in Lhasa, in denen er mit seinen Freunden und Mätressen fröhlich gefeiert hatte, viele Tavernen wurden gelb, in der Farbe der Mönche der Gelugpa-Schule, angestrichen. Mehr noch, die Gebildeten sprechen seinen erotischen Abenteuern eine tantrische Nebenbedeutung zu, stellen sie über die gewöhnlichen menschlichen Beziehungen;

sie setzen bei der Familie des jungen Mannes an, in der noch immer die tantrischen Gebräuche der Nyingmapa gepflegt wurden. Und der Tibetologe Jacques Bacot kommt zum Schluß: «Diese Nachsicht stimmt mit den Glaubensgrundsätzen überein. Es gibt einen Grad von Reinheit, bei dem diese unverwüstlich ist; die Sünde kann sie nicht mehr besudeln. Der Lotus widerspiegelt sich im Schlamm, der ihn trägt.»

Wird aber Jamyang Gyatso nicht auch dadurch gerechtfertigt, daß er Gefühle zum Ausdruck bringt, in denen sich das Volk wiedererkennt? Laut L. S. Savitski, einem russischen Tibetologen, spürt man in seinen Versen oft eine Reaktion auf die Feudalordnung, die dem gewöhnlichen Volk den Weg zum Glück verbaute, ja eine Auflehnung gegen die Ungerechtigkeit der Gesellschaft, als deren Opfer der sechste Dalai Lama sich selbst empfindet:

> Für die Flügel dieses Adlers
> Waren Wind und Felsen grausam;
> Mir haben die Kriecher und die Intriganten
> unaufhörlich zugesetzt.
> [...]

> Yama, Spiegel des Karma,
> Du, der du im Reich des Todes wohnst,
> Du mußt mit Gerechtigkeit richten;
> Als ich hienieden lebte,
> hatte ich kein Recht auf Gleichheit.

Man könnte dem jungen Dalai Lama vorwerfen, er habe seine Macht nicht dazu benutzen wollen, Dinge neu zu ordnen, die er in seinem Inneren selbst ablehnte. War er intelligent genug, um einzusehen, daß die Zeit für ein solches Unterfangen noch nicht reif war, daß sein Handlungsspielraum äußerst klein war? Der Regent versuchte gar nicht, ihn an der Regierung zu beteiligen. Er bemühte sich viel eher darum, ihn fest im religiösen Bereich zu verankern. Nicht so sehr die Sorge um die Rechtgläubigkeit war dafür entscheidend, sondern es ging darum, die Autorität und den Einfluß des Dalai Lama bei den Mongolen und insbesondere beim Oberhaupt der Qoshot, Lhabsang Khan, zu sichern, dessen Ehrgeiz, die wirkliche weltliche Herrschaft über Tibet auszuüben, ihn beunruhigten. Er drängte deshalb den jungen Mann, sein endgültiges

Gelübde als *Gelong* abzulegen. Zu diesem Zweck schrieb er im Mai 1702 dem Panchen Lama einen Brief, worin er diesen bat, seinen Einfluß geltend zu machen, um seinen Schüler davon zu überzeugen, daß es Zeit sei, die Weihe seines unwiderruflichen Eintritts in das Mönchsleben zu empfangen. Er lud ihn ein, für diese Zeremonie nach Lhasa zu kommen. Der junge Jamyang Gyatso, der zweifellos von diesem Brief gehört hatte, kündigte an, er werde sich nach Tashilhunpo zum Panchen Lama begeben. Der Desi gab ihm ein Gefolge von zahlreichen Mönchen hohen Ranges und weltlichen Persönlichkeiten mit. Doch der junge Mann ließ sich nicht im Kloster Tashilhunpo nieder, sondern nahm Wohnsitz im bescheideneren Kloster Shigatse. Der Panchen Lama stattete ihm mehrere Besuche ab und tat sein Bestes, um das Verhalten seines Schülers zu beinflussen und ihm seine Pflichten «gegenüber der Religion und den Lebenden» bewußtzumachen. Doch keines dieser Argumente konnte den jungen Mann dazu bewegen, die Richtung zu ändern, welche die Ereignisse und später er selbst seinem Leben gegeben hatten. Eines Tages war die Bestürzung vollkommen: Er kam in das Kloster, warf sich dreimal vor dem Panchen Lama nieder und bat ihn um Verzeihung für sein Unvermögen, dem Wunsch seines verehrten Beschützers zu entsprechen; er erklärte ihm klar und unmißverständlich, daß er nicht nur seine Gelübde als *Gelong* nicht ablegen wolle, sondern auch sein früheres Gelübde bei seiner Weihe zum *Getsul* zurückziehe. Diese Rückkehr in den Laienstand schien ihm ehrenhafter zu sein als eine abgeschmackte Doppelzüngigkeit, mit welcher der äußere Schein gewahrt bliebe; sein Lied ist auch da ein Geständnis:

> Die rosafarbenen Wolken
> Verdecken den Himmel und den Hagel.
> Ein halber Mönch
> Ist ein heimlicher Feind des Dharma.

Oder auch:

> Das Siegel, das die Register verschließt,
> Vermag kein Wort als Zeugnis zu sagen.
> Besser ist es, seinem Gelübde das sprechende Siegel
> Der Wahrheit und der Gerechtigkeit aufzudrücken.

Als erster unternahm der Desi Sangye Gyatso einen Versuch, den Dalai Lama umzustimmen. In seinem Bestreben, das fortzuführen, was er für das Wesentliche an seiner Politik hielt, nämlich die Souveränität und die religiöse Autorität des geistlichen Gelugpa-Oberhauptes über Tibet, brachte er auch die Äbte der drei größten Klöster dazu, in diesem Sinne auf den Dalai Lama einzuwirken. Obwohl er insgeheim Lhabsang Khan, dem Oberhaupt der Qoshot-Mongolen, der noch immer auf seine Vorrechte als nomineller König Tibets pochte, nicht über den Weg traute, appellierte er auch an ihn. Vergeblich. Und so berief er schließlich eine Synode der bedeutenden Lamas ein, um von ihnen die Absetzung des Dalai Lama zu erreichen. Die Priester, Gelehrten und Gebildeten vermochten sich nicht einig zu werden. Daß ein Mönch seine religiösen Gelübde zurücknahm, war nicht neu; bis jetzt waren alle, die ihren Verzicht erklärt hatten, von ihren Verpflichtungen befreit worden; weil er als Inkarnation eines Lama anerkannt worden war, verlor er jedoch diese Eigenschaft nicht, sondern er behielt den Titel Tulku. Die religiöse Überlieferung war sich darin einig, daß auch vollkommen vollendete Menschen ganz unterschiedliche Wege wählen können, um ihr Ziel zu erreichen, und daß diese Wege für die anderen Menschen nicht immer verständlich sind. Auch die Christen beurteilen dieses Problem nicht anders, wenn sie auf die «unerforschlichen Wege des Herrn» hinweisen! Das galt vor allem für den Dalai Lama, denn niemand wagte zu bezweifeln, daß er tatsächlich die Reinkarnation des «Großen Fünften» sei, nachdem das klar festgestellt worden war.

Offen war noch die Frage der weltlichen Vorrechte. Jamyang Gyatso übte sie zwar nicht aus, hatte aber auch nicht ausdrücklich auf sie verzichtet. Er lebte weiterhin im Potala, kleidete sich in Seide, meistens in hellblau gefärbte, trug lange Haare und an den Fingern auffällige Ringe. Am Abend spazierte er mit seinen Freunden durch die Straßen von Lhasa und Shol, er trank und sang in den Tavernen. Die vier Minister in der Regierung schlugen dem Regenten ein Attentat vor, und zwar zunächst gegen den engsten Freund des Dalai Lama, Drungkhor Thargyen, der ihrer Meinung nach seine Ausschweifungen organisierte und ihm seine Mätressen zuhielt. Eines Nachts, als die Gruppe von jungen Leuten nach dem üblichen Abendbummel zum Potala zurückkehrte, stürzten sich bewaffnete Männer in der Dunkelheit auf sie. Doch an diesem Abend hatte man zur allgemeinen Belustigung die Kleider vertauscht. Ein Diener, der das Gewand von Drungkhor Thargyen trug, der seinerseits die blauen

Kleider des Dalai Lama angezogen hatte, wurde getötet. Am folgenden Morgen sprach ganz Lhasa nur von diesem Überfall; man verlangte eine Untersuchung des Verbrechens. Jamyang Gyatso ließ das Orakel befragen, und dieses beschuldigte den Minister Abo Ngazom. Dieser wurde dazu verurteilt, sich in allen Straßen der Hauptstadt zu zeigen, damit alle Leute ihn verhöhnen konnten. Seine fanatischen Anhänger wurden hingerichtet, aber man vermutete allgemein die Hand des Regenten hinter dem Komplott.

Von da an war eine Koexistenz unmöglich geworden.

Zur gleichen Zeit hatte sich Lhabsang Khan über die Intrigen des Regenten bei anderen mongolischen Stammesoberhäuptern erzürnt. Er hatte die Absicht, Tibet seine Auffassung von Ordnung aufzuzwingen. Der Regent versuchte, den lästigen Mongolen vergiften zu lassen, doch dieser wurde im allerletzten Augenblick gerettet. Und so entschloß er sich zu einem anderen Manöver: 1703 verzichtete er offiziell auf alle seine Befugnisse und setzte seinen ältesten Sohn, Ngawang Rintchen, als Regenten ein, obwohl er in Wirklichkeit weiterhin die Macht selber ausübte. Das war für Lhabsang Khan zuviel, denn er war nicht einmal konsultiert worden. Nachdem er sich in Peking vergewissert hatte, daß der Kaiser nicht eingreifen werde, zog er eine größere Armee zusammen, mit der er gegen Lhasa marschierte. Die Äbte der drei Klöster sahen das Unheil kommen und versuchten etwas zu unternehmen; der Panchen Lama persönlich schrieb Lhabsang Khan einen Brief, worin er ihn bat, von einer blutigen Konfrontation abzusehen. Ohne diese Bitten ausdrücklich abzulehnen, setzte der Mongole seinen Marsch gegen Lhasa fort. Der zurückgetretene Regent schloß sich in der Festung Dongkar Dzong ein und lehnte alle Kompromißvorschläge ab. Die Truppen, mit denen er den Vormarsch der Mongolen aufhalten wollte, wurden vernichtend geschlagen; ihr General, Dordje Rabten, und vierhundert Mann wurden getötet. Sangye Gyatso beschloß, sich zu ergeben. Er wurde gefangengesetzt und einige Monate später, am 6. September 1706, in Tölung Nangtse, einem Hügel in der Nähe des Klosters Kyomulong, enthauptet. War seine Tötung vom Kaiser gewollt und von Lhabsang Khan ausgeführt worden? Darüber gehen die Meinungen auseinander. Laut den einen soll seine Hinrichtung von der Frau des Mongolenführers, Gyalmo Tsering Tachi, befohlen worden sein, die bei ihrem Gatten erreicht hatte, daß sie das Kommando über eine der in Tibet einmarschierenden Kolonnen erhielt;

sie soll Rache dafür geübt haben, daß der Regent in den Jahren besten Einvernehmens ihre Annäherungsversuche ausgeschlagen hatte. Nach den anderen soll der dem Anschlag entronnene Freund des jungen Dalai Lama dem Khan geschrieben und von ihm die Exekution des Regenten verlangt haben. Die Tibeter beweinten den tragischen Tod des Desi, den sie als fähiges Staatsoberhaupt und gebildeten Menschen achteten. Von da an übte der mongolische Khan die Kontrolle über das Land aus, er überwachte genau die hohen Beamten und Mönche. Ihm stand nur noch Jamyang Gyatso gegenüber, den er ebenfalls zu beseitigen wünschte, während die Tibeter ihrem Lama, in dem sie die letzte Bastion gegen die fremde Invasion sahen, die Treue hielten.

Lhabsang Khan kam auf den früheren Vorschlag, den Dalai Lama abzusetzen, zurück. Zunächst ergriff er die notwendigen Vorsichtsmaßnahmen. Er schickte ungünstige Berichte, in denen die frevlerischen Handlungen des jungen Mannes übertrieben dargestellt wurden, an den Mandschu-Hof in Peking. Kaiser Kangxi, der mit Befriedigung von der Beseitigung des Regenten Kenntnis genommen hatte, vertraute dem mongolischen Khan; er entsandte schließlich den General Hsi-Chu und den Lama Chagne Dordje mit dem Befehl zu ihm, den Dalai Lama nach China zu bringen. Weil Lhabsang Khan heftige Reaktionen der Tibeter befürchtete, versuchte er den Lama zur Abdankung wegen Unwürdigkeit und Verkommenheit zu bewegen. Er glaubte, die Äbte der drei großen Klöster für sich gewinnen zu können, indem er deren Einkünfte und Ländereien vergrößerte. Zum Panchen Lama entsandte er seine eigene Gattin, die diesem ihre Hochachtung aussprechen und kostbare Geschenke überbringen sollte. Im Glauben, seine Partie gewonnen zu haben, berief er eine Synode ein, die zweite zum gleichen Thema. Er hatte aber nicht mehr Erfolg als der Regent einige Jahre zuvor. Die Lamas kamen zum Schluß, wegen seines «fehlenden Geistes der Erleuchtung» verliere Jamyang Gyatso nicht seine Eigenschaft als Reinkarnation des Bodhisattva Chenresi.

Und so blieb nur noch das gewaltsame Eingreifen übrig. Niemand hätte es noch verhindern können, weil der Desi bereits gefangengenommen worden war und kurze Zeit später sterben mußte. Der Befehl des Kaisers, den Dalai Lama nach China zu bringen, wurde sehr großzügig interpretiert. Am 27. Juni 1706 gab Lhabsang Khan durch einen Erlaß bekannt, der sechste Dalai Lama sei abgesetzt worden, und er ließ ihm den von den Abgesandten Kangxis überbrachten kaiserlichen Befehl aushändigen. Der junge Dalai Lama fand sich damit ab und folgte den mongolischen Soldaten, die seine Gefängniswächter geworden waren. Als er den Potala verließ, hatte sich eine riesige Menge von Mönchen und Laien versammelt; vorerst begleitete sie ihn schweigend auf seinem Weg. Als die Volksmenge in der Nähe von Drepung angelangt und durch alle Bauern aus der Umgebung verstärkt worden war, begann sie gegen die mongolische Eskorte ausfällig zu werden. Diese versuchte, die wütende Menge zu zerstreuen. Voller Zorn und Hoffnungslosigkeit durchbrach das Volk mit Steinen und Stöcken den Schutzring der Wächter, bemächtigte sich des Dalai Lama und führte ihn triumphierend in seinen Sommerpalast innerhalb des Klosters. In der Nacht sprachen sich die Mönche ab, und sie konsultierten das Orakel; am folgenden Tag gaben sie bekannt, Jamyang Gyatso sei wirklich die Reinkarnation des fünften Dalai Lama, und sie fügten hinzu, «wer auch immer diese Tatsache leugnet, ist einem teuflischen Selbstbetrug verfallen». Die Tibeter waren jetzt entschlossen, ihr geistliches Oberhaupt und ihren Souverän bis zuletzt zu verteidigen.

Als Lhabsang Khan von diesen Ereignissen hörte, durch welche die Absetzung des Dalai Lama rückgängig gemacht wurde, entstandte er in seinem Zorn bewaffnete Truppen nach Drepung; diese schlossen das Kloster ein, stellten Geschütze auf und bereiteten sich darauf vor, die Gebäude zu stürmen. Die Mönche hätten dem Angriff unmöglich standhalten können, aber sie waren dennoch zum Widerstand entschlossen. Der Dalai Lama sah ein, daß dieser Kampf ungleich und unnütz war. Mit einigen Getreuen zusammen verließ er das Kloster und begab sich zu den Mongolen. Obwohl er sich freiwillig ergeben hatte, wurden mehrere Mönche getötet und das Kloster geplündert, weil es dem Flüchtling Schutz gewährt hatte.

Jamyang Gyatso setzte seine erzwungene Reise nach China fort. Als die Kolonne das Ufer des Gunganor, eines kleinen Sees südlich des Kukunor, erreichte, verschwand der Dalai Lama. Die letzte Spur seines Lebens, die seine Biographen fanden, datiert vom 14. November 1706. Er war noch nicht einmal vierundzwanzig Jahre alt. Er ist als einziger Dalai Lama Laie geblieben, und er ist auch der einzige, der kein Grab hat.

Die Legende hat sich des außergewöhnlichen Schicksals von Jamyang Gyatso angenommen. Chinesische und tibetische Quellen erwähnen, er

sei an einer Krankheit gestorben; von Wassersucht wird gesprochen.
Doch vor allem von den Kapuzinermissionaren Giuseppe d'Ascoli und
François de Tours, die sich 1707 in Lhasa aufhielten, verbreitete Gerüchte
wollen wissen, er sei von den mongolischen Soldaten ermordet worden.
Alle diese Erklärungen genügten der volkstümlichen Überlieferung
nicht; für alle Tibeter ist die Echtheit der Reinkarnation des sechsten
Dalai Lama über alle Zweifel erhaben. Da die erste Hälfte seines Lebens
durch Ausschweifungen befleckt gewesen war, muß man ihm eine zweite
zugestehen, damit er sich rehabilitieren und die Funktion übernehmen
kann, für die er ausgewählt worden war. Laut dieser Version soll er noch
lange gelebt haben und erst 1746 gestorben sein, nachdem er sich mit
voller Kraft für die Ausbreitung des Buddhismus eingesetzt hatte. Nach
Wallfahrten in die Region Kham, nach Indien und Nepal, nach einer
geheimen Reise nach Peking soll er in Urga Zeremonienmeister geworden sein und im Norden der Mongolei, wo ihm in Alak-Shya ein Grab
zugeschrieben wird, mehrere Klöster geweiht haben.

Laut K. Dhondup sind in Tibet bis heute Legenden von Jamyang
Gyatso im Umlauf:

> Es wird erzählt, bevor er sein Geburtsdorf Tawang verließ, habe er noch als
> ganz kleines Kind drei Sandelholzbäume nebeneinander gepflanzt und er-
> klärt, diese drei Bäume würden gleich groß sein, sobald er nach Tawang
> zurückkehre. 1959 bemerkten die Dorfbewohner zu ihrer großen Verwunde-
> rung, daß die drei Sandelholzbäume dieselbe Höhe erreicht und die gleiche
> Form angenommen hatten. Eine seltsame Ergänzung: Die drei Bäume fin-
> gen Feuer, was die Leute in Angst versetzte. Kurze Zeit später erfuhren sie
> von den Unruhen, die durch die chinesische Invasion in Tibet ausgelöst wor-
> den waren. Eine Woche lang herrschte in der Region eine ungewöhnliche
> Aufregung. Indische und ausländische Journalisten eilten herbei, indische
> Sicherheitskräfte wurden entsandt; dann erkannte man, daß der Dalai Lama
> tatsächlich nach Tawang zurückgekehrt war, und zwar in der Person des vier-
> zehnten, Tenzin Gyatso, auf seinem Weg ins indische Exil.

Hat Jamyang die Glückseligkeit gefunden, die ihn in seinen Träumen
quälte?

> Im Zeitraum dieses kurzen Lebens
> hatten wir unseren Teil an Freude.
> Hegen wir die Hoffnung, daß wir uns
> In der Jugend des anderen Lebens wiederfinden.

Doch er hat auch nie vergessen, daß er der sechste in der Reihe der Dalai Lamas war; in seiner dichterischen Botschaft kündigte er seine Rückkehr an, um den Tibetern die Hoffnung zu erhalten:

> Weißer Kranich,
> Leihe mir deine Flügel.
> Ich fliege nicht weit,
> Und von Lithang kehre ich zurück.

Dritter Teil

DIE SUKZESSION

In diesem Jahr 1707 herrscht auf der politischen und der religiösen Szene in Lhasa bedrückte Ruhe. In den Klöstern werfen Butterlampen ihr flackerndes Licht auf die Buddha-Statuen und die bemalten Wände, die von der Welt und den Heiligen erzählen. Hinter ihren Gebetstruhen sitzend, die jüngsten nahe beisammen um dasselbe heilige Buch sich drängend, blättern die Mönche die mit Bildern geschmückten Seiten um; ihre Gesänge werden unterbrochen von den Klängen der Hörner und den harten Tönen der kupfernen Schallbecken. In den gemauerten Häusern der Stadt und in den bescheideneren Hütten in den Dörfern bereiten die Familien denjenigen unter ihren Söhnen vor, der das Ordenskleid anziehen und die Geblübde ablegen wird; sie träumen davon, einer von ihnen werde die Reinkarnation eines Lama oder, wer weiß, des verschwundenen Dalai Lama sein.

Das Oberhaupt der Mongolen, Lhabsang Khan, Herr im Potala, glaubt auch Herrscher über das Land und die Seelen zu sein. Er weiß aber, daß die Macht nicht mehr nur eine Angelegenheit der Fürsten ist oder durch einen militärischen Sieg errungen werden kann. In der Medizinschule auf dem Nachbarhügel lebt ein Mönch, den er kennt; er ist fünfundzwanzig Jahre alt, und man erzählt von ihm, er sei sein eigener Sohn. Ein Gefälligkeitsorakel will wissen, er sei die erwartete Reinkarnation des Dalai Lama. Und Lhabsang Khan setzt ihn voller Stolz im Potala ein. Sein Name ist Padkar Dzinpa Ngawang, doch sein Name steht nicht in der historischen Liste der Dalai Lamas: Der Panchen Lama hat sich nicht dazu geäußert, der Klerus aller Mönchsgemeinschaften hat ihn nicht anerkannt, für die Tibeter auf der Straße und auf den Feldern hat er sich die Würde eigenmächtig angemaßt.

Bald macht das Gerücht die Runde, die wahre Reinkarnation von Jamyang Gyatso sei in einem Weiler in der Region Kham, nahe bei Lithang, gefunden worden.

Weißer Kranich,
Leihe mir deine Flügel. [...]
Von Lithang kehre ich zurück.

Das prophetische Gedicht des sechsten Dalai Lama genügt dem Volk als
Beweis für die Echtheit. Vom Kukunor bis nach Gyantse kehrt zusammen
mit der Hoffnung auch die Freude zurück. Die Mönche und Bauern
müssen sie jedoch während Jahren heimlich und still in sich weitertra-
gen.

Das Oberhaupt der Mongolen weiß davon. Der Khan weiß auch, daß
der Kaiser von China die weitere Entwicklung der tibetischen Krise aufmerksam verfolgt. Für den Augenblick sind die beiden von der Sache
her gesehen Verbündete. Für Kangxi und seinen durch das Alter geschlif-
fenen Scharfsinn wäre ein minderjähriges religiöses Oberhaupt in Lhasa
bloß ein Spielzeug in den Händen von Lhabsang Khan. Doch er benötigt
andererseits den Mongolenführer auf seinem weltpolitischen Schachbrett, um die ohne ihn beunruhigenderen Ansprüche der mongolischen
Dsungaren vom Ili einzudämmen; deren Anführer, Tsewang Rabtan, hat
die alte Idee wiederaufgenommen, die mongolischen Sippen in einem
einzigen Bündnis zu vereinigen. Für Peking ist es vorteilhafter, einen
bereits auf dem Höhepunkt seiner Macht befindlichen Krieger zu unterstützen, und das um so mehr, als Lhabsang Khan so geschickt war, das
chinesische Ränkespiel mitzumachen: Er hat dem Kaiserhof angeboten,
er werde einen Tribut bezahlen; für China ist das endlich der Beweis,
daß Tibet ein Vasallenstaat des Reiches sei – was freilich durch die
Geschichte nicht belegt ist, denn ein mongolischer Besetzer hat diesen
Tribut veranlaßt, er ist nicht durch einen offiziellen Beschluß einer
tibetischen Regierung sanktioniert worden, weil es eine solche zur
damaligen Zeit gar nicht gab.

Doch das Kind in Lithang beunruhigt dennoch die politischen
Mächte. Lhabsang Khan entsendet von ihm bestimmte Mönche, die
überprüfen sollen, ob der Reinkarnierte tatsächlich die Zeichen einer
Auserwählung trägt. Ihr Bericht kommt zurückhaltend zum Schluß, sie
hätten keine ausreichenden Beweise gefunden, um die Frage beantworten zu können. Aus Vorsicht beschließen die Eltern des Kindes, aus Kham
in Richtung Amdo auszuwandern. Diese «Flucht nach China» wird auf
Anordnung des Kaisers abgebrochen: Die kleine Familie wird unter si-
cherer Bewachung im großen Kloster Kumbum untergebracht, das 1577

vom dritten Dalai Lama am Geburtsort von Tsongkhapa bei Xining (Sining) in der heutigen chinesischen Provinz Qinghai (Tsinghai) gegründet worden war.

In der Zwischenzeit sind nämlich zahlreiche Klagen im Mandschu-Hof in Peking eingetroffen. Sie stammen nicht nur von Tibetern, sondern auch von rivalisierenden mongolischen Sippen, die von der Vorstellung eines Usurpators auf dem Thron des Dalai Lama in Lhasa nicht erbaut sind. 1708 entsendet Kangxi seinen Groß-Sekretär, La Tu-Hun, in Begleitung von Vertretern der mongolischen Fürsten aus der Region Kukunor nach Lhasa, um die wirkliche Lage zu sondieren. Die Delegation liefert ihren Bericht im folgenden Jahr nach ihrer Rückkehr in Peking ab; nach Meinung der Untersuchungskommission sind die für die Auffindung des neuen Dalai Lama vorgeschriebenen Prüfungen den Regeln entsprechend durchgeführt worden; sie empfiehlt deshalb dem Kaiser, den Schützling von Lhabsang Khan zu anerkennen. Weil aber die mongolischen Fürsten in Kukunor, fügen sie hinzu, von der Art, wie Lhabsang Khan die tibetischen Angelegenheiten behandelt, nicht befriedigt sind, soll er nicht auf sich allein gestellt bleiben, sondern durch einen offziellen Abgesandten unterstützt werden. Der Kaiser stimmt den Schlußfolgerungen seiner Botschafter zu; er beordert daraufhin einen hochrangigen Vertreter, Ho-Shou, nach Lhasa. Dies ist der erste offizielle chinesische Eingriff in die inneren Angelegenheiten Tibets.

Mit der formellen Anerkennung des Dalai Lama wartet der Kaiser noch ein Jahr zu. Schließlich unterzeichnet er am 10. April 1710 einen Erlaß, der zusammen mit den üblichen Geschenken, einem goldenen Siegel und Ehrentiteln für das Oberhaupt der Mongolen und seine Getreuen, nach Lhasa gebracht wird.

Die kaiserliche Intervention vermochte den Willen des Klerus und des tibetischen Volkes nicht ins Wanken zu bringen. Die Äbte der großen Klöster führten geheime Verhandlungen mit den mongolischen Dsungaren, um Lhabsang Khan zu beseitigen. 1714 war die Verschwörung organisiert. Man war übereingekommen, dsungarische und tibetische Truppen zusammenzuziehen. Ihr erstes Ziel sollte es sein, sich des in Kumbum gefangenen Kindes zu bemächtigen, dann gegen Lhasa vorzurücken, um die Herrschaft des echten Dalai Lama wiederherzustellen, und zwar durch Beseitigung von Lhabsang Khan und seines falschen Dalai Lama. Das tibetische Kontingent von sechstausend Kämpfern hatte sogar in der

Person eines früheren Mönchs von Tashilhunpo, Tsering Döndrup, einen Anführer gefunden. Alle diese Truppenbewegungen und Aufstandspläne blieben freilich der chinesischen Regierung nicht verborgen. Der Kaiser warnte Lhabsang Khan vor der Verschwörung und den Gefahren, die ihm drohten. Der alternde und dem Trinken verfallene Mongole schlug diese Warnungen in den Wind. Im Juni 1717 entschied er sich für seine übliche sommerliche Beschäftigung, die Jagd in der Region von Nagchukha, etwa zweihundertfünfzig Kilometer nördlich von Lhasa. Dort wollte er sich mit seinem Sohn treffen, der einige Jahre zuvor die Tochter von Tsewang Rabtan geheiratet hatte, der als Oberhaupt der Dsungaren inzwischen sein Feind geworden war. Ein anderer seiner Söhne warnte ihn ebenfalls, es handle sich um eine Falle, eine starke Armee nähere sich von Kukunor her. Lhabsang Khans Eskorte vermochte diese Truppe beim Gebirgspaß Tengri-Nor für kurze Zeit zu stoppen, mußte sich dann aber in Richtung Lhasa zurückziehen.

Unterdessen waren die Verschwörer, welche versucht hatten, sich des gefangenen Kindes zu bemächtigen, von den Chinesen zerstreut worden. Um die Moral seiner Truppen nicht zu schwächen, hielt der Kommandant Tsering Döndrup diese Niederlage geheim. Er befahl den Marsch auf die Hauptstadt. Der erste Angriff erfolgte am 21. November. Die Einwohner, die glaubten, sie hätten es mit Befreiern zu tun, öffneten in der Nacht des 30. November eines der Stadttore. Die mongolischen Dsungaren, vom leichten Sieg berauscht und entfesselt, plünderten die Stadt und übten drei Tage lang eine Schreckensherrschaft aus. Lhabsang Khan hatte sich mit seiner Familie in den Potala geflüchtet. Am 3. Dezember wurde der Palast von den vereinten Kräften der Dsungaren und der Tibeter umzingelt. Lhabsang Khan gelang die Flucht, aber er wurde im anschließenden Kampf getötet. Der falsche Dalai Lama, der nie besonderen Enthusiasmus für seine Funktion gezeigt hatte, bat darum, sich als schlichter Lama in ein Kloster zurückziehen zu dürfen; er wurde einige Zeit später auf kaiserlichen Befehl nach China deportiert und starb dort 1725.

Einmal mehr hatte ein politisches und religiöses Machtvakuum in Tibet für Unordnung gesorgt. Das nur durch die Umstände zustande gekommene Bündnis mit den mongolischen Dsungaren blieb nicht lange erhalten. Lobsang Yeshe, der noch vom «Großen Fünften» eingesetzte Panchen Lama, warf seinem inzwischen Krieger gewordenen früheren

Mönch Tsering Döndrup vor, er sei an den Ausschreitungen bei der Eroberung der Hauptstadt beteiligt gewesen und habe das Spiel der Mongolen mitgemacht, ohne an die Interessen der buddhistischen Schule und des tibetischen Staates zu denken. Döndrup hatte zwar der Frau und den Kindern von Lhabsang Khan das Leben gerettet, aber die Plünderungen hatte er nicht zu verhindern vermocht. Denn die neubekehrten Dsungaren hatten in ihrem Eifer versucht, alles auszurotten, was ihnen als ketzerisch erschien, was von der Bön-Religion übriggeblieben war ebenso wie die Klöster der Nyingmapa-«Rotmützen» im Tsangpo-Tal, insbesondere Mindröling mitsamt seinen Priestern und Gläubigen. Schon bald verblaßte für sie der Unterschied zwischen einem von Idealen getragenen Kampf und einem allzu menschlichen Zerstörungstrieb und systematischer Plünderung. Der Potala blieb nicht verschont, die Juwelen, die das Grab von Lobsang Gyatso schmückten, wurden weggerissen und mitgenommen, um damit angeblich die Schätze der Klöster am Ili zu mehren. Von Zentraltibet weitete sich das Wüten in Richtung Shigatse aus; der Panchen Lama, der nach Tashilhunpo zurückgekehrt war, mußte kämpfen, um sein Kloster zu retten, doch die Stadt wurde zu einem großen Teil zerstört.

Einmal mehr richteten sich die Blicke nach Peking. Der Mandschu-Hof verfolgte diese Ausweitung der mongolischen Macht auf die Hochebenen Zentralasiens mit einiger Beunruhigung. Unter den politischen und militärischen Maßnahmen, die Kaiser Kangxi ergriff, um sie aus Lhasa zu vertreiben, war eine Trumpfkarte besonders wertvoll: das Kind aus Lithang, die Reinkarnation des Dalai Lama. Damit konnte er die Tibeter auf seine Seite ziehen, aber gegen die Mongolen drängte sich ein Kraftakt auf.

Im Frühjahr 1718 marschierte eine Kolonne von einigen tausend Mann, die unterwegs durch eine Abteilung Qoshot-Mongolen aus dem Kukunor-Gebiet verstärkt worden war, durch die Region Amdo in Richtung Zentraltibet. Sie erreichte den Nagtschu-Fluß erst im August 1719, als ein großer Teil der Lebensmittelreserven bereits aufgebraucht war. Dem ersten Angriff der noch miteinander verbündeten Dsungaren und Tibeter hatte sie nichts Gleichwertiges entgegenzustellen. Fast alle chinesischen Kämpfer wurden massakriert, nur einige wenige Überlebende gelangten nach Peking zurück. Auf diese Katastrophe reagierte der Kaiser energisch. Er stellte eine Armee von zehntausend Mann auf und setzte sie in zwei Kolonnen in Richtung Tibet in Marsch, die eine über Ta-Chien-Lu und Chamdo (Changdu), die andere auf dem direkten Weg durch das Kukunor-Gebiet. Er stellte den ganzen Verband unter das Kommando seines Sohnes, der damals freilich erst vierzehn Jahre alt war. Seinen Truppen wurde das Gerücht vorausgeschickt, man wolle endlich den wahren Dalai Lama auf den Thron im Potala bringen. Die tibetische Widerstandsbewegung, die sich gegen die dsungarischen Eindringlinge formiert hatte, konnte den Untergrund verlassen; sie hatte jetzt ein Motiv für ihren Kampf und verbündete sich mit früher noch unentschlossenen Landsleuten. Im Herbst 1720 vereinigten sich die beiden Marschkolonnen der chinesischen Armee in der Nähe von Lhasa. Der Mongolenführer Tsewang Rabtan und sein tibetischer Pseudogeneral Tsering Döndrup floh mit der übriggebliebenen Hälfte ihrer Truppen in das ferne Ili-Gebiet. Die Chinesen marschierten, als Befreier empfangen, in Lhasa ein. Laut einem Zeugnis des Jesuitenpaters Ippolito Desideri, der seit mehreren Jahren im Einverständnis mit dem von ihm im übrigen positiv beurteilten Lhabsang Khan in Lhasa lebte, haben sich die Chinesen korrekt und maßvoll verhalten. Sie töteten zwar alle Tibeter, die sich an der Rebellion gegen die etablierte Macht des Qoshot-Mongolen beteiligt hatten, denn dieser war von den Chinesen anerkannt worden, obwohl er sich selbst eingesetzt hatte und von chinesischen und dsungarischen Kriegern bekämpft worden war. Der Kaiser respektierte die von ihm eingegangene Verpflichtung: Am 16. Oktober 1720 wurde Kelsang Gyatso, der siebente Dalai Lama, im Potala-Palast mit dem für seine Vorgänger eingeführten Zeremoniell inthronisiert.

VII

Kelsang Gyatso
1708–1757

Geburt und Kindheit des siebenten Dalai Lama waren von Vorzeichen begleitet, die kaum Hoffnungen auf ein glückliches und friedliches Leben zuließen. Unter seiner Herrschaft erlebte Tibet tatsächlich eine Zeit voller Unordnung und Prüfungen. Das gemeinsame Ziel und das gleiche Schicksal von Volk und Herrscher sind jedoch ein Zeugnis dafür, daß das Land und seine höchste Institution unauflöslich miteinander verbunden sind. Die Gedichte, die der Dalai Lama hinterlassen hat, sind inständige Gebete um Erlösung von den irdischen Wechselfällen. Die Tibeter, ob Laien oder Mönche, haben sie bei späteren Verwicklungen und Schwierigkeiten fast zweihundert Jahre lang immer wieder rezitiert. Doch nichts geschieht vergeblich. Der Name, der sich seinen geistlichen Paten aufgedrängt hatte, bezeichnet ihn für die Geschichte als «Ozean der Glückseligkeit».

Das Kind war am 3. September 1708 zur Welt gekommen. Sein Vater, Sonam Dhargye, war Lama im Kloster Drepung gewesen; aus Gründen, die nie aufgeklärt wurden, hatte er das Kloster verlassen; vermutlich dürften mangelnde Disziplin und ein Hang zu Intrigen eine gewisse Rolle gespielt haben. Solche Eigenschaften machten sich leider auch bemerkbar, als er sich mit seinem Sohn in der Hauptstadt niederließ. Von der Mutter weiß man kaum etwas, eigentlich nur, daß sie die religiöse Erziehung ihres Kindes äußerst sorgfältig überwacht hat; ihr waren auch zuerst seine besonderen Eigenschaften offenbart worden; seine ersten Worte, als es zu sprechen begann, waren, es sei die Reinkarnation des Dalai Lama. Noch bevor es fünf Jahre alt war, sah das Wunderkind in einer Vision den Buddha Shakyamuni, und später erschien ihm auch Tsongkhapa, der ihm bestätigte, es sei dazu bestimmt, in Zentraltibet den Dharma zu predigen.

Seine Familie mußte, wie wir gesehen haben, während Jahren unter strenger Überwachung durch die kaiserliche Polizei im Grenzgebiet Chinas im Exil leben, weil der Sitz in Lhasa von einem Usurpator eingenommen worden war. Ganz anders als bei seinem Vorgänger waren jedoch für seine Bildung und Erziehung hochqualifizierte Meister verantwortlich, und keinerlei profane Tätigkeiten hielten es von vertieften religiösen Studien ab; wie die ersten Dalai Lamas hatte es sich ein umfassendes Wissen über die Lehre und die Kunst, diese weiterzugeben, erworben, als es seine Aufgabe übernehmen mußte. Im Alter von sechs Jahren wurde es vom Lama Tsagan No-Mon Han in die heiligen Schriften eingeführt. Mit acht Jahren schnitt man ihm seine langen Haare ab und kleidete es in das gelbe Ordensgewand, worauf es seine ersten Gelübde ablegte. Im gleichen Jahr 1716 erlaubte man ihm, die Klöster in der Region Amdo zu besuchen, wo ihm Gelegenheit geboten wurde, seine ersten Predigten über die Deutung der Mandalas und die Beachtung der disziplinarischen Vorschriften zu halten; alle Zuhörer waren von der Weisheit in den Aussagen eines so jungen Menschen beeindruckt. Weitere vier Jahre waren dem Studium der grundlegenden indischen und tibetischen Texte gewidmet. Unter der beharrlichen und energischen Führung seines Lehrers arbeitete es sich umfassend in die Fünf Kostbaren Juwelen des Buddha ein: *Pramana, Prajnaparamita, Madhyamika, Abhiddarma* und *Vinaya*. Diese Texte sind, wie Mircea Eliade darlegt, sehr verschieden lang und schwer verständlich; sie stammen aus den ersten Jahrhunderten unserer Zeitrechnung und bilden die Grundlage der höchsten Lehre des Mahayana. Das Kind hatte selbst verlangt, in diese Texte eingeführt zu werden, und es brachte den Mut und die Ausdauer auf, sie in sich aufzunehmen, bevor es durch die weiteren Ereignisse gezwungen wurde, sich intensiv mit den weltlichen Angelegenheiten zu befassen.

In Lhasa griffen, wie wir gesehen haben, die Chinesen ein, weil sich die allgemeine Lage verschlechtert hatte und Gefahr bestand, daß sich die Unruhen auf andere Regionen Zentralasiens ausbreiten könnten. Die kaiserliche Politik richtete sich vor allem gegen die Mongolen; weil sich diese aber in Tibet festgesetzt hatten, mußte zuerst dieses Gebiet unter Kontrolle gebracht werden. Um Mongolen und Tibeter zu entzweien, wurde die wahre Reinkarnation des Dalai Lama nach Lhasa zurückgebracht. Das Kind war damals zwölf Jahre alt. Vor Tausenden von Mönchen und Gläubigen, die der Inthronisationszeremonie beiwohnten, hielt es eine Ansprache über religiöse Fragen: Nach vielen Jahren voller Unordnung und Unruhen wehte ein Hauch von Reinheit und ausgewogener Heiterkeit über die aufmerksam zuhörende und innerlich gesammelte Volksmenge. Einige Tage später weihte der Panchen Lama Lobsang Yeshe den jungen Knaben zum Novizen, und bei dieser Gelegenheit erhielt er auch seinen neuen Namen: Lobsang Kelsang Gyatso. Bevor der Panchen Lama nach Shigatse zurückkehrte, führte er den jungen Mann in das Studium der Wege der Tantras und Mantras ein. Der Novize wurde vom Oberen des Klosters Drepung betreut; dank dem, was er schon während seiner ersten Ausbildungsphase in Lithang gelernt hatte, benötigte er nur wenige Monate, um ein Lernprogramm zu bewältigen, für das üblicherweise mehrere Jahre beansprucht werden. Zwischen seinem fünfzehnten und achtzehnten Lebensjahr versenkte sich der junge Mönch in die Lehre von der universellen Leerheit, die «von ihrer Tiefe und ihren philosophischen Schwierigkeiten her einzigartig ist»[60]. Er studierte das Erbe Nagarjunas, des indischen Gelehrten aus dem ersten Jahrhundert unserer Zeitrechnung, und versenkte sich in dessen vielschichtige Unterscheidungen zwischen den konventionellen Wahrheiten und der letzten Leerheit. Nur sorgfältig vorbereitete Menschen dürfen sich in diesen Bereich jenseits aller Logik vorwagen, um zur Erkenntnis zu gelangen, daß die totale Leere, die Negation aller Zustände, mit der Liebe zum Mitmenschen nicht unvereinbar ist; weil der in tiefe Ekstasen versunkene Bodhisattva weiterhin mit den Gegenständen seiner Wünsche verbunden bleibt, erlangt er zwar seinen Zugang zum Nirvana, wird aber nicht vom *Samsara* befreit, dem Kreislauf der Geburten und der Tode, der die Mitmenschen, die er bekehren und zum Licht führen soll, noch immer an das Diesseits kettet; so erfüllt er den ihm zukommenden Auftrag. Die von langen Meditationsphasen unterbrochene Belehrung durch die höchsten Lamas vermittelte Kelsang Gyatso die volle Kenntnis des *Madhyamika*, des «Weges der Mitte».

1726 empfing der siebente Dalai Lama die volle Weihe als Bhikshu; im Jokhang-Tempel legte er seine endgültigen Gelübde als buddhistischer Mönch ab; in Gegenwart von einunddreißig Äbten der wichtigsten tibetischen Klöster führte der Panchen Lama bei dieser Zeremonie den Vorsitz. Anschließend nahm Lobsang Yeshe im Potala Wohnsitz, um den Dalai Lama in langwieriger Arbeit in das Erbe von Marpa einzuführen, der im 11. Jahrhundert nach einem zwölfjährigen Aufenthalt in Indien Werke über die Kunst der Übertragung des bewußten Prinzips in einen anderen Körper oder in die Unendlichkeit der Wohnstätten des Buddha und mystische Lieder der tantrischen Dichter in Bengalen nach Tibet gebracht hatte. Ein beträchtlicher Arbeitsaufwand war notwendig, um sich sowohl das Wissen in diesen grundlegenden Werken anzueignen, als auch alle indischen und tibetischen Kommentare zu studieren, die im Laufe der Jahrhunderte darüber geschrieben worden waren. Die Konzentrationsfähigkeit und das Verständnis des siebenten Dalai Lama sind um so erstaunlicher, als die politischen Ereignisse in seiner Umgebung ihm nicht die für ein solches Unterfangen notwendige Ruhe und Muße gewährten.

Durch ihre militärischen Operationen gegen die Mongolen hatten die Mandschu-Generäle der kaiserlichen Armee auch die öffentliche Ordnung in Lhasa und in ganz Tibet wiederhergestellt. Den Königstitel und das Amt des Regenten gab es nach dem Tode der letzten Titulare nicht mehr. – Man gewinnt nicht den Eindruck, als habe Kaiser Kangxi die Absicht gehabt, ein eigentliches Protektorat über Tibet zu errichten. Die Mandschu-Dynastie befürchtete wie ihre Ming-Vorgänger, es könnte ein Mongolenreich entstehen. Der Sieg über die Dsungaren und die Wiederherstellung der religiösen Legitimität in Lhasa, ein nicht zu vernachlässigendes Element, um sich Einfluß auf die mit dem Buddhismus und dessen äußerlichen Zeichen verbundenen Mongolen zu sichern, scheinen vorerst der kaiserlichen Macht genügt zu haben. Man gab sich mit strategischen Anordnungen zufrieden, welche eine ständige Verbindung mit Tibet gewährleisteten. Das war nichts Neues in der chinesischen Politik. Schon 1700 war in Ta-Chien-Lu, einem wichtigen Knotenpunkt an der Straße zwischen Chengdu, der Hauptstadt der Provinz Szetschuan, und Lhasa, eine chinesische Garnison eingerichtet worden. Nach dem 1720 ausgebrochenen Konflikt wurden Truppenkontingente in anderen wichtigen Orten an dieser Straße stationiert, in Lithang, Bathang, Derge und Chamdo. Der chinesische Militärgouverneur in Lhasa hatte als Vorsichtsmaßnahme zweitausend Mann zurückbehalten, die Stadtmauern wurden geschleift.

Die zivile Macht blieb tibetischen Persönlichkeiten anvertraut, die für Kontinuität in Verwaltungsangelegenheiten besorgt gewesen waren. Die Regierung bestand aus vier Kalön genannten Ministern; der Premierminister, Sonam Gyalpo, der schon zur Zeit des Qoshot-Mongolen Lhabsang Khan eine Ministerfunktion bekleidet hatte, wurde gleichzeitig mit dem Amt eines Gouverneurs über Vordertibet mit der Hauptstadt Lhasa und die östlichen Landesteile betraut; der zweite Minister, Sonam Topgyal, wurde zum Gouverneur über Hintertibet mit Shigatse und den westlichen Landesteilen ernannt. Die vier Regierungsmitglieder erhielten chinesische Titel, durch die sie gleichrangigen Amtsgenossen in der Hierarchie des Kaiserpalastes in Peking gleichgestellt wurden, aber sie wurden nicht formell vom Kaiser ernannt.

Diese ganze Organisation war nie durch einen Vertrag oder einen Briefwechsel mit dem Dalai Lama, der von jetzt an als Souverän betrachtet wurde, oder mit seiner Regierung eingeführt worden. Als Zeichen seiner Intervention, vielleicht sogar auch zu deren Rechtfertigung, ließ Kangxi jedoch unterhalb des Potala eine Säule mit eingravierten chinesischen und tibetischen Texten aufrichten, die an die besonderen Beziehungen zwischen Tibet und den Mandschu-Kaisern erinnerten, seit T'ai Tsung (sein Vater) die tibetischen Abgesandten empfangen hatte. Erwähnt wurden auch die religiösen und politischen Wirren, die sein Eingreifen notwendig gemacht hatten, die Zustimmung Tibets zu diesen Aktionen und die Wiederherstellung des Friedens.

Diese einseitige Erklärung wurde von der Regierung und dem tibetischen Volk ohne Proteste und Kommentare aufgenommen. Das Land erlebte während einiger Jahre eine ruhige, für die Entwicklung der Geschäfte und der außenpolitischen Beziehungen günstige Zeit. Wir haben bereits gesehen, daß sich christliche Missionare niederließen, und wir werden auf ihre Einrichtungen und ihre Tätigkeit noch zurückkommen. Ausländische Geschäftsleute aus Indien und Nepal organisierten einen für beide Seiten fruchtbaren Handelsaustausch mit chinesischen und tibetischen Partnern. Das Land war damals sogar für Reisende aus weit entfernten Ländern offen, falls diese den Mut und die Kraft aufbrachten, die Gefahren und Schwierigkeiten eines solchen Unterfangens auf sich zu nehmen. Ein reicher und abenteuerlustiger holländischer Handelsmann, Samuel Van der Putte, hielt sich 1725 während einer Reise von Indien nach China in Lhasa auf. Zehn Jahre später, bei seiner Rückkehr, kam er dort noch einmal vorbei; leider hat er keine schriftlichen Notizen über seine Erinnerungen und Eindrücke hinterlassen.

Dank politischer Ruhe und allgemeinem Wohlergehen konnten die während der Kriegsjahre angerichteten Schäden beseitigt werden. Die Schatzmeister der Klöster erhielten für die Restaurierung ihrer Gebäulichkeiten großzügige Geschenke. Die Bekehrung der mongolischen Stämme zum Buddhismus durch Lamas, die ebenso beweglich und wagemutig wie die christlichen Missionare waren, und die Verbundenheit dieser Gläubigen mit ihrem Oberhaupt in Lhasa wurden auf ebenso erstaunliche wie ergreifende Weise bestätigt: Die in das Wolga-Becken emigrierten Kalmüken schickten einen Beitrag an die Restaurierung des Jokhang-Klosters.

Aus der chinesisch-tibetischen Koexistenz erwuchsen freilich Probleme, die schließlich die offiziellen Beziehungen beeinträchtigten. Die tibetische Regierung erzürnte sich über die Einmischung chinesischer Offizieller in örtliche Angelegenheiten. Auf Befehl des Kaisers war beispielsweise ein acht Kilometer langer Damm errichtet worden, größtenteils aus Steinen der abgebrochenen Stadtmauer, um die Stadt vor Überschwemmungen zu schützen, die bei jeder Schneeschmelze eine große Gefahr darstellten. Man hatte sich vorgestellt, jeder Pilger, ob Mönch oder Laie, der zur religiösen Erbauung nach Lhasa komme, habe zumindest einen Stein für den Bau und den späteren Unterhalt der Anlage mitzubringen. Eine andere Quelle von Reibereien war die Mandschu-Garnison, einerseits weil sie überhaupt vorhanden war und andererseits weil die Tibeter für ihren Unterhalt sorgen mußten; nicht nur für deren Verwaltungsausgaben mußte die tibetische Staatskasse aufkommen, die Einkäufe auf dem örtlichen Markt für die Versorgung der Truppe lösten zudem einen Preisanstieg aus. Mit diesem Problem hatte jedoch die Wirtschaft im Himalaja-Gebiet fortwährend zu kämpfen. Außerordentlich schwierige Produktionsbedingungen und örtlich beschränkte Anbaumöglichkeiten verhinderten jegliche Elastizität beim Nahrungsangebot. Der überraschende Zuzug ausländischer Konsumenten brachte das zerbrechliche wirtschaftliche Gleichgewicht völlig durcheinander. Die Klagen der Bevölkerung wurden von der Regierung an den kaiserlichen Hof weitergeleitet. In Peking war Kangxi soeben gestorben, und sein Sohn, Yung Ch'eng, beschloß 1723, seine Truppen zurückzuziehen und den Militärgouverneur durch einen zivilen Berater abzulösen.

Der noch junge und vollauf mit Studien und Meditation beschäftigte Dalai Lama mischte sich nicht in die politischen Angelegenheiten ein. Hatte er auch keine Kenntnis von den Palastintrigen, die schon bald einen tiefen Zwist zwischen dem Premierminister und den anderen Kalön heraufbeschworen? Gewisse Würdenträger waren nicht bereit, sich mit den Sparmaßnahmen – und vielleicht auch dem Autoritätsanspruch – des alternden Sonam Gyalpo abzufinden. Der Vater des Dalai Lama, Sonam Dhargye, scheint Drahtzieher einer eigentlichen Verschwörung gewesen zu sein, deren Ziel der Sturz der bestehenden Regierung war. Schon Anfang 1727 informierte die in Lhasa residierende chinesische Delegation Peking über Spannungen innerhalb der tibetischen Regierung; die Berichte prangerten zwei der Regierungsmitglieder als schwächliche und unausgewogene Persönlichkeiten an. Der Kaiserhof versuchte zunächst, die Spannungen durch wohlwollende Gesten zu mildern: Ein hoher Staatsbeamter wurde mit Botschaften für die wichtigsten Staatsmänner und einige Familienangehörige des Dalai Lama und, wie es sich gehörte, auch mit Geschenken nach Lhasa beordert.

Nichtwiedergutzumachendes ereignete sich einige Monate später, am 5. August 1727, mit der Ermordung des Premierministers. Der zweite Kalön, Sonam Topgyal, mißbrauchte seine Funktion als Gouverneur von Hintertibet, um Truppen auszuheben. Aus der allgemeinen Verwirrung wurde jetzt ein Bürgerkrieg. Mit neuntausend Mann marschierte er nach Lhasa, wo er die Kontrolle über die Stadt übernahm. Er informierte Peking über die innere Lage und bat ausdrücklich um die Entsendung einer chinesischen Armee zu seiner Unterstützung, damit er die öffentliche Ordnung wiederherstellen und eine notwendige Reform der Institutionen vornehmen könne. Die über die Nordroute, Xining (Hsi-Ning) und die Provinz Qinghai (Tsinghai), nach Tibet marschierende Armee erreichte Lhasa erst 1728. Und jetzt wurde ein umfassender chinesischer Plan in die Tat umgesetzt.

In einem ersten Akt wurden die Verantwortlichen bestraft. Die beiden rebellierenden Kalön wurden in Stücke gehauen, ihre Söhne enthauptet. Die Chinesen überließen es den tibetischen Behörden, die Schuldigen von niedrigerem Rang zu verurteilen.

Peking hatte beschlossen, die zivile und die militärische Organisation Tibets in die eigenen Hände zu nehmen. Für den siegreichen General wurde wieder der Titel Regent eingeführt. In den chinesischen Jahrbüchern wird er mit dem Namen Phola Tedji erwähnt; in der tibetischen Geschichte heißt er Gyalpo Miwang. Er führte den Vorsitz im obersten Rat, doch für alle Geschäfte war Zustimmung der beiden residierenden chinesischen Vertreter, der *Amban*, erforderlich. Die Einmischung in die tibetischen Angelegenheiten wurde durch den Beschluß des Kaiserhofes noch verschärft, die höchste Macht aufzuteilen und dadurch einen Keil zwischen die beiden Oberhäupter der lamaistischen Schulen, den Dalai Lama und den Panchen Lama, zu treiben. Damit wurde eine Politik begründet, die China bis in unsere Zeit hinein in seinen Beziehungen zu Tibet immer wieder anwandte. Peking hoffte, auf diese Weise nicht nur die Machthaber, sondern auch das ganze Land zu spalten. So wurde dem Panchen Lama angeboten, die direkte Verwaltung der östlichen und zu einem großen Teil auch der zentralen Gebiete Tibets zu übernehmen. Doch der Kaiser hatte nicht mit der mönchischen Disziplin und vor allem nicht mit der Weisheit des alten Lobsang Yashe gerechnet, der vom «Großen Fünften» eingesetzt worden war und unter dessen beiden Nachfolgern dafür gesorgt hatte, daß die Schule der «Gelbmützen» während der politischen Wechselfälle, die wir miterlebt haben, so gut es ging, auf dem rechten Weg blieb. Er lehnte das chinesische Angebot ab und übernahm nur die Verantwortung für die Verwaltung des Gebiets um Tashilhunpo einschließlich der Stadt Shigatse. Tibet hatte gegen diese Maßnahme nichts einzuwenden, obwohl sie von Peking verfügt wurde, denn eine solche Autorität stand in Einklang mit den herkömmlichen Feudalrechten, die dem Adel und den Klöstern durch eine jahrhundertelange Tradition zugefallen waren. Trotz der Zurückhaltung des Panchen Lama wurde die Verwaltungsarbeit durch sehr ausführliche kaiserliche Weisungen organisiert. Alle finanziellen Angelegenheiten, alle Anordnungen über den Unterhalt der Garnisonen und der Grenzposten waren vor der endgültigen Entscheidung den Amban vorzulegen. Der Frage der außenpolitischen Beziehungen wurde besondere Aufmerksamkeit geschenkt. Alle offiziellen Korrespondenzen aus dem Ausland mußten dem Panchen Lama und den beiden Amban für die Übersetzung – in die chinesische und die tibetische Sprache – und zur Prüfung vorgelegt werden. Dasselbe galt für die Antworten, sogar mündliche, an ausländische Abgesandte.

Später hatten die Tibeter größte Mühe, die dem Panchen Lama gegen dessen Willen zugesprochenen Kompetenzen rückgängig zu machen, obwohl sie ausschließlich von den Chinesen vergeben und nie mit der offiziellen tibetischen Regierung ausgehandelt worden waren, von einer Genehmigung durch sie gar nicht zu sprechen.

Dem Regenten-Premierminister stehen in dieser Zeit drei Minister zur Seite, die in der Regel nach Konsultierung der traditionellen Orakel und Genehmigung durch Peking auf Lebenszeit ernannt werden; der erste ist für den staatlichen Grundbesitz und die Steuern, der zweite für Rechtsfragen und der dritte für die innere Verwaltung zuständig. Ihre Kleidung und ihre Arbeitsgewohnheiten sind minutiös geregelt: Jedem von ihnen unterstehen vier Sekretäre, mit denen er die laufenden Geschäfte täglich von neun Uhr morgens bis zwei Uhr nachmittags zu besprechen hat. Was den Grundbesitz betrifft, sind die Aufgaben der Behörden nach chinesischem Vorbild geregelt, wobei Angehörige des örtlichen Adels und des Klerus für die Amtsgeschäfte verantwortlich sind.

An der Spitze der Armee steht ein General, dem sechs weitere Generäle und Offiziere unterstellt sind; einige von ihnen führen das Kommando über die Festungen. Längs der gemeinsamen Grenze ist Peking dafür besorgt, daß die Amtsinhaber aus großen Familien ausgewählt werden, die oft Interessen beidseits der Grenze haben: In Xining (Hsi-ning) erhält der chinesische Resident den Auftrag, die Region Amdo und den ganzen tibetischen Nordwesten zu überwachen. Die Kontrolle an der Südgrenze zu Indien und Nepal wird von einem in Shigatse ansässigen Assistenz-Amban wahrgenommen, zu dessen Stab chinesische Generäle und Kommandanten gehören. Ein zweitausend Mann starkes Detachement der Militärmacht, das den Amban zur Verfügung steht, ist dauernd in Shigatse stationiert.

Damit die Entfernungen zwischen den Entscheidungszentren nicht zu groß sind, wird verfügt, daß die Amban dem Generalgouverneur von Szetschuan unterstellt sind und sich nur in besonders wichtigen Fällen direkt an Peking zu wenden haben.

Schließlich, und das wiegt am schwersten, werden die Grenzen verändert. Große Teile von Osttibet, insbesondere Bathang und Lithang, werden Szetschuan und Yünnan angegliedert. Tibet verbleibt nur ein ganz kleiner Teil seiner Provinzen Kham und Amdo.

Der siebente Dalai Lama war von allen diesen Anordnungen nicht betroffen. War es wegen einer mutmaßlichen Beteiligung am Komplott gegen den früheren Premierminister, war es, um die Angelegenheiten des Landes mit freierer Hand regeln zu können oder, wie gewisse chinesische Dokumente erwähnen, um ihn vor ernsthafteren Wirren eines neuen Bürgerkriegs oder eines neuen Mongoleneinfalls zu schützen? Jedenfalls wurde er weggebracht, und zwar weit über sein Heimatdorf Lithang hinaus, in die Kloster-Festung Kahdag bei Ta-Chien-Lu. Dort blieb er sechs Jahre lang.

Aus Gründen der Schicklichkeit und geistlicher wie auch weltlicher Notwendigkeit benötigte die Gelugpa-Schule der «Gelbmützen» ein neues Oberhaupt; man traf eine geschickte Wahl: Auf Anordnung des

Kaisers wurde ein Lama von ehrwürdigem Alter und makellosem Ruf in dieses Amt eingesetzt. Der einfache Mönch Tri Rimpoche aus dem Kloster Chöding in der Zentralprovinz, einige Tagereisen von Lhasa entfernt, nahm diese Aufgabe bis zur Rückkehr von Kelsang Gyatso wahr.

Die Entfernung aus Lhasa und die strenge Überwachung durch seine chinesischen Wächter scheinen für den Dalai Lama keine harte Prüfung gewesen zu sein. Er widmete sich wieder ganz seinen Studien und seinem transzendentalen Suchen. Sein geistlicher Meister, der Abt des Klosters Ganden, Palden Drakpa, war ihm ins Exil gefolgt. Doch er lebte nicht mehr lange und wurde auf Bitten des Dalai Lama durch seinen Nachfolger in Ganden, Ngawang Chokden, ersetzt. Kelsang Gyatso war offensichtlich gewillt, seine religiösen Übungen und die mystische Yoga-Praxis kontinuierlich weiterzuverfolgen; daran spürt man, daß er von seiner Persönlichkeit her vor allem danach strebte, die Verantwortung in seiner Funktion als geistliches Oberhaupt zu übernehmen, und sich weniger um seine Stellung als weltlicher Souverän kümmerte. Hier wird abermals das Geheimnisvolle an der Einheit der Souveränität in der Zweiheit des tibetischen Machtgefüges sichtbar. Hinter den Mauern seiner Festung, hinter den Waffen seiner Bewacher, die ihn zugleich bedrohten und schützten, betete der Dalai Lama, und dadurch offenbarte er seinen Gläubigen und seinem Volk, daß er noch immer gegenwärtig war; wie bei seinen Vorgängern standen in allen seinen Gebeten das Mitleiden und die Nächstenliebe im Vordergrund. Das wurde auch in den Gedichten sichtbar, die er von nun an zu verfassen begann:

> O Manjusri, Glorreicher, gewähre mir die kraftvolle Hilfe
> Deiner geheimnisvollen Substanz, deiner Worte und deines Geistes,
> Damit all mein körperliches, sprachliches und geistliches Tun
> Den Wesen durch meine Belehrungen zum Nutzen wird.

Während der Dalai Lama die wohlwollenden Kräfte anrief, sorgte der interimistische Vorsteher der «Gelbmützen»-Schule mit Autorität und Kompetenz für die Einhaltung der Mönchsregeln. In Tashilhunpo hütete sich der Panchen Lama, am labilen geistlichen und politischen Gleichgewicht der tibetischen Institutionen zu rütteln und insbesondere sich in irgendwelche Machenschaften verwickeln zu lassen, welche den Zugriff der Chinesen auf Tibet hätten verstärken können. Über die staatlichen Angelegenheiten wachte noch ein dritter Greis. Es war der Mann, der das Vertrauen des Mandschu-Hofes in Peking genoß, Phola Tedji (der auch Gyalpo Miwang genannt wird), der Desi, der die Regierung unter dem fünften Dalai Lama und nach dessen Tod geleitet hatte. Ihm gelang es wie zuvor Sangye Gyatso, durch politisches und diplomatisches Feingefühl das Vertrauen unter den Tibetern wiederherzustellen und die Rivalitäten zwischen den Mönchsgemeinschaften in Grenzen zu halten, wenn auch nicht vollständig zu überwinden, wie wir leider noch sehen werden. Dank ihm wurde schließlich die Bevormundung durch Peking zu einer reinen Formsache. Der von seinen Sorgen wegen der Mongolen und um Tibet entlastete Kaiser zeigte ihm seine Dankbarkeit, indem er ihm 1740 den Titel eines Prinzen im zweiten Rang verlieh – einen Titel, der großen Feudalherren zustand, die mit der Regierung einer Provinz betraut waren.

Nach einigen Jahren solcher weiser und entschlossener Herrschaft wurde die Lage neu beurteilt; der Dalai Lama durfte nach Lhasa zurückkehren. Doch der Befehl des Kaisers gab ihm seine zeitlichen Befugnisse nicht zurück, für sie war noch immer Phola Tedji zuständig. Nach dessen Tod wurde sein zweiter Sohn, Gyurme Namgyal, von Peking mit den gleichen Titeln wie sein Vater und, so scheint es, auch mit dem gleichen Vertrauen eingesetzt, obwohl man ihn verdächtigte, als Komplize oder sogar Drahtzieher am Tod seines älteren Bruders beteiligt gewesen zu sein, der eigentlich das väterliche Amt hätte übernehmen sollen.

In Peking war der neue Kaiser, Ch'ien Lung (1745–1796), dem Buddhismus sehr wohlgesinnt. Im Jahr seiner Thronbesteigung empfing er den Panchen Lama mit großem Zeremoniell an seinem Hof. Jacques Bacot schreibt in seiner *Geschichte Tibets* dazu: «Die Gunstbezeugungen dieses Herrschers für den Lamaismus haben dauerhafte materielle Spuren hinterlassen. Sie sind noch in den vielen zweisprachigen, auf chinesisch und tibetisch beschrifteten Stelen sichtbar, die man in vielen Pagoden in der Umgebung von Peking antrifft und die an ein Ereignis, einen Besuch oder ein Geschenk erinnern.» Um seine Hochachtung zu bezeugen, vielleicht auch um den chinesischen Einfluß in Tibet zu feiern, ließ er 1745 in Peking im Bereich der Kaiserstadt den «Tempel des Höchsten Glücks» errichten, der bei einem Brand im Dezember 1901 zu einem großen Teil zerstört wurde.

167

Während seiner Rückkehr in die Hauptstadt machte Kelsang Gyatso in vielen Klöstern halt, um die Mönche und die Gläubigen zu segnen, die in Scharen zusammenkamen, wenn er dort vorbeizog. An einem dieser Etappenorte wurde er gebeten, einen besonders intelligenten und frommen Mönch zu weihen, dem wir später wieder begegnen werden, Demo Tulku. Nach seiner Ankunft in Lhasa soll der Dalai Lama gewünscht haben, seine geistlichen Übungen mit dem Panchen Lama fortzusetzen. Doch der alte Lobsang Yeshe, der eben von Peking zurückgekehrt war, konnte Tashilhunpo nicht mehr verlassen. Und so ließ sich der Dalai Lama bei ihm nieder. Täglich unterhielten sich die beiden Würdenträger über grundlegende Fragen der Lehre. Kelsang Gyatso begann um diese Zeit, selbst zu lehren und eigene Werke zu verfassen.

In Lhasa hatte sich das Kloster Sera einen Ruf als Zentrum der tantrischen Lehre erworben, der ihm bis heute erhalten geblieben ist. Sein Abt bat den Dalai Lama, die Erwartungen der Mönche zu erfüllen, die in Scharen dem Kloster zuströmten. Mehr als tausend von ihnen legte Kelsang Gyatso sein umfassendes Wissen über die Schriften des großen Reformators Tsongkhapa dar. Gleichzeitig vervollkommnete er seine eigene Ausbildung in Gesellschaft von Ngawang Chokden, des Abtes des Klosters Ganden, der seit den Exiljahren sein Berater gewesen war. Obwohl der Dalai Lama von seinen Verpflichtungen voll beansprucht wurde, fand er dennoch immer auch Zeit für die Verbreitung der Lehre und die Abfassung seiner Gedichte.

Der Panchen Lama verschied 1737. Im folgenden Jahr wurde seine Reinkarnation in einem Kind aus einem zentraltibetischen Dorf entdeckt und nach Lhasa gebracht. Der Dalai Lama weihte es persönlich und verlieh ihm seinen Namen: Lobsang Jebtsun Palden Yeshe (1738–1780); er verfolgte auch aufmerksam seine Erziehung während der ersten Jahre seiner religiösen Ausbildung.

Als sein hochgeschätzter, damals fünfundsiebzig Jahre alter Berater Anzeichen von Schwäche zu zeigen begann, verließ der Dalai Lama den Potala, um sich in Ganden in seiner Nähe niederzulassen. Ngawang Chokden wollte sich freilich in die Abgeschiedenheit des Klosters Reting, etwa zweihundert Kilometer nördlich von Lhasa, zurückziehen, um sich auf den großen Übergang vorzubereiten. Der Dalai Lama respektierte diesen Willen. Als sich die beiden buddhistischen Oberhäupter mit einer besonders ergreifenden Zeremonie voneinander trennten, gaben sie sich gegenseitig ihren Segen. Der alte Lama starb wenige Tage nach seinem Eintreffen im Kloster. Als der Dalai Lama im Potala die Nachricht von seinem Tod und die von den Mönchen in Reting zugesandten Reliquien erhielt, ließ er diese in ein kostbares Kästchen legen, und er betete mehrere Tage lang ganz allein in einer Kapelle des Palastes. Er ließ eine Urne aus Silber anfertigen und schickte sie dem Kloster, damit die Überreste seines geistlichen Führers in den schwierigsten Augenblicken seines Lebens nach der Einäscherung seiner körperlichen Hülle darin aufbewahrt würden. Für den Guru des achten Dalai Lama und Biographen von Kelsang Gyatso ist dessen Verhalten gegenüber seinen Ahnen und Betreuern ein unanfechtbares Zeichen von Heiligkeit. Obwohl dieser religiöse Eifer infolge der politischen Ereignisse und der inneren Vorliebe des Dalai Lama selbst vom bläulichen Rauch in den Kultstätten diskret verdeckt wurde, hat ihn das tibetische Volk als die höchste Autorität im religiösen wie auch politischen Bereich anerkannt. Die besondere Aufmerksamkeit, mit der er die religiöse Formung des jungen Panchen Lama verfolgte, hat nicht unwesentlich zur Erhaltung des Zusammenhalts sowohl der buddhistischen Institutionen als auch des tibetischen Staates beigetragen.

Im Frieden und in der Toleranz dieser Jahre erlebte auch die katholische Mission in Lhasa eine Zeit der Prosperität. Es scheint, daß die tibetischen Behörden mehr an den politischen Auswirkungen der Präsenz von Missionaren auf die Beziehungen zum Ausland interessiert gewesen waren als an der religiösen Botschaft, die sie mit sich brachten. Den Schutz, der ihnen gewährt wurde, hatten sie im übrigen eher dem Regenten und Regierungschef als dem Dalai Lama zu verdanken, dem sie nie persönlich begegneten.

Wie in Japan und in China waren die Jesuiten die ersten, die mit der Evangelisierung Zentralasiens begannen. Die Patres Ippolito Desideri und Manuel Freyre, die vom Orden mit dieser Aufgabe betraut wurden, benötigten zwei Jahre, um ihren Bestimmungsort zu erreichen. Ihre Reise begann am 26. März 1714 in Surat an der indischen Küste und ging über Delhi, Lahore, Kaschmir und Ladakh weiter. Am 18. März 1716 trafen sie in Lhasa ein. Es war die Zeit des mongolischen «Protektorats» von Lhabsang Khan. Die beiden Missionare nahmen die letzte Etappe in Zhaxigang, einem Ort in der Randzone (der Begriff Grenze mit seiner politischen und militärischen Nebenbedeutung war damals noch nicht sehr klar definiert) zwischen Ladakh und Guge in Angriff, und zwar unter dem Schutz einer Qoshot-Prinzessin, deren Gatte, Kommandant der Besatzungstruppen in dieser Region, gestorben war und die durch Tibet zu ihrer Familie in der Mongolei zurückkehrte. Die beiden Missionare wußten aus der Erfahrung ihrer Vorgänger, daß man bei Bekehrungen unbedingt mit hochrangigen Persönlichkeiten beginnen mußte. Sie hatten deshalb versucht, die lange Reise und eine gewisse mystische Neigung ihrer Schutzherrin dafür zu nutzen, um sie zum Christentum zu führen. In seinem Bericht gesteht Pater Desideri seinen Mißerfolg ein, denn die Prinzessin «trat in ein Kloster ihrer Religion ein und wurde Nonne».

1719 trafen die italienischen Kapuzinerpatres Orazio Della Penna und Domenico Da Fano in Begleitung einiger Fratres in Lhasa ein. Um einen Kompetenzkonflikt zu vermeiden, wurde der Fall der römischen Kurie vorgelegt. Die Jesuiten waren um diese Zeit in eine Polemik verwickelt, weil gewisse kirchliche Würdenträger ihr Verständnis für den Konfuzianismus als laxistisch beurteilten; es ist deshalb nicht verwunderlich, daß die Kurie in ihrer Voreingenommenheit gegenüber der missionarischen Tätigkeit der Jesuiten deren Standpunkt, sie seien zuerst in Lhasa gewesen, nicht unterstützte. 1721 fiel die Entscheidung zugunsten der Kapuziner, die von den tibetischen Behörden ohne weiteres die Erlaubnis erhielten, eine Kapelle zu bauen. Man gewinnt den Eindruck, es habe nicht zahlreiche Bekehrungen gegeben; nur einige Chinesen und Newar-Kaufleute aus Nepal ließen sich taufen. 1737 kehrte der Superior der Mission, Orazio Della Penna, nach Rom zurück. Papst Benedikt XIV. gab ihm einen Brief an den Dalai Lama mit, ein frühes Zeichen einer ökumenischen Bewegung, die erst im 20. Jahrhundert richtig aufblühte. Der Kapuziner machte sich von neuem auf den Weg, kam aber in Tibet nicht mehr an; er starb 1747 in Indien, nicht ohne zuvor noch vom Mißerfolg seiner Ordensbrüder erfahren zu haben.

In Lhasa zählte die katholische Mission sechsundzwanzig Konvertiten. Einer von ihnen, ein auf den Namen Tomaso getaufter tibetischer Bediensteter der Patres, der früher Tenzin geheißen hatte, verursachte einen schweren Zwischenfall. Er war von seinen Patres in den Potala geschickt worden, um bei einer öffentlichen Audienz des Dalai Lama Geschenke zu überbringen, weigerte sich aber, sich vor diesem niederzuwerfen, wie es unter Tibetern üblich war. Die Empörung im Potala war groß, Drohungen, alle Christen seien hinzurichten, wurden herumgeboten. Die

Patres wandten sich an politisch einflußreiche Freunde und erreichten, daß die Strafe auf zwanzig Peitschenhiebe reduziert wurde, ein für die damalige Zeit wirklich mildes Urteil. Die Strafe wurde von den Christen mit großem Mut ertragen. Doch das Volk wandte sich von ihnen ab, weil sie sich so schwer gegen althergebrachte Sitten vergangen hatten; vor allem aber entzogen ihnen die Adligen und Lamas, die gebildet genug waren, um den fremden Missionaren mit Höflichkeit zu begegnen, von da ab ihren Schutz. Als die Kapelle der Kapuziner bei einer Überschwemmung beschädigt wurde, deutete man dieses Ereignis als ein himmlisches Zeichen dafür, daß ihre Anwesenheit nicht mehr genehm sei. Da überdies die Chinesen zu einer Politik der Abschottung Tibets gegen fremde Einflüsse tendierten, wurde die katholische Mission aufgefordert, das Land zu verlassen. Die von finanziellen Sorgen geplagten Patres – aus Europa kamen keine Gelder mehr – zogen sich 1745 zurück, die Kapelle wurde dem Erdboden gleichgemacht.

Ein letztes Zeichen christlicher Präsenz ist von 1769 überliefert: Einige überlebende Gläubige schickten einen Brief nach Rom und baten um die Entsendung eines Priesters. In der Nähe von Jokhang ist bis heute eine Glocke mit der Inschrift *Te Deum laudamus* zu sehen, die vermutlich aus der Kapelle der Kapuziner stammt.

Zwei Jahre später, nach dem Tode des weisen und energischen Phola Tedji, wurde Peking abermals auf die innere Situation in Tibet aufmerksam.

Gyurme Namgyal, der die weltliche Macht als «Regent» oder «Vizekönig» übernommen hatte, setzte vorerst die Politik seines Vaters fort. Er hatte den Chinesen seine Regierungsfähigkeit und seine Loyalität in den Beziehungen zum Kaiserhof in Peking bewiesen und ersuchte um den Rückzug der beiden chinesischen Residenten und der in Tibet stationierten Truppen. Kaiser Ch'ien Lung war aber nur damit einverstanden, das militärische Kontingent auf fünfhundert Mann zu verkleinern, die gleichmäßig auf Lhasa und Shigatse verteilt wurden.

Der Regent, der dadurch eine gewisse Bewegungsfreiheit zurückgewonnen hatte, scheint mehr von seinem persönlichen Ehrgeiz als von den Landesinteressen getragen worden zu sein. Er nahm Kontakte zu den dsungarischen Mongolen am fernen Ili auf. Ein Plan für eine Intervention von außen wurde ausgearbeitet, der die militärische und die zivile Präsenz der Chinesen beenden und Tibet, genauer gesagt dem Regenten, die völlige Unabhängigkeit zurückgeben würde. Das Geheimnis konnte nicht lange gewahrt werden. Gyurme Namgyal hatte sich innerhalb des Palastes viele Feinde geschaffen, indem er ihm nahestehende Leute, die ihm seiner Meinung nach vor der Sonne standen, vertrieb oder sogar hinrichten ließ. Solche Auswüchse und sein brutales und arrogantes Verhalten brachten ihm auch den Groll eines Teils der Bevölkerung ein. Diese Vorkommnisse wie auch die allgemeine Stimmung blieben den chinesischen Amban nicht verborgen, sie berichteten darüber regelmäßig und getreulich dem Kaiser. Dieser beachtete freilich ihre Warnungen nicht. Die beiden Residenten entschlossen sich daraufhin zu einer Aktion in eigener Verantwortung, durch die eine kaiserliche Reaktion ausgelöst werden sollte. Sie waren der Meinung, durch das Verschwinden des Regenten würde das Komplott beendet. Bei ihrer Analyse der öffentlichen Meinung hatten sie aber eines übersehen: Die Tibeter waren ihren Institutionen und ihren Machthabern, so unvollkommen diese auch sein mochten, stärker verbunden als den chinesischen Schutzherren und einer Kolonie von militärischen und zivilen Mitarbeitern, die ihr Alltagsleben schwer belasteten.

Auf die ungeschickte Verschwörung des Regenten reagierten die beiden Amban mit einem ebenso gewagten Komplott. Der doppelte Trick mußte notwendigerweise mit einer Katastrophe enden. Am 13. November 1750 luden sie Gyurme Namgyal in ihre Residenz ein und töteten ihn «eigenhändig». In der anschließenden Verwirrung gelang es einem Offizier, der den Regenten begleitet hatte und dem ebenfalls vorgesehenen Massaker an der tibetischen Eskorte entgangen war, die öffentliche Meinung in Lhasa aufzuwiegeln; man hatte nur auf ein Zeichen gewartet, um sich gegen die Fremden zu erheben. Der Lärm des sich zusammenrottenden Volkes war bis in den Potala zu hören; der Dalai Lama versuchte mit Hilfe der zivilen Beamten und der Äbte, die bei ihm lebten, die Revolte aufzuhalten. Es war zu spät. Die erregte Menge stürmte in Richtung der Residenz der beiden Amban. Als diese sahen, wie ihre Wächter massakriert wurden, gaben sie sich, nachdem sie bereits Verletzungen erlitten hatten, selbst den Tod.

Der Dalai Lama hatte noch nie Gelegenheit gehabt, politische Verantwortung zu übernehmen, aber jetzt erwies er sich unversehens als energische und geschickte Persönlichkeit. Er ernannte den amtsältesten Minister zum Vorsitzenden der Regierung und schickte einen Brief an den

Kaiser, worin er seine Version der Ereignisse darlegte. Noch bevor dieses Schreiben in Peking ankam, war Ch'ien Lung von den Überlebenden des blutigen Herbstes in Lhasa informiert worden. Die Armee, die er sofort in Marsch setzte, hatte keine Kämpfe zu bestehen; nur die Hauptstadt war in die Affäre verwickelt gewesen, und hier war bereits wieder Ruhe eingekehrt. Aber die chinesische Garnison in Tibet wurde auf tausendfünfhundert Mann vergrößert.

Die beiden Amban wurden postum in den Rang von Mandarinen erster Klasse erhoben. 1795 ließen ihre Nachfolger in Lhasa eine Stele errichten, auf der an ihr Opfer erinnert wurde.

Auf politischer Ebene verwickelte sich China fortan noch gründlicher in die tibetischen Angelegenheiten. Der Titel «Regent» oder «Vizekönig», der seit dem fünften Dalai Lama mehr oder weniger mißbräuchlich verwendet worden war, wurde endgültig abgeschafft. Der kaiserliche Erlaß vom 23. April 1751 sah eine Regierung unter der Autorität des Dalai Lama vor, der von vier Ministern, den Kalön, unterstützt wird; von jetzt an war jeder von ihnen nicht mehr bloß für einen bestimmten Verwaltungsbereich, sondern darüber hinaus auch für das ganze Land verantwortlich. Der Dalai Lama erlangte in diesem System seine Oberhoheit über die Regierungsgeschäfte zurück und übernahm juristisch und praktisch wieder die Leitung der Staatsverwaltung; aber auch die Stellung der beiden Amban wurde verstärkt; sie hatten von jetzt an ein «begrenztes» Recht, sich an der Regierung des Landes zu beteiligen, wobei das Ziel dieser Neuerung darin bestand, eine Kontrolle über die außenpolitischen Beziehungen Tibets auszuüben.

Durch diese neuen Reformen erhielt die Theokratie wieder ihren Platz in den tibetischen Institutionen. Das höchste religiöse Oberhaupt stand jetzt wieder dem ganzen Land vor; durch seine Stellung dämmte der Dalai Lama, obwohl er sich nur zurückhaltend in die weltlichen Angelegenheiten einmischte, den Machthunger eines Adels ein, der durch Gewöhnung an seine immer wieder mißbrauchten Privilegien zu einem destabilisierenden Faktor geworden war.

Kelsang Gyatso spürte seine Kräfte schwinden, obwohl er erst achtundvierzig Jahre alt war. Als er 1756 davon überzeugt war, der Ministerrat sei imstande, die Zügel der Regierung fest in seinen Händen zu halten, ohne daß ein Ausrutscher zu befürchten wäre, bereitete er sich auf einen Besuch im Kloster Chökhorgyal, hundertfünfzig Kilometer südöstlich der Hauptstadt, vor. Es war 1509 vom zweiten Dalai Lama in der Nähe des «Sees der Visionen» errichtet worden, wo Menschen mit ausreichender geistlicher Vorbereitung Zukünftiges ankündende Zeichen sehen können. Er nahm sich noch die Zeit, den tausenddreihundert Mönchen im Sera-Kollegium seine Lehre darzulegen. Dann zog er sich für mehrere Monate von der Öffentlichkeit zurück, um bei seinem Meister seit je, Tsongkhapa, neue Inspirationen zu suchen. Weil er aus Erfahrung wußte, wie schwierig es war, das Land und seine Bewohner auf dem Weg des Dharma und der Praxis des Mitleidens zu halten, verehrte er den großen Reformator ganz besonders; ohne ihn, so glaubte er, hätte der Buddhismus nicht den Zusammenhalt und die Festigkeit, dank derer er den Mittelpunkt der tibetischen Gesellschaft bildete.

Anfang 1757 zog sich Kelsang Gyatso zu einer langen Meditation zurück; zuvor hatte er seine Umgebung darauf hingewiesen, daß sein Wirken auf dieser Erde demnächst zu Ende gehe. Er starb am 22. März und wurde im Potala beigesetzt.

Die politischen Ereignisse während der Herrschaft des siebenten Dalai Lama haben seine Rolle und seine Persönlichkeit etwas in den Hintergrund verdrängt. Das Licht, das von seinem religiösen Wissen (der Buddhismus und die östlichen Religionen im allgemeinen empfinden es keineswegs als schockierend, wenn man die beiden Begriffe Religion und Wissen miteinander verbindet, die von Agnostikern und auch westlichen Gläubigen eher als Gegensätze verstanden werden) ausstrahlt, trägt in dieser düsteren Periode der tibetischen Geschichte den Stempel einer althergebrachten Kultur und des traditionellen Glaubens. In der Ikonographie, in der sich für das tibetische Volk das Urteil der Geschichte widerspiegelt, wird Kelsang Gyatso mit einem Buch und einer Lotusblüte in der Hand dargestellt. Als Schriftsteller ist er anerkannt; laut dem deutschen Tibetologen G. Schulemann besitzt das Asien-Museum in Sankt Petersburg sein vollständiges Werk. Seine Gedichte, die in Tibet so bekannt sind wie die des sechsten Dalai Lama, zeugen von großer Heiterkeit und unerschütterlicher Gewißheit eines ewigen Heils dank der mitleidenden Hilfe der Bodhisattvas; in ihnen stellt er die enttäuschten Illusionen der Welt den Wohltaten einer vollständigen und endgültigen Befreiung für diejenigen gegenüber, die den Weg zu finden verstehen:

Kelsang Gyatso 1708-1757

Zeigen wir Aufmerksamkeit für andere,
Begegnen wir Gereiztheit.

Streben wir nach Reichtum,
Geht er den anderen verloren.

Bemühen wir uns, Glück zu erlangen,
Trifft uns auch Schmerz.

Oh göttliche Gurus, helft uns, für immer
Den Flammen der Begierde und der Mißgunst zu entfliehen.

Wir sind angekettet im Gefängnis
des Karma und der Illusion.

Zerschmettert sind wir im Gewicht der Unvollkommenheiten
Des Leibes und des Geistes.

Wir leiden unter den Übeln der Geburt, der Krankheit,
Des Alters und des Todes.

Oh göttliche Gurus, helft uns, für immer
Der elenden Unordnung des Samsara zu entfliehen.

VIII

Jampel Gyatso
1758–1804

Die Suche nach der Reinkarnation des verstorbenen Dalai Lama führte die damit beauftragten Mönche durch die drei großen Klöster im Dorf Thobgyal in der Provinz Ober-Tsang, die verwaltungstechnisch als Hintertibet bezeichnet wird. Das Kind, das sie mit sich brachten, war am 29. Juli 1758 zur Welt gekommen; das befragte Orakel bestätigte seine Echtheit, und die Wahl wurde vom Kaiserhof anstandslos bestätigt. Die Inthronisations-Zeremonie fand am 28. August 1762 in Gegenwart aller Behörden im Potala statt. Der Panchen Lama kümmerte sich um die Ausbildung des Kindes; ihm legte es das *Getsul*-Gelübde ab, wodurch es 1764 zum Novizen wurde; bei dieser Gelegenheit erhielt es auch seinen endgültigen Namen Jampel Gyatso: «Ozean der Sanftmut und des Ruhms».

Die in den vorausgegangenen Jahren eingeführten Institutionen funktionierten reibungslos. Die innere Lage Tibets erforderte keine besonderen Eingriffe der Machthaber in das Alltagsleben des Volkes, das sich um Ackerbau, Handwerk, Handel, ebenso um den Unterhalt der Mönchsgemeinschaften kümmerte, welche die Tradition und das kulturelle Leben verbürgten. Mit einem Wort, es herrschte Frieden im Lande.

Peking begegnete der weltlichen Macht gegenüber noch immer mit Mißtrauen und hatte die Funktion des Regenten aufgehoben. Auf den Vorschlag des Panchen Lama hin, dem der Kaiserhof mit großem Respekt folgte, wurde ein Mönch bestimmt, der während der Minderjährigkeit des Dalai Lama in dessen Namen und an dessen Stelle zu handeln hatte. Diese Aufgabe wurde Demo Tulku anvertraut, einem der Novizen, die vom siebenten Dalai Lama bei dessen Besuchen in den Klöstern die Mönchsweihe erhalten hatten; dieser Mönch-Regent übte sein Amt bis 1777 aus. Dann wurde er durch einen anderen Mönch ersetzt, Ngawang Tsultrim, der 1721 in der Region Amdo zur Welt gekommen und später fünfzehn Jahre lang einer der Hauslehrer des Kaisers Ch'ien Lung gewesen war; der chinesische Souverän hatte großes Vertrauen zu diesem

Berater, vor allem natürlich in allen buddhistischen und tibetischen Angelegenheiten.

Einmal mehr muß auf Unterschiede zwischen westlichen und östlichen Auffassungen hingewiesen werden. Für Peking wie für Lhasa ging es nicht so sehr um eine Rechtsfrage, sondern um eine Berücksichtigung der Umstände. Überlassen wir das Wort zu diesem Thema dem jetzigen Dalai Lama:

> Zweieinhalb Jahrhunderte lang, beinahe bis an das Ende des 19. Jahrhunderts, bestanden zwischen den Kaisern Chinas und den Dalai Lamas auf gegenseitiger Achtung beruhende Beziehungen, also ein Verhältnis, das auf der einen Seite auf der geistlichen Autorität und auf der anderen Seite auf der maßvollen Ausübung einer weltlichen Macht gründete. [...] Und da das Leben unserer Nation der Religion geweiht war, verfügten wir nur über sehr beschränkte materielle Mittel. Seit vielen Jahrhunderten war Tibet keine militärische Macht mehr, denn wir glauben an den Weg des Friedens, und wir haben immer versucht, uns an ihn zu halten.

Im 18. Jahrhundert hatte sich Tibet um so leichter der chinesischen Schutzherrschaft gefügt, als diese flexibel war und nur zu bestimmten Zeiten wirksam wurde; sie machte sich erst bemerkbar, wenn die Situation es erforderte und die Kaiser nicht anderweitig beschäftigt waren.

In den ersten Jahren der Herrschaft von Jampel Gyatso durfte die tibetische Regierung dank guten äußeren Bedingungen noch in aller Freiheit ihre Entscheidungs- und Verwaltungsautonomie ausüben. Der Novize gab sich unter der Anleitung untadeliger und talentierter geistlicher Meister mit Eifer dem Studium der grundlegenden Texte hin. Seine Familie war weder lästig noch ehrgeizig. Die wirkliche Macht lag in den Händen des Panchen Lama, Rimpoche Lobsang Jebtsun Palden Yeshe, der bis zu seinem Tod im Jahre 1780 den Schlußstein im institutionellen System bildete, und zwar als geschickter Künstler in den Beziehungen zum Hof in Peking, dem er Sicherheit verbürgte, um die kaiserliche Macht auf Distanz zu halten. Waren auch die chinesischen Amban diesen Umständen entsprechend ausgewählt worden? Jedenfalls handelte es sich um unbedeutende Persönlichkeiten, die weder von Peking noch von Lhasa zum Eingreifen aufgefordert wurden.

Ereignisse außerhalb Tibets beanspruchten die Aufmerksamkeit Pekings. Der Expansionsdrang europäischer Reiche, Rußlands und Großbritanniens, brachte Dinge in Bewegung und schuf neue Beziehungen, die von Peking nicht gerne gesehen wurden.

Seit Beginn seiner Herrschaft hatte sich Ch'ien Lung mit den mongolischen Kalmüken auseinandersetzen müssen; durch Feldzüge und abwechslungsweise auch durch gütliches Einvernehmen hatte er sie immer mehr gegen Westen zurückgedrängt. Als sich die Russen ihrerseits allmählich in das Gebiet zwischen Don und Wolga ausbreiteten, wo sich die Kalmüken, von den Chinesen Türgüt genannt, niedergelassen hatten, dachten diese voller Wehmut an ihre früheren Ländereien in Asien zurück, und damit kam eine Wanderung in umgekehrter Richtung in Gang. Die Russen schätzten diese Absetzbewegung gar nicht, denn dadurch gingen ihnen Arbeitskräfte und Abgaben verloren, die sie von den unterworfenen Völkern verlangen konnten. Als sich im Winter 1770/1771 mehr als vierhunderttausend dieser Mongolen mit ihren riesigen Viehherden auf den Weg nach Osten machten, wurden sie von russischen, mit Kirgisen und Kosaken verstärkten Truppen verfolgt. Viele von ihnen wurden zur Rückkehr gezwungen. Wer die Wanderung fortsetzen konnte, wurde von Ch'ien Lung freundlich empfangen. Der Kaiser hatte den Befehl erteilt, diesen Mongolen jede notwendige Hilfe zu leisten. Und da diese verlorenen Söhne der Steppe Buddhisten waren, wurde die kaiserliche Politik auch von den tibetischen Lamas unterstützt, die ebenfalls nicht vergessen hatten, daß die Kalmüken, wie wir bereits gesehen haben, ihren Beitrag an den Wiederaufbau der Tempel in Lhasa nach den Zerstörungen in den zwanziger Jahren des 18. Jahrhunderts geleistet hatten. Laut den Schätzungen der Historiker, die recht unterschiedlich ausfallen, ließen sich zwischen siebzigtausend und dreihunderttausend Mongolen von neuem im chinesisch-tibetischen Grenzgebiet nieder; und dort leben sie auch heute noch.

Auf dem indischen Subkontinent mußte man von jetzt an mit den Repräsentanten ihrer britischen Majestät rechnen. Der Machtzuwachs der Engländer in dieser Region ging mit einer entsprechenden Schwächung des Mogulenreichs einher. Diese neuen vollendeten Tatsachen weckten andere politische Gelüste. So glaubte der Radscha von Bhutan, möglicherweise angeregt vom Beispiel seines nepalesischen Nachbarn, der eben ein Königreich gegründet hatte – ich werde noch auf ihn zurückkommen –, Rechte auf die weiten Ebenen im Osten Bengalens zu haben. Sogleich entsandte er seine Armee in die fragliche Gegend. Warren

Hastings, der soeben sein Amt als Gouverneur von Bengalen angetreten hatte und im folgenden Jahr Generalgouverneur von Indien werden sollte, reagierte unverzüglich und bot seinerseits zwei Infanterie-Bataillone auf, um die Eindringlinge zu vertreiben. Der unterlegene Bhutanese erinnerte sich nun seiner politischen und religiösen Verwandtschaft mit Tibet und wandte sich an den Panchen Lama. Jebtsun Palden Yeshe spürte, daß ein neuer Vorwand für eine chinesische Intervention vermieden werden mußte. Man darf annehmen, daß er mit seiner Intelligenz und seinem feinen Gespür einen gewissen Geschmack am Mitmischen in internationalen Angelegenheiten entwickelt hatte, zudem gewährte ihm das Vertrauen Pekings eine gewisse Handlungsfreiheit. Er ließ am 4. März 1774 Warren Hastings, zusammen mit reichen Geschenken, einen Brief zukommen, dessen Inhalt ein Musterbeispiel von Takt und Würde ist. Er begann mit der Erklärung, daß er nur den Frieden und die Ausübung seiner religiösen Verantwortung im Auge habe. Dann beschrieb er die Bhutanesen als rohe und unwissende Menschen, aber auch als Vasallen des Dalai Lama. Er räumte ein, daß ihr Vorstoß eine Provokation gewesen sei, und anerkannte, daß sie geschlagen wurden, aber er forderte für sie aufgrund dieser Lehensbeziehung Milde des Siegers. Gewiß, damit manipulierte der Panchen Lama ein wenig die politische Geschichte, denn Bhutan war nie von Tibet abhängig gewesen. Wie dem auch sei, seine Demarche wurde wohlwollend aufgenommen und hatte den ersten Tibet-Besuch eines britischen Untertanen zur Folge. Warren Hastings wählte George Bogle für diese Mission aus. Trotz seines jugendlichen Alters spielte dieser Diplomat seine Rolle glänzend; er hinterließ einen Bericht, dank dem man sich eine genaue Vorstellung von der politischen Atmosphäre in Tibet und insbesondere von der Persönlichkeit des Panchen Lama bilden kann: «ein Mensch, in dem man vergeblich nach dem geringsten Makel suchen würde». Bogle wurde in Tashilhunpo empfangen; hier blieb er während seines ganzen, fast einjährigen Aufenthalts (1774/1775). Er bemühte sich um ziemlich vertrauliche Kontakte zur Familie des Panchen Lama. Laut Hugh E. Richardson heiratete er eine Tibeterin, vielleicht eine Schwester oder eine Nichte seines Gastgebers.[61] Man darf annehmen, daß diese eheliche Verbindung aus typisch britischer Zurückhaltung unerwähnt bleibt. Doch der Bericht enthält viele Einzelheiten über seine Begegnungen mit verschiedenen Persönlichkeiten und insbesondere mit den Eltern des Panchen Lama, und in der Erzählung wird auch Gefühlen und Eindrücken Platz eingeräumt. So hat ihn beispielsweise die Stellung der Schwägerin des Panchen Lama beeindruckt; sie war Nonne gewesen, als sie sich in einen Novizen verliebte. Beide verließen ihre Orden. Der Unwille des berühmten Schwagers schwand jedoch beim Tode des Gatten, und die Kinder aus dieser Verbindung wurden mit großem Wohlwollen behandelt. Als Bogle, wie es Brauch war, dieser sympathischen Familie Geschenke überreichen wollte und sich für deren Schlichtheit entschuldigte, erhielt er eine Antwort, in der sich die tibetische Gastfreundlichkeit widerspiegelt: «Sie kommen aus einem fernen Land; es ist unsere Aufgabe, Ihnen den Aufenthalt angenehm zu gestalten; weshalb wollen Sie uns Geschenke machen?»

Bogles Mission beschränkte sich nicht auf Liebesbeziehungen. Palden Yeshe hatte eingesehen, daß Tibet durch eine Öffnung nach Süden und in noch weiterer Ferne nach Europa möglicherweise das erzwungene Zusammenleben mit China überwinden könnte. Die Organisation der Institutionen und die Aufteilung der Kompetenzen zwischen ihm und der Zentralregierung in Lhasa ließen ihm genügend Spielraum, um den Meinungsaustausch zu verstärken. Es ging dabei nicht um etwas Neues, weder auf intellektueller Ebene noch im Außenhandelsbereich: Geschäftsreisen und Pilgerfahrten gehörten seit langem zum Alltag, und in diesem stetigen Fluß gab es nur durch politische und militärische Krisen Unterbrüche. Ein Beauftragter des Radscha von Benares, Purangir Gosain, hatte im übrigen bei der Vermittlung des Panchen Lama in der Bhutan-Affäre als Mittelsmann gedient, indem er die entscheidende Botschaft des religiösen Oberhaupts von Tashilhunpo dem Gouverneur Warren Hastings überbracht hatte. Die Agenten der britischen Ostindischen Kompanie erinnerten sich an eine Idee, die seit fast hundert Jahren in ihren Büros herumgeisterte: nämlich die Idee einer Handelsverbindung mit China quer durch Tibet; unterwegs würden sich die Geschäfte durch Ankäufe von kostbaren Metallen, Gold und Silber, ausweiten lassen, die angeblich auf den Hochebenen Zentralasiens überreichlich vorhanden waren. Die Geschäfte der nepalesischen Handelsleute, die sich als erste um solche Beziehungen bemüht hatten, entwickelten sich vortrefflich; dieser kommerzielle Aufschwung war übrigens einige Jahre später einer der Gründe, die zur Intervention der nepalesischen Gurkha-Macht in Tibet führten. Zum jetzigen Zeitpunkt kamen alle auf ihre Rechnung, und der religiöse Aspekt blieb in diesem neuen politischen Umfeld nicht vernachlässigt: In Kalkutta wurde ein buddhistischer Tempel errichtet,

der aus Tashilhunpo Mönche als Lehrer, Bücher, Statuen und Kult-
gegenstände erhielt.

Warren Hastings hatte keinerlei expansionistische Absichten. Das Ansehen und die Autorität des Panchen Lama wuchsen dank diesen neuen
Beziehungen, und das wurde in Lhasa weder von den chinesischen Amban noch von den Kalön der tibetischen Regierung gerne gesehen. Die
einen wie die anderen widersetzten sich entschieden einem Ersuchen
Bogles um eine Audienz beim Dalai Lama, das von Shigatse nachhaltig
unterstützt worden war.

Bestand die Absicht, dem Panchen Lama die territoriale Jurisdiktion
zu entziehen, oder war es besondere Hochachtung für diesen außergewöhnlichen Mann, daß der Kaiser auf seinem Besuch in Peking beharrte?
Ch'ien Lung hatte, seit er die Herrschaft ausübte, aufrichtiges Interesse
am Buddhismus gezeigt. Auf seine Anordnung hin waren mongolische
und tibetische Texte übersetzt worden; er ließ in Peking einen ganzen
Häuserkomplex mit Tempeln, Wohnungen für die Mönche, Fakultäten
und Schulen errichten. 1745, zehn Jahre nach seiner Thronbesteigung,
wurde offiziell das erste Neujahrsfest, Mönlam, gefeiert. Später ließ er
nordwestlich von Peking, in Jehol (heute Cheng-De), ein weiteres Kloster
bauen, in dem er gerne die Sommermonate verbrachte. Nicht zuletzt um
den religiösen Behörden Tibets alle diese Werke zu zeigen, hatte er 1765
den Panchen Lama eingeladen, denn der Dalai Lama war damals noch
ein siebenjähriges Kind gewesen. Jebtsun Palden Yeshe hatte jedoch
unter Hinweis auf seine geistlichen und weltlichen Verpflichtungen die
Reise aufzuschieben versucht. 1778 nahm er schließlich die Einladung
an, und im Sommer 1779 machte er sich auf den Weg. Er wurde von
seinem Bruder – Chanzo Cusho in der Transkription Bogles, Chumba
Hutuketu für die Chinesen – begleitet, seinem Schatzmeister, und von
einem Gefolge von tausendfünfhundert Mönchen und Bediensteten. Der
indische Mittelsmann Purangir Gosain, den wir schon kennen, gehörte
ebenfalls der Delegation an. Bei seinem Aufenthalt in Lhasa empfing
der Panchen Lama vom Dalai Lama Jampel Gyatso das *Gelong*-Gelübde,
den zweiten Weihegrad. Der lange Zug wählte den üblichen Weg in
Richtung Nordosten, am Kukunorsee vorbei. Er überwinterte im Kloster
Kumbum. Der Panchen Lama nutzte diesen Aufenthalt, um jungen
Mönchen die Weihe zu erteilen, sie zu belehren und zu segnen, vor allem
aber um lange zu meditieren. Die Begegnung mit dem Kaiser fand im

Juni 1780 im Kloster Jehol statt. In Peking wurde der Panchen Lama im Palast untergebracht, der 1650 für den Besuch des fünften Dalai Lama errichtet worden war.

Ch'ien Lung behandelte seinen Gast mit auserlesener Hochachtung. Bei der ersten Begegnung machte er einige Schritte auf ihn zu. Beim Empfang in Peking hatte er vor seinem ganzen Hofstaat befohlen, daß dem Panchen Lama ein Sitz neben ihm zugewiesen wurde. Auf den Brauch, sich vor dem Kaiser niederzuwerfen, war verzichtet worden, der Panchen Lama hatte bei der Begrüßung nur ein Knie gebeugt.

Was haben die beiden Männer bei ihren langen und zahlreichen Gesprächen miteinander erörtert? Zweifellos wurden philosophische und religiöse Fragen behandelt, aber weder der eine noch der andere konnte die Sorgen verschweigen, die sie beschäftigten. Der Panchen Lama betonte, es wäre zweckmäßig, den tibetischen Lamas die früheren Vollmachten zurückzugeben, insbesondere das Recht, die hohen Würdenträger der weltlichen Verwaltung frei zu bestimmen. Er soll auch darum ersucht haben, daß die tibetische Regierung ihr erwünschten Personen den Aufenthalt in Tibet erlauben dürfe. Der indische Mittelsmann Purangir Gosain behauptet, er selbst habe dem Panchen Lama vorgeschlagen, diesen Punkt zur Sprache zu bringen und das Anliegen der Engländer in Indien zu erwähnen.

Am 13. August wohnten der Kaiser und sein Gast den Feiern zum siebzigsten Geburtstag von Ch'ien Lung bei. Das gegenseitige Vertrauen schien ungetrübt zu sein, und zwar derart, daß der Panchen Lama sogar dem kaiserlichen Harem einen Besuch abstatten mußte, weil die Prinzessinnen und Konkubinen aus Neugierde auf einer solchen Begegnung bestanden hatten; während des Gesprächs verhinderte freilich ein Schleier aus Tüll, daß der Lama durch den Anblick und die Blicke der hübschen Sünderinnen besudelt wurde.

Im Oktober zeigten sich beim Panchen Lama die ersten Symptome einer Pockenerkrankung. Ch'ien Lung ließ ihn mit allen Mitteln der chinesischen Medizin behandeln. Gebete und Opfergaben wurden Tag und Nacht in den Kultstätten dargebracht. Doch am 27. November 1780 erlag der Panchen Lama seiner Krankheit. – In seiner Biographie wird erwähnt, er habe dem Kaiser, neben anderen Gegenständen, ein europäisches Gewehr geschenkt. Diese Gabe soll als ein schlimmes Vorzeichen oder, mehr noch, als eine versteckte Drohung betrachtet worden sein; der in Schrecken versetzte Kaiser habe deshalb veranlaßt, daß sein Gast mit Erregern infiziert werde. – Ch'ien Lung ordnete eine hunderttägige Trauerzeit an. Ein Trauerzug unter Führung des Bruders des Panchen Lama brachte die leibliche Hülle des Verstorbenen nach Tibet zurück. Die Leiche wurde im Herbst 1781 in einem Mausoleum in Tashilhunpo beigesetzt; das Grab ist bis jetzt eines der schönsten Denkmäler in diesem Kloster. Kurze Zeit später wurde die Reinkarnation des dritten Panchen Lama in einem Kleinkind entdeckt, einem Vetter von Jampel Gyatso. Es erhielt den Namen Tenpai Nyima. Der vierte Panchen Lama hatte nicht mehr so viele Gelegenheiten wie sein Vorgänger, den Lauf der Geschichte zu bestimmen, aber auch er genoß beim Hof in Peking großes Ansehen.

Das politische Geschick Palden Yeshes hatte Peking ebenso wie die britischen Diplomaten beeindruckt; ihm lag vor allem an einem beispielhaften und reibungslosen Funktionieren der tibetischen Institutionen. Der Panchen Lama hatte, da der Dalai Lama noch minderjährig war und die Vollmachten der chinesischen Amban beschränkt waren, die Lücken in den Machtstrukturen Lhasas gefüllt. Er ließ die kleinlichen Intrigen unbeachtet, die in den Wandelgängen des Potala von machtlosen und auf das geistliche Oberhaupt von Shigatse neidischen Kalön ausgeheckt wurden; diese sahen in ihm nur einen Rivalen, der mit den von ihnen als verdächtig beurteilten Beziehungen zu China und zu den Briten in die Irre gegangen war.

Die öffentliche Meinung in Tibet hat sich allem Fremden gegenüber tatsächlich immer sehr mißtrauisch verhalten; das Volk spürte die Schwächen der Theokratie und hatte unter militärischen Einmärschen gelitten, ohne etwas dagegen unternehmen zu können. Der zweite englische Besucher, Samuel Turner, den Warren Hastings 1783 als Nachfolger des im Vorjahr verstorbenen Bogle nach Tibet entsandte, erwähnt dies ausdrücklich in seinem Bericht. Auch er wurde ein Opfer dieser fremdenfeindlichen Voreingenommenheit und des noch immer andauernden Streits zwischen Lhasa und Shigatse, denn er konnte seine Reise nicht über diese Stadt hinaus fortsetzen. Er hatte auch nicht das Glück, daß er vom Panchen Lama Protektion erhielt; der vierte Titular in diesem Amt, den er während seines Aufenthalts zu sehen bekam, war erst achtzehn Monate alt. Das Ergebnis seiner vom unvermeidlichen Purangir Gosain unterstützten diplomatischen Bemühungen ging nicht über das hinaus, was Bogle erreicht hatte.

Für die politischen Initiativen aus Shigatse waren nicht mehr dieselben Männer zuständig. Die Brüder des verstorbenen Panchen Lama, von denen einer offiziell zum Gouverneur von Hintertibet ernannt worden war, wollten die Macht und insbesondere das Vermögen, das ihnen als Erben der weisen Verwaltung von Palden Yeshe zugefallen war, nicht aufgeben. Diesen Streit versuchten einige Lamas dafür auszunützen, um der Schule der «Rotmützen», die von Cha-Mar-Pa, einem der verfeindeten Brüder, bevorzugt wurde, neues Ansehen zu verleihen. Shigatse wurde zu einem Zentrum von Zwietracht, wo einige schlecht beratene Verschwörer plötzlich auf die Idee verfielen, die Nepalesen zu Hilfe zu rufen.

Das Himalaja-Königreich wurde seit 1769 von Prithivi Narayan mit autoritärer Faust regiert. Der neue Herrscher hatte die Einheit des Landes wiederhergestellt und die Toleranz der Malla-Könige den Fremden im allgemeinen und deren Religion im besonderen gegenüber durch einen hinduistischen Integralismus und einen sich vor allem auf den Bereich der Handelsbeziehungen auswirkenden Nationalismus ersetzt. Die finanziellen Bedürfnisse des Monarchen, vor allem für den Unterhalt seiner Truppen, führten zu einer Steuererhöhung und zu diskriminierenden Maßnahmen gegen die ausländischen Handelsleute. In der Zwischenzeit hatte der dritte Panchen Lama in einem Brief an den nepalesischen König energische Töne angeschlagen: «Alle Händler, Hindus wie Muslime, haben Angst vor Dir. Niemand will mehr Dein Land betreten.» Verschiedene Grenzstreitigkeiten dienten dem ambitiösen Prithivi Narayan als Vorwand, zunächst gegen Sikkim vorzugehen. Die von Bogles Mission herrührenden Handelsverträge mißfielen ihm gründlich. Er sandte an die tibetischen Behörden eine ungeschickt abgefaßte Depesche, worin er ihnen vorschlug, an bestimmten Grenzposten Agenturen für den Warenaustausch einzurichten; er verlangte von Tibet ein Einreiseverbot für Ausländer, ob Inder oder Europäer (die er *Fringhis* nannte). Vor allem aber forderte er, daß geschäftliche Transaktionen mit Münzen abgewickelt werden könnten, die er mit seinem Bild hatte prägen lassen, deren Annahme aber die tibetischen Händler verweigerten. Sein Tod brachte 1775 eine gewisse Entspannung in diesen stürmischen Beziehungen.

Neue Unstimmigkeiten machten sich aber im Frühjahr 1788 bemerkbar; das Münzenproblem war nie geregelt worden, ein neuer Vorwand

ergab sich aus einer Erhöhung der Abgaben auf dem von Nepal eingeführten Salz und einer Meinungsverschiedenheit über die Qualität dieses
Produkts. Jetzt hielt der Intrigant Cha-Mar-Pa die Gelegenheit für eine
Intervention für günstig. Er stachelte die Habgier der Gurkhas auf,
indem er ihnen die Reichtümer Tibets mit seinem Untergrund voller
kostbarer Metalle und seinen mit wunderbaren Dingen vollgestopften
Klöstern vorspiegelte. Das waren für die Krieger des nepalesischen Königs Gründe genug, um im April 1790 über die Himalaja-Pässe in Tibet
einzudringen. Sie trieben die tibetischen Truppen und das kleine
chinesische Kontingent zurück, besetzten Nyalam, Zhongba, Kyirong
und machten schließlich in Chekar-Dzong halt, halbwegs zwischen der
Grenze und Lhasa. In der Hauptstadt herrschte ein wahres Durcheinander. Die beiden Amban und der chinesische General Pa-Chung, der das
kleine Kontingent kommandierte, wollten sich ihrer Verantwortung ent-
ledigen, bevor der Kaiser über die Lage unterrichtet wurde. Sie drängten
die Tibeter zu Verhandlungen, wobei sie den nepalesischen Eindringlingen eine für sie vorteilhafte Lösung versprachen. Die Gespräche fanden
in Kyirong zwischen einem der Kalön aus Lhasa und den Gurkhas statt,
deren Delegation auch der jämmerliche Cha-Mar-Pa angehörte. Die Nepalesen stellten enorme Forderungen, worunter die Abtretung der eroberten Gebiete. Die Tibeter lehnten ab und erklärten sich schließlich
zu einem jährlichen Tribut von fünfzigtausend Rupien (oder fünfzehn-
tausend chinesischen Tael) bereit. General Pa-Chung konnte einen tri-
umphierenden Bericht über die Ereignisse nach Peking schicken, worin
er versicherte, daß er nicht einen einzigen Soldaten verloren habe, und
hinzufügte, die Gurkhas würden sich persönlich in Peking für ihren
Überfall auf Tibet entschuldigen. Als aber der Kaiser die Wahrheit über
diese Verhandlungen erfuhr, blieb dem General nichts anderes übrig, als
seinem Leben selbst ein Ende zu setzen, indem er sich ertränkte.

Der König von Nepal beschloß nach der Rückkehr seiner siegreichen
Soldaten, eine Delegation nach Peking zu entsenden. Ch'ien Lung empfing sie und ließ, entsprechend der chinesischen Interpretation einer solchen Demarche, dem König von Nepal ein großartiges Gewand und eine
Bestätigung seiner königlichen Eigenschaften überbringen.

In Peking wie in Lhasa herrschte völlige Verwirrung. Die tibetische Regierung entrichtete zwar den ersten Jahrestribut, verweigerte aber unter
dem Vorwand, der Dalai Lama habe den Vertrag nicht ratifiziert, weitere

Zahlungen. Die wütenden Nepalesen machten sich von neuem auf den Weg nach Tibet. 1791 marschierte eine Armee von achtzehntausend Mann in Richtung Shigatse, das am 28. September eingenommen und zerstört wurde. Die Gurkhas nahmen sich vorerst Zeit, um die Beute in ihr Land zu schaffen. Sie hatten einen chinesischen Abgesandten schonungslos mißhandelt, der einem Befehl des Kaisers gemäß vor dem zweiten Überfall von ihnen verlangt hatte, daß sie den Verräter Cha-Mar-Pa auslieferten, der als Urheber der Unruhen betrachtet wurde. Dieser neue Verstoß gegen die kaiserliche Würde bedeutete das Ende aller Versuche, in Peking wie in Lhasa, die Tragweite des nepalesischen Einfalls herunterzuspielen. Am Mandschu-Hof verdächtigte man die Engländer in Indien, die Gurkhas angestiftet zu haben, ein Verdacht, der von den Amban und den Kalön noch genährt wurde, weil diese den diplomatischen Initiativen aus Shigatse zugunsten der Ausländer wenig abgewinnen konnten. Ch'ien Lung beauftragte General Fu Kiang An mit der Operation. Dieser brach mit fünftausend Soldaten auf, mobilisierte beim Vormarsch zweitausend zusätzliche Steppenkrieger und ergänzte seine Streitmacht mit den dreitausend Soldaten der regulären Garnison in Tibet; laut gewissen Historikern, vor allem G. Schulemann, soll die chinesisch-tibetische Armee über insgesamt siebzigtausend Mann verfügt haben.

Der General war am 25. Dezember 1791 in Xining aufgebrochen und schaffte den Marsch nach Lhasa in nur fünfzig Tagen. Dann nahm er sich Zeit für die Ausarbeitung einer Strategie, die seinen Sieg sicherstellen würde. Zum ersten Zusammenstoß mit den Gurkhas kam es im Mai 1792 bei Tingri zwischen Chekar-Dzong und Nyalam. Die besiegten Nepalesen zogen sich, verfolgt von den Chinesen und Tibetern, zurück. Die Überquerung der Himalaja-Kette wurde für sie zu einer harten Prüfung. Die Stürze in die Abgründe, als die Monsunregen aus dem Süden einsetzten, waren mörderischer als die Kämpfe. Immerhin erreichten sie am 4. September 1792 Nuwakot, nur einen Tagesmarsch von Katmandu entfernt. Nach einem Versuch, bewaffnete Hilfe von den Briten zu erhalten, die aber der neue Gouverneur von Bengalen, Lord Cornwallis, verweigerte, blieb ihnen nichts anderes übrig, als zu verhandeln. Fu Kiang An, dessen Truppen sich weit von ihren Stützpunkten entfernt hatten, unter den klimatischen Bedingungen litten und völlig erschöpft waren, stellte keine übermäßigen Forderungen. Die Nepalesen verzichteten auf die 1790 von den Tibetern erpreßten, aber vom Dalai Lama nicht anerkannten Konzessionen und gaben alles zurück, was sie bei ihren Plünderungen erbeutet hatten; sie ließen auch zwei Lamas frei, die sie gefangengenommen hatten. Der glücklose Cha-Mar-Pa, der die Nepalesen auf ihrem Rückzug begleitet hatte, nahm Gift, ob freiwillig oder gezwungenermaßen, bleibt offen; seine Leiche wurde den Chinesen übergeben. Der König von Nepal war damit einverstanden, einen Tribut zu entrichten, der alle fünf Jahre von einer Delegation nach Peking zu bringen war. Der Vertrag, dessen Wortlaut altem Brauch gemäß auf einer in Lhasa errichteten Stele eingraviert wurde, regelte in allen Einzelheiten die Liste der Abgesandten, die Geschenke für den Dalai Lama und den Kaiser und ebenso den Hin- und den Rückweg der Delegation.

In seiner *Geschichte Nepals* berichtet Sylvain Lévi, die Ehre, die Reise nach Peking unternehmen zu dürfen, sei bei den Gurkha-Beamten sehr begehrt gewesen, weil sich damit ein privater Schleichhandel betreiben ließ; während der achtzehnmonatigen Reise wurden die Kosten für Unterkunft und Verpflegung von der chinesischen Staatskasse getragen, und das gesamte von den Delegierten mitgeführte Gepäck war von den Abgaben bei der Ein- und Ausreise befreit. Umgekehrt mußten sich die Abgesandten, wie schon die nepalesischen Händler zur Zeit von Narasimha Malla, des Königs von Patan um 1650, bei ihrer Rückkehr Reinigungsriten unterziehen, damit sie wieder zu ihrer Kaste zugelassen waren.

Dieser Vertrag wurde mehr als ein Jahrhundert lang respektiert: Die letzte nepalesische Delegation traf 1908 in Peking ein.

Alle diese Ereignisse veranlaßten Ch'ien Lung, sich noch stärker in die tibetischen Angelegenheiten einzumischen. Er befahl zunächst die Bestrafung derer, die ihm falsche Berichte abgegeben hatten. Wie wir schon gesehen haben, kam General Pa-Chung seinem Schicksal zuvor, indem er Selbstmord beging. Die Familie des Verräters Cha-Mar-Pa mußte alle ihr Güter abtreten, die eine Hälfte wurde den Klöstern gegeben, die andere von den Chinesen konfisziert. Die in die Verschwörung verwickelten Verwandten wurden nach Peking gebracht und enthauptet. Vor allem lag aber dem Kaiser an einer grundsätzlichen Reform der Institutionen. General Fu Kiang An, der den Auftrag erhalten hatte, Vorschläge in diesem Sinne zu unterbreiten, und der schon den Umständen entsprechend in Nepal scharf durchgegriffen hatte, setzte auch in Tibet radikale Maßnahmen durch. Von jetzt an erhielten die kaiserlichen Repräsentanten, die zudem nach strengeren Kriterien als früher ausgewählt wurden, die Kompetenz, in allen administrativen Angelegenheiten Entscheidungen zu fällen, freilich im Einverständnis mit dem Dalai Lama und dem Panchen Lama. Alle tibetischen Persönlichkeiten des öffentlichen Lebens, ob Laien oder Mönche, hatten die wichtigeren Fragen, beispielsweise rechtliche und finanzielle, aber auch personelle Vorschläge für höhere Staatsämter, den Amban vorzulegen. Diese waren auch für die Verteidigung, die Finanzkontrolle und die Steuern, den Handel und natürlich auch die Beziehungen zum Ausland verantwortlich. Um die Meinungsverschiedenheiten über Handel und Geldtransaktionen zu beenden, welche die Ursache für den Krieg mit Nepal gewesen waren, wurde in Lhasa eine Art Münzen-Emissionsinstitut gegründet, das eigene Geldstücke prägte.

Die wichtigste Veränderung betraf jedoch die Vorschriften für die Auswahl der kirchlichen Würdenträger. An den Regeln, welche die buddhistische Schule für die Auffindung der Reinkarnationen der wichtigen Lamas und die Prüfung ihrer Echtheit aufgestellt hatte, war im Laufe der Zeit einiges manipuliert worden. Man hatte den Eindruck, unter wunderbaren Umständen geborene Kinder würden fast ausschließlich und immer häufiger bei einigen einflußreichen und begüterten Familien gefunden. War nicht schon der vierte Dalai Lama, allem Anschein nach aus Gründen politischer Opportunität, in einer mongolischen Fürstenfamilie entdeckt worden? Eine solche Verfälschung des ursprünglichen Rituals mußte Mißbräuche geradezu fördern: Die Tendenz, gewisse Titel erblich zu machen, hatte zur Folge, daß inkompetente und unwürdige Männer in wichtige Ämter eingesetzt worden waren; daraus waren Rivalitäten entstanden, die nicht mehr durch das Prinzip der Respektierung der kosmischen und religiösen Ordnung beigelegt werden konnten.

Um derartigen Mißbräuchen in der religiösen Hierarchie der mongolischen Völker einen Riegel zu schieben, hatte Ch'ien Lung schon 1754 verfügt, daß zwischen den zuvor ausgewählten Kandidaten das Los zu entscheiden habe.

In einem sehr ausführlichen Erlaß hatte er minutiös das Verfahren festgelegt, um jedes Risiko eines Betrugs auszuschalten. Die Gründe für den kaiserlichen Text, der 1793 für Tibet ausgearbeitet worden war, werden dargelegt; das Dokument zeugt von hohem juristischem und philosophischem Sachverstand:

Der Dalai Lama und der Panchen Lama sind die höchsten Jünger von Tsongkhapa. Sie waren während Jahrhunderten die Oberhäupter der Schule der «Gelbmützen» und werden von den Mongolen und Tibetern tief verehrt. In jüngster Zeit waren die Methoden für die Auffindung ihrer Reinkarnationen nicht sehr glücklich, was ihr geistliches Ansehen geschwächt hat. Mehr noch, persönliche Bevorzugungen hatten zur Folge, daß Angehörigen der Khan-, Fürsten- und Herzogsfamilien religiöse Ämter zugesprochen wurden, die bloß noch erbliche Pfründen sind. Das buddhistische Gesetz anerkennt keine derartigen Grundsätze.

Anschließend zitiert der Kaiser zwei Beispiele, zunächst Cha-Mar-Pa, der das Amt und die Macht des Panchen Lama aus Eigennutz an sich gerissen und die Auseinandersetzungen mit den Gurkhas ausgelöst hatte, und anschließend den Sohn eines Kalön, der zur Reinkarnation eines Lama erklärt worden war.

Als Schutzherr der Schule der «Gelbmützen» und aus dem Wunsch heraus, solche seit zu langer Zeit geduldeten Mißbräuche zu unterbinden, haben Wir eine goldene Urne anfertigen lassen und Persönlichkeiten des öffentlichen Lebens bestimmt, die sie nach Lhasa begleiten und im Tempel von Jokhang aufstellen sollen. Wenn sich, wie es Brauch ist, der Dalai Lama, der Panchen Lama oder ein anderer bedeutender Lama (*Hutuketu* bei den Mongolen) reinkarniert, so soll eine Auswahl unter den Kindern vorgenommen werden, bei denen sich Anzeichen dieser Reinkarnation zeigen; die Namen und die Geburtsdaten aller dieser Kinder werden auf Täfelchen aufgeschrieben und in die Urne gelegt. Eine Woche lang werden religiöse Feiern abgehalten. Dann wird in Gegenwart der Amban ein Täfelchen aus der Urne herausgenommen und allen Anwesenden öffentlich gezeigt; das so bestimmte Kind soll die Reinkarnation sein.

Da es immer verführerisch ist, Vergleiche anzustellen und Analogien zu suchen, sei hier auf Kaiser Otto den Großen hingewiesen; er hatte in seinem Reich Regeln für die Ernennung der Bischöfe aufgestellt; und als er nach Rom gerufen wurde, um dort Ordnung zu schaffen, bestätigte er zwar den Landbesitz und die weltlichen Vollmachten des Papsttums, aber er bestimmte auch, daß die Päpste erst nach der Genehmigung der Wahl durch den Kaiser geweiht werden dürfen, womit er die kirchlichen Oberhäupter unter die Schutzherrschaft des römisch-deutschen Reiches stellte.

Interventionen im militärischen, politischen und religiösen Bereich: Die Chinesen griffen gründlich in die tibetischen Angelegenheiten ein. Wie Hugh E. Richardson, Diplomat und Tibetologe, anmerkt, hatte nach dem Mongolen Kublai Khan abermals ein nicht-chinesischer Kaiser enge Beziehungen mit Tibet geknüpft. Verstanden die Dynastien am Rande des chinesischen Reiches die Steppenvölker und die Menschen auf den Hochebenen Zentralasiens besser als die aus dem Volk der Han hervorgegangenen Kaiser? Hatten sie offenere Augen für die Probleme, die durch die Expansion anderer Mächte, durch die Umkehrung der früheren Wanderungen von Osten nach Westen, durch das Auftreten von menschlichen Gesellschaften, die man nicht unbedingt als «Barbaren» bezeichnen konnte, auf das Reich der Mitte zukamen? Dieser Begriff hatte dem Hof in Peking für die Qualifizierung jeder beliebigen ausländischen Macht lange vollauf genügt. Die Zeit und die Umstände bringen jedoch die richtigen Menschen hervor, wenn solche benötigt werden. Und Ch'ien Lung gehört zu den Persönlichkeiten, die Geschichte gemacht haben, indem sie ihr dienten. Unter der Mandschu-Dynastie wird der tibetische Buddhismus die Staatsreligion des Reiches.

Die Mandschu verdanken dem früheren Mongolenreich viel. (Die Ausbreitung des tibetischen Buddhismus vom 16. Jahrhundert an – der dritte Dalai Lama war einer der bemerkenswertesten Förderer dieser Entwicklung – trug zum Zusammenbruch der mongolischen Militärmacht bei.) Die zu einer geistlichen Großmacht aufgestiegene lamaistische Schule eignet sich gleichzeitig auch eine riesige weltliche Macht an. [...] Als die Mandschu die Mongolei eroberten, entschieden sie sich für eine ausgewogene Politik der Kirche gegenüber. Sie förderten und verstärkten ihre geistliche und materielle Macht, wodurch sie zur Befriedung und Kontrolle der Bevölkerung beitrugen, sie übten aber gleichzeitig selbst eine Kontrolle über diesen Machtzuwachs aus, indem sie insbesondere eine zu gefährliche Interessengemeinschaft zwischen dem hohen Klerus und dem Großadel bekämpften.[62]

Politisches Kalkül war bei der Einführung des Losentscheids, mit dem die Auswahl der Reinkarnationen auf eine moralischere Grundlage gestellt werden sollte, zweifellos stärker als die religiöse Motivation. Diese Regelung schließt aber keineswegs aus, daß kosmische Kräfte, falls sie überhaupt bei diesem Verfahren mitwirken, auch die Hand dessen führen können, der das entscheidende Los aus der goldenen Urne zieht.

Der Erlaß von 1793 wirft einmal mehr die Frage nach der Natur der Beziehungen zwischen China und Tibet auf, genauer gesagt, zwischen dem Kaiser und der in Tibet herrschenden buddhistischen Schule. Dabei muß man, wie H. Stoddard betont, zurückgreifen auf die

> für den tibetischen Buddhismus kennzeichnende Auffassung, wonach der Lama, als geistlicher Priester und Verkörperung des Buddha, die höchste Autorität darstellt. Der weltliche Schutzherr wird, immer unter diesem tibetischen Gesichtspunkt gesehen, tiefer eingestuft, und zwar selbst wenn es sich um einen Kaiser handelt. Der Schutzherr kommt für die materiellen Bedürfnisse des Kirchenmannes auf – Bau und Unterhalt der Klöster, Beiträge an die Gemeinschaften der Mönche, Reiseunkosten des Meisters, wenn nötig militärische Verteidigung usw. –, während der Kirchenmann für die geistlichen Anliegen seines Schutzherrn zuständig ist: Belehrung, Amtseinführung, Rituale, Bestattung usw. Die Verkoppelung dieser Rolle mit der des politischen Gouverneurs in kaiserlichem Auftrag [...] hat den Frieden und die Sicherheit im Hochland mehr oder weniger gewährleistet, ohne daß die Reichsoberhäupter schwere Lasten für militärische Ausgaben auf sich nehmen mußten. Indem die tibetischen Lamas die geistlichen Meister anderer Völker in Zentralasien wurden, nahm die Gefahr einer Bedrohung durch diese Nomaden gleichzeitig ab. In einem derart feindseligen und großen Gebiet erwies sich diese Institution als bestens angepaßt. Die politischen Historiker haben die Neigung, dieses System von seiner rein utilitaristischen Funktion her zu beurteilen. Diese Interpretation ist nur teilweise richtig. Eine komplexe Vermengung von Wertsystemen mit subtil organisierten Kulturen, die allen die eigene Würde bewahrt, wird auf diese Weise zu einfach interpretiert. Hing aber diese Politik nicht auch mit einer wirklichen Sympathie dieser Völker füreinander zusammen, die von der anderen Seite der Großen Mauer stammten? Hätte eine bloß kalkulierte politische Haltung vom 13. bis ins 20. Jahrhundert Bestand haben können?

Alles ist darin enthalten, die geistlichen Gegebenheiten wie auch die geographischen und materiellen Zwänge. Auf chinesischer Seite wissen die von außen gekommenen Dynastien, Mongolen wie Mandschu, und ihre einem vorsichtigen Konservatismus zuneigenden chinesischen Minister um die Grenzen ihrer Möglichkeiten. Ein militärischer Feldzug mit einem klaren Ziel ist das eine, eine dauerhafte Besetzung, eine eigentliche Kolonisierung, etwas ganz anderes. Schon im 18. Jahrhundert war die Versetzung nach Tibet für chinesische Beamte und Militärs keine

beliebte Pfründe, und das gilt bis heute. Man mußte einen Anreiz dafür
schaffen, und sogar der Kommunismus kam nicht um einen Kompromiß
mit seinen Agenten herum; Sprache und Klima waren und sind ernst-
hafte Hindernisse für die Chinesen; wenige von ihnen verstanden – oder
verstehen heute – tibetisch. Das erklärt zu einem erheblichen Teil, wie
schwierig es für die kaiserliche Macht war, fähige Repräsentanten für
die Ämter des Amban oder eines Beamten für die «Angelegenheiten der
Eingeborenen» zu finden.

Für die Tibeter ihrerseits bestanden zwar Beziehungen zum Mandschu-Reich, nicht aber zu China. Die ständige Präsenz kaiserlicher Beamter und Ratgeber und deren Eingriffe in tibetische Belange irritierten
auf die Länge die religiösen und weltlichen Würdenträger. Dabei war
man sich aber auch bewußt, daß im Notfall nur der Schutz durch chinesisches Militär die Lücken in den tibetischen Streitkräften füllen konnte.
Wie wir noch sehen werden, entschied sich erst der dreizehnte Dalai
Lama für eine Verteidigungspolitik, die sich auf eine eigene Berufsarmee
stützt.

Die Zufallswahl mit der silbernen Urne hat den Lauf der tibetischen
Geschichte nicht behindert. Sie wurde nur dreimal und unter Umständen angewandt, die nicht ganz dem Willen nach Unparteilichkeit des
Kaisers entsprachen; überdies konnten die drei so bestimmten Dalai Lamas, der zehnte, der elfte und der zwölfte, ihre Herrschaft nicht wirklich
antreten, weil sie vor Erreichung der Volljährigkeit starben.

Die chinesischen Besatzungstruppen stießen, obwohl von guten Absichten erfüllt, in den tibetischen Kreisen auf Widerstand und sogar Feindseligkeit. Wirkliche Erfolge waren weder von ihrer Zahl noch von der
eigentlich notwendigen Kontinuität ihrer Repräsentanten und ihres
politischen Programms her gesehen denkbar. Ein Musterbeispiel für den
Unterschied zwischen einer von außen verfügten Reglementierung und
ihrer Anwendung ist der Pocken-Erlaß von 1794. Ausnahmsweise war
der Amban, Ho-Lin, eine fähige Persönlichkeit, und er stand auch dem
Kaiser sehr nahe; daß in seinen beiden Amtsjahren, von 1792 bis 1794,
etwas historisch Bedeutsames und Wichtiges geschah, ist ausschließlich
sein Verdienst. Er übertrug den Willen seines Kaisers mit wacher Intelligenz auf Tibet und zeigte, wie wir noch sehen werden, sehr viel Sinn
für Verantwortung wie auch Interesse an den von ihm regierten Menschen.

Die Pocken waren schon immer eine gefürchtete Geißel der Tibeter gewesen; der jetzige Dalai Lama hält in seinen Kindheitserinnerungen fest, daß diese endemische Krankheit noch immer eine dauernde Gefahr darstellte, als er im Alter von zehn Jahren geimpft wurde. Die Kranken und ihre Familien wurden ohne Pflege und ohne Nahrung aus den Städten und Dörfern ausgeschafft. Der Amban Ho-Lin äußerte Betroffenheit. Er veröffentlichte den Gebräuchen des Landes entsprechend einen Erlaß und ließ diesen in eine Stele an der Hauptstrasse in Lhasa eingravieren.[63] Bei der Darstellung der Hintergründe erinnert er an die Aufnahme von Beziehungen zwischen China und Tibet unter der Herrschaft des Kaisers T'ai Tsung (Taizong), er beklagt auch die den Praktiken der Tangüt-Mongolen nachgeahmte Behandlung der an Pokken erkrankten Personen und kommt zum Schluß, diese Verhältnisse seien «zutiefst bedauerlich». Den Anweisungen des Kaisers entsprechend, fährt Ho-Lin fort, «habe ich angeordnet, daß in einem Tal Häuser für die Aufnahme der Kranken gebaut werden. Ich habe Gelder zusammengetragen und chinesische und tibetische Soldaten hingesandt, damit sie darüber wachen, daß die Kranken genügend Nahrung erhalten, und einen Friedhof für eine würdige Bestattung der Toten einrichten.»

Diese großherzige Aktion scheint keine Folgen gehabt zu haben: In seinem Bericht erzählt Pater Huc ein halbes Jahrhundert später, daß man die an Pocken erkrankten Personen noch immer gleich behandelte, sie wurden aus der Gemeinschaft verbannt, was einem Todesurteil gleichkam.

Ist das nicht ein Beweis dafür, wie fragwürdig Maßnahmen sein können, wenn eine fremde Macht in einer gleichzeitig zögernden und schlecht vorbereiteten Umwelt Neuerungen durchzusetzen versucht? Das 20. Jahrhundert wird noch viele Beispiele dafür liefern.

Ch'ien Lungs politische Anschauungen wirkten sich noch lange auf das Schicksal Chinas und der Völker in seiner Umgebung aus. Er hatte richtig vorausgesehen, daß sich Russen und Briten mit der Absicht trugen, Asien untereinander aufzuteilen. Deshalb hatte er auch eingesehen, daß in den weiten Räumen jenseits der Großen Mauer ein Verteidigungsdispositiv aufgebaut werden mußte. Am Neujahrstag 1795 dankte er nach sechzigjähriger Herrschaft ab. Er starb 1799, nachdem er die verbleibenden Jahre ganz der einsamen Meditation gewidmet hatte.

Jampel Gyatso 1758–1804

In Lhasa hatte der achte Dalai Lama die inneren und äußeren Ereignisse miterlebt, ohne sich in ihre Verkettung und ihren Ablauf einbeziehen zu lassen. Er starb am 19. November 1804 so zurückgezogen, wie er gelebt hatte.

IX

Lungtog Gyatso
1806–1815

Der Name des Kindes, das am 20. Januar 1806 in Denma Thubten Chö-
kor, einem Dorf in der Region Kham am Oberlauf des Yangtse Kiang,
zur Welt gekommen war, wurde nicht aus der goldenen Urne des Kaisers
Ch'ien Lung gezogen. Die Äbte der großen Klöster wählten es nach dem
durch die Überlieferung festgelegten Ritual aus. Bevor man es aber in
den Potala brachte, hielt man es für eine gute Politik, die Zustimmung
des kaiserlichen Hofes einzuholen. Der Große Rat, dem der Mönch-
Regent und die Kalön angehörten und in dem auch die beiden unvermeidlichen Amban mitzureden hatten, sandte eine schmeichelhafte
Beschreibung des Kindes nach Peking. Kaiser Chia Ch'ing (1796–1820)
begnügte sich mit dem Bericht seiner Vertreter und erklärte, die Reinkarnation des Dalai Lama besitze ohne Zweifel alle Zeichen seiner
Eignung, womit die Wahl durch die religiöse und die staatliche tibetische
Hierarchie sanktioniert war. Er beorderte einen Sondergesandten nach
Lhasa, mit Geschenken für den jungen Dalai Lama und einem Adels-
titel ersten Ranges für dessen Vater mit dem Recht, Knöpfe aus Edelsteinen und eine Pfauenfeder tragen zu dürfen (die Weisungen der chinesischen Kaiser sind immer voller präziser Angaben und Einzelheiten).
Der kaiserliche Abgesandte hatte freilich auch den Auftrag, daran zu
erinnern, daß die vorliegende Wahl nicht als Präzedenzfall gelten dürfe
und daß in Zukunft das System der Auslosung in der goldenen Urne
respektiert werden müsse. Sein Eifer ging so weit, daß er die kaiserliche
Mahnung auf einen im Jokhang-Kloster aufgestellten Stein eingravieren ließ.

Am 10. November 1808 wurde das Kind im Potala inthronisiert. Der
Panchen Lama führte es mit dem Namen Lungtog Gyatso, «Ozean von
Prophetien», in sein Noviziat ein.

Da das Kind in jungen Jahren starb, sind nur bescheidene biographi-
sche Daten vorhanden. Die meisten Historiker, so auch Schulemann oder
Rockhill, haben sich damit begnügt, den Bericht von Thomas Manning
zu zitieren, eines etwas exzentrischen britischen Arztes, der von 1806 bis

1817 Indien und China bereist hatte. Ihm war es gelungen, in einer Verkleidung, von der nur er selbst sich täuschen ließ, nach Lhasa zu gelangen und dort mehrere Monate zu verbringen.[64] Am 17. Dezember 1811 wurde ihm eine Audienz gewährt. Er stieg «etwa vierhundert Treppenstufen hinauf, zum einen Teil Steintritte, die in den Fels gehauen worden waren, zum anderen Teil Leitersprossen, die innerhalb des Potala von einem Stockwerk zum anderen führen», worauf er auf eine weitläufige Terrasse mit Privatwohnungen gelangte. Manning fährt fort:

> Der Dalai Lama nahm meine ganze Aufmerksamkeit in Anspruch. Der erst sieben [in Wirklichkeit fünf] Jahre alte Knabe benahm sich einfach und natürlich wie ein wohlerzogenes fürstliches Kind; sein Gesicht war auf eine ergreifende Art schön, und aus seinen Zügen ließ sich ein fröhlicher Charakter herauslesen. Mit seinem Mund lächelte er fortwährend sehr freundlich, was seinem ganzen Wesen Helligkeit verlieh. Von Zeit zu Zeit und besonders, wenn er mich ansah, verwandelte sich dieses Lächeln fast in ein zartes Lachen; mein Bart und meine Brille amüsierten ihn offensichtlich. Sobald wir uns auf den Kissen niedergesetzt hatten, stellte uns der Lama Fragen, die wir uns anhörten und dann stehend beantworteten. Er fragte mich, ob ich nicht mit allzu vielen Schwierigkeiten zu kämpfen gehabt habe und während der Reise nicht zu vielen Schikanen ausgesetzt gewesen sei; darauf antwortete ich, ohne zu zögern, ich hätte zwar einige Unannehmlichkeiten erlebt, doch diese würden voll durch das Glück aufgewogen, welches mir das Zusammentreffen mit ihm verschaffe. Meine Worte schienen dem Lama und seinem Gefolge zu gefallen.

Man darf annehmen, der Inhalt dieses Gesprächs mit einem fünfjährigen Kind sei wohl eher der Kunst des Dolmetschers als der Reife des Fragestellers zu verdanken gewesen. Das gilt insbesondere für die Anspielungen auf Schikanen der Verwaltung, womit gewisse Praktiken von Beamten gemeint waren, welche die Tibeter immer stärker schokkierten.

In dieser Hinsicht widerspiegelt Mannings Bericht sehr genau die Verhältnisse in Tibet während dieser von Kaiser Ch'ien Lung verfügten chinesischen Allgegenwart. Der chinesische Souverän hatte seine Vertreter sorgfältig ausgewählt. Er sandte Ho-Lin, den Bruder seines bevorzugten Ratgebers, nach Lhasa. Doch schon bald wiederholten sich die früheren Irrtümer, glaubt Manning:

Man erhält ganz allgemein den Eindruck, als seien die großen Mandarine in Lhasa Halunken und Schurken. [...] Denn Lhasa ist eine eher elende Stadt: Für die großen Mandarine bedeutet die Entsendung in diese Gegend eine Art Verbannung, und wer so behandelt wird, hat sich in den meisten Fällen einer Verfehlung schuldig gemacht. [...] Dieser systematische Einsatz von Männern mit doppelter Moral, die Tibet regieren sollen, ist für meine Auffassung verabscheuungswürdig. Diese Politik mißfällt zweifellos dem Großlama und den Tibetern, sie scheint ihre Voreingenommenheit gegen die chinesische Regierung noch zu schüren. Wenn ich mich auf das verlasse, was ich gesehen und gehört habe, so drängt sich mir die Vermutung auf, die Tibeter würden gerne und ohne großes Bedauern diesen chinesischen Einfluß abschütteln.

Als Beispiel für solches schändliches Verhalten, das sich die chinesischen Beamten bisweilen zuschulden kommen ließen, erwähnt Manning, was wir schon von früheren Perioden her wissen und was immer wieder Ursache von gefährlichen Irrtümern wurde: die ungenauen Berichte, die von den chinesischen Vertretern in Lhasa nach Peking gesandt wurden und die immer darauf abzielten, die eigenen Verdienste herauszustreichen und vorgekommene Zwischenfälle herunterzuspielen. Damit räumt Manning ein, der Kaiser sei für eine Gerechtigkeit eingetreten, welche die Fehler wiedergutmachen und die Schuldigen bestrafen sollte. Und es ist tatsächlich dreimal vorgekommen, 1804, 1818 und 1823, daß Peking taktlose und in ihren Rechenschaftsberichten mit der Wahrheit «großzügig» umgehende Amban, ohne viel Federlesens zu machen, zurückbeordert und abgesetzt hat.

Der britische Arzt war vom Besuch bei diesem Kind, das in einem derart gefährlichen Umfeld eine so erhabene Aufgabe zu erfüllen hatte, erschüttert, denn er gesteht selbst: «Ich hätte beinahe geweint, so stark war mein Eindruck, als ich den Potala wieder verließ.»

Es war unübersehbar, daß die fremdländische Oberherrschaft in einer solchen aus mangelnder Kenntnis der komplexen Situation hervorgegangenen Atmosphäre der Angst Intrigen geradezu heraufbeschwören mußte.

Weshalb starb Lungtog Gyatso am 26. März 1815? Die Historiker und die Neugierigen haben bis jetzt erst indirekte Hinweise und Zeugnisse beibringen können. War es ein Verbrechen? Pater Huc berichtet von

Gerüchten, die noch dreißig Jahre nach dem Ereignis in Lhasa herumgeboten wurden und die den Regenten beschuldigten, er habe durch
kriminelles Handeln nicht weniger als drei Dalai Lamas beseitigt. Doch
Geschichte läßt sich nicht mit Gerede oder mit Anekdoten schreiben, die
in den Klöstern bei Lehrveranstaltungen herumgeboten werden, und erst
recht nicht, wenn man daran denkt, wie sehr die Tibeter dazu neigen,
Legende und Wirklichkeit miteinander zu vermengen. Der Regent, von
dessen Taten und Untaten der Lazaristenpater berichtet, hat zudem sein
Amt erst 1819 angetreten. Es stimmt zwar, daß er von seinem Ehrgeiz
dazu verleitet wurde, sich sogar um den Preis des Lebens des zehnten
Dalai Lama an der Macht zu halten, als dieser 1837 volljährig wurde.
Das kann jedoch kaum für ein neunjähriges Kind gelten. Wir halten uns
deshalb an die These von Wangchuk Deleg Shakabpa, des ersten Tibe-
ters, den man als politischen Historiker bezeichnen kann: Der kleine
Lungtog Gyatso nahm, was zu seinen Amtspflichten gehörte, am Mönlam, am Neujahrsfest, teil; dabei erkältete er sich, und einige Wochen
später starb er an einer Lungenentzündung.

Lassen wir auf dem Grab dieses unschuldigen Kindes, dem es nicht
vergönnt war, das Licht des Wissens und der Glückseligkeit, das seine
kleinen Hände aus dem Jenseits zurückgebracht hatten, an sein Volk
weiterzugeben, diese Verse zurück, die sein Vorgänger, der Dichter und
sechste Dalai Lama Jamyang Gyatso, geschrieben hat:

> Liebhaber des Sees,
> Möchte der Schwan auf ihm noch verweilen;
> Eis hat die Wasser überdeckt,
> Und der Schwan, klaglos,
> Fliegt fort.

X

Tsültrim Gyatso
1816–1837

Kurz nach dem Tod des neunten Dalai Lama verwüstete ein Brand das Kloster Samye, das älteste Kloster in Tibet. Er zerstörte den Tempel und die Bibliothek mit allen seltenen Büchern, die darin aufbewahrt wurden, insbesondere die in Sanskrit verfaßten Schriften und zahlreiche Kunstwerke. Sollte das ein Vorzeichen dafür sein, daß Tibet eine Zeit schmerzlicher Prüfungen bevorstand?

Bei der Wahl der Reinkarnation des Dalai Lama lebte der alte Streit zwischen Lhasa und Peking wieder auf. Die Mönche der großen Klöster und die Mitglieder der Regierung waren nicht darauf erpicht, die vom Kaiser aufgezwungene Methode der Auslosung anzuwenden. Sie vermochten einen der Amban für sich zu gewinnen und gingen noch einmal gleich vor wie 1806. Ein Bericht wurde nach Peking geschickt, worin als Nachfolger des neunten Dalai Lama ein in Lithang geborenes Kind vorgestellt wurde, das von den mit der Suche betrauten Persönlichkeiten als die echte Reinkarnation von Chenresi und dessen Nachfolgern identifiziert worden sei. Die kaiserliche Reaktion traf 1818 ein, und zwar in Form eines Befehls, daß man gemäß der vom verstorbenen Kaiser Ch'ien Lung erlassenen Verordnung vorzugehen habe, andernfalls mit einer Bestrafung zu rechnen sei:

«Vor aller Öffentlichkeit muß der Name des Kindes von Lithang mit zwei anderen Namen zusammen in die Urne gelegt werden. Die Täfelchen werden in Gegenwart des Volkes und zum Gesang von Gebeten herausgenommen.» Im Text wurde der Regent in entschiedenem Ton ermahnt, keine weiteren Unruhen mehr anzuzetteln.

Die vorgeschriebene Zeremonie wurde erst am 6. Februar 1822 veranstaltet. In Gegenwart zahlreicher Mönche und Laien und vor den Augen der beiden Amban wurde wie durch Zufall als erster Name der des jetzt bereits sechs Jahre alten Knaben herausgezogen, den die Verantwortlichen im Dorf Nastod Norbugron bei Lithang in der Region Kham entdeckt hatten. Für die religiöse Erziehung des am 25. April 1816 in einer sehr frommen Familie des Kleinadels geborenen Kindes waren der

Mönch-Regent und vor allem, der Vorschrift entsprechend, der vierte
Panchen Lama Tenpai Nyima zuständig. Das Kind erhielt den Namen
Lobsang Tsültrim Gyatso: «Ozean von Sittlichkeit»; seine endgültigen
Gelübde als Lama legte es erst am 15. März 1834 ab.

Der zehnte Dalai Lama wird sich an der Ausübung der weltlichen Macht
nicht beteiligen. Von dieser Zeit an wird bereits eine immer deutlichere
Unterscheidung zwischen dem religiösen Bereich und der weltlichen
Verwaltung vorgenommen. Man darf nicht von einer Laizisierung oder
einer Aufteilung der Kompetenzen sprechen. Auch hier wieder hängt
alles mehr von den Umständen und den Menschen als vom institionel-
len System ab, das mit mehr oder weniger Erfolg und Glück versucht,
die Überlieferung und die Bestrebungen der tibetischen Gesellschaft auf
der einen und die von den chinesischen Kaisern erlassenen Vorschriften
auf der anderen Seite miteinander in Einklang zu bringen.

In Peking hatte die Herrschaft von Tao Kuang (1820–1850) unter nicht
sehr günstigen Anzeichen begonnen. Die ihren Einflußbereich auswei-
tenden westlichen Mächte verlangten Handelsabkommen, die freilich
nicht so sehr ausgehandelt, sondern erzwungen wurden; gegenseitiges
Unverständnis führte zum traurigen Opiumkrieg von 1840 bis 1842.
Dem Mandschu-Kaiser blieb wenig Zeit, um sich um die tibetischen
Angelegenheiten zu kümmern; sein Mißtrauen, ja seine Verachtung für
die Religionen, ob Christentum oder Buddhismus, hielten ihn ohnehin
davon ab. Und wirft man ihm nicht sogar vor, er habe seinen Berater
für tibetische Fragen, der 1839 nach einer ebenso verdächtigen wie
plötzlichen Erkrankung verstorben war, vergiften lassen?

Bei den Völkern jenseits der Großen Mauer wurde der Dalai Lama
noch immer hoch geachtet, er strahlte ungebrochen dieselbe Anziehungskraft und Begeisterungsfähigkeit aus wie im vergangenen Jahrhundert. Die Lazaristenpatres Huc und Gabet erwähnen im Bericht über
ihre Reise durch das Reich der Tataren und durch Tibet in den Jahren
1844 bis 1846 die Pilger aus den verschiedenen mongolischen Völkerschaften, die unterwegs nach Lhasa sind und an den bekanntesten Ge-
betsorten jeweils einen Aufenthalt einschalten. Überall lassen sie ihre
Gaben zurück. Dann brechen sie mit bestärkter Überzeugung auf,
weil sie wirklich erlebt und gesehen hatten, woran die Belehrungen der
Lamas mahnten, dieser Lamas, die selbst ebenfalls unermüdlich von
einem Ort zum anderen wanderten, um den Eifer der Gläubigen und

diesen Kult des Wunderbaren immer wieder neu zu beleben. Diesem Kult war es tatsächlich zu verdanken, daß die Völkerschaften in den mongolischen und sibirischen Steppen ihre früher brutalen und von Leidenschaften beherrschten Sitten vermenschlicht hatten.

Insgesamt dürfte es um diese Zeit in Groß-Tibet, wozu damals noch die Gebiete von Amdo und Kham und die Himalaja-Täler bis nach Kaschmir gehörten, schätzungsweise dreitausendsechshundert Klöster und vierundachtzigtausend Mönche gegeben haben.

Um die gleiche Zeit wurde die gesamte Organisation der weltlichen Angelegenheiten nach dem Vorbild der kaiserlichen Verwaltung in China umgestaltet. Das verschaffte dem tibetischen Adel einen Rahmen, innerhalb dessen er seiner Verantwortung nachkommen konnte. Der höchste Rat bestand noch immer aus dem Regenten, den vier Kalön und den beiden Amban.

Im Prinzip werden die Kalön vom Dalai Lama ausgewählt, der aber die von ihm bestimmten Kandidaten von den in Tibet residierenden chinesischen Ministern bestätigen lassen muß. Faktisch hat sich die Gewohnheit eingebürgert, daß sich die Regierung mit der mehr oder weniger durch Geld erkauften Zustimmung der Amban selbst erneuert. In den tieferen Ämterklassen bürgert es sich allmählich ein, daß die zu vergebenden Pfründen erblich werden. Doch immer braucht es auch das Einverständnis der Amban, in deren Kompetenz es fällt, die Ämter der dritten bis siebenten Klasse in der dem chinesischen System nachgeahmten Hierarchie zu besetzen, während die obersten Grade der kaiserlichen Zustimmung bedürfen.

Die chinesischen Archive haben erstaunlich genaue Angaben geliefert: über die zivilen und militärischen Beamten, chinesische wie tibetische, deren Befugnisse und sogar die ihnen allen von der chinesischen Staatskasse ausbezahlten Gehälter. Von 1841 an hat der Generalgouverneur von Szetschuan die Aufgabe, die Entschädigungen für die chinesischen Beamten und die tibetischen Würdenträger zu regeln, zu denen auch der Vater des Dalai Lama mit dem Titel eines Herzogs (Fu-Kuo-Fung) gehört. In den Anordnungen ist auch festgeschrieben, daß die anderen Angehörigen der Familie des Dalai Lama wie auch des Panchen Lama kein Recht auf eine offizielle Funktion haben. Die Verteilung der Bestände der chinesischen Armee – insgesamt dreitausend Mann – auf die verschiedenen Regionen ist ebenfalls minutiös festgelegt. Die residierenden Minister sind verpflichtet, die Truppe jährlich zu inspizieren, und ihre Rechenschaftsberichte darüber sind besonders detailliert abgefaßt; darin wird festgehalten, welche Belohnungen und Strafen verfügt wurden. Ebenso wird vermerkt, daß die Kosten für diese Inspektionen zu gleichen Teilen von der chinesischen und der tibetischen Staatskasse getragen werden.

Die Steuern werden zum größten Teil in Naturalien erhoben: Getreide, Wolle, Salz, Butter, Tee, Räucherstäbchen, Baumwolle oder Vieh. In der Verordnung ist der Geldwert aller dieser Produkte geregelt. Im Umlauf sind jedoch nur chinesische und nepalesische Geldstücke sowie einige Münzen, die seit 1792 in Lhasa geprägt worden waren. Die Einnahmen der Staatskasse stammen auch aus Strafen, Beschlagnahmungen, Schenkungen und Abgaben auf der Erbfolge. Die Handelsbeziehungen mit China, Indien und Nepal haben sich beträchtlich ausgeweitet. Viele Händler sind Muslime, und die besten Handwerker, insbesondere die Juweliere, stammen aus Nepal. Die gehandelten Waren werden an der Grenze besteuert, entweder in Geld bei den verschiedenen Handelswaren oder aber in Naturalien bei Getreide und Salz: Für jeden Sack wird der Inhalt einer Holzschale vom Zollbeamten eingezogen.

Eine schwere Last ist den kleinen Leuten auf dem Lande aufgebürdet worden: Sie müssen sich an Arbeiten von allgemeinem Interesse und an staatlichen Transporten beteiligen. Erst der dreizehnte Dalai Lama erleichtert dem tibetischen Volk diese Bürde wieder.

Alle zwei Jahre entsenden abwechslungsweise der Dalai Lama und der Panchen Lama, auf der Gegenseite der Kaiser von China, Delegationen mit Geschenken, die auf einer Liste genau festgehalten sind: goldene und silberne Gegenstände, mit Edelsteinen geschmückte Statuen, Seidenstoffe und weiße oder buntgefärbte Schärpen – die *K'atag* oder *Kata* –, Felle wilder Tiere usw. In den Verträgen ist sogar die Zahl der Maultiere festgehalten, mit denen diese Güter zu transportieren sind. Was zusätzlich mitgebracht wird, ist von Steuern und Abgaben befreit. Daß diese Geschenke auf Gegenseitigkeit beruhen, ist ein Hinweis darauf, daß den chinesisch-tibetischen Beziehungen etwas Besonderes anhaftet. Seit der Intervention von Ch'ien Lung sind die Abmachungen nicht mehr ergänzt worden; diese Meinung vertritt Hugh E. Richardson.[65]

In den letzten Lebensjahren, dieser Ausdruck dürfte zutreffender als «Herrschaftsjahre» sein, von Lobsang Tsültrim Gyatso wurde Tibet das

Opfer einer Aggression von Westen her. Der Maharadscha von Kaschmir, Gulab Singh, ließ 1834 unvermittelt seine Truppen in Ladakh einmarschieren. Dieses Königreich, in dem sich 1715 auch Pater Desideri aufgehalten hatte, war nicht von Tibet abhängig, unterhielt aber enge Beziehungen zu Lhasa, ähnlich denen, die zwischen Tibet und Bhutan bestanden. Die beiden Länder fühlten sich durch eine gemeinsame Kultur und die buddhistische Religion miteinander verbunden. Die kaschmirische Invasion bedeutete eine brutale Wende im zwischenstaatlichen Verhältnis, das sich unter den der Religion immer wohlgesinnten Monarchen eingespielt hatte. Die von der Königsfamilie und dem Adel geförderten und unterstützten Klöster wurden von den Besatzungstruppen mit schweren Steuern belastet; so mußte allein das Kloster Hemis, das mit Hilfe des Königs Senge Namgyal errichtet worden war, den kaschmirischen Truppen zwölftausend Scheffel Getreide, siebzig Pferde und dreihundert Hilfskräfte zur Verfügung stellen. Viele Bewohner Ladakhs, Mönche und Bauern, flohen damals nach Tibet, und als 1842 die kaschmirischen Truppen mit einem Einmarsch in Tibet drohten, waren Zusammenstöße unvermeidlich. Anscheinend vermochten die tibetischen Truppen damals aus eigener Kraft und ohne Unterstützung durch das chinesische Kontingent den feindlichen Vorstoß abzuwehren; was freilich den Amban Meng-Pao nicht daran hinderte, einen tendenziösen Bericht nach Peking zu schicken, worin er den Feldzug als seinen persönlichen Sieg darstellte, der nur dank den von ihm angeblich erteilten geschickten Befehlen errungen worden war. So sorgten die weit vom Kaiserhof entfernt ihre Aufgabe ausübenden chinesischen Kommissare durch Eigenlob dafür, daß sie in der Öffentlichkeit bekannt wurden, womit sie die üble Nachrede und die Verleumdungen ihrer Neider und Widersacher auszugleichen versuchten. Solche Vorsichtsmaßnahmen waren nicht ganz unnötig, wenn man an die unglücklichen kaiserlichen Beamten denkt, die für Maßnahmen bestraft worden waren, um welche sie insbesondere während des Opiumkrieges gegen die Engländer gar nicht herumgekommen waren. 1842 wurde ein Vertrag unterzeichnet, der die Grenze genau festlegte und Kaschmir zu einem alle drei Jahre zu entrichtenden Tribut verpflichtete. Derartige diplomatische Praktiken waren zu dieser Zeit im zentralasiatischen Gebiet offensichtlich weit herum üblich und verbreitet.

Der Dalai Lama erlebte das Ende des Konflikts nicht mehr. Sein Tod am 30. September 1837 bleibt rätselhaft. Laut Luciano Petech soll eine lange Krankheit vorausgegangen sein. G. Schulemann weiß zu berichten, er sei erschlagen worden, als die Decke seines Zimmers einstürzte, ein Unfall, der zweifellos vom Regenten veranlaßt worden war. Diese These wird auch von Huc und Gabet übernommen. Sie wird durch ein Memorandum des chinesischen Außenministers bestätigt, das am 7. September 1977 von der *Pekinger Zeitung* veröffentlicht wurde. In diesem Dokument wird eine Wunde erwähnt, die damals am Hals von Tsültrim Gyatso festgestellt worden war; zusätzlich wird darauf verwiesen, daß die Amban und der Panchen Lama, welche die Affäre untersucht hatten, den Regenten einer aktiven Komplizenschaft und nicht nur einer Vernachlässigung des Zimmerunterhalts im Potala verdächtigt hatten. Im erwähnten Memorandum wird jedoch nicht behauptet, die festgestellte Wunde sei die Todesursache gewesen.

Tsültrim Gyatso ist nur einundzwanzig Jahre alt geworden; seine religiöse Ausbildung war noch nicht abgeschlossen, und seine Biographen sind äußerst zurückhaltend. Man weiß immerhin, daß er Kontakte zu den kleinen Leuten in Lhasa solchen mit seiner aristokratischen Umgebung vorzog. Über das wirkliche Alltagsleben war er deshalb so gut informiert, daß er eines Tages den Regenten und die Mitglieder seiner Regierung mit harten Worten ermahnte: «Ihr behauptet, ihr würdet Verbesserungen einführen, doch die Lebensbedingungen meiner Untertanen verschlechtern sich.» Man könnte auf den Gedanken verfallen, er sei das Opfer einer Intrige der Konservativen geworden.

In den aus seiner dichterischen Inspiration hervorgegangenen Ahnungen hatte der sechste Dalai Lama, Jamyang Gyatso, schon gespürt, daß Gewaltlosigkeit, selbst wenn sie das Ideal eines ganzen Volkes und seiner Philosophie verkörpert, nicht vor menschlichen Begierden schützt:

> Jeder beliebige Hund
> Läßt sich mit Fleisch und Brot zähmen;
> Doch die Tigerin in ihrer Höhle,
> Selbst wenn man meint, sie sei zahm,
> Richtet sich verräterisch auf
> Und sträubt ihre Haare.

Der Dichter hat kein Grab erhalten. Und 1837, als die sterbliche Hülle des zehnten Dalai Lama beigesetzt wurde, stand der Nekropole im Potala noch ein drittes Grab bevor, dessen Geheimnis nicht gelüftet worden ist.

XI

Kedrub Gyatso
1838–1856

Weder in Lhasa noch in Peking beeilte man sich, die Kontinuität auf dem verwaisten Thron im Potala sicherzustellen. Im chinesischen Mandschu-Reich kündigten sich wie ein fernes Donnergrollen bedrohliche Aufstände an. Erste Vorzeichen eines Krieges gegen die Engländer nahmen die Aufmerksamkeit von Kaiser Tao Kuang und seiner für die Behandlung dieser delikaten Angelegenheit verantwortlichen Mitarbeiter in Anspruch. Die Schwächen Chinas wurden in diesem Konflikt deutlich sichtbar, und etliche Würdenträger verloren nicht nur ihre Ehrenämter, sondern sogar ihr Leben.

In Tibet regierte seit 1819 ein Regent, ein Lama aus der Region Amdo, Abt eines obskuren Klosters, aber auch ein Mann mit hohen Ambitionen; er hatte seine Macht solide gefestigt, indem er die Amban, die sich damit zufrieden gaben, und die Kalön zu Randfiguren degradierte. Dieser Samadhi Bakshi, so nennt ihn W. W. Rockhill, oder Tsemöling Nomihan laut anderen Autoren, sorgte dafür, daß die Nachforschungen mit berechneter Langsamkeit betrieben wurden. Das Kind war bereits drei Jahre alt, als ihm die mit der Suche beauftragten Mönche altem Brauch gemäß Gegenstände vorlegten, die dem zehnten Dalai Lama gehört hatten und die es als die seinen erkannte. Es war am 18. Oktober 1838 beim Kloster Tai-Ling in der Umgebung von Ta-Chien-Lu, an der Grenze zwischen Kham und Szetschuan, geboren worden. Seine Familie war sehr arm. Sein Vater übte einen bescheidenen Beruf aus, der von Pater Huc netterweise als «Argolist» bezeichnet wurde, das heißt, er sammelte Argol, womit in der mongolischen Sprache Viehmist bezeichnet wird, woraus man Brennmaterial für alle häuslichen und gewerblichen Zwecke herstellt; im Bericht des Lazaristenpaters wird ausführlich und amüsant, aber auch lehrreich über die besonderen Merkmale und Eigenschaften der vier Arten von Argol berichtet, welche die verschiedenen Pflanzenfresser in den Steppen produzieren. Der Mann hatte drei Söhne; der zweitälteste war der künftige Dalai Lama, der jüngste wurde 1848, als sich die Familie in den Machtzentralen der Hauptstadt fest installiert hatte, ebenfalls als Reinkarnation des Abtes eines Klosters anerkannt, dessen Leitung er zusammen mit den damit verbundenen Einkünften übernahm.

Die Zeremonie mit der goldenen Urne, auch jetzt wieder bloße symbolische Formalität, fand am 8. September 1841 in Gegenwart des Sondergesandten des Kaisers, Changkya Hutuketu, statt, der nach seiner Rückkehr in Peking einen Bericht voller Lob über den Charakter und die Intelligenz des jungen Lama verfaßte. Dessen Vater, Kongtse Tseten Döndrub (1809–1860), wurde am 10. Oktober desselben Jahres der Titel eines Herzogs zugesprochen, zusammen mit dem Recht auf Korallenknöpfe und die Pfauenfeder, die das chinesische Protokoll als äußerliche Insignien vorsieht. Der vierte Panchen Lama, Tenpai Nyima, kümmerte sich um die Ausbildung des künftigen religiösen Oberhauptes, wie er es schon beim zehnten Dalai Lama getan hatte. Er gab dem Kind den Namen Lobsang Kedrub Gyatso: «Ozean von Wissen und geistlicher Vollendung», und ließ es im Mai 1842 im Potala inthronisieren.

Der Regent, Samadhi Bakshi, hatte noch lange Jahre vor sich, bevor er die Macht an den neuen Souverän hätte abtreten müssen. Er neigte aber bei seinen Vorrechten zur Übertreibung, was zu seinem Untergang führte. Vorerst genoß er aber, wie sein Vorgänger, noch das Vertrauen des Kaiserhofes, der von den Berichten der beiden Amban, die keinerlei Hinweise auf ungewöhnliche Vorkommnisse enthielten, geblendet wurde. Der Regent hatte die ihm gewährte Gunst genutzt, um beim Kaiser zu erreichen, daß der durch die vielen Geschenke erheblich belastete Austausch von Delegationen zwischen Lhasa und Peking nur mehr alle drei Jahre stattfand, weil während der langen Reise die Gefahr von Raubüberfällen bestand. Bei der Rückkehr der schwer beladenen Karawane konnten sich übrigens die beiden Lazaristenpatres Huc und Gabet 1845 der Kolonne anschließen und ungefährdet nach Lhasa gelangen.

Als sie dort ankamen, war in der Hauptstadt eben gerade wieder Ruhe eingekehrt. Der Machtmißbrauch des Regenten hatte eine eigentliche Revolution heraufbeschworen. Macht im Dienste der Habgier hatte einen Diktator hervorgebracht, der auch vor Verbrechen nicht mehr zurückschreckte. Es war eine bezeichnende Kleinigkeit, die das Faß der Volksgeduld zum Überlaufen brachte: Der Regent beanspruchte für seine Gänge eine Sänfte mit einem Baldachin, ein Privileg, das nur dem Dalai Lama und dem Panchen Lama zustand. Die vier Kalön und die Äbte von Ganden und Drepung beschlossen unverzüglich, sich mit einer Bitt-

schrift an den chinesischen Kaiser zu wenden; sie forderten den Schirmherrn zu einer Intervention auf, bevor die Volkswut ausbreche. Tao Kuang
betraute einen Mann mit großen Verdiensten, Ki Chan, mit der Aufgabe,
die Ordnung wiederherzustellen. Dieser Tataren-Mandschu hatte seine
Karriere als Gerichtsschreiber in Peking begonnen; nachdem er weitere
Stufen in der Beamten-Hierarchie erklommen hatte, wurde er als
Gouverneur in die Provinz Honan (Henan) entsandt; später wurde er
als einer der acht persönlichen Berater des Kaisers in die Hauptstadt
zurückbeordert. 1839 begab er sich als bevollmächtigter kaiserlicher
Kommissar nach Kanton, um mit den Engländern zu verhandeln. Seine
diplomatischen Bemühungen führten zur Konvention vom 30. Januar
1841, die von Kapitän Elliot unterzeichnet, aber sowohl von London als
auch von Peking abgelehnt wurde. Ki Chan fiel beim Kaiser, der weder
mit der Bezahlung einer Entschädigung noch mit der Abtretung von
Hongkong einverstanden war, in Ungnade; sein Vermögen wurde konfisziert. Doch schon 1844 wurde dieser außergewöhnliche Staatsdiener
vom Kaiser mit der erwähnten neuen Aufgabe betraut.

Die Angelegenheit wurde zügig erledigt. Nach einer raschen Untersuchung ließ der neue Amban den Regenten verhaften und einige seiner
Diener foltern, um Geständnisse für eine Anklage zu erpressen. Das Kloster Sera, das von der Großzügigkeit des Regenten profitiert hatte, entschloß sich zu einem Protest, der fast zu einer bewaffneten Erhebung
ausartete: Zwei der angeklagten Kalön wurden verletzt. Eine militärische Machtdemonstration der chinesischen und der tibetischen Streitkräfte in der Umgebung des Klosters genügte, um den Mut der Mönche
zu dämpfen. Der Regent wurde in eine mandschurische Siedlung am
Ufer des Amur ins Exil geschickt. Der Panchen Lama übte während acht
Jahren, bis 1845 ein neuer Amtsinhaber, Yeshe Rating, ernannt wurde,
die Regentschaft aus. Der alte Weise aus Tashilhunpo verfolgte jedoch
die Führung der öffentlichen Angelegenheiten mit wachsamen Augen.
Einige Jahre lang funktionierte die tibetische Verwaltung auf gewohnte
Weise. Nach dem Regenten kam an zweiter Stelle der Ministerrat, der
Kashag, mit den vier Kalön. Sie standen einer Beamtenschaft von hundertfünfundsiebzig Mönchen und hundertfünfundsiebzig Laien vor, was
der Tibetologe L. Petech als «Partnerschaft zwischen Klerus und Adel»
bezeichnet. In den Distrikten – insgesamt zweiundfünfzig Distrikte,
hinzu kam das Gebiet, das die Mönche des Klosters Sakya verwalteten,
das eine Sonderstellung einnahm – übte ein Gouverneur *(Depa)* die

Zivil- und die Strafgerichtsbarkeit aus; er hatte auch die Steuern einzuziehen. Diese Ämter wurden mit der Zeit erblich, worauf die Amtsinhaber immer häufiger in Lhasa residierten und sich in ihren Distrikten von einem Intendanten vertreten ließen.

Nach den Beobachtungen der Patres Huc und Gabet war das Verhältnis zwischen den Tibetern und der chinesischen Kolonie nicht ungetrübt. Zumindest in einem Punkt scheinen jedoch die Meinungen der beiden einander nicht unbedingt wohlgesinnten Gemeinschaften übereingestimmt zu haben: im Mißtrauen gegenüber den Ausländern. Vielleicht liegt der Haltung des Regenten Yeshe Rating den beiden Lazaristenpatres gegenüber und seinen zwiespältigen Aussagen eine vorsichtige Doppelzüngigkeit zugrunde. Ihre Bitte um eine Audienz beim erst sieben Jahre alten Dalai Lama wurde unter dem Vorwand, sie könnten das Kind mit den gefürchteten Pocken infizieren, höflich abgelehnt.

Der englische Druck auf China beunruhigte die Tibeter, die sich Sorgen über die von neuem von Nepal her bedrohte Sicherheit an ihrer Südgrenze machten. Wie Hugh E. Richardson schreibt: «Die Tibeter ziehen das nicht sehr schwer zu ertragende Joch ihres eher machtlosen Lehensherrn den Gefahren vor, die offizielle Beziehungen zu den unternehmungslustigen britischen Nachbarn in sich bergen könnten.» Und als der Amban Ki Chan die beiden Missionare zwang, auf ihrer Reise nach Kalkutta den langen Weg durch China anstatt des viel kürzeren über den Himalaja zu wählen, hatten die tibetischen Behörden keinerlei Einwände gegen die Anordnung des chinesischen Repräsentanten vorzubringen.

1854 starb der Panchen Lama Tenpai Nyima im Alter von achtzig Jahren. Er hatte vier Dalai Lamas gekannt, zwei Kriege mit Nachbarländern miterlebt und geschickt mehrere Unruhen in der Bevölkerung und die anschließenden Reibereien mit dem Mandschu-Hof in Peking hinter sich gebracht. Hsien Fong, der einige Jahre zuvor Tao Kuang abgelöst hatte, schickte ein Beileidsschreiben und einen Beitrag an die Begräbnisfeierlichkeiten nach Lhasa und gab seine Zustimmung zur Wahl eines Nachfolgers, die nach dem Verfahren mit der goldenen Urne erfolgt war. Die fünfte Reinkarnation des Panchen Lama erhielt den Namen Chökyi Drakpa (1854–1882).

Der Regent Yeshe Rating organisierte am 1. März 1815 im Potala die Inthronisationszeremonie für den elften Dalai Lama. Lobsang Kedrub

Gyatso war erst siebzehn Jahe alt, zeigte aber eine gute Veranlagung für die Ausübung der geistlichen wie auch der weltlichen Macht. Der Regent hielt sich im Hintergrund und überließ ihm die Führung der Geschäfte.

Der Dalai Lama und seine Minister mußten sich von neuem mit einem nepalesischen Angriff auseinandersetzen. Unter Mißachtung des Vertrages von 1792 hatten Gurkhas die Grenze überschritten. Für die sich aufdrängenden militärischen Operationen wurden einem der Minister, Tashi Khangsar, die notwendigen Vollmachten erteilt; er begab sich an Ort und Stelle, und es gelang ihm, durch mutigen Einsatz den nepalesischen Vormarsch aufzuhalten, und zwar ausschließlich mit tibetischen Truppen. Die Kämpfe zogen sich über rund achtzehn Monate hin und wurden am 24. März 1856 mit der Unterzeichnung eines Vertrages beendet. Der Vertragstext ist ein weiteres Beispiel für die Ambivalenz der in diesem Teil Asiens gebräuchlichen politischen Redewendungen: «Der Staat der Gurkhas und Tibet haben den Kaiser Chinas bis jetzt respektiert.» Mehr brauchte es freilich nicht, um das Risiko eines kaiserlichen Mißfallens mit allen unvorhersehbaren Konsequenzen abzuwenden. Die beiden Staaten bereinigten ihre Meinungsverschiedenheiten und legten im weiteren ihre jeweiligen Stellungnahmen dar. Der Vertrag bildete die Grundlage für friedliche Beziehungen, legte den Status der Staatsangehörigen im Gebiet des anderen Staates fest und sah sogar die Auslieferung von Verbrechern, die Entschädigungen für Händler im Falle einer Plünderung und eine Amnestie für die Bürger beider Staaten vor, die in die kriegerischen Wirren verwickelt gewesen waren. Besonders unterstrichen sei die Stellung, die in diesem Vertrag dem Dalai Lama zuerkannt wird:

Das Land Tibet ist der Tempel des Lama und der Ort, wo dieser besondere Verehrung genießt; aus diesem Grunde gewährt die Regierung Nepals in Zukunft jede Hilfe, falls Tibet von Truppen eines anderen Radscha überfallen wird.

Kedrub Gyatso erlebte das Ende des Krieges nicht. Er starb am 31. Januar 1856. Er war noch nicht einmal achtzehn Jahre alt, und die Ursachen seines Todes sind bis heute nicht aufgeklärt worden.

XII

Trinle Gyatso
1856–1875

Was sich innerhalb der Potala-Mauern abspielte, wurde seltsamerweise im Laufe des 19. Jahrhunderts immer undurchsichtiger. Vom zwölften Dalai Lama ist noch weniger als von allen anderen bekannt, die ihm vorausgegangen sind. Die chinesischen Geschichtsschreiber wurden angehalten, über die für ihre Brotherren wichtigeren, das Reich hart durcheinanderschüttelnden Ereignisse wie beispielsweise die Aufstände im Inneren oder den Einfall der «fremden Teufel» zu berichten. Laut W. W. Rockhill ist in der Zeit zwischen 1859 und 1877 kein einziges chinesisches Dokument über die tibetischen Angelegenheiten veröffentlicht worden. Richardson und Schulemann haben ebenfalls nichts gefunden, was erwähnenswert wäre. Erst die Untersuchungen von L. Petech und W. D. Shakabpa haben einige Hinweise aus tibetischen Quellen gebracht, die noch nicht vollständig ausgeschöpft sind.

Der Regent Yeshe Rating, der sich zurückgezogen hatte, als der elfte Dalai Lama den Wunsch nach Machtausübung äußerte, übernahm wieder seine Funktionen, und zwar zur Befriedigung sowohl des chinesischen Mandschu-Kaiserhofes als auch der Tibeter, Mönche wie Laien. Er ordnete persönlich an, daß die Reinkarnation des Dalai Lama gesucht wurde, und verfolgte diese Bemühungen aufmerksam und unparteiisch. Es sieht so aus, als sei das System der Auslosung dieses einzige Mal ohne vorhergehende Manipulationen angewandt worden. Die Zeremonie fand am 26. Februar 1858 statt. Drei Kandidaten standen zur Auswahl. Als erster Name wurde der eines am 25. Dezember 1856 geborenen Kindes von bescheidener Herkunft aus der goldenen Urne gezogen; sein Vater hieß Puntsog Tsewang; der elfte Dalai Lama soll eines Tages in Gegenwart von Gläubigen, die er zu einer Audienz empfangen hatte, auf eine einfache Frau aus dem Volke gezeigt und sie als die künftige Mutter der Reinkarnation Avalokiteshvaras bezeichnet haben.

Zu dieser Zeit war der Panchen Lama Chökyi Drakpa selbst noch ein vierjähriges Kind. Der Regent gab deshalb dem neuen Dalai Lama seinen Namen: Lobsang Trinle Gyatso, «Ozean von Buddhas Werken», und er leitete am 19. August 1860 im Potala auch die feierliche Inthronisationszeremonie.

«Unglück trifft die Stadt, deren Fürst ein Kind ist!» Einmal mehr waren schwächliche Hände mit einer Macht ausgestattet worden, die sich nicht einmal mehr auf den kaiserlichen Schutz stützen konnte, da er sich immer weiter entfernte.

Dem zwischen den einzelnen Regierungsinstitutionen bestehenden Gleichgewicht setzten vielerlei Intrigen zu, bei denen nicht mehr philosophische oder gesellschaftliche Auffassungen aufeinanderprallten, sondern höchst ordinäre Eigeninteressen. Der Regent Yeshe Rating beschuldigte einen der vier Kalön, Gyalpo Shatra, der ungerechten Lastenverteilung – es ging um Getreide, das, wie wir gesehen haben, einen wichtigen Teil der fiskalischen Einnahmen des tibetischen Staates ausmachte – und ließ ihn verhaften. Um die Vorwürfe zu untermauern, wurde die Beschuldigung um den Vorwurf unmoralischen Verhaltens und verdächtiger Beziehungen zu Nepal verschärft, dessen Nachbarschaft noch immer Anlaß zu Befürchtungen war. Der Regent hatte die vielfältigen Beziehungen des von ihm ins Visier genommenen Gegners unterschätzt. An der Affäre der Subventionen für das Kloster war zweifellos etwas Wahres, denn dem Schatzmeister von Drepung gelang es, seine Mitbrüder zu mobilisieren und für Gyalpo Shatra die Freiheit zurückzugewinnen. Dieser proklamierte sich selbst sogleich zwar nicht zum Regenten (eine Funktion, die im Prinzip nur für die Zeit der Minderjährigkeit des Dalai Lama geschaffen worden war), aber zum Premierminister. Zum Kalön ernannte er seinen Komplizen, den Schatzmeister des Klosters, Palden Döndrup. Die Situation hatte sich gekehrt: Jetzt wurde der Regent seinerseits wegen Veruntreuung verfolgt und insbesondere angeklagt, er habe dienstbeflissen dem chinesischen Willen nachgegeben, indem er, wie bereits erwähnt, die Wahl des Dalai Lama nach dem aufgezwungenen Verfahren mit der goldenen Urne durchgeführt habe. Der tibetische Nationalismus wurde offensichtlich zu einem Argument, mit dem sich nach Macht streben ließ.

Dem Regenten gelang es zu fliehen, in der Begleitung von Tashi Khangsar, jenes Ministers, der die tibetischen Streitkräfte während der Kämpfe gegen die nepalesischen Gurkhas kommandiert hatte. Beide begaben sich nach Peking, wo sie von China Unterstützung forderten, um die Ordnung in Tibet wiederherzustellen. Der neue Kaiser, T'ung Cheh,

hatte im Alter von fünf Jahren den Thron bestiegen, spielte aber nie die geringste Rolle in Reichsangelegenheiten. Im allgemeinen wurde unter solchen Umständen die Regentschaft von einem Prinzen ausgeübt, doch in diesem Falle waren alle, die diese Aufgabe hätten übernehmen können, in eine Reihe von Intrigen verwickelt, so daß es der Kaiserhof in Peking vorzog, zwei Konkubinen des verstorbenen Monarchen mit diesem Amt zu betrauen. Die eine gewann schon bald Oberhand über die andere. Es war die berühmte Cixi (Ts'u-hsi), geboren 1835, aus einem Mandschu-Stamm von hohem Rang.[66]

Die hohen Mandschu-Mandarine, die mit dem Aufstand der Muslime im Westen und den territorialen und kommerziellen Forderungen der Engländer und Franzosen im Osten vollauf beschäftigt waren, begnügten sich damit, dem tibetischen Permierminister unter dem Decknamen der beiden Amban einen Brief mit der Aufforderung zu schicken, dem Regenten wenigstens die konfiszierten Güter zurückzuerstatten. Das chinesische Schreiben wurde der Versammlung der hohen Beamten und der Mönche von Drepung und Ganden vorgelegt. Um die Situation nicht noch mehr zu vergiften und vor allem um eine chinesische Einmischung zu verhindern, wurde die Rehabilitierung des Regenten beschlossen; dieser starb auf der Rückreise, aber seine Familie erhielt ihren Besitz zurück.

Gyalpo Shatra nahm die Staatsgeschäfte in seine Hand; er dämmte insbesondere die Wirren ein, die im osttibetischen Nyarong ausgebrochen waren, indem er einen Kommissar dorthin entsandte, um die Arbeit der *Depa*, der örtlichen Distriktsvorsteher, zu überprüfen. Als er am 25. September 1864 starb, wurde sein Kollege und Freund Palden Döndrup der starke Mann Tibets. Er sorgte dafür, daß einer seiner Getreuen, ein Mönch aus Drepung, Khenrab Wangchuk, zum Assistenten des erst zwölfjährigen Dalai Lama ernannt wurde. Er selbst ergänzte seine Funktion als Premierminister durch das Amt eines Kammerherrn, um die Vormundschaft über den jungen Trinle Gyatso fest zu verankern.

In den Gängen des Potala wurde ein neues Netz von Intrigen gewoben. Zwischen den Klöstern kam es wieder zu Streitigkeiten über die Verteilung des Getreides und der Subsidien. Da Palden Döndrup die Steuerlasten erhöht hatte, ließ sich die öffentliche Meinung leicht mobilisieren. Der Premierminister floh vor den Drohungen in das Kloster Ganden. Die Gebäulichkeiten wurden von Truppen eingeschlossen; man gab zwar nicht den Befehl, die heilige Stätte anzugreifen, aber man unterband die Lebensmittelversorgung. Palden und sein Bruder versuchten zu entkommen; bevor sie den Soldaten, die sie verfolgten, in die Hand fielen, begingen sie Selbstmord.

Khenrab Wangchuk nutzte seine Stellung beim Dalai Lama, um sich Regierungskompetenzen anzueignen. Als erstes leitete er eine Reform der Institutionen ein. Bis dahin war es Brauch gewesen, daß die aus den vier Kalön bestehende Regierung, der *Kashag*, einen aus einigen offiziellen Amtsträgern und Mönchen aus den Klöstern Drepung und Ganden zusammengesetzten Rat konsultierte. Dieser wurde jetzt durch eine Nationalversammlung, *Tsongdu*, ersetzt, der die Äbte und höheren Lamas der drei wichtigsten Klöster, Drepung, Ganden und Sera, und die Leiter aller Verwaltungsabteilungen der Regierung angehörten.

Die folgenden acht Jahre waren durch verhältnismäßig friedliche Zustände geprägt. Doch 1872 starb Khenrab Wangchuk. Der Dalai Lama war jetzt siebzehn Jahre alt. Die Nationalversammlung ersuchte ihn, die Macht direkt auszuüben. Trinle Gyatso hielt sich für fähig, die Verantwortung zu übernehmen. Am 12. März 1873 erfolgte die offzielle Machtübergabe im Potala im Beisein aller bestehenden Körperschaften und der unvermeidlichen Repräsentanten des chinesischen Kaisers.

Der zwölfte Dalai Lama übte seine Funktionen in Wirklichkeit nur ein wenig mehr als zwei Jahre lang aus. Dann entschloß er sich zu einer Wallfahrt nach den heiligen Stätten von Chökhorgyal, ziemlich weit von Lhasa entfernt. Wenige Tage nach dem Aufbruch starb er am 25. April 1875 nach offenbar kurzer Krankheit.

Schon wieder ein Tod unter verdächtigen Umständen. Um den Gerüchten ein Ende zu setzen, durch die nacheinander alle wichtigen Amtsinhaber beschuldigt wurden, ließ die Regierung zwei Günstlinge des Dalai Lama verhaften; sie hatten von ihrem Protektor Titel und Pfründen erhalten, die Neid und Eifersucht weckten. Man klagte sie an, sie seien teilweise für die Krankheit und den Tod ihres Wohltäters verantwortlich; sie wurden eingekerkert, gefoltert und schließlich verbannt.

Wer hat in der Folge den neuen Regenten, Chökyi Gyaltsen Kundeling, ausgewählt und ernannt? Es steht fest, daß die chinesischen Schutzherren nichts damit zu tun hatten. Die Amban waren immer stärker auf Distanz zu den Machthabern gegangen; von den seltenen Ausnahmen abgesehen, bei denen es um einen klar umschriebenen Zweck ging, zeigten sie keinerlei Eile, sich in das komplexe Netz von kirchlichen und weltlichen Intrigen in Tibet verwickeln zu lassen. Das chinesische Reich war schon ausreichend mit seinen inneren Wirren beschäftigt, weshalb aus Peking keine Anweisungen mehr kamen. Deshalb waren die Amban nicht mehr so stark in die örtlichen Angelegenheiten einbezogen; sie mußten sich aus diesem Grunde auch weniger vor brutalen Reaktionen der Mönchs- und Laienmassen fürchten; ebenso bestand kaum mehr Anlaß, den Schutz der chinesischen Garnison zu beanspruchen. Diese war nie mehr verstärkt worden und hatte eine eigenartige Entwicklung durchgemacht. Die in Tibet stationierten chinesischen Soldaten hatten es sich zur Gewohnheit gemacht, mit Tibeterinnen zusammenzuleben; mit ihnen zusammen hatten sie auch Kinder. Pater Huc erwähnt eine solche chinesisch-tibetische Familie, die er auf seiner Rückreise antraf:

> Dieser Chinese war ein ehemaliger Soldat der Garnison von Chamdo; als er seine gesetzlich vorgeschriebenen drei Dienstjahre hinter sich gebracht hatte, erhielt er das Recht, in Tibet zu bleiben und sich als Händler zu betätigen. Er hatte sich dort verheiratet und ein kleines Vermögen erworben. Jetzt kehrte er mit seiner ganzen Familie in seine Heimat zurück. Wir hatten größte Achtung vor dem Mut, der Energie und der Selbstlosigkeit dieses braven Chinesen, der sich so vorteilhaft von seinen egoistischen Landsleuten unterschied, die Frauen und Kinder völlig skrupellos sitzenließen. Er setzte sich nicht nur den Gefahren und Mühsalen einer langen Reise aus, sondern auch dem Spott derer, die nicht den Mut hatten, seinem guten Beispiel nachzueifern.

Eine solche liebevolle Treue beeindruckte auch den Prinzen Henri d'Orléans, den Enkel von Louis-Philippe, als er die Erzählungen von Reisenden las, bevor er selbst in den achtziger Jahren des 19. Jahrhunderts auf ihren Spuren eine Reise nach Tibet unternahm. Unterwegs lernte er ganz andere Dinge kennen. Viel öfter war es nämlich vorgekommen, daß die Chinesen alle Beziehungen zu ihren zeitweiligen Partnerinnen abgebrochen und ihre Nachkommenschaft im Stich gelassen hatten. Falls die Söhne zweisprachig waren und weiterhin in der Umgebung der

Kasernen oder der Kontrollposten längs den Straßen für die kaiserlichen Boten lebten, wurden sie von chinesischen Offizieren oft in die Armeebestände aufgenommen, ohne daß dadurch der Zusammenhalt und die Disziplin ihrer Truppen geschwächt worden wären. Das Militär mischte sich jedoch nicht mehr so häufig in die tibetischen Angelegenheiten ein, sondern begnügte sich damit, die Transporte zu schützen.

Bevor die Archive in den tibetischen Klöstern und in den Kellern des Potala ihre Geheimnisse preisgeben, lassen sich nur Mutmaßungen über die Hintergründe der frühen Tode von vier Dalai Lamas in den Jahren 1815 bis 1875 anstellen. W. W. Rockhill kommt zum Schluß:

Berücksichtigt man, daß die Dalai Lamas ein gegen außen abgeschirmtes und von natürlichen Normen weit entferntes Leben führten, und denkt man an die vielfachen Zwänge, denen sie ausgesetzt waren, an die ungeheuerlichen Anstrengungen, die ihrer sich erst entwickelnden Intelligenz zugemutet wurden, damit sie von frühester Jugend an auf die später zu spielende Rolle vorbereitet waren, so dürfte es klar sein, daß nur Kinder mit robuster Konstitution solche Prüfungen auszuhalten und ihre Volljährigkeit in voller Gesundheit zu erreichen vermochten. Es ist durchaus möglich, daß die Dalai Lamas, die im 19. Jahrhundert nicht lange genug gelebt haben, um wirklich erwachsen zu werden, physisch und vielleicht auch psychisch nicht genügend widerstandsfähig waren und eines natürlichen Todes gestorben sind.

Schließt man nicht aus, daß menschliche Hände es gewagt haben könnten, sich gegen die Reinkarnation des Buddha des Mitleidens zu vergehen und dadurch ein Verbrechen mit einer Gotteslästerung zu verbinden, so läßt sich für dieses Verhalten eine allgemeine Erklärung anbieten. Anderthalb Jahrhunderte chinesischer Kolonisierung hatten die festgefügten Fundamente des tibetischen Buddhismus ausgehöhlt, so löblich die Absichten gewisser Kaiser und insbesondere von Ch'ien Lung auch gewesen sein mochten. Einer äußeren Macht, die sich in die Institutionen und die Strukturen einer anderen Gesellschaftsordnung einmischt, muß der Vorwurf gemacht werden, daß sie den geistigen und politischen Eliten die Entscheidungsfreiheit wegnimmt; durch die aufeinanderprallenden gegensätzlichen Vorstellungen und geistigen Prozesse werden die Geister verwirrt, es entsteht ein Vakuum, in dem infolge einer Schwächung der sittlichen und religiösen Grundsätze alle Schändlichkeiten möglich werden. Könnte das nicht im 19. Jahrhundert bei den religiösen und den staatlichen Würdenträgern Tibets der Fall gewesen sein, bei diesen Regenten und Ministern, die nicht mehr so genau wußten, welchen Herren sie dienten? Als das geduldige Suchen nach der Reinkarnation von Chenresi, bei dem göttliche Inspiration und geheimnisvolle traumhafte Offenbarungen mit durch eine lange Überlieferung kodifizierten Prüfungen verbunden waren, durch eine bloße Auslosung ersetzt wurde, auch wenn diese in einer goldenen Urne stattfand, mußte sich dieses Verfahren auf die geistige Haltung auswirken und das Ansehen des vom Himmel Erwählten herabsetzen. Von da bis zur Auflehnung gegen ihn und zu einem direkten Angriff auf seine menschliche Persönlichkeit!

Falls man dieser Verbrechensthese beipflichtet, so wäre damit zu rechnen, daß sie auch in der späteren Geschichte Tibets eine Rolle spielen könnte. Doch auf dem auserwählten Boden des von Shakyamuni einige sechshundert Jahre vor Beginn unserer Zeitrechnung begründeten humanistischen Fundaments ist die Nachfolge der vier unglücklichen, minderjährigen oder fast minderjährigen Dalai Lamas gesichert. Möge im Spiegel des Sees wiederum ein Abbild aufleuchten, das Hoffnung weckt.

Vierter Teil

IN DER SCHWEBE

*Wenn die Gegenwart durch Gewalt
von der Vergangenheit abgetrennt wird,
so erwächst daraus nur Unglück.*

Die Wanderungswellen der Menschheit sind dem Lauf der Sonne von Osten nach Westen gefolgt. Nacheinander sind die Skythen, die Germanen, die Hunnen, die Mongolen und alle die slawischen Völkerschaften, die sich zwischen Ural und Adria niedergelassen hatten, durch Asien und Europa westwärts gedrängt worden. Als Seeleute noch weiter nach Westen vordrangen, nach dem Indien ihrer Träume, verließen sie sich auf die Westwinde, um zurückkehren zu können, falls ihr Suchen fruchtlos bleiben sollte. Eine erste Umkehrung der Wanderbewegung fand im 7. Jahrhundert statt, als Allahs Reiterscharen zur Eroberung der Welt aufbrachen; von ihrem 751 errungenen Sieg über die Chinesen bei Talas erschöpft, gelangten sie jedoch im Osten nicht über Turkestan hinaus. Vom 16. Jahrhundert an wurde der Drang nach geistlicher Eroberung, der mit den Kreuzzügen zu Ende gegangen war, von Forschungsreisenden mit wirtschaftlichen Zielen abgelöst. Zu Unrecht hat man angenommen, die langfristigen menschlichen Visionen seien dadurch eingeengt worden: Noch ist die Geschichte der Handelsleute, die sich der Gewalt der Monsune stellten und von den langen Wegen zum märchenhaften Orient nicht abhalten ließen, und ihrer Reisen nicht geschrieben. Sie waren die Vorläufer der Handelsagenturen, die später von westlichen Regierungen gegründet wurden, um sich dauerhafte Stützpunkte in den Ländern zu sichern, von denen sie eine wunderbare Entfaltung ihrer politischen und strategischen Interessen erwarteten.

Bis gegen das Ende des 19. Jahrhunderts war das tibetische Hochland auf den Karten der weltweiten Handelswege ein Hindernis, das die Karawanen im Norden oder im Süden umgingen. Doch die Geographen, die Handelsleute und die Militärs hatten keine Freude an weißen Stellen auf der Weltkarte. Der Kaufmannsfamilie der Stroganow in Sibirien und der Ostindischen Kompanie, ebenfalls einem Handelsunternehmen, sandten Sankt Petersburg und London Diplomaten und später Armeen und Flotten hinterher. Vom Schock blieb niemand verschont. Von Afghanistan bis in die Mandschurei prallten das russische und das britische

Reich aufeinander; man war gezwungen, die Einflußbereiche gegeneinander abzugrenzen; weder hohe Berge noch Wüsten, noch die Himalaja-Kette... nicht einmal religiöses Einzelgängertum boten Schutz davor.

Den tibetischen Machthabern war es gelungen, ein ausgewogenes Verhältnis zu China herzustellen; gewiß, es war ein labiles Gleichgewicht, geht man von den ungleichen Machtmitteln aus, doch die philosophische und religiöse Ausstrahlung bildete ein Gegengewicht zum materiellen Übergewicht. Peking und Lhasa fanden in einer ungewissen Koexistenz und einem zweideutigen Kompromiß zueinander; zumindest in einem Punkt stimmten die beidseitigen Interessen überein: im Mißtrauen gegenüber Ausländern und ihren missionarischen oder kommerziellen Unternehmungen. Die Dalai Lamas und ihre Regenten hatten sich hinter der Macht und dem Willen der Kaiser verschanzt, um ihre Probleme zu regeln; das gilt bis zu den ersten Verträgen, die England infolge eines Mißverständnisses über die Natur der Beziehungen zwischen Tibet und China unterzeichnete. Doch das Kaiserreich verfügte bereits nicht mehr über die Mittel, um Weltpolitik betreiben zu können. Die Mandschu-Dynastie wird wie der Fisch im Sprichwort vom Kopf her faul; wenn aber Feuer im Hause ausbricht, was wird dann aus den Ställen, wie die Franzosen sagten, als sie Kanada aufgaben? Und Tibet steht in der vordersten Frontlinie, wenn alle Voraussetzungen gleichzeitig gegeben sind: Handelskrieg, bewaffnete Konflikte und westliche Auffassungen, gegen die sich innerhalb des oft enggefaßten internationalen Rechts kaum etwas unternehmen läßt.

Innerhalb von sechzig Jahren hatte es vier Dalai Lamas gegeben. Nur zwei werden es von 1875 bis an das Ende des 20. Jahrhunderts sein. Möge das Licht des Buddha ihren Weg erhellen! Die Blicke aller Tibeter sind auf sie gerichtet, denn sie sind die Inkarnation der Nation und des Glaubens.

XIII

Thubten Gyatso
1876–1933

Seit der Herrschaft des «Großen Fünften» residierte das in den Rang
einer offiziellen Institution erhobene Staatsorakel in einem Tempel mit
einem vergoldeten Dach beim Kloster Drepung. Das Gesetz des Buddha
ist auf verschiedene Arten ausgelegt worden, aber keine der Interpretationen hat versucht, die beschützenden und übelwollenden Gottheiten,
die auf unser Schicksal einwirken, vom Weg zum Licht zu verbannen.
Im Gegenteil, in Nechung wurde alles getan, um diese dunklen Kräfte
mit den Menschen zu versöhnen; alle zum Ritual gehörenden Gegenstände bestanden aus reinstem und kostbarstem Material. Ein goldener
Thron auf einer angehobenen Unterlage zwischen mit rotem Lack über-
zogenen Pfeilern war prachtvoll geschnitzt und reich mit Türkis, Granat,
Amethyst, Onyx und Korallen verziert. Der hier als Medium wirkende
Lama wurde von sechs mannshohen, verschiedenartige Waffen schwin-
genden Statuen mit wilden und furchterregenden Gesichtern bewacht;
sobald er in Trance fiel, nahm einer dieser Schutzgeister von seinem
Leib Besitz, um durch seinen Mund zu sprechen.

Als er altem Brauch gemäß konsultiert wurde, um erste Hinweise zu
geben, damit die Suche nach der neuen Reinkarnation des Dalai Lama
in eine bestimmte Richtung gelenkt würde, gab er zur Antwort, mit
dieser Aufgabe dürfe nur ein Mönch von untadeligem Lebenswandel,
fleckenloser Reinheit und restloser Aufrichtigkeit betraut werden. Er
fügte hinzu, dieser Mönch müsse aus dem Kloster Ganden kommen und
den Weg in Richtung des Distrikts Dakpo einschlagen. So wurde es gemacht. Der mit der Mission beauftragte Abt begab sich zum See der Visionen und versenkte sich sieben Tage lang in eine tiefe Meditation.
Während der letzten Nacht wurde im Kristallspiegel des Sees plötzlich
eine Mutter sichtbar, die ihr Kind an ihre Brust hielt, der daneben ste-
hende Vater betrachtete die Szene mit liebevollem Blick. Ein rascher
Sonnenaufgang ließ die Vision verblassen; der Mönch war davon noch
tief beeindruckt, als er sich auf den Weg machte. Am kleinen Weiler
Nangdzang vorbei gelangte er in das Dorf Perchösde. Um sich von den

221

Mühen des Marsches auszuruhen, öffnete er die Türe eines Hauses und bat um Gastfreundschaft. Voller Betroffenheit entdeckte er genau das Bild, das ihm im See der Visionen gezeigt worden war. Die Eltern, die Nachbarn und die Mönche einer kleinen Gemeinschaft in der Nähe wurden befragt. Sie berichteten, vor und nach der Geburt des Kindes seien die Zeichen und Wunder beobachtet worden, mit denen üblicherweise die Rückkehr eines großen Lama in das Leben angekündigt werde.

Nach Abschluß der Untersuchung, als alle Elemente beisammen waren, suchten der Regent und die Äbte der großen Klöster das Kind und seine Eltern auf. Die Familie wurde unter feierlichem Zeremoniell in einen Palast geführt, der in der Umgebung von Lhasa für sie hergerichtet worden war.

An dieser Stelle muß man sich fragen, ob die goldene Urne des Kaisers Ch'ien Lung benutzt wurde oder nicht. W. W. Rockhill berichtet von dieser Zeremonie. Andere Autoren, insbesondere G. Schulemann, L. Petech und Surkhang Wangchen Geleg in einem Artikel im *Tibet Journal*, wollen wissen, der Regent, Chökyi Gyaltsen Kundeling, habe geschickt nicht nur die Auslosung, sondern auch die Mitwirkung der Amban vermieden.

Das Kind war am 27. Mai 1876 zur Welt gekommen. Am 12. Februar 1878 wurde es offiziell zur Reinkarnation des Dalai Lama erklärt. Sein Vater, Künga Rinchen, stieg vom einfachen Holzfäller in den Rang eines Herzogs auf. Am 31. Juli 1879, am Tag der feierlichen Inthronisation, blieb ein heller Regenbogen lange über dem Potala stehen, ein Zeichen, das die Tibeter mit Freude erfüllte. Der Panchen Lama, Chökyi Drakpa, gab dem dreizehnten Dalai Lama den Namen Lobsang Thubten Gyatso, «Ozean der Lehre», und wachte persönlich über seine Ausbildung. 1882 erteilte er dem jungen Dalai Lama den ersten Weihegrad, *Getsul*. Das war seine letzte Handlung im Leben seines jungen Schülers, denn er starb Ende Juli 1882 an den Pocken.

Der Dalai Lama war sechs Jahre alt, als dem Inder Sarat Chandra Das, der im Auftrag der britischen Kolonialregierung in Delhi eine geographische Expedition leitete, eine Audienz gewährt wurde. Der Besucher hat eine genaue Beschreibung dieser Begegnung hinterlassen. Er war beeindruckt von der Haltung dieses in sich gesammelten und seiner Rolle schon bewußten Kindes, von seinem leuchtenden und intelligenten Blick; die Stimme des jungen Novizen tönte noch leise und zögernd, als er eine Hymne anstimmte, die von den anwesenden Lamas in ernster und tiefer Tonlage aufgenommen wurde.

Der Regent Kundeling übte sein Amt mit so viel Autorität und Geradlinigkeit aus, daß Tibet einige Jahre des Wohlstands beschert waren. 1883 kam es jedoch in Lhasa zu einem Aufstand, der sich vor allem gegen die nepalesischen Händler richtete; deren Häuser und Eigentum wurden geplündert. Durch Verhandlungen mit der diplomatischen Mission in der Hauptstadt wurde eine Regelung ausgearbeitet; damit hatte man kaum Mühe, denn ein reicher mongolischer Pilger, der sich gerade in der Hauptstadt befand, hatte sich anerboten, die Entschädigungen für die Opfer der Zwischenfälle aus seiner Tasche zu bezahlen.

Der Regent Kundeling starb 1886. Sein Nachfolger wurde Demo Trinle Rabgye. Er wäre an sich ein guter Verwalter gewesen, aber er war mit einer anspruchsvollen Familie und insbesondere zwei Brüdern belastet, die sich Veruntreuungen zuschulden kommen ließen. Die Zeiten waren vorbei, da die Höflinge und das Volk einem solchen Verhalten stillschweigend zugesehen hatten. Die Justiz und das Gesetz konnten sich jetzt auf die Person eines Dalai Lama berufen, dessen Wahl von allen Zeichen himmlischen Segens und verheißenen Glücks für das Land begleitet gewesen war. Zusätzliche Befriedigung verschaffte dem Volk die Reinkarnation des verstorbenen Panchen Lama; 1888 war der Dalai Lama erst zwölf Jahre alt, als er den Vorsitz bei der Erwählung des neuen Großpriesters für Tashilhunpo, Chökyi Nyima, führte. Außergewöhnliche Zeichen hatten das Kind als den sechsten Panchen Lama ausgewiesen. Es war 1882 als Sohn einer einfachen Magd, die auf dem Berg Viehherden hütete, zur Welt gekommen. Kurz nach dem Tod des fünften Panchen Lama hatte sie das Kind geboren, über dessen Vater sie nichts aussagen wollte oder konnte. «Dieses Jahr brachte eine überreiche Ernte, prachtvolle Würfe von Färsen und Lämmern, schönere Blumen und Früchte als je zuvor.» Mit diesen Worten wurde die Reinkarnation des Buddha Amitabha vorgestellt.

Die Regentschaft dauerte noch einige Jahre, die freilich nicht die glücklichsten wurden. Im Umfeld des Machthabers entarteten Rivalitäten bisweilen zu Verurteilungen, zu Verbannungen, sogar zu Hinrichtungen, wobei die Güter jeweils zum Nutzen der augenblicklichen Sieger eingezogen wurden. Schließlich kam noch das Gerücht auf, der Regent und seine Brüder hätten die Absicht, den Dalai Lama aus dem Weg zu räumen, um nicht von der Spitze der Staatsmacht verdrängt zu werden. War die Erinnerung an die unaufgeklärten Todesursachen seiner letzten Vorgänger in den Wandelgängen des Potala und im Gedächtnis des Volkes noch wach? Vermochten die Berater des jungen religiösen Oberhauptes die durch die jüngsten internationalen Entwicklungen geschaffene neue Situation richtig zu analysieren? Übte der burjätische Mönch Agvan Dorjiev, dem wir noch mehrmals begegnen werden, schon jetzt einen Einfluß auf den Geist und die Entscheidungen des Dalai Lama aus? Jedenfalls steht fest, daß Thubten Gyatso, kaum hatte er Anfang 1894 die Volljährigkeit erreicht, seinen Wunsch nach dem zweiten Weihegrad, *Gelong,* äußerte und sich entschloß, selbst die Verantwortung für die Regierungsgeschäfte zu übernehmen. Alle Zeugen sind sich darin einig, daß der junge Mann Intelligenz und Geschick mit religiöser Reinheit und Energie verband, lauter Eigenschaften, die er als Oberhaupt zu nutzen verstand.

Tatsächlich war eine Persönlichkeit von solchem Format vonnöten, um die neuen Phänomene zu analysieren, die sich direkt oder rückwirkend auf die tibetische Gesellschaft auswirkten. Es sah so aus, als würden sich alle Probleme gleichzeitig auftürmen: in der Außenpolitik durch den Aufstieg von Mächten, die das ausgewogene chinesisch-tibetische Gleichgewicht empfindlich störten, und in der Innenpolitik mit dem wachsenden Anspruch des Volkes und der Mittelklasse auf eine Lebensweise, die nicht bloß auf eine Verewigung eines oft despotischen und auf jeden Fall ungeschickten Konservativismus ausgerichtet war.

Erstmals wagten es die Angehörigen des tibetischen Klerus, sich zu organisieren und sich mit einer Petition an das neue Staats- und Religionsoberhaupt zu wenden, in der gegen den herrschenden Nepotismus bei der Vergabe der Klosterämter protestiert und auf die ungenügenden Kenntnisse der Mitglieder des Rates und der Volksversammlung hingewiesen wurde.

Thubten Gyatso entschied, daß die schon vom siebenten Dalai Lama festgelegten, aber seit langem nicht mehr beachteten Regeln wieder angewandt würden:

- Das Erbrecht ist für die Ernennung der Kalön nicht bestimmend.
- In allen anderen Ämtern müssen sich die Kandidaten über ihre Ausbildung und genügende Kenntnisse ausweisen.

In einem zweiten, vom japanischen Mönch Tokan Tada[67] zitierten Erlaß, von dem aber sonst nirgendwo die Rede ist, kommt der Wille des dreizehnten Dalai Lama zum Ausdruck, daß das Land in seiner ganzen Eigenart erhalten bleibe, und zwar sowohl vom Territorium als auch vom tibetischen Volk mit seiner eigenen Kultur und nationalen Religion her gesehen.

Dies alles löste in Peking keinerlei Reaktion aus, obwohl der Hof von den beiden Amban fortwährend über die Entwicklungen in Lhasa informiert wurde. China wurde im August 1894 in einen Krieg mit Japan hineingezogen, der mit dem verhängnisvollen Vertrag von Shimonoseki beendet wurde; das Kaiserreich mußte Korea und Formosa aufgeben. Rußland und Großbritannien nutzten die Lage in Asien zu ihrem Vorteil aus. Tibet wurde zu einem vollberechtigten Partner; mit seinem Staatsoberhaupt mußte fortan bei allen Gesprächen gerechnet werden.

Den Ausländern ganz allgemein und den Europäern im besonderen begegnete man weiterhin mit Mißtrauen. Eine katholische Missionsstation, welche die Chinesen in Bathang zugelassen hatten, wurde 1887 zerstört. Im Vorjahr hatte ein erster diplomatischer Zwischenfall gezeigt, welchen Weg die tibetische Regierung einzuschlagen beabsichtigte, vor allem aber, daß sie entschlossen war, ihn auch zu gehen, obwohl noch eine Regentschaft mit ihren bekannten Schwächen bestand. In der 1876 zwischen Großbritannien und China unterzeichneten Konvention von Chefuo war festgelegt worden, daß die Pässe der Missionare, die Ihre britische Majestät über tibetische Straßen reisen zu lassen gedachte, von den in Lhasa residierenden chinesischen Ministern zu visieren seien. Unter Berufung auf diese Klausel beanspruchten die Engländer freies Geleit für C. Macauly. Die Bitte wurde über die vorgesehenen diplomatischen Kanäle weitergeleitet. Als sie in Lhasa ankam, informierten die Amban den Kashag mit einem Schreiben darüber, was sie als reine Routine betrachteten. Die Kalön beriefen jedoch sogleich die Versammlung ein, die dem Missionar den Weg durch Tibet kategorisch verweigerte.

Das Ausländerverbot wurde auch auf die Russen angewandt, nicht aber auf Angehörige anderer Völkerschaften wie der Burjäten oder Kalmüken, die sich schon seit langem zum Buddhismus bekannten.

Ich habe schon von den Schwierigkeiten der Kalmüken berichtet. Die Burjäten hatten im 17. Jahrhundert die Lehre der ersten buddhistischen Missionare angenommen. In Transbaikalien wurden Klöster errichtet, die zusätzliche Gläubige anzogen. 1853 haben schätzungsweise um die dreihundert Burjäten-Priester ihren Dienst versehen. In einem dieser Tempel war der junge Dorjiev erzogen worden, der 1849 als Sohn buddhistischer Burjäten das Licht der Welt erblickt hatte. Seine Intelligenz in profanen wie religiösen Angelegenheiten erregte Aufsehen, und deshalb wurde er in eine höhere Schule nach Urga in der Mongolei geschickt. Im Alter von fünfunddreißig Jahren unternahm er eine Pilgerreise nach Lhasa; und hier blieb er. Er vertiefte seine Kenntnisse durch Studien in den Klöstern Drepung und Sera. Gleichzeitig nahm er nützliche Kontakte zur kirchlichen und zur weltlichen Hierarchie auf. Es gelang ihm schließlich, eine offizielle Stellung zu erhalten, und zwar in dem Jahr, als der dreizehnte Dalai Lama die Macht übernahm. Er wurde ein einflußreicher Vertrauter des höchsten Priesters und insbesondere sein Ratgeber in außenpolitischen Fragen. – Ein eigentliches Amt für außenpolitische Angelegenheiten richtete der Dalai Lama erst 1910 ein, als er aus seinem Exil in Peking zurückkehrte.

Unsicher bleibt, ob Dorjiev gleichzeitig auch ein russischer Agent war. Die Briten äußerten den Verdacht, er sei zusammen mit der Forschergruppe von Nikolaj Prschewalskij in Tibet eingeschleust worden. 1898 kehrte er tatsächlich unter dem Vorwand, seinen Landsleuten einen seelsorgerlichen Besuch abstatten und Gelder für die Klöster in Lhasa sammeln zu wollen, nach Rußland zurück. Er verlängerte seine Reise und besuchte die europäischen Hauptstädte: Berlin, Rom, Wien, wobei er sich als Lehrer des Dalai Lama ausgab; in Paris, wo er am längsten verweilte, feierte er am 26. Juni 1899 im Musée Guimet als erster eine buddhistische Zeremonie in Frankreich. Mit Geschenken für das Oberhaupt Tibets überhäuft, kehrte er nach Sankt Petersburg zurück. Um diese Zeit schilderte er dem Dalai Lama die Vorteile eines Bündnisses mit Rußland in den hellsten Farben, denn die chinesische Schutzherrschaft begann allmählich zu zerbröckeln. Er soll auch eine Einladung nach Sankt Petersburg mitgebracht haben, die auf Druck der Mitglieder der Nationalversammlung abgelehnt wurde, weil man es nicht gerne gesehen hätte, daß der eben an die Macht gebrachte Dalai Lama eine solche Reise unternehmen würde. Als Dorjiev 1901 abermals Rußland besuchte, wurde er von der russischen Presse gleichzeitig als Sonderbotschafter des Dalai Lama und «als unser Vertreter in Lhasa» vorgestellt.

Wie dem auch sei, Rußland hatte nicht die politischen Zeitumstände des ausgehenden 19. Jahrhunderts abgewartet, um über sein Interesse an einer Ausweitung des Einflußbereichs nach Osten – eine Umkehrung der früheren Wanderbewegung – nachzudenken und sich schrittweise in Zentralasien festzusetzen. Schon in der zweiten Hälfte des 17. Jahrhunderts waren die Russen am Ufer des Amur angelangt, wo ein Zusammenstoß mit den Chinesen unvermeidlich wurde. Die Mandschu-Dynastie hatte sich zu dieser Zeit in Peking fest etabliert, und Kaiser Kangxi (K'ang Hsi) hielt Verhandlungen für klüger als das Risiko eines ungewissen Krieges. Wir sind über die Einzelheiten der Gespräche durch den Bericht der Jesuitenpatres Gerbillon und Pereira informiert, welche den Delegationen, die beide die Sprache der Gegenpartei nicht verstanden, als Dolmetscher dienten. Man muß es, nebenbei bemerkt, zweifellos als höchst ungewöhnlich bezeichnen, daß tief in Nordasien, das dem Westen nur durch seine Barbarenhorden bekannt war, unter Zelten am Ufer eines Flusses, den die Geographen kaum kannten und den die Moskowiter Amur nannten, das erste Gespräch zwischen den russischen Bevollmächtigten und den Patres auf lateinisch geführt wurde; in Latein verfaßten die Jesuiten auch die ersten Vertragsentwürfe, die zwischen den Delegationen ausgetauscht wurden. Eine weitere Eigentümlichkeit dieses Ereignisses: Der im September 1689 in russischer, chinesischer und mandschurischer Sprache abgefaßte und unterzeichnete Vertrag von Nerchinsk war das erste diplomatische Abkommen zwischen China und einer dem Westen zugerechneten Macht. Rußland sah in der durch diesen Text festgelegten Regierungsform eine Art chinesische «Kapitulation», eine Interpretation, die neue Konflikte heraufbeschwor.

Doch die englischen Vorstöße von Indien aus beunruhigten die Russen immer stärker. Nach dem ersten britisch-afghanischen Krieg (1838–1842) eroberten die Russen nacheinander Taschkent (1865), Samarkand (1868), Buchara (1869), Chiwa (1873), Kokand (1876), später, nach dem zweiten britisch-afghanischen Krieg (1878–1880), auch Turkmenistan (1881), Merw (1884) und Pamir (1895). Diese bemerkenswerte Kontinuität in der russischen Asienpolitik überlebte im übrigen auch die Revolution von 1917; die Kommunisten beharrten auf derselben Haltung wie früher die Zaren, als sie 1979 den Amudarja überquerten, um, wenn freilich auch nur zehn Jahre lang, dieses Afghanistan zu besetzen, das in der Zwischenzeit 1919 ein drittes Mal die britischen Ambitionen durchkreuzt hatte. Die in den Archiven sich anhäufenden Dossiers enthalten viele substantielle Berichte, die von den russischen und später sowjetischen Diplomaten mit größter Aufmerksamkeit studiert worden sind. Und der Erwähnung des Dalai Lama in diesen Rapporten der

Forschungsreisenden wird immer größte Beachtung geschenkt. Philip Efremon, der 1786 in Sankt Petersburg seine *Zehnjährige Reise* publiziert hatte, scheint allerdings Tibet mit den Königreichen Ladakh und Zanskar verwechselt zu haben, die er tatsächlich besucht hatte. Jan Potocki stellte Beobachtungen von großer soziologischer und ethnographischer Genauigkeit an; bei den Mongolen und Kalmüken, die er in den Jahren 1797 und 1798 besuchte, hatte ihn das Ansehen des Dalai Lama beeindruckt, das so groß war, daß, wie er schreibt,

> die Fürsten oder Khans, wenn sie den Thron bestiegen, ihm Botschaften und reiche Geschenke sandten. Die kalmükischen Khans unter russischer Schutzherrschaft ließen ihre Botschafter heimlich aufbrechen. Man glaubt, deren Berichte hätten den von den Türgüt-Kalmüken getroffenen Entscheid beeinflußt, Rußland zu verlassen und auf chinesisches Gebiet zu fliehen. Die Mongolen in Sibirien sammeln ebenfalls reiche Gaben für den Dalai Lama und schicken zu ihm, trotz strenger Verbote, Priester mit Kamelen, die mit Silber und kostbaren Gegenständen beladen sind.

Schon zur Zeit des siebenten Dalai Lama sind wir auf Spuren solcher Kontakte gestoßen. Aus seinen Feststellungen schließt Potocki übrigens auf ein «asiatisches System», auf das er sehr stolz ist: «Es ist für mich», sagt er, «was das politische Testament Richelieus, Mazarins und anderer berühmter Politiker war»; es bereitet die russische Expansion im 19. und 20. Jahrhundert nach Zentralasien vor. Einige Jahre später, 1820/1821, erwähnt auch der Forscher G. Timkowski die Verehrung der Mongolen für den Dalai Lama.

Wahrscheinlich sind deshalb auch die von Dorjiev überbrachten Informationen nicht unbeachtet geblieben; die russische Regierung dürfte die Stellung dieses ehrenwerten Informanten dafür zu nutzen versucht haben, um ihr Ansehen in Lhasa zu verbessern. Es wird berichtet, Dorjiev sei so weit gegangen, daß er nach der Rückkehr von seiner ersten Reise nach Moskau durchblicken ließ, der Zar, der 1894 den Thron bestieg, sei gewillt, sich zum Buddhismus zu bekehren; die Neigung Nikolaus II. zum Mystizismus, die am Ende zu seinem Untergang geführt hat, ist bekannt. Thubten Gyatso hatte bereits genügend politische Erfahrung, um eine solche Möglichkeit nicht ernsthaft ins Auge zu fassen. Umgekehrt ist es nicht ausgeschlossen, daß die Aussagen seines Beraters bei seinen globalen politischen Analysen eine Rolle spielten und daß er davon geträumt hat, Beziehungen zum zaristischen Rußland aufzunehmen.

Nun begann England sich zu beunruhigen. Lord Curzon, seit 1899 Vizekönig in Indien, war über alles im Bild, was in Lhasa vor sich ging. Indische Händler und Pilger hinterbrachten ihm bereitwillig alle Neuigkeiten.

Der dreizehnte Dalai Lama hatte um diese Zeit mit den von ihm eingeführten Reformen noch nicht alle Herzen für sich gewonnen. 1899 hielten sich hartnäckig vom Kloster Drepung ausgehende Gerüchte von einem Komplott gegen das geistliche Oberhaupt. Der Verdacht richtete sich abermals gegen den Regenten. Einer seiner Bediensteten, den er vermutlich nicht gerade mit Handschuhen angepackt hatte, enthüllte, sein Meister schrecke bei seinen Versuchen, wieder an die Macht zu kommen, auch vor magischen Praktiken nicht zurück. Daraufhin wurden der Regent und seine beiden Brüder, ebenso auch ein der Komplizenschaft angeklagter Lama, ins Gefängnis geworfen. Der chinesische Amban verlangte, daß er in die Untersuchung einbezogen werde, möglicherweise weil er den während des Prozesses zitierten Lama für einen Landsmann hielt. Diese Intervention ließ sich auch als Hinweis auf eine Komplizenschaft bei dieser Verschwörung zwischen China und dem Regenten oder als ein Versuch deuten, Peking als Schutzmacht einzuschalten. Jedenfalls hat die Regierung des Dalai Lama die Bitte abgelehnt und damit einmal mehr ihren Willen nach Unabhängigkeit bekundet.

Es muß freilich auch gesagt sein, daß die Vertreter Chinas in Lhasa keine besonders tüchtigen Leute waren; eigentlich hätten sie nur alle drei Jahre, und zwar gleichzeitig mit dem Austausch der tibetischen und chinesischen Delegationen, abgelöst werden müssen, aber infolge von falschem Verhalten oder Ungeschicklichkeit kam es zu häufigeren Wechseln. Einer dieser Amban, der in das mißglückte Komplott des Regenten verwickelt gewesen war, wurde nach Peking zurückgerufen, zog es aber vor, Selbstmord zu begehen. Sein Nachfolger starb unterwegs. In Osttibet benutzten die Bevölkerung und die Mönche diese chinesische Schwäche für Übergriffe gegen die chinesischen Garnisonen und Geschäftsträger, vor allem in Bathang und Lithang; eine Anordnung des Gouverneurs von Szetschuan, es seien Maßnahmen zu ergreifen, um den Waffenhandel zu unterbinden, blieb toter Buchstabe. Erst mit dem Amban Yu-Taï kam Peking wieder zu einer ehrenhaften Stellung in der politischen

Landschaft Tibets; der neue chinesische Vertreter traf jedoch erst am 12. Februar 1904 in Lhasa ein. Und um diese Zeit hatten sich die Ereignisse bereits derart zugespitzt, daß der Dalai Lama gezwungen war, selbst die Initiative zu ergreifen.

Der Vizekönig von Indien mußte vor einer Intervention in Tibet bei seiner Regierung zuerst eine Ermächtigung einholen und eine diplomatische und militärische Strategie vorlegen. Als Basis für einen Einmarsch wurde Sikkim gewählt, weil damit gleichzeitig ein Vorwand und ein günstiger Ausgangspunkt zur Verfügung standen. Seit dieses Land ein Protektorat geworden war, hatte es immer wieder Reibereien mit Tibet gegeben. Als 1875 britische Besucher in der Nähe der Grenze gesehen worden waren, hatte die tibetische Regierung vom Radscha in Sikkim, das noch immer als unabhängiger Staat betrachtet wurde, Erklärungen verlangt. Anschließend hatte sie einen Grenzposten bei Lungthur mit zwanzig Soldaten und einem Offizier verstärkt. Obwohl sich diese Garnison auf tibetischem Gebiet befand, forderten die Briten den Dalai Lama ultimativ auf, seine Soldaten vor dem 15. März 1888 wieder zurückzuziehen; gleichzeitig reichte die britische Regierung beim chinesischen Kaiser eine Klage ein. Lhasa beorderte zwei Generäle, *Dapön*, und den Kalön Lhalu an Ort und Stelle, aber die Zerstörung des Forts durch die Engländer ließ sich nicht verhindern; als die Abgesandten nach ihrer wenig glorreichen Expedition nach Lhasa zurückkehrten, wurden sie von der Volksmenge mit Schimpf und Schande überschüttet, ein Beweis dafür, daß die öffentliche Meinung mit kritischem Blick über die Integrität des Landes wachte.

Während aller dieser Jahre und ungeachtet der widrigen Ereignisse hatte Thubten Gyatso seine religiösen Studien fortgesetzt. 1900 unternahm er die Wallfahrt zum Kloster Chökhorgyal, eine Pflicht für jeden Dalai Lama. Anschließend begab er sich auch noch nach Samye, wo er mit dem gefürchteten Pockenvirus infiziert wurde; glücklicherweise war er schon nach zwei Wochen wieder gesund, worauf er nach Lhasa zurückkehren konnte.

Die alarmierenden Berichte von Lord Curzon nach London wurden noch verschärft durch Depeschen der britischen Botschaft in Sankt Petersburg, in denen der einzigartige Empfang geschildert wurde, den die Russen dem Burjätenmönch Dorjiev bereitet hatten. Die russische Regierung wurde offiziell angefragt, welche Absichten sie in Tibet habe; in der Antwort wurde das russische Interesse heruntergespielt. Nicht gerade freundliche diplomatische Noten wurden ausgetauscht; dem russischen Außenminister, Graf Lamsdorf, wurde mitgeteilt, die britische Regierung werde eine Veränderung des Status von Tibet nicht tatenlos hinnehmen.

Die britische Diplomatie hatte freilich zu oberflächliche Vorstellungen von der wirklichen Lage der Dinge: Ihrer Meinung nach war Tibet ein chinesisches Protektorat; dieselbe Ansicht vertrat sie später auch bei ihren Verhandlungen mit der Republik Tschiang Kaischeks während und nach dem Zweiten Weltkrieg. London hatte mit Peking eine ganze Reihe von Verträgen über Handels- und Verkehrsfragen in Birma, Sikkim und Tibet abgeschlossen. Ein am 17. März 1890 unterzeichneter Text legte die Grenze zwischen Tibet und Sikkim fest; allfällige Gespräche waren direkt zwischen den britischen Behörden in Indien und der Regierung «in» (und nicht etwa «von») Tibet zu führen, ein Verfahren, das Lord Curzon dann tatsächlich auch anwandte. Eine Übereinkunft über den Handel, den Verkehr und die Weiderechte in Sikkim und Tibet, die am 5. Dezember 1893 in Darjeeling unterzeichnet wurde, drückte sich noch klarer aus, indem eine ständige Handelsagentur in Yatung, am Ausgang des Chumbi-Tals, erwähnt wurde, wo ein schmaler Landstreifen in Richtung Süden, zwischen den Grenzen Sikkims und Bhutans, zum tibetischen Territorium gehörte. Alle diese Vereinbarungen hatten die Mißverständnisse nur noch vermehrt; ihre Anwendung stieß fortwährend auf den Widerstand der hier ansässigen Tibeter und führte zu zahlreichen Zwischenfällen.

Im Einverständnis mit London wandten sich die britischen Behörden in Indien direkt an den Dalai Lama. Ein erster Brief gelangte durch Vermittlung des Kommandanten der militärischen Garnison in Gyantse nach Lhasa. Der Dalai Lama verschanzte sich in seiner Antwort hinter den Vereinbarungen mit China, die es ihm verwehren würden, direkt mit einer fremden Regierung zu verhandeln oder ohne vorhergehende Absprache einen Vertreter zu entsenden. Er schlug aber auch nicht vor, eine solche Absprache abzuwarten. Einem letzten Versuch wurde ein etwas offiziellerer Anstrich gegeben: Der Radscha von Bhutan entsandte im Sommer 1901 eine außerordentliche Delegation mit einem bevollmächtigten Minister, Ugyen Kazi, an der Spitze, die bedeutende Geschenke für den Dalai Lama mit sich führte, insbesondere zwei Elefanten und einen Schneeleoparden. Als dieser Minister in Audienz empfangen wurde, überreichte er dem religiösen Oberhaupt einen Brief von Lord Curzon, der an den «Erlauchten Dalai Lama Nagwang Lobsang Thubten Gyatso, Oberster Würdenträger der Großen Buddhistischen Kirche» adressiert war. Der Dalai Lama gab das Schreiben ungeöffnet seinem Besucher zurück und erklärte ihm, er könne es nicht zur Kenntnis nehmen, ohne sich zuvor mit den Amban und den Ministern abzusprechen; noch immer machte er aber keinerlei Vorschläge, wie man aus dieser Sackgasse herauskommen könnte.

Noch immer von der Vorstellung besessen, die Russen könnten im diplomatischen Spiel um Tibet einen Vorteil erringen, schenkten die Briten Gerüchten Glauben, die von Waffenlieferungen der Russen an die Regierung in Lhasa wissen wollten. Der japanische Mönch Ekaï Kawaguchi, der 1901 nach Tibet reiste, um nach buddhistischen Büchern zu suchen, und sich für zwei Jahre im Kloster Sera niederließ, soll durch seine Aussagen dazu beigetragen haben, die britischen Befürchtungen in dieser Sache noch zu bestärken.

1903 erhielt schließlich Lord Curzon, nachdem zahlreiche Depeschen hin und her geschickt worden waren, von seiner Regierung die Vollmacht, eine «Handelsmission» nach Khampa Dzong zu entsenden; im Falle von Schwierigkeiten hatte sie die Möglichkeit, bis nach Gyantse vorzustoßen und dort eine Handelsagentur zu errichten. Die Instruktionen waren so ungenau verfaßt, daß dem Vizekönig, der bereits davon überzeugt war, daß die bis dahin mit den Chinesen und Tibetern geführten, aber gescheiterten Verhandlungen keine Machtdemonstration wert waren, genügend Spielraum verblieb. Mit der Mission wurde Francis Younghusband (1863-1942) betraut, der dank langer Erfahrung in Asien zweifellos dafür qualifiziert war. Er war in Indien zur Welt gekommen und in Sandhurst erzogen worden. Seither hatte er alle Hochebenen Persiens und der Mandschurei durchreist. Die Geographische Gesellschaft in London hatte ihm die Goldene Medaille verliehen. Für die Expedition nach Tibet wurde er zum Obersten befördert. Eine Militäreskorte unter dem Kommando von Brigadegeneral J. Macdonald begleitete ihn; sie bestand beim Aufbruch aus zweihundert Mann, wuchs aber unterwegs durch weitere Kontingente auf dreitausend Soldaten und einige tausend Hilfskräfte an. Auch Presseberichterstatter waren mit von der Partie; Candler vom *Daily Mail* wurde bei den Kämpfen schwer verletzt, Perceval Landon von der *Times* verfaßte einen detaillierten Bericht über seine Beobachtungen.

Younghusband traf im Juli 1903 in Khampa Dzong ein. Von dort aus versuchte er Kontakte zur tibetischen Regierung aufzunehmen. Lhasa hatte einen *Däpon* an Ort und Stelle entsandt, also einen höheren Offizier, der sich ausschließlich um die Verteidigung des Landes zu kümmern hatte; er befehligte eine Armee von etwa tausendfünfhundert Mann, deren einziger Auftrag darin bestand, die Briten zum Rückzug aufzufordern. Daraus läßt sich ermessen, wie tief das Ansehen Chinas gesunken war: Die tibetische Regierung verweigerte dem Amban die Transportmittel, die er verlangt hatte, um seinen Pflichten nachzukommen, nämlich mit den ausländischen Vertretern zu verhandeln. Der britisch-tibetische Scheindialog zog sich über den ganzen Winter hin. Eine leise Hoffnung wurde wach, als vom Panchen Lama in Shigatse ein Mönch entsandt wurde; doch auch er konnte bloß die tibetische Forderung wiederholen: Die Engländer sollten sich nach Yatung zurückziehen. Younghusband hatte aber von London die Erlaubnis erhalten, bis nach Gyantse vorzurücken, und im März 1904 machte er sich auf den Weg. Beim Dorf Dune stieß das Detachement bei verhangenem Himmel, von dem mit Wasser vermischter Schnee fiel, auf eine von den Tibetern in aller Eile errichtete Befestigung.

Nach einem Ultimatum und weiterhin fruchtlosen Gesprächen rückte die hauptsächlich aus indischen Soldaten und nepalesischen Gurkha-Söldnern bestehende britische Truppe wohlgeordnet vor. Beim Zusammenstoß mit den Tibetern entstand eine gewisse Ratlosigkeit; einige der tibetischen Soldaten begannen, weil anscheinend keine genauen Befehle erteilt worden waren, ihre Waffen niederzulegen. Dann kam es zu einem Zwischenfall: «Eine Waffe, um die sich ein Tibeter und ein Sikh stritten, entlud sich von selbst. Sogleich entstand ein gewaltiges Geschrei, für die Tibeter das Zeichen zum Kampf.» Und P. Landon, der die ganze Szene miterlebt hatte, fügt hinzu: «Es war nicht so sehr ein Kampf, sondern eine Schlächterei.» Während die Briten nur minime Verluste erlitten, blieben mehr als dreihundert tibetische Soldaten tot auf dem Kampffeld liegen, viele andere waren verwundet worden. Das britische Detachement setzte seinen Weg fort; Gyantse wurde nach einem Scharmützel, das noch einmal hundertachtzig tibetische Opfer gefordert hatte, am 12. April erreicht.

In Lhasa herrschten Bestürzung und Wut. Der junge Dalai Lama sah sich mit einer noch nie dagewesenen Situation konfrontiert. Er wußte, daß er vom Amban Yu-Taï, der erst gerade am 12. Februar angekommen war, nichts erwarten durfte. Nach Konsultierung der Volksversammlung warf er während einer stürmischen Sitzung den Kalön ihre Passivität und ihre schlechten Ratschläge vor; sie wurden ihrer Ämter enthoben; drei von ihnen kamen ins Gefängnis, der vierte beging Selbstmord.

Thubten Gyatso wandte sich an Nepal, das noch immer mit einer diplomatischen Mission in Lhasa vertreten war. Der starke Mann in Katmandu, Chandra Shamsher Jang Bahadur Rana, der 1902 die Nachfolge seiner Brüder angetreten und die Titel Maharadscha und Premierminister angenommen hatte, gab in seiner Antwort den Rat zu Verhandlungen mit den Engländern. Eine Analyse aller vorliegenden Fakten bewog den Dalai Lama, Emissäre nach Gyantse zu entsenden. Younghusband und Macdonald wurden vom Mönch-Kanzler des Potala, von einem chinesischen General, der im Prinzip die Garnison in Gyantse kommandierte, und sogar von einem Vertreter des Radscha von Bhutan aufgesucht, der noch immer einen Auftrag in Tibet ausführte. Doch die britischen Militärs waren schon zu weit gegangen, um noch umkehren zu können, und die Befürworter von Verhandlungen hatten aus ihren Mißerfolgen den Schluß gezogen, eine Delegierung der notwendigen Kompetenzen an eine Kommission sei beim gegenwärtigen Stand der Verwaltungsorganisation in Tibet undenkbar, außerhalb der Hauptstadt seien somit keinerlei Abmachungen möglich. London stimmte diesen Überlegungen zu. Die Truppen rückten weiter vor und stießen nur noch sporadisch auf Widerstand. Als sie am 3. August 1904 Lhasa erreichten, hatte der Dalai Lama seinen Amtssitz verlassen und den Abt von Ganden, Tripa Lobsang Gyaltsen, zum Regenten ernannt.

Die britische Mission wurde, nachdem sie mit der Besetzung des Norbulinka-Palastes gedroht hatte, in einem Haus in der Nähe des Potala untergebracht. Younghusband bemühte sich, einen geeigneten Gesprächspartner zu finden; vorerst kam er aber nur mit dem Amban Yu-Taï zusammen, der ihn mit sehr vagen Anspielungen auf die Nationalversammlung verwies: «In Tibet ist es Brauch», erklärte er, «daß in Angelegenheiten, die mit China zu tun haben, eine Versammlung von Laien und Mönchen der drei großen Klöster einberufen wird, die darüber entscheidet und eine Antwort vorbereitet.» Auf die Frage des Verantwortlichen der britischen Mission, wer diese Versammlung leite, aus wie vielen Mitgliedern sie bestehe und wie die Entscheidungen, ob durch Abstimmung oder auf andere Weise, gefällt würden, antwortete der Amban, er kenne den Vorsitzenden nicht, es seien ungefähr fünfhundert Abgeordnete, und eine Entscheidung werde erst gefällt, wenn eine allgemeine Übereinstimmung erreicht worden sei; er fügte hinzu, die chinesische Regierung habe diese Volksversammlung nie anerkannt.

Die Anführer der britischen Expedition hatten es eilig, zu einem konkreten Ergebnis zu gelangen, bevor sie von London zurückbeordert wurden, und suchten deshalb rasch nach weiteren Gesprächspartnern. Mit der Ratlosigkeit des früheren Gegners und der verwickelten Situation wurde man dank der Feinfühligkeit und der Erfahrung in asiatischen und buddhistischen Belangen von Francis Younghusband und seines Dolmetscher-Assistenten Frederik O'Connor rasch fertig; beide zeigten sich den Tibetern gegenüber verständnisvoll, was Eindruck machte. Die Verhandlungen konnten deshalb in einer Atmosphäre der Offenheit abgewickelt werden. Mehr oder weniger offiziell beteiligt waren nicht nur die Äbte der drei großen Klöster, sondern auch der Vertreter Nepals in Lhasa, der Abgesandte Bhutans, der in allen Phasen aktiv mitwirkte, und schließlich der neue chinesische Amban. Am 7. September 1904 wurde ein Vertragstext unterzeichnet. Die Engländer, die den Machtverhältnissen in Tibet nicht ganz trauten, beharrten darauf, daß die Siegel des Regenten, des Ministerrates, der Nationalversammlung und der drei Klöster Drepung, Sera und Ganden darunter gesetzt würden. Der Amban, der keinerlei Instruktionen aus Peking erhalten hatte – vielleicht war ihm auch der Befehl erteilt worden, sich zu keinen festen Abmachungen bewegen zu lassen –, verzichtete vorsichtigerweise darauf, obwohl er an den Gesprächen teilgenommen hatte.

Das Abkommen trägt alle Zeichen von Einseitigkeit. Zunächst einmal ist der englische Text verbindlich. Weiter beruft es sich auf die chinesisch-tibetischen Verträge, die Tibet nicht anerkannt hatte, obwohl es von ihnen betroffen gewesen war. Das englische Ziel beschränkt sich offiziell ausschließlich auf die Sicherheit des grenzüberschreitenden Handels. Dennoch hat das Papier sehr viel Ähnlichkeit mit einem Kapitulations- oder Protektoratsvertrag; es sieht einen Schadenersatz von siebeneinhalb Millionen Rupien, also fünfhundertzweiundsechzigtausend Pfund, vor, der von Tibet in fünfundsiebzig jährlichen Raten vom 1. Januar 1906 an

zu entrichten sei; als Garantie für die Einhaltung besetzt die britische
Regierung das Chumbi-Tal. Tibet verpflichtet sich, alle Festungsanlagen
zu schleifen, alle Waffen von der Grenze nach Gyantse und Lhasa
zurückzuschaffen und die Zolltarife nicht ohne vorherige gegenseitige
Konsultation zu verändern. Fremden Mächten dürfen keine Konzessionen erteilt, keine diplomatischen Vertretungen zugestanden und keine
Pachtverträge mit entsprechenden Einnahmen bewilligt werden.

In Großbritannien hat man sich später gefragt, welche Interessen hinter
dem Feldzug nach Tibet gestanden haben könnten. In Delhi oder London hatte niemand ernstlich angenommen, Rußland verfolge territoriale
Ziele im Hochland, auch wenn eine Erklärung des Fürsten Ouchtomski,
Präsident der russisch-chinesischen Bank und eifriger Sammler buddhistischer Kunstwerke («Es gibt für uns keine Grenzen in Asien und kann
auch keine geben»), einen imperialistischen Beigeschmack hatte. Im
übrigen waren die Russen in einen verhängnisvollen Krieg mit Japan
verwickelt. Sankt Petersburg und Peking begnügten sich, einem diplomatischen Grundsatz der Anerkennung vollendeter Tatsachen folgend,
mit Protestnoten an die britische Adresse. Es wäre möglich, daß die mit
der Durchführung der zuvor gegen China angewandten Kanonenboot-
Diplomatie betrauten Kommandanten ihre Befugnisse überschritten
hatten. Das Abkommen von Lhasa wurde in London nicht mit Begeisterung aufgenommen. Die britische Regierung war beunruhigt, weil das
chinesische Siegel fehlte; sie verhandelte weiter mit Peking, bis 1906 ein
Ratifikationsvertrag erzielt wurde, ohne Tibet zur Teilnahme an den
Gesprächen einzuladen oder seiner Regierung auch nur den Wortlaut
mitzuteilen. Sie hielt sich weiterhin an ihre zu einfache Interpretation
der Geschichte und betrachtete auch in der Folge Tibet als dem chinesischen Einflußbereich zugehörig; in diesen gedachte sie sich nicht einzumischen, falls auch sonst niemand das Spiel stören würde.
Die öffentliche Meinung in Großbritannien fühlte sich betroffen von
der Zahl der tibetischen Opfer; das Militär hatte diese Hekatombe nur
mit der veralteten und unzureichenden tibetischen Ausrüstung begründet. Später haben die chinesischen Kommunisten die «britischen Greuel-
taten» in Tibet angeprangert, um über die eigenen Schandtaten hinweg-
zutäuschen. Für viele Briten war der Feldzug unnötig und vergeblich
gewesen. Das Parlament verlangte Erklärungen zu den in London herumgebotenen Gerüchten über die Plünderung von Klöstern. Die Sol-

daten und Offiziere des Expeditionskorps waren freilich trotz allem nicht so weit gegangen.

Die schlimmste Auswirkung war weniger augenfällig, traf aber die tibetischen Gefühle viel tiefer: Die Institution der Dalai Lamas, die, was die geistliche Macht anbetraf, dreihundertsechsundzwanzig und, was die weltliche Macht angeht, zweihundertzweiundsechzig Jahre zurückreichte, war erstmals suspendiert worden. Allerdings nicht zum letztenmal, aber man muß sich vorstellen, in welcher geistigen Verfassung sich der achtundzwanzig Jahre alter Priester-Herrscher auf seinem Weg ins Exil befand. Diese schmerzliche Erfahrung verfolgte ihn bis in seine allerletzten Gedanken hinein, und in seinem Testament widerspiegelte sie sich im Pessimismus, der in seiner Schau der künftigen Welt zum Ausdruck kam.

Für ihn ging es bei dieser Flucht zuallererst darum, den Eindringlingen, denen das Land und vor allem auch dessen Religion fremd waren, sich nicht als Faustpfand auszuliefern. Mit den mongolischen und chinesischen Interventionen, die seine Vorgänger miterlebt hatten, ließ sich dieses Ereignis überhaupt nicht vergleichen. Die Khans und Kaiser hatten derselben philosophischen und religiösen Sphäre angehört. Der brutale britische Überfall hatte Thubten Gyatso bei einer Meditation überrascht, die er begonnen hatte, um nach dem Vorbild derer, die ihm auf dem Thron im Potala vorausgegangen waren, zu einem höheren Grad der Erkenntnis und der Heiligkeit zu gelangen. Hatte er überhaupt eine andere Wahl, als ein Asyl bei einer Gemeinschaft zu suchen, wo er in Frieden weiterhin nach Wissen und Inspiration streben konnte? Auf der Nordroute wanderte er von Kloster zu Kloster, an den blauen Wassern des Kukunorsees vorbei, in Richtung Mongolei. Dort wurde dem Dalai Lama beim Klerus wie auch beim Volk noch immer der erste Platz in der religiösen Hierarchie zuerkannt. Das Oberhaupt der religiösen Institutionen in der Mongolei, der Hutuketu, versäumte es unter keinen Umständen, dem Dalai Lama wie gleichzeitig auch dem chinesischen Kaiser, der sich in der Mongolei ebenfalls durch einen Amban vertreten ließ, jedes Jahr Geschenke zu schicken.

Als der Dalai Lama am 27. November 1904 nach viermonatiger Reise in Urga ankam, wurde er mit allen einem Herrscher zustehenden Ehren empfangen:

Mehr als zwanzigtausend Einwohner zogen dem Dalai Lama aus der Stadt entgegen, um ihn zu begrüßen und sich vor der höchsten Inkarnation der buddhistischen Welt niederzuwerfen. Als die Ankunft des Gott-Königs von Tibet mit Kanonenschüssen angekündigt wurde, machte sich eine Heerschar von Pilgern aus Russisch-Sibirien, China und Turkestan auf den Weg. Pokotiloff, der Botschafter Rußlands am Kaiserhof, eilte nach Urga, kaum hatte er erfahren, daß Seine Heiligkeit dort angekommen sei. Er überreichte ihm im Namen des Zaren Geschenke und versicherte ihm, er könne auf die Hilfe und die Freundschaft Rußlands zählen.[68]

Die überraschende Flucht des Dalai Lama brachte die Chinesen wie auch die Briten in Verlegenheit. Am 21. August schickte der Amban eine Depesche nach Peking, in der er verlangte, daß das religiöse Oberhaupt durch ein kaiserliches Dekret abgesetzt und durch den Panchen Lama ersetzt werde. Der britische Kommissar seinerseits erinnerte in seinem Bericht vom 5. September daran, dieses Vorgehen sei schon ein erstes Mal beim sechsten Dalai Lama angewandt worden, was freilich eine Fehlinterpretation der tatsächlichen Ereignisse war, denn Jamyang Gyatso hatte auf seinem Weg ins Exil den Tod gefunden. Weder von China noch von den Tibetern waren irgendwelche Maßnahmen zur Absetzung des Dalai beschlossen worden. Dennoch ließ der Amban den folgenden Text öffentlich aushängen:

1. Erinnert er daran, daß China als Lehensmacht das Recht zustehe, Ordnung und Frieden im Lande aufrechtzuerhalten;
2. Wirft er dem Dalai Lama vor, er sei für den Krieg verantwortlich gewesen;
3. Entscheidet er, daß der Panchen Lama die Nachfolge des Dalai Lama antritt.

Das religiöse Oberhaupt von Tashilhunpo ließ diese Entscheidung unbeachtet. Das Volk brachte seine Meinung dadurch zum Ausdruck, daß es die von den Chinesen an den Wänden angeschlagenen Plakate zerriß und verschmierte.

Trotz des herzlichen Empfangs durch seine Gastgeber und Gläubigen vermochte der Dalai Lama in Urga nur mit Mühe den depressiven Gemütszustand zu überwinden, in dem er sich seit seinem Aufbruch ins Exil befand. Er informierte sich fortwährend über die weiteren Entwicklungen auf dem diplomatischen Parkett und über die innere Lage in Tibet. Beides wurde Anlaß zu zusätzlicher Beunruhigung; er fühlte, daß er nur mehr ein Spielball in einem internationalen politischen Spiel war, was sich mit seinem geistlichen Status kaum mehr zureichend vereinbaren ließ.

Die britische Expedition hatte der Welt gezeigt, daß es ein tibetisches Problem gab, und die Regierungskanzleien wurden dadurch zum Handeln gezwungen. Zunächst einmal hatte China sehr gründlich sein Gesicht verloren; seine Regierung reagierte als erste sowohl auf internationaler Ebene wie auch in der tibetischen Innenpolitik. Sie konzentrierte sich zunächst auf die russischen Ambitionen in Asien und insbesondere in Tibet; man hatte den Verdacht, das Zarenregime wolle den chinesischen Einfluß durch den eigenen ablösen. Großbritannien hatte die politische Handlungsfähigkeit des chinesischen Kaiserhofes unterschätzt; zu dessen Sturz kam es erst erheblich später, als man vermutet hatte. Die tibetischen Völker und die großen Klöster in der Region Kham hatten dieselben Überlegungen angestellt; die ausbleibende chinesische Reaktion auf den britischen Einmarsch hatte ihnen Mut gemacht; 1905 brach ein Aufstand aus, der sich äußerst heftig gegen die chinesische Präsenz wandte, also gegen Funktionäre, Militärs und Händler. Peking entsandte den Mandschu-General Chao Erfeng an Ort und Stelle. Dieser Mann war nicht nur ein brutaler Soldat, sondern auch ein entschiedener Religionsgegner. Die Methoden, die er bei der Niederschlagung der Revolte anwandte, waren für die Bevölkerung und vor allem für die Mönche und die Klöster verheerend; er ließ die Tempel niederreißen, die Bücher und heiligen Bilder verbrennen; bei den Lamas war die Enthauptung noch die am wenigsten unmenschliche Ausmerzungsmaßnahme.

Große Lama-Klöster wurden monatelang belagert und von den Hunderten oder Tausenden von Mönchen mit letztem Einsatz verteidigt; erst Nahrungs- und Wassermangel setzte ihrem Kampf ein Ende. Die abgeschlagenen Köpfe der Mönche wurden glattrasiert, man hängte sie an den Ohren an Bäumen auf.[69]

In diesem Verhalten kam ein Wandel in der traditionellen Politik des kaiserlichen China zum Ausdruck; die tibetischen Institutionen waren früher nicht nur respektiert worden, sondern man hielt sie auch für ein stabilisierendes Element in diesen Randregionen. Als Thubten Gyatso von diesen Ereignissen hörte, war er tief betroffen und verwirrt; er mußte jetzt eine andere Strategie für sein Land entwickeln.

Es dauerte achtzehn lange Monate, bis Peking und Großbritannien bei ihren schwierigen Verhandlungen zu einer Einigung gelangten. In London hatte Lord Balfour einer liberalen Regierung weichen müssen, der viel daran lag, diese Last einer territorialen Ambition in Tibet auf Kosten Chinas möglichst rasch abzuschütteln. Die von Younghusband 1904 in Lhasa abgeschlossene Vereinbarung war eher eine Belastung als ein Vorteil: Man fand eine Formulierung, die es China ermöglichte, sie zu unterzeichnen. Voller Zufriedenheit über dieses Ergebnis bezahlte die chinesische Regierung sogar, als eine im Vertrag vom 27. April 1906 nicht vorgesehene Zugabe, die von der tibetischen Regierung übernommene Entschädigung für die Kosten der britischen Militärexpedition. So stellte das Mandschu-Reich seine Lehensherrschaft wieder her, ohne sich der Mühe zu unterziehen, die Betroffenen zu konsultieren. Und laut dem neuen Repräsentanten, Chan Yin Tang, der nach Lhasa entsandt wurde und dort eine Rolle bei den späteren Verhandlungen mit den Briten spielte, konnte der Text von 1906 nicht anders als eine internationale Anerkennung der chinesischen Schutzherrschaft interpretiert werden; der Diplomat kümmerte sich ebensowenig wie sein militärischer Kollege Chao Erfeng um den subtilen Unterschied zwischen Schutzherrschaft und Souveränität: Um die Rechte seines Landes vor aller Welt zu demonstrieren, wählte er den Weg durch Indien, als er sein Amt in Tibet antrat.

Hat Thubten Gyatso daran gedacht, sich Rußland zuzuwenden? Man darf vermuten, daß ihn der Burjäten-Mönch Dorjiev, der ihn auf seinem Leidensweg begleitet hatte, in diesem Sinne beriet. Haben ihm vielleicht auch der russische Konsul in Urga, den er nach seiner Ankunft zu einer langen Audienz empfing, und der Botschafter Pokotiloff, der ihm aus Peking kommend am 14. Juni 1905 einen Besuch abstattete, eine solche Botschaft übergeben? Im gleichen Jahr verlor der Zar den Krieg gegen Japan, und mit dem Vertrag von Portsmouth verzichtete er auf die Eisenbahnlinie durch die Mandschurei, womit er etliche Trümpfe seiner Asien-Politik aus der Hand gab. Nikolaus II. begnügte sich am 7. April 1906, als er davon hörte, daß der Dalai Lama die Absicht habe, nach Lhasa zurückzukehren, mit einer Botschaft, die freilich sehr warmherzig abgefaßt war:

Viele meiner Untertanen, die sich zum Buddhismus bekennen, haben das Glück gehabt, daß sie ihrem Großpriester während seines Aufenthalts in der

Nordmongolei, an der Grenze Rußlands, ihre Verehrung bezeugen durften. Ich freue mich darüber, daß meine Untertanen in den Genuß des heilsamen geistlichen Einflusses Ihrer Heiligkeit gekommen sind, und ich bitte Sie, den Ausdruck meiner aufrichtigen Dankbarkeit und meiner Hochachtung für Sie entgegenzunehmen.

Illusionslos, aber nicht entmutigt, kam der Dalai Lama zum Schluß, daß es keine andere Lösung geben könne, als das Gespräch mit China wiederaufzunehmen. Die Entscheidung fiel ihm um so leichter, als er eingesehen hatte, daß der Hutuketu Bodgo Gegen, der höchste Würdenträger der mongolischen buddhistischen Schule, unter seinem Ansehen zu leiden hatte. Während einiger Monate besuchte er Klöster, dann begab er sich auf den Weg nach Süden. Im großen Kloster Kumbum schaltete er während des Winters 1906/1907 einen Zwischenhalt ein. Er blieb mehr als ein Jahr lang dort, meditierend, nachdenkend und seine weiteren Entscheidungen vorbereitend. Er sandte nach Lhasa den Befehl, die drei Minister, die er während der dunklen Tage vor dem Einmarsch der britischen Truppen in die Hauptstadt abgesetzt hatte, aus dem Gefängnis zu entlassen und sie wieder, mit der Bitte, den Regenten zu unterstützen, in ihre Ämter einzusetzen. Er verlor zwei seiner Berater, den Mönch Dorjiev und einen japanischen Gelehrten, Teramoto, der ihn ins Exil begleitet hatte und dort sein enger Vertrauter geworden war. Beide waren erkrankt und mußten in ihre Heimatländer zurückkehren. Weiter erhielt er Botschaften, einerseits aus Lhasa, von wo aus man ihn dringend ersuchte, möglichst rasch zurückzukehren, und andererseits aus Peking, wo die kaiserliche Regierung auf einem Besuch bestand. Sollte er dieser Vorladung der autoritaren Cixi (Tz'u-hsi) Folge leisten? Immerhin bestand die Gefahr, daß er als Unterpfand für die Annexionsgelüste Chinas in Tibet mißbraucht wurde. Der Dalai Lama entschied sich für eine Annahme der Einladung, als er vernahm, daß der Mandschu-Hof parallel dazu dem Panchen Lama gewisse Vollmachten erteilt hatte, womit die Chinesen einmal mehr mit einer immer wieder betriebenen Politik versucht hatten, die beiden höchsten Würdenträger Tibets gegeneinander auszuspielen. Im Frühjahr 1908 wurden die Botschaften aus Peking immer drängender. Von Rußland hatte man sich ein Gegengewicht versprochen, doch diese leise Hoffnung hatte sich zerschlagen: Am 31. August 1907 hatte der Zar mit Großbritannien ein Abkommen über Persien, Afghanistan und Tibet unterzeichnet, ohne daß eines dieser Länder in die

Verhandlungen einbezogen oder darüber auch nur informiert worden wäre. Die beiden Staaten regelten durch diesen Vertrag alle Fragen, die sich aus ihren Interessen auf dem asiatischen Kontinent ergeben hatten. Das Prinzip der Lehensherrschaft Chinas über Tibet wurde darin ausdrücklich anerkannt, womit folglich die chinesisch-britische Vereinbarung von 1906 bestätigt wurde.

Der Dalai Lama verließ Kumbum mit einem Gefolge von zweihundertfünfzig Personen und begab sich vorerst in das große buddhistische Heiligtum von Wu-Taï-Shan. Am 22. September setzte er seinen Weg fort. Seine Begleitung hatte sich durch zivile und militärische Persönlichkeiten aus China vergrößert. Gemeinsam erreichte man den Bahnhof von Ting-Chou, von wo aus die Eisenbahn benutzt wurde. Der offizielle Troß kam am 28. September in Peking an, nachdem zuvor in Baoding (Paoting) ein Halt eingeschaltet worden war, wo ein Minister und die Provinzbehörden das geistliche Oberhaupt im Namen des Kaisers begrüßten. Im Pekinger Hauptbahnhof war die Zeremonie mit der vom kaiserlichen Protokoll vorgeschriebenen minutiösen Feierlichkeit organisiert worden. Thubten Gyatso wurde mit großem Pomp zum Palast-Kloster des «Gelben Tempels» geleitet, der ursprünglich für den Empfang und den Aufenthalt des fünften Dalai Lama errichtet und für den jetzigen Anlaß unter großen Kosten (G. Schulemann spricht von zwei Millionen Tael) restauriert und modernisiert worden war. Hier hatten sich Geschenke des Kaisers und der Kaiserinwitwe angehäuft: golddurchwirkte Seide, reichverzierte Sättel, Gegenstände aus Jade. Doch vorerst hatte man sich mit Protokollfragen beim Empfang im kaiserlichen Palast zu befassen.

Dem Dalai Lama wurde zunächst mitgeteilt, die Audienz sei auf den 6. Oktober festgelegt worden. Als man ihn darauf hinwies, daß er sich vor den Majestäten niederzuwerfen habe, weigerte er sich, der Einladung Folge zu leisten. Nach vielen Beratungen eilig gebildeter Kommissionen wurde ein Kompromiß ausgearbeitet: Die Audienz würde am 14. Oktober stattfinden, aber getrennt: zuerst mit der Kaiserin, anschließend mit dem Kaiser; der Dalai Lama würde bloß die Knie beugen, bevor er sich nach der Gesundheit Ihrer Majestäten erkundigen und ihnen die weiße Schärpe, *Kata*, überreichen würde, die vom Leibgardisten in Empfang genommen werde. Das war nicht mehr dieselbe Atmosphäre wie 1280, als Phagpa mit Kublai Khan zusammentraf, oder 1635, als der Große Fünfte vom Kaiser Kangxi (K'ang Hsi) empfangen wurde. Thubten

Gyatso akzeptierte diese Bedingungen und schickte am Tag der Zeremonie die Geschenke, die ebenfalls auf einer minutiös ausgearbeiteten Liste festgehalten waren: ein Exemplar des *Kandschur*, also des buddhistischen Kanons, zwei vergoldete Statuetten, die eine des Buddha Shakyamuni, die andere des Bodhisattva Vajrapani, für die Kaiserin; zwei Shakyamuni-Statuetten, wovon eine aus alter Bronze, für den Kaiser; für beide je ein Halsband aus hundertundacht Korallenperlen, Gefäße aus kostbarem Holz, Goldstaub, Pelze, tibetische Wollgewebe und Stickereien, dazu für beide je ein braunfarbenes Pferd.

Der Kaiser beschloß, zur Ehre seines Gastes am 30. Oktober ein großes Bankett zu veranstalten. Die Kaiserinwitwe, die am 3. November ihren Geburtstag feierte, bat den Dalai Lama um ein feierliches Bittgebet für «langes Leben»; der Dalai Lama suchte sie am folgenden Tag auf, um ihr nach den Prinzen und den Ministern seine Glückwünsche zu überbringen. Am gleichen Tag wurde ein kaiserlicher Erlaß publiziert, in dem die wirkliche Politik des Mandschu-Hofes unverhüllt dargelegt wurde. War er ein Ausdruck der borniertten Selbstgefälligkeit der alternden Cixi, deren letzte Willensäußerung er war? Oder hatte sie, schon vierundsiebzig Jahre alt und gesundheitlich angeschlagen, einen Text durchgehen lassen, der die Meinung der am Hofe immer zahlreicheren Anhänger einer autoritären und hegemonistischen Politik gegenüber den wehrlosen Völkern auf den westlichen Hochländern widerspiegelte, die Meinung derer also, die den Dalai Lama nicht gehen lassen wollten, bevor er der vollen Souveränität Chinas über sein Land zugestimmt hätte?

In der Vergangenheit hatte der Dalai Lama den Titel «Vollkommener heutiger Buddha des Westens» erhalten. Jetzt lautet dieser Titel «Der sehr gehorsame und sehr vollkommene reinkarnierte heutige Buddha des Westens». Eine Börse von zehntausend Tael wird ihm zugesprochen.

Mit diesem Titel ausgestattet wird der Dalai Lama unverzüglich nach Tibet zurückkehren. Alle Vertreter der Staatsmacht auf seinem Wege stellen ihm eine Eskorte zur Verfügung und sorgen für seinen Schutz.

Nach seiner Rückkehr in Lhasa hat er die Gesetze des souveränen Staates zu beachten und überall die aufrichtigen Absichten der chinesischen Regierung bekanntzumachen.

Er muß seine Gläubigen ermahnen, den Gesetzen zu gehorchen und Tugend zu üben. Alles, was er Uns mitzuteilen haben könnte, soll zuerst, wie es sich gebührt, dem in Tibet residierenden Minister berichtet werden, der es Uns an seiner Stelle unterbreiten wird, und er hat Unsere Entscheidung abzuwarten.

Wir hoffen, die umliegenden Länder werden sich eines ewigen Friedens erfreuen dürfen, die Zwistigkeiten zwischen Priestern und Laien könnten beigelegt werden und dem festen Wunsch des Hofes, die Gelbe Schule zu unterstützen und den Frieden an der Grenze aufrechtzuerhalten, werde gebührende Beachtung geschenkt.

Schließlich *(in cauda venenum)* wird dem Amt für die abhängigen Gebiete der Auftrag erteilt, diesen Erlaß dem Dalai Lama zuzustellen, den dieser ehrerbietig in Empfang zu nehmen und genauestens zu beachten hat.

Auch dies läßt sich kaum mehr als eine Beziehung zwischen einem geistlichen Oberhaupt und seiner Schutzmacht auffassen, sondern entspricht einem Verhältnis zwischen einem Vasallen und seiner Lehensmacht, von der er entlöhnt wird.

Thubten Gyatso schenkte dem üppigen Wortschwall der alternden Kaiserin keine Beachtung, ebensowenig der Art, wie sie eine Geldgabe legalisierte, die einfach in der Liste der ausgetauschten Geschenke hätte figurieren müssen. Er wußte aus eigener Erfahrung und der seiner Vorgänger, daß er sehr viel mehr unter der ihm mit diesem Erlaß aufgezwungenen, aber nicht klar umschriebenen Vormundschaft des chinesischen Residenten in Lhasa zu leiden haben werde. Er bat seine Gesprächspartner, diesen Punkt noch einmal zu überdenken und ihm das Recht zuzuerkennen, mit dem Thron in seinem eigenen Namen direkt oder gemeinsam mit dem Amban verkehren zu dürfen, je nach Art des Geschäfts und «im Einklang mit den alten Vorschriften».

Während sich die Machthaber ausgiebig Zeit nahmen, um über dieses Problem nachzudenken, setzte der Dalai Lama sein Programm von Audienzen und Besuchen fort, mit dem er unmittelbar nach seiner Ankunft in Peking begonnen hatte. Schon in Wu-Taï-Shan hatte er mehrere Vertreter ausländischer Missionen empfangen.

Der Franzose Henri d'Ollone, der sich auf einer Forschungsreise längs der chinesisch-mongolischen und chinesisch-tibetischen Grenze befand, war von der Intelligenz Thubten Gyatsos beeindruckt: «Er hatte eingesehen, daß ihm die Unterstützung der europäischen Nationen bei seinem Widerstand gegen China und England nützlich sein würde.» Das Interesse der Militärs an Tibet war nämlich dem Dalai Lama nicht entgangen: Er empfing in Peking den russischen Obersten Baron von Mannerheim, den japanischen Militärattaché Generalleutnant Fukushima und einen Offizier der deutschen Botschaft in China. Der Amerikaner W. W. Rockhill hat seine Beobachtungen am detailliertesten aufgeschrieben:

Während seines Aufenthalts in Wu-Taï-Shan habe ich eine Woche mit ihm verbracht, und auch in Peking bin ich ihm mehrmals begegnet. Er ist ein Mann von unbestreitbarer Intelligenz und großem Geschick, mit rascher Auffassungsgabe und großer Charakterstärke. Er verfügt, vermutlich dank seinen vielfältigen Erfahrungen während der vergangenen Jahre, über einen weiten Horizont. Hinzu kommt eine starke natürliche Würde. Er scheint sich seiner schweren Verantwortung als Oberhaupt seiner religiösen Gemeinschaft und vielleicht noch mehr seiner Pflichten im weltlichen Bereich zutiefst bewußt zu sein. Er reagiert rasch und impulsiv, aber immer wohlgelaunt und liebenswürdig. Ich habe ihn jederzeit als einen aufmerksamen, im Gespräch angenehmen und äußerst höflichen Gastgeber erlebt. Er spricht rasch und ohne zu stocken, aber mit sehr tiefer Stimme.

W. W. Rockhills Beschreibung von Thubten Gyatsos Äußerem ist besonders genau und eindringlich:

Er ist eher kleinwüchsig und von zartem Körperbau. Seine Gesichtsfarbe ist ein wenig dunkler als die der Chinesen und von rötlich getöntem Braun. Sein nicht eigentlich breites Gesicht ist, wenn auch nicht sehr auffällig, mit Pockennarben bedeckt; es leuchtet auf angenehmste Weise auf, wenn er lächelt und seine gesunden und weißen Zähne zeigt. Wenn er sich ausruht, ist sein Gesicht undurchdringlich, es wirkt eher hochmütig und abweisend. Seine schmale Nase ist leicht gebogen, seine Ohren sind groß; seine Augen sind dunkelbraun, eher schmal und deutlich schräg gestellt; seine schweren Augenbrauen sind gegen die Schläfen hin verlängert, was ihm ein eher spöttisches und mondänes Aussehen verleiht, das durch seinen Oberlippenbart und einen kleinen dunklen Fleck unterhalb der Unterlippe noch betont wird. Seine Hände sind schmal und wohlgeformt; am rechten Handgelenk trägt er üblicherweise einen Rosenkranz mit silberbeschlagenen Perlen aus rotem Sandelbaumholz. Beim Gehen bewegt er sich langsam und leicht gebeugt, was zweifellos auf das lange Sitzen mit gekreuzten Beinen auf Kissen zurückzuführen ist. Seine übliche Kleidung besteht aus einer dunkelroten Robe, wie sie von Lamas getragen wird, mit einer Weste aus Goldbrokat und einem quadratischen Schal aus gleichem Gewebe, der seine Schultern bedeckt und vorne bis zum Gürtel herunter reicht.

In Peking empfing der Dalai Lama auch den Sohn des Maharadschas von Sikkim; er erklärte sich bereit, das Patronat über die «Buddhist Shrine Restoration of India» zu übernehmen, und entsandte 1909 auch einen Vertreter zur Jahresversammlung dieser Institution.

Am 14. November um fünfzehn Uhr starb Kaiser Guangxu (Kuang-hsü) kurz vor der Kaiserinwitwe Cixi (Ts'u-hsi), die ihr Leben am 15. November um zwei Uhr aushauchte. Der letzte Kaiser der Mandschu-Dynastie, Xuantong, kam als zweijähriges Kind an die Macht; da er nie, zumindest nicht über China, Herrscher wurde, kennt ihn die Geschichte unter dem Namen Pu Yi.

Prinz Ch'un, der als Regent die Staatsgeschäfte führte, bat den Dalai Lama, die Bestattung dem Brauch der offiziellen Religion der Kaiserfamilie entsprechend zu leiten. Der Staatsmann trat hinter dem Priester zurück, und die Zeremonie, der Thubten Gyatso umgeben von chinesischen und tibetischen Lamas vorstand, versetzte die chinesische Hauptstadt für einen kurzen Augenblick in eine Atmosphäre innerer Bewegung und Sammlung.

Der Dalai Lama hätte gerne mit dem Prinz-Regenten die ihn beschäftigenden Probleme besprochen, doch die Trauerzeit war dafür ungünstig. Immerhin erreichte er in zwei weniger wichtigen Punkten, die aber in seinen langfristigen Plänen für eine Erneuerung der tibetischen Angelegenheiten eine Rolle spielten, ein Entgegenkommen: Einige junge Tibeter durften ihre Studien in Peking fortsetzen, und an die neu gegründete Schule für die Ausbildung von chinesischen Beamten, die in den Grenzregionen eingesetzt werden sollten, wurden zwei Tibetischlehrer berufen.

Am 19. Dezember feierte der Dalai Lama einen letzten öffentlichen Gottesdienst, und am 21. verließ er Peking. Über Lanzhou (Lantschou) und Xining (Sining) gelangte er am 26. Februar 1909 nach Kumbum. Im März setzte er den Weg in Richtung Hauptstadt fort. Er nahm sich unterwegs Zeit, in Tempeln und Klöstern einen Aufenthalt einzuschalten und, wo es notwendig war, die Mönchsdisziplin wiederherzustellen. Seine beiden Ämter als religiöses und weltliches Oberhaupt waren mehr denn je miteinander verwoben: Dem Dalai Lama war es um den Preis härtester Prüfungen gelungen, innerlich die Welt der Traditionen mit den Erfordernissen der Zukunft in Einklang zu bringen. Jetzt mußte diese Politik noch in die Tat umgesetzt werden, und zwar ungeachtet aller

Zwänge, mit denen er sich bereits hatte auseinandersetzen müssen oder
die erst vorauszusehen waren.

Am 13. August 1909 traf er in Lhasa ein.

> Er wurde vor der Stadt von einer zahlreichen Schar von Würdenträgern und
> Mönchen begrüßt, die sich alle in einer Reihe auf der einen Straßenseite
> aufgestellt hatten; auf der anderen Seite standen chinesische Beamte und
> Soldaten. Der Dalai Lama hatte für die Tibeter freundschaftliche Grußworte
> bereit, ging aber an den Chinesen vorüber, als würde er sie nicht sehen, mit
> in eine vage Ferne gerichteten Augen und erhobenem Haupt. Die Chinesen
> sagten kein Wort, aber ihr Herz war schwarz vor Wut.[70]

Nach mehr als fünfjähriger Trennung war der Priester-Herrscher in
seine Heimat zurückgekehrt; das Land und sein Oberhaupt waren harten Prüfungen ausgesetzt gewesen, was sie jedoch nicht daran hindern
konnte, weiter zu hoffen und sich einzusetzen.

Die Stellung, die sich China geographisch und politisch in Tibet angeeignet hatte, bildete das am schwierigsten zu lösende Problem. Um die
territorialen Ansprüche Chinas auf die Region Amdo zu unterstreichen,
hatten die beiden Amban, der Chinese Lien-Yu und der Mandschu
Chang-Ying Tang, darauf beharrt, dem Dalai Lama bis nach Nagtschu
Dsong entgegenzukommen, weil sie diesen Ort als den ersten Posten an
der chinesisch-tibetischen Grenze betrachteten. In der Region Kham war
die Situation besonders bedrohlich. Der Gouverneur von Szetschuan,
Chao Ersung, und sein Bruder, der grausame General Chao Erfeng, hatten damit begonnen, dieses Gebiet zu annektieren, ohne auch nur die
Genehmigung Pekings einzuholen, woraus ersichtlich ist, wie weit der
innere Zerfall des Reiches damals bereits fortgeschritten war. Sie hatten
die Bestände der Besatzungsarmee erhöht (es wird von fünfundzwanzig-
tausend Mann gesprochen) und sie für die damalige Zeit hervorragend
ausgerüstet: Artillerie, Maschinengewehre und Fernmeldeeinrichtun-
gen. Dieses Expeditionskorps stieß auf den Widerstand der Bevölkerung
und der Lamas. Jedes Kloster war zu einer Festung umgebaut worden.
Die Bauern hatten ihre Häuser und Äcker verlassen, so daß die Soldaten
keine Nahrungsmittel mehr vorfanden, um die Mängel bei der Versorgung, die nicht die wichtigste Sorge ihres Generals war, auszugleichen.
Eine Eskalation der Gewalt war die unvermeidliche Folge. In den chinesischen Reihen wüteten Kälte und Hunger; es wird geschätzt, daß etwa

die Hälfte der Soldaten den Tod fand. Völlig überfordert von den mißlichen Umständen, verschaffte sich Chao Erfeng den Ruf eines gnadenlosen Schreckensherrschers. Mit seiner Politik vernichtete er alles, was die Kraft der tibetischen Gesellschaft und zuallererst ihrer Religion ausgemacht hatte. Laut einem amerikanischen Missionar, der zu dieser Zeit an der chinesisch-tibetischen Grenze lebte, «gibt es keine bekannte Foltermethode, die bei den Tibetern nicht angewandt wird; Gliedmaßen werden abgehackt, die Haut wird abgezogen, die Menschen werden in heißes Wasser geworfen, andere geviertelt.»

In Lhasa hatten die Amban die Macht an sich gerissen, womit sie ebenfalls die ihnen von der Regierung verliehenen Kompetenzen überschritten. Die vom Dalai Lama bestimmten Minister waren abgesetzt worden. In den Distrikten hatten chinesische Vertreter die tibetischen Beamten verdrängt, und diese Funktionäre trieben nicht nur die Steuern ein, sondern mischten sich sogar in innere Angelegenheiten wie beispielsweise Vermessungsfragen ein. Die von den Residenten angeordnete Volkszählung machte keinen Unterschied zwischen den tibetischen Provinzen und den Regionen Kham und Amdo; insgesamt wurde eine tibetische Bevölkerung von sechs Millionen und vierhunderttausend Menschen registriert. Zum Beweis ihrer Machtvollkommenheit behinderten die zivilen und militärischen chinesischen Funktionäre den Handelsaustausch an der Südgrenze mit allen nur denkbaren Schikanen. Darüber hinaus hatten sie, ob auf Anordnung Pekings, muß dahingestellt bleiben, den Agenten aus Bhutan und Nepal empfohlen, auch deren Regierungen sollten die Engländer von solchen Handelsgeschäften ausschließen. Charles Bell, ein im Chumbi-Tal ansässiger britischer Agent, meldete diese Vorkommnisse der Regierung in Delhi, wobei er hinzufügte, die Tibeter seien von der Haltung der chinesischen Beamten tief erschüttert. London war alarmiert, begnügte sich aber mit einem Protest in Peking; man forderte bloß, daß sich die chinesischen Agenten aus der fraglichen Gegend zurückzögen und daß die Abmachungen über den freien Handelsverkehr respektiert würden.

Thubten Gyatso war aus dem Exil mit der Überzeugung zurückgekehrt, daß seinem Land weder die geistlichen Waffen noch eine modernisierte Armee genügen würden, um sich ausschließlich aus eigener Kraft gegen die in neuer Form vorgebrachten chinesischen Ansprüche zu wehren. Deshalb machte er sich daran, ein Amt für außenpolitische Angelegenheiten aufzubauen, das vorerst diplomatische Beziehungen mit Nepal, der Mongolei und der britischen Regierung in Indien aufnahm. Mit den indischen Behörden waren 1905 erste Kontakte aufgenommen worden, als der Panchen Lama eine Wallfahrt nach Bodhgaya unternahm. Er war damals eingeladen worden, auch anderen Städten einen Besuch abzustatten; eine Begegnung mit dem Vizekönig, Lord Minto Kitchener, war organisiert worden, und in Rawalpindi hatte er sogar Gespräche mit dem Prince of Wales führen können, der damals Indien einen Besuch abstattete.

Der Dalai Lama protestierte wiederholt in Peking gegen Übergriffe chinesischer Bürger in Tibet. 1910, weniger als sechs Monate nach seiner Rückkehr, gelangten alarmierende Nachrichten aus den östlichen Distrikten nach Lhasa: Chao Erfengs Armee hatte sich in Marsch gesetzt und rückte gegen Zentraltibet vor. Dem General ging der Ruf eines rücksichts- und erbarmungslosen Eroberers voraus. Die Lage wurde durch systematische Desinformation verschlimmert. Berichte von der Front sprachen von zwanzigtausend Soldaten, während der Amban die aufgescheuchten Behörden in der Hauptstadt mit der Behauptung zu beruhigen versuchte, die betreffende Armeegruppe habe bloß den Auftrag, die Sicherheit auf der durch Unruhen gefährdeten Straße zu gewährleisten und in Einklang mit den Verträgen von 1904 und 1906 die Märkte zu schützen. Entsprechende Anfragen des britischen Botschafters in Peking wurden vom Kaiserhof mit denselben Zusicherungen beantwortet. Als es zu ersten Zusammenstößen mit den schwachen tibetischen Einheiten kam, wandte sich der Dalai Lama mit der Bitte um eine Intervention an die Briten; da sich diese 1904 aus eigenem Antrieb für einen Feldzug entschieden hatten, hätten sie eigentlich, so dachte er, erst recht auf einen Appell der tibetischen Regierung reagieren müssen. Die Ereignisse überstürzten sich. In Lhasa war bereits Kampflärm zu hören. Die nepalesische Mission versuchte mutig, zwischen der tibetischen Regierung und den chinesischen Residenten zu vermitteln. Doch ohne Erfolg. In den Tempeln und Klöstern wurden die Neujahrsgebete und -zeremonien durch Kanonenlärm gestört. Die ersten Gruppen der Vorhut der chinesischen Infanterie begannen bereits mit der Eroberung der Hauptstadt. Am 12. Februar 1910 wurde Lhasa vom chinesischen General Chung Ying an der Spitze von zweitausend Soldaten völlig besetzt.

In der Nacht zuvor war es dem Dalai Lama gelungen, aus dem Potala zu entkommen; in Begleitung von hundert Gardisten und Bediensteten

brach er in Richtung Gyantse auf. Er hatte noch Zeit gefunden, einen
Regenten, Ganden Tripa Tsemönling, zu ernennen; ein alter Mönch
wurde zu dessen Berater in geistlichen Fragen bestimmt. Der chinesische
Resident und General Chung Ying ließen die Fliehenden durch eine
Truppenabteilung verfolgen. Heldenhafte tibetische Soldaten lieferten
verzweifelte Gefechte, um ihren Vormarsch aufzuhalten. Trotz tiefen
Schnees und eisiger Winde kam die traurige Karawane des Dalai Lama
am 20. Februar in Yatung an. Sie überschritt die Grenze, ohne daß die
dortige kleine chinesische Garnison etwas unternommen hätte; diese be-
folgte, weil sie von den geschilderten Ereignissen nichts erfahren hatte,
eine Haltung passiver Neutralität, wie sie ihr ursprünglich befohlen worden war.

Für Thubten Gyatso begann in Indien ein zweites Exil. Läßt sich seine
Situation mit den Irrfahrten der römischen Päpste im Mittelalter vergleichen? Klemens V. hatte sich für Avignon als neuen Sitz entschieden,
weil das Haus Anjou, dem er die Stadt zu Lehen gegeben hatte, ihm seinen Schutz anbot. Doch das war nicht das erstemal gewesen, daß der
Papst vor der Anarchie, die als Folge der gefährlichen Feldzüge der Germanen in Italien immer wieder ausbrach, geflohen war: Zwischen 1100
und 1304 haben die Päpste hundertzweiundzwanzig Jahre lang außerhalb von Rom residiert. Das tibetische Oberhaupt hatte keine Zeit
mehr gehabt, sich einen geheiligteren Ort als Refugium auszusuchen.
Möglicherweise endet das 20. Jahrhundert in der von André Malraux
prophezeiten Spiritualität; begonnen hat es allerdings mit einem Zu-
sammenprall von Materialismen, welche dem Geist nur einen sehr bescheidenen Platz einräumten.

Bereitet Thubten Gyatso im neuen Exil in seinem Kopf und in seinem
geschundenen Herzen den Satz vor, den er in sein Testament schreiben
wird?

> Zweifellos steht uns eine Zeit der Unterdrückung und des Terrors bevor,
> während der uns die Tage und Nächte in einem Meer von Leiden ewig lang
> vorkommen werden.

Der Einmarsch von 1910 bedeutete einen kategorischen Wandel in den
Beziehungen, wie sie bis dahin zwischen China und Tibet bestanden hat-

ten. Im Gegensatz zu den Feldzügen von 1720, 1728, 1750 und 1792 erfolgte er gegen den Willen der Tibeter. Nicht mehr die Ausweitung des Schutzes innerhalb ein und derselben spirituellen und kulturellen Sphäre war das Ziel. Diese Aggression war vielmehr eine kolonialistische Eroberung im größeren Rahmen einer Aufteilung der Welt auf die Großmächte. Nur die Briten glaubten noch an die Fiktion einer Autonomie Tibets unter chinesischer Lehensherrschaft. Lord Morley, Staatssekretär für Indien, verstieg sich zur Erklärung, China übe bloß seine Rechte aus; wesentlich sei im Augenblick nur, daß man sich strikte an die Grenz- und Handelsverträge halte. «Die Tibeter», schrieb damals Charles Bell, «sind der chinesischen Aggression ausgeliefert worden; und der militärische Feldzug der Briten nach Lhasa war zusammen mit dem anschließenden Rückzug grundsätzlich für diesen neuerlichen Übergriff verantwortlich.»

Indien bereitete dem Dalai Lama einen großzügigen Empfang. Nach einem Besuch in Benares wurde dem geistlichen Oberhaupt und seinem Gefolge eine Residenz in Darjeeling zugewiesen. Eine Regierung durfte gebildet werden, damit die Staatsgeschäfte unter dem Exil nicht zu leiden hatten. In dieser Angelegenheit wurde ein weiterer Versuch in Richtung Rußland unternommen. Im Februar 1911 entsandte das Kabinett einen Emissär nach Sankt Petersburg; eine verlegene Antwort gelangte über diplomatische Kanäle zur britischen Regierung! Die Botschaften Rußlands, Japans und Großbritanniens in Peking sprachen bei der chinesischen Regierung vor, ohne jedoch etwas anderes als ausweichende Antworten zu erhalten.

In Lhasa war inzwischen im Februar 1910 ein Erlaß angeschlagen worden, in dem der Dalai Lama mit beleidigenden Formulierungen als abgesetzt erklärt wurde. Dieses Schreiben wurde, wie schon beim erstenmal, von der Bevölkerung zerrissen und mit Dreck beworfen. Die drei Minister Shedra, Shokhang und Chang Kyim hatten den Dalai Lama begleitet. Der Panchen Lama weigerte sich, die Leitung der Staatsgeschäfte zu übernehmen. Die Nationalversammlung traf keinerlei Anstalten, um mit den Eroberern zusammenzuarbeiten. Sah China jetzt ein, daß es einen Fehler begangen hatte? Nachdem der Dalai Lama eine Botschaft nach Peking geschickt hatte, in der er sich zu Verhandlungen mit dem chinesischen Außenminister bereit erklärte, wurde ein Emissär zu ihm entsandt: Thubten Gyatso ließ jedoch verlauten, die betreffende Person nehme nicht einen genügend hohen Rang ein, um als Sprecher der Regierung betrachtet werden zu können, und er fügte hinzu, er wünsche unter allen Umständen, daß eine allfällige Regelung von der britischen Regierung garantiert würde. Das war eine für Peking unannehmbare Forderung; dennoch bereitete man eine Rückkehr des Dalai Lama vor. Chao Erfeng wurde zurückbefohlen; er fand 1911 in Chengdu den Tod, als aufständische Chinesen die Soldaten der Mandschu-Garnisonen im Landesinneren massakrierten.

Im gleichen Jahr fegten die nicht mehr unterdrückbare politische Agitation und eine allgemeine Unordnung die letzte Dynastie des chinesischen Reiches hinweg. Anfang 1912 wurde die Republik ausgerufen; General Yüan Shih-K'ai ließ sich zum Präsidenten proklamieren und in dieser Stellung von den ausländischen Mächten anerkennen.

Als die Kunde von dieser Revolution Tibet erreichte, reagierten zuallererst die chinesischen Soldaten; sie meuterten, viele desertierten, um nach Hause zurückzukehren, einige benutzten ihre Waffen, um möglichst viel zusammenzustehlen und zu plündern. Die tibetische Bevölkerung erhob sich ihrerseits, einige chinesische Garnisonen wurden von ihr zerstört. Der Amban, General Chung Ying, versuchte seine Truppe umzustimmen, was ihm in Lhasa und Shigatse gelang, und erstrebte eine Verhandlungslösung.

In Darjeeling ordnete der Dalai Lama die Bildung eines Kriegsministeriums an; für die Koordination aller Operationen und die Reorganisation der tibetischen Armee entsandte er seinen Berater und Freund Dasang Dradul Tsarong nach Lhasa. Dieser intelligente und mutige Mann aus bescheidener Familie war sehr jung in den Dienst des Dalai Lama getreten und hatte diesen während seiner Exiljahre in der Mongolei und in China begleitet; bei der zweiten Flucht hatte er als Verantwortlicher für die Nachhut Thubten Gyatsos Fluchtweg gesichert. Die Briten gaben dem Dalai Lama den Rat, die Überreste der chinesischen Armee in Tibet zu schonen. Einmal mehr spielte der nepalesische Botschafter in Lhasa als Vermittler mit Geschick und großem Mut eine wichtige Rolle. Die chinesischen Truppen wurden nach Indien evakuiert und mit Schiffen nach China heimgeschickt.

In Peking ließ Yüan Shih-K'ai schon bald durchblicken, daß er nicht die Absicht hatte, Tibet gegenüber eine andere Politik zu betreiben. Im April 1912 wurde in einer ersten Erklärung festgehalten, Tibet, die Mongolei und Sinkiang seien Bestandteile der Republik mit gleichen Rechten und

Pflichten wie die Provinzen. Am 28. Oktober wurde der Dalai Lama als «treuer Untertan, guter und aus-sich-selbst-existierender großer Buddha» bezeichnet, wobei zusätzlich hervorgehoben wurde, er sei «von einem tiefen Zugehörigkeitsgefühl zum Vaterland beseelt». Gleichzeitig beorderte das neue Regime eine starke Armee an die chinesisch-tibetische Grenze, um die frühere *pax sinica* wiederherzustellen.

Die Republik beabsichtigte offensichtlich, an die Tradition der Mongolen- und Mandschu-Kaiser anzuknüpfen. Doch die Voraussetzungen waren nicht mehr dieselben. Trotz «einer grenzenlosen chinesischen Fähigkeit zu fehlerhaften Interpretationen», um den britischen Botschafter in Peking, Sir C. Macdonald, zu zitieren, hatte der in China eingetretene politische Umschwung die Beziehungen zu Tibet vollständig umgekrempelt: Die laizistische republikanische Regierung Chinas konnte für sich nicht mehr eine geistliche Beziehung zum Dalai Lama in Anspruch nehmen, die 1910 durch den militärischen Einmarsch in Tibet ohnehin schon stark in Frage gestellt worden war.

Thubten Gyatso antwortete Yüan Shih-K'ai, er strebe keine Stellung innerhalb der chinesischen Hierarchie an und übernehme wieder die geistliche und weltliche Regierung in seinem Land. Diese Botschaft stellte eine Unabhängigkeitserklärung Tibets dar. Er machte sich sogleich auf den Weg; er verbrachte einige Tage im Chumbi-Tal, wo ihm ein sehr genauer Bericht über die Lage in Lhasa übergeben wurde. Als er endgültig sicher war, daß sich kein chinesischer Beamter oder Soldat mehr im Lande befand – erstmals seit dem 18. Jahrhundert –, zog er im Januar 1913 im Triumph in die Hauptstadt ein. Zweiundzwanzig Tage später veröffentlichte er eine formelle Erklärung, in der er seine Stellung als Staatsoberhaupt noch einmal betonte und zugleich ein Regierungs-, Entwicklungs- und Fortschrittsprogramm vorlegte.

> Wir sind eine bescheidene, religiöse und unabhängige Nation. [...] Wir besitzen natürliche Reichtümer und Bodenschätze, aber Tibet ist auf wissenschaftlichem Gebiet nicht so weit wie andere Länder gekommen.

Prinzipiell wird festgehalten, Frieden und Wohlstand ließen sich nur durch Beibehaltung des Glaubens und der buddhistischen Institutionen sichern, aber die Erklärung erinnert auch daran, daß die Klöster keine kommerziellen oder finanziellen Tätigkeiten entfalten dürfen. Der Dalai Lama kündigt fiskalische Maßnahmen und eine Landreform an, um die Lebensbedingungen der Bauern zu verbessern. Auch die Strafen für Vergehen sollen grundsätzlich neu geregelt werden.

Die britische Diplomatie, die keine derartige Entwicklung vorausgesehen hatte und deshalb durch die Ereignisse in Verlegenheit gebracht wurde, zog alle Register ihrer Kunst. Befürchtete man, hinter dem Selbstbestimmungswillen Tibets würde das alte Gespenst des russischen Expansionismus wieder aus seinem Grab heraufsteigen? Die zaristische Regierung hatte schon die Mongolei in ihren Bestrebungen unterstützt, die chinesische Schirmherrschaft abzuschütteln. Laut einem im Januar 1913 unterzeichneten Abkommen hatten die Mongolei und Tibet, vermutlich auf Anregung russischer Diplomaten, ihre Unabhängigkeit gegenseitig anerkannt und sich auf eine bilaterale wirtschaftliche und militärische Zusammenarbeit geeinigt. Obwohl die Rechtsgültigkeit dieses Dokuments noch fraglich war, hielten die Briten den Augenblick für gekommen, ihren Einsatz im asiatischen Ränkespiel zu erhöhen. Ihre Geduld und ihre Hartnäckigkeit wurden belohnt, als China und Tibet sich bereit erklärten, sich an einen gemeinsamen Verhandlungstisch zu setzen. London oder Peking wurden als Standorte für die Gespräche abgelehnt. Schließlich einigten sich die drei Gesprächspartner auf Simla, rund dreihundert Kilometer nördlich von Delhi.

Welche Bedeutung dem Treffen beigemessen wurde, läßt sich aus den mit den notwendigen Vollmachten ausgestatteten Unterhändlern der drei Mächte ersehen. Der Dalai Lama gab seinem Vertreter, Paljor Dorje Shatra, den er 1907 als Minister eingesetzt und mit der Aufgabe, die Regierungstätigkeit zu koordinieren (*Lönchen*), betraut hatte, genaue Instruktionen mit auf den Weg.

Die Republik China entsandte ihren Kommissar für tibetische Angelegenheiten, Yifan Chen, und dessen Adjunkten Wang Haïping nach Simla.

Repräsentant Großbritanniens war Sir Arthur Henry Macdonald, Sekretär der indischen Regierung; ihm standen der Mitarbeiter für chinesische Angelegenheiten, Archibald Rose, und der Mitarbeiter für tibetische Angelegenheiten, Charles Bell, zur Seite.

Am 13. Oktober 1913, als die Verhandlungspartner erstmals zusammentrafen, schienen die Standpunkte, sowohl was die Grenzen Tibets als auch die der Regierung in Lhasa zustehenden Kompetenzen betraf, völlig unvereinbar zu sein. Die tibetische Delegation hatte eine umfangreiche Dokumentation mitgebracht, um ihre Argumente, vor allem hinsichtlich der Ostgrenzen Tibets, zu begründen. Je weiter die Gespräche gediehen, um so deutlicher zeigte es sich, daß Großbritannien nicht bereit war, Tibet mehr als den Status eines *Dominion* mit einer autonomen Regierung unter nomineller chinesischer Oberhoheit zuzugestehen. Offen blieb noch die Frage der Grenzziehung; den Chinesen lag viel an einer Bestätigung ihrer vollen territorialen Souveränität, während es der Regierung des Dalai Lama vor allem um die Interessen der Bevölkerung in den Regionen Kham und Amdo ging, welche sich zum gleichen Glauben und geistlichen Oberhaupt bekannte.

Ein erster Schritt in Richtung einer Regelung war am 24. März 1914 zu verzeichnen: Die tibetische und die britische Delegation schlossen durch einen Notenaustausch einen Vertrag über den Grenzverlauf zwischen Indien und Tibet ab; die dem Dokument beigelegte Karte mit der «MacMahon-Linie» ist am 15. Januar 1960 vom indischen Außenminister erstmals veröffentlicht worden.

Die chinesische Delegation hatte an den tibetisch-britischen Verhandlungen über diese Frage nicht teilgenommen, aber sie war über den Gesprächsverlauf informiert worden. Die Diskussionen zogen sich über zwei weitere Monate hin. Am 3. Juni 1914 paraphierten schließlich die drei Delegationsleiter den Text einer Übereinkunft, der durch einen Notenaustausch ergänzt wurde. Daraus ging hervor:

- Tibet stellt einen Teil Chinas dar; doch China wie auch Großbritannien verpflichten sich dazu, weder das gesamte tibetische Territorium noch Teile davon je formell zu annektieren.
- Ein Unterschied wird gemacht zwischen Außer-Tibet, das sich selbst regiert und das im chinesischen Parlament nicht vertreten ist, und Inner-Tibet, über dessen Verwaltungsangelegenheiten vorsichtshalber nichts ausgesagt wird.
- Die Kompetenz für die Wahl und die Inthronisierung des Dalai Lama steht ausschließlich den tibetischen Institutionen zu; die chinesische Regierung wird über deren Entscheidungen informiert, ihr Vertreter in Lhasa überreicht dem jeweiligen Oberhaupt den Titel, der ihm aufgrund seiner Würde zusteht.

Diese zuletzt genannte Konzession an die Geschichte wurde von Peking nicht akzeptiert; die chinesische Regierung weigerte sich auch, die vorgeschlagenen Grenzen zu anerkennen: Ihr Unterhändler Yifan

Chen wurde desavouiert, indem China den Vertrag von Simla nicht unterzeichnete.

Thubten Gyatso begann, obwohl seine Hoffnungen durch das Ergebnis der langen Verhandlungen nicht erfüllt worden waren, mit der Verwirklichung des Reformprogramms, das er sich für die Modernisierung des Landes vorgenommen hatte. Die Größe der Aufgabe und der vielfältige Widerstand, gegen den er anzukämpfen hatte, konnten seinen Mut und seine Entschlossenheit nicht beeinträchtigen.

Schon bei der Schaffung eines wirksamen und disziplinierten Militärapparats erhielt er eine Vorahnung von den Schwierigkeiten, die zu überwinden waren. «In diesem vom Buddhismus grundlegend geprägten Land hatte der Soldatenberuf in der gesamten gesellschaftlichen Hierarchie, beim Adel wie beim Volk, das sehr energisch gegen eine Militarisierung eingestellt war, einen sehr tiefen Stellenwert.» [71] Auch der jetzige Dalai Lama hält fest, «daß die Tibeter trotz ihrer Geschichte grundsätzlich friedfertige Menschen geblieben sind, für die es nichts Schlimmeres als das Militär gibt». Bis heute muß man sich bloß die Ruinen der Festungen längs der Pilger- und Besucherwege ansehen, um sich davon zu überzeugen, daß sich die religiösen und die politischen Behörden auf äußere Schutzmächte verlassen haben, wenn es um die Erhaltung der Integrität des Landes ging. Die Klöster sahen überdies in der Armee eine Konkurrentin bei der Rekrutierung von Nachwuchs und einen Eingriff in die bisherige Nutzung der öffentlichen Ressourcen in Naturalien oder in Geld.

1913 bestand die Armee aus kaum dreitausend Mann. Unmittelbar nach seiner Rückkehr setzte der Dalai Lama seine im Exil getroffene Entscheidung in die Tat um. Er ernannte in der Person von Dasang Dradul Tsarong einen Oberkommandierenden der Armee. Der Achtundzwanzigjährige, der durch die Heirat mit einer Erbin des Tsarong-Titels, den er seinem eigenen Namen hinzugefügt hatte, in den Adelsstand aufgestiegen war, hob tausend zusätzliche Soldaten aus. Vier ausgewählte junge Leute schickte er an die britische Militärakademie in Rugby. Der Dalai Lama ließ sie von einem anderen seiner geschätztesten Berater, Dorje Tsegyal Lungshar, begleiten. Dieser Mitarbeiter wurde von König Georg V. und Königin Mary in Audienz empfangen und nutzte seinen Europa-Aufenthalt, um auch Frankreich, Deutschland, die Niederlande und Belgien zu besuchen. Als Dasang Dradul Tsarong durch Vergleiche feststellte, daß die britischen Ausbildungsmethoden denen anderer Länder überlegen waren, sandte er später weitere junge Leute aus dem Adelsstand nach Sikkim und Indien, wo sie Artillerie- und Fernmeldekurse besuchten.

Auch die innere Ordnung mußte aufrechterhalten bleiben. Eine vom Dalai Lama ernannte Kommission erhielt deshalb den Auftrag, Reglemente für die Ausbildung und die Aufgaben einer Polizei auszuarbeiten.

Später, 1925, wurde ein Postbüro eröffnet, das Briefmarken herausgab und einen Postdienst zwischen den großen Städten im Landesinneren organisierte. Ins Ausland konnten vorläufig keine Briefe spediert werden. Noch im gleichen Jahr richtete man jedoch eine telegrafische Verbindung nach Gyantse ein, die an das britisch-indische Netz angeschlossen wurde. Ermöglicht wurde diese Entwicklung dank den technischen Kenntnissen eines der vier in England ausgebildeten Offiziere, Shodrung Kyibuk.

Der Dalai Lama machte sich Sorgen um die Wahrung des «ökologischen Gleichgewichts im tibetischen Biotop». Ihm war es auch wichtig, seine Landsleute vor Krankheiten zu schützen, die aus dem Ausland eingeschleppt werden konnten; ein mahnendes Beispiel dafür waren die Pocken, die sich schon seit Jahrhunderten immer wieder bemerkbar gemacht hatten. Er bemühte sich um den Aufbau einer Wirtschaft, die eine ausreichende Versorgung des Landes gewährleisten würde: Auf seinen Befehl hin wurde sogar versuchsweise eine Teeplantage angelegt, denn Tee war gewissermaßen das Nationalgetränk. Der Erfolg blieb leider bescheiden.

Eine Bank wurde gegründet, die unter anderem den Auftrag hatte, eigenes Geld zu prägen und den Geldumlauf zu kontrollieren. Die chinesischen Geldstücke sollten durch tibetische Kupfermünzen ersetzt werden.

Alle diese Maßnahmen hatten neue Ausgaben zur Folge, so daß man auch die Einnahmen der Staatskasse verbessern mußte. Die Zölle auf Salz und Fellen wurden erhöht. Bei der Einführung einer Wertsteuer auf Waren, die an der tibetisch-indischen Grenze ausgetauscht wurden, stieß die Regierung zunächst auf den Widerstand der britischen Behörden, die sich auf frühere Abmachungen beriefen; nach langwierigen Verhandlungen wurde schließlich ein fester Zollansatz von fünf Prozent akzeptiert. Zusätzliche Steuerlasten wurden schließlich dem Adel und den

Klöstern zugemutet. Als Kontrollorgan für alle diese Maßnahmen wurde 1920 ein Amt für die Ermittlung der Einkommensverhältnisse geschaffen; einerseits sollte diese Behörde die Steuerhinterziehung verunmöglichen, und andererseits hatte sie die Aufgabe, neue Finanzquellen zu erschließen.

In europäischen Staaten hatten Fiskalreformen immer wieder Aufstände heraufbeschworen, beispielsweise bei der Umwandlung des Kirchenzehnten. Auch die Regierung des Dalai Lama entging diesem Schicksal nicht.

Zur komplizierten inneren Situation kamen nicht enden wollende Unruhen in der Ostregion. Unmittelbar nach Unterzeichnung des Abkommens von Simla hatte der Dalai Lama die Truppen und das Kommando im Gebiet zwischen Gyamda und Chamdo verstärkt. Er hatte nie Zweifel daran, China würde die internationale Lage, wie sie sich nach Beginn des Ersten Weltkriegs entwickelte, dazu benutzen, um die militärischen Operationen jenseits der Grenzlinien wiederaufzunehmen, Grenzlinien, die zudem in Simla nicht anerkannt worden waren. Solche Befürchtungen bewahrheiteten sich im September 1917, als unversehens ein Angriff gegen die tibetischen Stellungen bei Riwoche ausgelöst wurde. Die tibetische Armee bekam auf diese Weise Gelegenheit, ihre neue Organisation und ihre Bewaffnung britischer Herkunft auf die Probe zu stellen. Sie erzielte rasche Erfolge; die chinesischen Truppen wurden über den Oberlauf des Yangtse Kiang zurückgeworfen. Die über das verbrecherische Vorgehen des Gouverneurs von Szetschuan, Peng Risheng, der Kriegsgefangene hatte enthaupten lassen, erbosten Tibeter wollten ihren Vormarsch in Richtung Ta-Chien-Lu fortsetzen. Doch die chinesischen Kommandanten, die sich bewußt waren, daß sie keinerlei Verstärkung zu erwarten hatten und für eine größere Niederlage zur Verantwortung gezogen würden, entsandten Emissäre nach Lhasa. Der Dalai Lama nahm deren Vorschläge wohlwollend entgegen. Ein britischer Vermittler, Eric Teichman, Mitarbeiter des konsularischen Dienstes in China, war beiden Seiten genehm. Ein in Rongbatsa in der Nähe der Ortschaft Ganzi im August 1918 abgeschlossener Waffenstillstand stellte die frühere Grenzlinie am Oberlauf des Yangtse Kiang wieder her. Für zwölf Jahre kehrte in diesem instabilen und von Aufständen heimgesuchten Gebiet Ruhe ein. Peking erteilte dem Gouverneur der Provinz Kansu den Befehl, eine Delegation nach Lhasa zu entsenden, um eine endgültige

Regelung für die Meinungsverschiedenheiten zwischen den beiden Ländern einzuleiten. Der Dalai Lama bereitete den chinesischen Mittelsmännern einen würdigen, aber reservierten Empfang; er gab ihnen zu verstehen, daß er sich an den Wortlaut der Vereinbarung von Simla halte und von der chinesischen Regierung deren Unterzeichnung erwarte.

Nachdem der notdürftige und wacklige Friede mit China wiederhergestellt war, hatte sich Thubten Gyatso abermals mit inneren Problemen zu befassen. Wie üblich waren weltliche und religiöse Fragen miteinander vermengt. Im religiösen Bereich ging es für einmal nicht so sehr um die Lehre, sondern um die hierarchische Organisation der buddhistischen Institutionen. Die für die Deckung der Staatsausgaben vorgenommenen fiskalischen Reformen hatten einen heiklen Kompetenzenstreit mit dem Panchen Lama heraufbeschworen. Von der historischen Entwicklung her gesehen stand diesem in der Tsang-Region, für die chinesischen Kaiser Hinter-Tibet, das Recht zu, Abgaben auf Handelsgeschäfte zu erheben, und die örtliche Bevölkerung ihrerseits pochte auf diese Privilegien. Nach seiner Rückkehr aus dem Exil hatte der Dalai Lama den Panchen Lama aufgefordert, einen Teil der Kosten für den Krieg mit China in den Jahren 1912/1913 zu übernehmen. Er erinnerte dabei an den Präzedenzfall des Krieges von 1791 mit Nepal, als der damalige Panchen Lama eingewilligt hatte, den vierten Teil der gesamten Kosten zu tragen. 1917 verlangte die Verwaltung in Lhasa einen Anteil an den Einkünften in Naturalien, die von den Bediensteten des Klosters Tashilhunpo erhoben wurden; sie wollte zudem das System der Transport-Frondienste auf die Bauern in der Region von Shigatse ausweiten, die davon vor langer Zeit befreit worden waren. Eine erste Intervention des Panchen Lama blieb unbeantwortet. Daraufhin versuchte er es mit einer anderen Taktik, indem er den britischen Handelsagenten in Gyantse, Macdonald, mit einer Vermittlung betraute. Nicht zum erstenmal mischte sich der Titular von Tashilhunpo damit in den Bereich der Auslandbeziehungen ein. Während des Krieges mit Nepal hatte Palden Yeshe direkten brieflichen Kontakt mit König Prithivi Narayan aufgenommen; und auch Chökyi Nyima hatte 1904 auf eigene Faust Kontakte mit der britischen Expedition von Younghusband gesucht. Damit wollte er verhindern, daß sich der Konflikt in sein Einflußgebiet, die Provinz Tsang, ausbreitete, die zuallererst und am schwersten unter den kriegerischen Ereignissen zu leiden gehabt hätte. Doch im neuartigen internationalen Kontext, wie er hier vorlag, mußte, insbesondere wenn man die vom Dalai Lama zwischen China und Großbritannien eingeleitete heikle diplomatische Partie berücksichtigte, ein neues Element das Spiel noch komplizieren. Macdonald gab jedenfalls den Bescheid, sein Land könne sich unmöglich in eine rein innenpolitische Angelegenheit einmischen. Der Panchen Lama war dieser Situation nicht gewachsen; seine kirchliche Umgebung, welche die Autorität der Zentralregierung in Lhasa entschieden ablehnte, setzte ihn zudem unter Druck, und so verließ er, von nur fünfzehn Mönchen begleitet, in der Nacht zum 15. November sein Kloster. Die militärischen Befehlshaber in der Region versuchten Kontakt zu ihm aufzunehmen; sie wußten jedoch nicht, in welcher Richtung er aufgebrochen war, und der Schnee behinderte mögliche Vorstöße ihrer Truppen. Die kleine Karawane irrte vorerst unter mühseligen äußeren Bedingungen in der Gegend umher, weil sie die üblichen Verbindungswege zu meiden versuchte, und schlug schließlich die Route in Richtung Mongolei ein.

Vor seiner Abreise hatte der Panchen Lama dem Dalai Lama noch einen Brief geschickt, worin er erklärte, er habe keineswegs die Absicht, Ursache eines Bürgerkrieges zu werden, und er begebe sich ins Ausland, um mehreren Klöstern einen Besuch abzustatten. Er hielt die Verbindung zum religiösen Oberhaupt in Lhasa aufrecht, aber er kehrte nie mehr aus seinem freiwilligen Exil zurück; er starb 1937, ohne Tashilhunpo wiedergesehen zu haben.

Man fragt sich nach den Gründen für diese veränderte Haltung des Panchen Lama, die das Gleichgewicht in den geistlichen Beziehungen erschütterte, das sich historisch zwischen den beiden Oberhäuptern der buddhistischen Schule Tibets eingespielt hatte. Während des ganzen 19. Jahrhunderts war, das ist einzuräumen, die Institution des Panchen Lama der eigentliche Angelpunkt der tibetischen Gesellschaft und Politik gewesen, denn die rasch aufeinander folgenden Dalai Lamas waren nicht alt genug geworden und hatten sich praktisch nicht an den weltlichen und religiösen Regierungsgeschäften beteiligt. Chökyi Nyima war nur sieben Jahre jünger als Thubten Gyatso; dieser Altersunterschied war zu gering für ein geistliches Vater-Sohn-Verhältnis. Gewiß, der junge Panchen Lama hatte das chinesische Angebot abgelehnt, während der beiden Exile des Dalai Lama in den Jahren 1904 und 1910 die Führung des Landes zu übernehmen. Hatte er seine Meinung geändert, war er zum Schluß gekommen, mit seinem eigenen Exil verschaffe er sich einen Anspruch, gleichberechtigt in das politische Leben einzugreifen? Jedenfalls hat China ihm gegenüber seine schon immer geübte Taktik angewandt, nämlich die beiden religiösen Oberhäupter gegeneinander auszuspielen: Shigatse gegen Lhasa, das Kloster Tashilhunpo gegen den Potala-Palast, um Tibet zu schwächen und die eigene Herrschaft zu verewigen. Chökyi Nyima versuchte immer wieder, mit dem Dalai Lama ins Gespräch zu kommen und nach Tibet zurückzukehren; er wurde jedesmal daran gehindert, und als seine Rückkehr nicht mehr zu vermeiden war, wurde sie hinausgezögert, bis ihn unterwegs der Tod ereilte.

Dieses Ereignis und auch die weitere Entwicklung der Dinge in Lhasa erleichterten dem Dalai Lama die Aufgabe nicht. Trugen nicht sogar die löblichen Absichten Thubten Gyatsos dazu bei, daß sich neue Hindernisse in den Weg stellten? Man bringt nicht ungestraft Modernisierungsfermente in eine Gesellschaft ein, die «noch im Zeitalter des Feudalismus lebt und in welcher der Adel und eine religiöse Hierarchie sich in die Macht teilen», hält Charles Bell schon 1921 fest. Von jetzt an mußte der Dalai Lama mit den Kräften rechnen, die er selbst geweckt hatte. Läßt sich sagen, es seien wirkliche politische Parteien entstanden? Sicher nicht im westlichen Sinne des Wortes. Hugh E. Richardson bestreitet, daß es eine «Junge Partei Tibets» gegeben habe, eine Erfindung chinesischer Beobachter, die damit das Mißtrauen gegenüber den in Lhasa sich ausbreitenden westlichen und insbesondere britischen Einflüssen schüren wollten. Die republikanische Regierung in Peking hat zwar, stellt man Vergleiche mit dem China der Han an, ebenfalls eine Modernisierungspolitik betrieben, die mit dem verschlafenen Traditionalismus der kaiserlichen Dynastien brach, doch in der Frage der Grenzregionen gab sie entschieden einem *Status quo* den Vorzug.

Die Vorstellungen des Dalai Lama und die von ihm betriebenen Reformen hatten zumindest in einer Angelegenheit die Meinungen seiner Landsleute auf einen gemeinsamen Nenner gebracht: Alle waren vom Willen getragen, die erworbene politische Unabhängigkeit zu wahren. Daß die chinesischen Vertreter, die sich entweder auf Befehl oder aus persönlicher Laune heraus in die inneren Angelegenheiten Tibets eingemischt hatten, verschwunden waren, wurde allgemein als eine Erleichterung empfunden. Doch davon abgesehen gab es Meinungsverschiedenheiten über die Verwirklichung des vom Dalai Lama vorgeschlagenen

Modernisierungsprogramms. Die öffentliche Meinung war in drei Strömungen gespalten.

• Eine neue Generation, vor allem junge Leute aus dem Adel, hatte bereits mit einer anderen Lebensweise Bekanntschaft geschlossen, die einen in Indien oder Großbritannien, die anderen im neuen republikanischen China; für sie war Erneuerung gleichbedeutend mit Befreiung von kirchlicher Vormundschaft; sie dachte an nichts anderes, als das Joch der Tradition abzuschütteln. Mit ihrer Kleidung und ihren Gewohnheiten – sie spielte Tennis und Polo, trank den Tee auf englische Art, grüßte mit einem Händedruck – forderte sie das von den Ahnen übernommene Gesellschaftssystem heraus. Dennoch suchte sie nicht etwa beim Volk politische Unterstützung; langfristig zielten ihre Absichten vielmehr darauf ab, die, ihrer Meinung nach, Diktatur der Mönche durch eine andere, auf der Macht des Militärs, des wichtigsten Garanten der Unabhängigkeit des Landes, beruhende Form von Autokratie zu ersetzen. Als ihren führenden Kopf betrachtete sie Dasang Dradul Tsarong, der seine wichtigen Funktionen als Oberkommandierender der Armee und Verantwortlicher für die entstehende nationale Industrie, eine Münzstätte und eine Waffenfabrik, der Gunst des Dalai Lama verdankte.

• Die Opposition gegen diese erste Gruppe bildeten die Äbte und Lamas der drei großen Klöster Drepung, Sera und Ganden, der «Pfeiler Tibets». Für sie und die in ihrem Einflußbereich lebenden Mönche war Tibet zuallererst eine religiöse Entität und erst in zweiter Linie eine Nation. Zu Loyalität fühlten sie sich vor allem dem Ideal des Buddhismus und dem Gelugpa-Orden gegenüber verpflichtet. Ihre Beteiligung an der Regierung und insbesondere an der Arbeit der Nationalversammlung bestand vor allem darin, daß sie deren Entscheidungen daraufhin prüften, ob sie mit den Grundprinzipien der Religion, dem eigentlichen Wesen des Landes, in Einklang stünden; jeder Schritt in Richtung einer Säkularisierung bedeutete für sie eine Häresie. Für die große Masse der Mönche mit einem im allgemeinen eher bescheidenen Bildungsstand galten die Ausländer, und insbesondere die Nichtasiaten, als Heiden, wozu noch ein großes Mißtrauen gegenüber der Armee kam.

• Die dritte Strömung stand eher über als zwischen diesen beiden Lagern. Zu ihr gehörten konservative Kräfte in der Regierung, Mitglieder des Ministerrats, Verwalter der Klöster und Verantwortliche für bestimmte staatliche Bereiche wie Rechtssprechung oder Steuerwesen.

Diese Männer hatten nicht viel für die Allmacht der Mönche übrig, sie beobachteten aber auch mit Argwohn, wie sich eine militärische Gegenmacht entwickelte, die erst noch eine Belastung für die Staatskasse darstellte; die öffentlichen Verpflichtungen konnten nur auf Kosten der herkömmlichen Einkommensquellen der leitenden Gremien, des Landadels und der Geschäftsleute gedeckt werden. Als einflußreichste Mitglieder dieser Gruppe galten Ara Karpo («weißer Bart»), einer der angesehensten Abgeordneten der Nationalversammlung, und Kusangtse Shabpe, der das Vertrauen des Dalai Lama genoß und mit seinem militärischen Sachverstand ein Gegengewicht zu Dasang Dradul Tsarong bildete.

Wie in allen organisierten Gesellschaften hat eine Vielfalt von politischen Meinungen zur Folge, daß die höchste Exekutive die Macht allein ausübt; Thubten Gyatso setzte seine Gebete und seine Meditationsübungen fort, aber er verfolgte auch aufmerksam die von ihm ausgelöste Entwicklung im Lande. Der empfindlichste Teil seines Modernisierungsprogramms waren zweifellos die ansteigenden Militärausgaben, und erste politische Meinungsverschiedenheiten wurden in den Debatten über Projekte sichtbar, die im Januar 1921 der Nationalversammlung vorgelegt wurden. Die Armee, ein neues Element im gesamten Staatsgefüge, fühlte sich in der Nationalversammlung nur unzureichend vertreten. Von Dasang Dradul Tsarong dazu gedrängte Offiziere verlangten Erklärungen und Veränderungen, womit sie Druck auf diese Behörde ausübten. Daß eine Institution in Frage gestellt wurde, war an sich schon eher verwirrend; die Parteien der Klöster und der Konservativen fühlten sich beunruhigt. Das militärische Kader erhoffte sich Vorteile von einem direkten Gespräch mit dem Dalai Lama, doch dabei verstießen sie gegen die bestehende Ordnung: Sie begaben sich, in Uniform und ohne eine Einladung erhalten zu haben, in den Potala, während die offiziellen Lamas ihre tägliche Besprechung mit dem geistlichen Oberhaupt abhielten. Trotz seiner Zuneigung für Dasang Dradul Tsarong, seinen jungen Gefährten im Exil, mußte Thubten Gyatso ihm die Flügel stutzen; er entzog ihm einige seiner Befugnisse und ordnete auch Strafmaßnahmen gegen andere Persönlichkeiten an, die in seinem Umfeld zu großes Gewicht erhalten hatten, so gegen Kusangtse Shabpe.

Einige Tage später kam es zu einem Zwischenfall zwischen den Militärs und den Mönchen der wichtigsten Klöster, als deren der ungetreuen

Geschäftsführung angeklagte Verwalter verhaftet wurden. Nun waren es Vertreter des Klerus, die lauthals eine Audienz beim Dalai Lama verlangten, der sich für eine gewisse Zeit zur inneren Besinnung in den Norbulinka-Palast zurückgezogen hatte; ihre Demonstration artete aus, als sie sich weigerten, den Berater Shölkhang anzuhören, der sie zu beruhigen versuchte; man mußte sie aus dem Garten vertreiben, in den sie ohne Rücksicht auf die Ruhe dieses Ortes eingedrungen waren. Während der folgenden Tage bezogen die Truppen Stellungen um die Klöster herum. Abermals nahm der Dalai Lama die Angelegenheit selbst an die Hand: Die als Agitatoren identifizierten Mönche wurden verhaftet und mit einem hölzernen Joch um den Hals durch die Straßen der Stadt geführt; vor allem aber wurden mehrere Äbte des Klosters Drepung ihrer Ämter enthoben. Zum erstenmal tat sich eine Kluft zwischen der weltlichen Macht und der religiösen Hierarchie auf. Der Dalai Lama zeigte Milde. Die Güter der Klöster und der Familien der für die Unruhen verantwortlichen Kräfte blieben unangetastet. Im folgenden Jahr lud das Kloster Ganden den Dalai Lama zu einer offiziellen Feier nach der Fertigstellung eines neuen Gebäudes ein, womit es seine volle Ergebenheit dem geistlichen Oberhaupt gegenüber zum Ausdruck brachte.

Einige Jahre lang führte Thubten Gyatso sein Modernisierungswerk fort, wobei vor allem Großbritannien technische Hilfe leistete. In der Hauptstadt wurde ein Wasserkraftwerk gebaut. Ein Engländer erhielt den Auftrag für eine geologische Untersuchung, mit der ausbeutbare Bodenschätze geortet werden sollten. In Gyantse wurde 1924 eine englische Schule eröffnet. Die britische Regierung in Indien entsprach einem tibetischen Gesuch und stellte der Regierung einen Beamten tibetischer Herkunft aus Sikkim für den Aufbau einer Polizeitruppe in der Hauptstadt zur Verfügung.

Auch dieses Vorhaben stieß auf Widerstand. Das Militär befürchtete den Verlust seiner Bewegungsfreiheit. Im Mai 1924 kam es zu einer Auseinandersetzung zwischen Polizisten und Soldaten; ein Polizist wurde getötet. Dasang Dradul Tsarong, der noch immer den Posten eines Oberkommandierenden der Armee bekleidete, hielt es für richtig, grausam zu wüten, um weitere Kampagnen gegen die Armee von vornherein zu unterbinden. Er begab sich an den Ort des Geschehens und verhängte, ohne auch nur ein Urteil abzuwarten, eine brutale Strafe: Einem der Beteiligten wurde ein Bein abgeschlagen, einem zweiten ein Ohr abgeschnitten. Der erstere starb am folgenden Tag. Eine Volksmenge trug seinen Leichnam durch die Stadt.

Der Dalai Lama hatte sich ausdrücklich gegen Körperstrafen ausgesprochen. Dasang Dradul Tsarong wurde jetzt aller seiner Funktionen enthoben und verließ das Land. Während der kommenden Jahre lebte er in Nepal und Indien. An der Armeespitze wurde er durch Dorje Tsegyal Lungshar ersetzt, der seit seiner Rückkehr aus Europa, wohin er die vier ersten in England ausgebildeten tibetischen Offiziere begleitet hatte, das Finanzministerium leitete.

Eine weitere Persönlichkeit stieß um diese Zeit zum Kreis der jungen Leute, die sich für die Einführung moderner Methoden in die tibetische Gesellschaft einsetzten: Thubten Kunpel-La. Er stammte aus einer bescheidenen Bauernfamilie, war Mönch geworden und hatte einen mühseligen Beruf erlernt, denn er fertigte Holzstöcke für den Druck religiöser Texte an. Der Dalai Lama spürte, daß dieser junge Mann ohne Beziehungen zur Aristokratie oder zu politischen und finanziellen Kreisen bereit war, sich voll für die Allgemeinheit einzusetzen. 1925 vertraute er ihm das Ministerium an, das er für Dasang Dradul Tsarong geschaffen hatte und zu dem die Münzstätte, die Waffenfabrik und die Elektrizitätsversorgung gehörten. Die moderne Technik hatte es Thubten Kunpel-La angetan; er führte die ersten Automobile ein, einen Dodge und zwei kleine Austin, die der vierzehnte Dalai Lama als Kind noch in einem Abstellraum des Norbulinka-Palastes vorfand. Muslimische Geschäftsleute aus Ladakh kamen auf die Idee, ihn um eine Importbewilligung für einen Filmprojektor zu ersuchen: Thubten Kunpel-La organisierte die erste Filmvorführung und lud die Angehörigen des Hochadels dazu ein. Da er die Bedeutung einer bewaffneten Macht erkannt hatte, sorgte er für die Bildung eines Eliteregiments, das die Ausrüstung und die Ernährung der Soldaten überwachte.

Verschiedene auseinanderstrebende Elemente eines breiten politischen Spektrums, das von progressiven Kräften bis zu Integralisten und Konservativen reichte, vom Sumpf persönlicher und familiärer Interessen gar nicht zu sprechen, mußten in ein und demselben Regierungs- und Verwaltungsapparat zusammengehalten werden. Das war für den Dalai Lama eine tägliche Sorge. Er selbst wurde nicht über alle Schwierigkeiten und begangenen Fehler informiert. Ein solcher politischer Fehlentscheid brachte Tibet an den Rand eines neuen Krieges gegen Nepal.

Nach einem Streit zwischen Geschäftsleuten wurde ein in Lhasa ansässiger Nepalese verhaftet und eingekerkert. Es gelang ihm, aus dem Gefängnis zu entkommen und sich in die Botschaft Nepals zu flüchten. Auf Anordnung des mit den Regeln des internationalen Rechts wenig vertrauten Ministers Dorje Tsegyal Lungshar drang die Polizei gewaltsam in das Gelände des Gebäudes ein, um den Flüchtigen wieder festzunehmen. Die nepalesische Regierung hinterlegte im Potala eine energische Protestnote und verlangte eine offizielle Entschuldigung. Nach einem unvollständigen Bericht seines Ministers beantwortete der Dalai Lama das Schreiben, ohne jedoch auf die Grundsatzfrage der Verletzung der diplomatischen Immunität einzugehen. Weitere Noten wurden ausgetauscht, verschärften aber nur noch das Mißverständnis. Beidseits der Grenze marschierten Truppen auf. Schließlich wurde ein nepalesischer Sondergesandter nach Lhasa beordert. Er legte dem Dalai Lama die Situation in klaren und unmißverständlichen Worten dar, worauf dieser den Beschwerden der nepalesischen Regierung volle Satisfaktion erteilte. Ein weiterer Umstand ist erwähnenswert. China hatte Kontakte zum Königspalast in Katmandu aufgenommen und seine Vermittlung angeboten, was jedoch höflich, aber entschieden abgelehnt wurde. Der im chinesischen Exil lebende Panchen Lama hatte die Guomindang-Regierung gebeten, ihm Waffen und Munition zu überlassen, damit er sich an der Verteidigung seines Landes gegen die nepalesische Armee beteiligen könne. Er erhielt nicht nur eine ablehnende Antwort, man verweigerte ihm auch die Transportmittel, um nach Tibet zurückkehren zu können.

Doch die republikanische Regierung in Peking wurde von der Wirklichkeit eingeholt. Im Vergleich zu den inneren Dramen, mit denen sie konfrontiert war, verblaßten die tibetischen Probleme. Überall im Lande mußte befürchtet werden, daß unbotmäßige Kriegsherren die Einheit des Landes zerstörten. Die Aufständischen in der Mandschurei hatten sogar die Japaner in ihre Intrigen eingespannt. 1925 verschaffte sich eine neue politische Kraft Respekt: die Kommunistische Partei von Mao Zedong. In Szetschuan erhielt der militärische Oberbefehlshaber Liu Wen Hui Geschmack am Vorhaben seines Vorgängers Chao Erfeng, das Territorium seiner Provinz auf Kosten Tibets zu vergrößern. Seine Truppen überschritten die durch den Waffenstillstand von 1918 nach langwierigen Verhandlungen als Grenze anerkannte Linie. Die Tibeter reagierten kraftvoll und stießen wiederum bis in die Vororte von Ta-Chien-Lu vor. Die Reaktionen der nationalistischen Presse, die sogleich die Vermutung aussprach, Großbritannien stehe hinter den Manövern der tibetischen Armee, bewogen Chiang Kai-shek, Kontakte zum Dalai Lama aufzunehmen, zuerst über den Abt des buddhistischen Klosters in Peking, Könchok Jungne, später durch eine Sonderbotschafterin, Liu Man-Ching, Dolmetscherin in der Abteilung für tibetische Angelegenheiten. Sie traf am 7. Februar 1930 in Lhasa ein und wurde mit ausgesuchter Höflichkeit in Audienz empfangen. Aus ihrem Bericht geht klar hervor, daß der Dalai Lama über internationale Beziehungen sehr gut Bescheid wußte. Aus den Worten, mit denen er über die Briten sprach, «deren Eigenarten und Bräuche von den unsrigen derart verschieden sind», erhielt sie den Eindruck, das tibetische Oberhaupt habe sich in dieser Hinsicht seine volle Bewegungsfreiheit gewahrt.

Im Brief Chiang Kai-sheks, der vom Pekinger Lama überbracht worden war, wurde vorgeschlagen, die chinesisch-tibetischen Meinungsverschiedenheiten in acht Punkten zu regeln; Thubten Gyatso beharrte in seiner Antwort auf der 1914 bei der Konferenz in Simla eingenommenen politischen Linie; er pochte insbesondere auf die tibetische Autonomie und auf die Kontrolle der östlichen Grenzgebiete mit einer Bevölkerung tibetischer Herkunft.

Diese erste offizielle Kontaktnahme mit der nationalchinesischen Regierung zeitigte zwei positive Ergebnisse: Zunächst einmal war von einer britischen Vermittlung oder einer britischen Beteiligung an bilateralen Verhandlungen nicht mehr die Rede; weiter ließ der Dalai Lama Büros für tibetische Angelegenheiten in Ta-Chien-Lu, Nanking und Peking eröffnen, das letztere mit dem Lama Könchok Jungne als Leiter, der mit zwei Mitarbeitern in die chinesische Hauptstadt zurückkehrte. Der Dalai Lama ermächtigte auch seine Vertreter, als Beobachter an der Verfassungskonferenz teilzunehmen, die der Guomindang für 1931 nach Nanking einberufen hatte.

Doch über die Situation und den Status des Panchen Lama konnte keine Einigung erzielt werden. Die Chinesen wollten ihn wieder in seine Funktionen als sowohl geistliches wie auch weltliches Oberhaupt über die Provinz Tsang, für die Mandschu-Kaiser Hinter-Tibet, einsetzen, aber eine solche Lösung vertrug sich nicht mehr mit den Vorstellungen, die sich der Dalai Lama über die Einheit des Landes gebildet hatte. Am 1. Juli 1931 verlieh der Guomindang dem Panchen Lama den Titel «Großmeister von unendlicher Weisheit, Verteidiger der Nation und Ausbreiter des Glaubens»; hinzu kamen ein offizielles Siegel und eine jährliche Geldzuwendung von hundertzwanzigtausend Yuan. Der Dalai Lama beauftragte sein Büro in Nanking, scharf gegen diese Formulierung zu protestieren, weil dem Oberhaupt des Klosters Tashilhunpo in der tibetischen Geschichte nie Vollmachten in weltlichen Angelegenheiten erteilt worden seien.

Inzwischen war im Gebiet von Nyarong in der Kham-Region ein neuer Konflikt ausgebrochen. Meinungsverschiedenheiten zwischen zwei Klöstern, bei denen anscheinend Anhänger des Panchen Lama und des Dalai Lama aneinandergeraten waren, wurden von Truppen des Generals Liu Wen Hui dafür ausgenützt, um tibetische Gebiete zu besetzen. Deren rascher Vormarsch beunruhigte den Kashag und die Bevölkerung der Hauptstadt, die eine Wiederholung der schrecklichen Ereignisse von 1910 befürchtete. Der Dalai Lama informierte die anglo-indische Regierung, und diese beorderte J. L. K. Weir, einen politischen Sekretär im Büro für Sikkim, nach Lhasa; London ließ dem Guomindang, der offensichtlich nicht imstande war, Übergriffe solcher untereinander in rivalisierende Gruppen gespaltener Generäle zu verhindern, eine Protestnote überreichen.

Die Lage komplizierte sich noch, als eine zweite chinesisch-tibetische Kampffront entstand: Ma-Bufang, ein muslimischer chinesischer General, Gouverneur der Provinz Qinghai (Tsinghai) und ebenfalls einer der halb-unabhängigen Kriegsherren der Zentralregierung, mischte sich in die Meinungsverschiedenheiten zwischen den buddhistischen Klöstern ein, um einen Vorwand für einen Einmarsch in tibetisches Gebiet in den Regionen Nangchen, Jyekundo und Chamdo zu erhalten. Die in die Zange genommenen tibetischen Truppen zogen sich zurück.

Am 10. Oktober 1932 wurde schließlich in der Region Kham ein Waffenstillstand zwischen den Generälen der beiden Lager abgeschlossen; die Chinesen erklärten sich bereit, ihre Truppen aus den beiden Gebieten am Oberlauf des Yangtse Kiang zurückzuziehen; der Fluß blieb so lange die faktische Grenze zwischen den beiden Staaten, bis er im Oktober 1950 von den kommunistischen Truppen überschritten wurde.

Einige Monate später, im Juni 1933, brachte ein weiterer Waffenstillstand das Ende der Feindseligkeiten mit den Horden Ma-Bufangs im Nordosten.

Während dieser ganzen Zeit war der Dalai Lama zusätzlich mit der noch unstabilen innenpolitischen Situation beschäftigt. Seine wichtigste Stütze war Thubten Kunpel-La. Dieser treue und geschickte Mitarbeiter verstand es, die lebendigen Kräfte im Lande zu mobilisieren; er brachte die begüterten und einflußreichen Familien dazu, daß sie sich mit der Idee zu befreunden begannen, ihre Söhne im Interesse der nationalen Selbständigkeit in die Armee einzugliedern. Er holte Dasang Dradul Tsarong in die Leitung der industriellen und militärischen Betriebe zurück und verschaffte den Kindern seines Rivalen Dorje Tsegyal Lungshar Posten in der höheren Verwaltung und in der Leibgarde des Dalai Lama.

Trotz solcher nützlicher Mitarbeiter begann Thubten Gyatso die Last seiner Verantwortung und die Mühsal seines Amtes zu spüren. Sein Wunsch wäre es gewesen, wie seine Vorgänger mehr Zeit der Lehre, dem Unterricht und der Meditation zu widmen. Auch in diesem Bereich wurde ihm keine geistliche Genugtuung zuteil, die ihn in seinen Absichten und Entscheidungen hätte bestärken können. Ein gewisser Laxismus hatte in der kirchlichen Hierarchie und in der Leitung der Klöster eingerissen. Zum Verwalter von Tashilhunpo und aller vom Kloster abhängigen Einrichtungen war beim Weggang des Panchen Lama ein kompetenter Fachmann, Dzasa Lama, ernannt worden. 1928 setzte der Dalai Lama eine Kommission aus drei Mönchen ein, um eine Untersuchung über disziplinarische Mängel, auf die man ihn aufmerksam gemacht hatte, in den drei wichtigsten Klöstern durchzuführen. 1931 gab er strenge Instruktionen heraus, in denen er an die Regeln des Mönchslebens erinnerte und die Bestrafung derer ankündigte, die sich nicht daran halten würden.

Solche Sorgen und die Arbeitsüberlastung hatten zur Folge, daß Thubten Gyatso einerseits autoritär zu regieren begann und andererseits einem gewissen Pessimismus verfiel. Norbu Döndrup, ein in Sikkim geborener Tibeter, der als Angestellter der britischen Verwaltung oft mit Aufträgen in Lhasa betraut wurde, sagte später: «Der Dalai Lama hatte kein Vertrauen mehr zu seinen Ministern, den Mitgliedern des Kashag, ebensowenig zu seinen nächsten Mitarbeitern; er erledigte alles, ohne auch nur die leitenden Beamten der Regierungsdepartemente zu konsultieren, alle hatten Angst vor dem Dalai Lama!»

Als voll ausgereifter geistlicher Meister und fähiges und klarsichtiges Staatsoberhaupt, wie sein Nachfolger schreibt, war der dreizehnte Dalai

Lama ein Visionär mit einer durch die schmerzhaften Erfahrungen zweier Exile und zahlreicher bewaffneter Konflikte geschärften politischen Intuition. Die Unstimmigkeiten mit dem Panchen Lama machten ihm zu schaffen. Bis zuletzt suchte er nach einer Lösung. Noch 1933, in seinem Todesjahr, schrieb er ihm einen Brief, um ihn davon zu überzeugen, daß er zurückkehren sollte, damit die Glaubens- und Religionseinheit wiederhergestellt würde.

In dem von ihm hinterlassenen Testament widerspiegelt sich ein Leben voller enttäuschter Illusionen und Kummer:

> Sollte es um die Erhaltung unseres Landes gehen, so könnte es dazu kommen, daß der Dalai Lama und der Panchen Lama, Vater und Sohn, die Treuhänder des Glaubens und ruhmvollen Reinkarnationen, zu Boden geworfen werden und daß ihre Namen der Vergessenheit anheimfallen. Die Mönchsgemeinschaften und der Klerus werden zusehen müssen, wie ihr Eigentum zerstört wird. [...] Sie werden vom Feind zu Knechten erniedrigt oder gezwungen, wie Vagabunden umherzuirren. Alle Lebewesen versinken in Elend und Angst, und Nacht senkt sich langsam über das Leiden der Welt. Diese Dunkelheit wird lange währen.
>
> Seid keine Verräter am Glauben oder am Land, indem ihr für einen anderen Staat als den euren arbeitet. [...] Befleißigt euch friedlicher Methoden, wenn Frieden gefragt ist, und greift zur Gewalt, wenn Gewalt notwendig ist. Arbeitet und haltet zu gegebener Zeit durch, damit ihr später nichts zu bereuen habt. In eure Hände, ihr Regierungsbeamten, ihr Meister der Lehre und du mein Volk, ist die Zukunft des Landes gegeben. Greift nicht auf schlechte oder niedrige Dinge zurück, schreitet gemeinsam voran und arbeitet am Wohle aller. Wenn ihr das tut, so besteht Gewähr und stehen wir unter dem Schutz, den das Staatsorakel dem Guru Rimpoche und der langen Reihe der früheren Dalai Lamas verheißen hat. Ich selbst biete all denen, die an dieser Aufgabe mitarbeiten und dabei ausharren, meine Gebete und meinen Segen an. Denen, die nur an sich selbst denken, werden das Schicksal und das Karma zum Verhängnis werden. Auch wenn sie vorübergehend im Wohlstand leben, weil sie ihre Regierungsverantwortung vernachlässigen und bloß zusehen, wie die Zeit verstreicht, sehe ich dennoch für sie in der Zukunft nur Unheil. Und dann wird es zu spät sein, den Versäumnissen nachzutrauern.

Beim Mönlam-Fest Anfang 1933 hatte der Dalai Lama die Mönche, die Beamten und die um ihn versammelten Gläubigen in einer langen

Rede ermahnt. Er hatte an seine Bemühungen erinnert, um das Leben
der Tibeter zu verbessern, und kam zum Schluß, von jetzt an habe das
Volk über das Schicksal der Nation zu entscheiden. Man hält diese Aussagen für die letzte Botschaft eines müde gewordenen Visionärs. Im
November des gleichen Jahres erkältete sich Thubten Gyatso bei einer
religiösen Zeremonie. Man spürte, daß es sich um eine schwere Erkrankung handeln mußte, als er nicht zu den Gottesdiensten zur Feier des
Geburtstages von Tsongkhapa erschien. Die Mönche im Jokhang-
Kloster beteten noch eifriger für seine Gesundung. Doch die Bewegun-
gen und die Atmung des Kranken wurden immer langsamer: Thubten
Gyatso verstarb in der Nacht des 17. Dezember.

Es war ein gewittriger Sonntag; unheilvolle Vorzeichen hatten einen
Unglückstag angekündigt. Zwischen dem Potala und dem Nechung-
Tempel, dem Ort des Staatsorakels, herrschte ein ständiges Kommen und
Gehen; das Medium hatte sich auf Bitten des Dalai Lama persönlich in
aller Eile zum Palast begeben. Die Minister des Kashag und andere hohe
Würdenträger eilten ebenfalls herbei. Dort fanden sie Thubten Gyatsos
Mitarbeiter Thubten Kunpel-La vor, der ihnen den Zutritt zum Zimmer
des Dalai Lama verwehrte. Als sie auf ihr inständiges Bitten hin doch
noch zugelassen wurden, konnte das religiöse Oberhaupt bereits nicht
mehr sprechen.

Als vier Tage später der Kashag und die Nationalversammlung zusam-
mentraten, hatten die Teilnehmer bereits von den beim Volk in Lhasa
herumgebotenen Gerüchten gehört, wonach der Dalai Lama vergiftet
worden sei. Mehr noch, der plötzliche Tod des verehrten Oberhaupts löste
bei der Regierung, den Parteien, in den Klöstern und in der buddhistischen Hierarchie Verwirrung, Gefühle der Verlorenheit und Angst aus.
Dorje Tsegyal Lungshar, der frühere Berater des Dalai Lama, hielt die
Zeit für gekommen, sich einen festen Platz auf diesem in völligem Um-
bruch befindlichen politischen Schachbrett zu sichern. – Jeglicher Versuch, diese Persönlichkeit nach den üblichen westlichen Kriterien in eine
politische Kategorie einzuordnen, wäre zum Scheitern verurteilt. War er,
der Europa besucht hatte und kannte, ein Modernist oder ein konservativer Laie, der dennoch zuallererst nach Unterstützung durch die Äbte und
Lamas in den Klöstern strebte? Suchte er eine Annäherung an China oder
wollte er die politische Entwicklung in diesem Lande nachahmen und
eine republikanische Regierungsform nach Tibet verpflanzen? Sah er

sich selbst als einen von einer Armee, zu deren Modernisierung er beigetragen hatte und die er mehrere Jahre lang kommandiert hatte, unterstützten Diktator? Er war alles gleichzeitig: Wirrkopf und Machiavellist,
ehrgeizig und skrupellos. Seine politischen Manöver zielten vorerst darauf ab, den Mann des Augenblicks, Thubten Kunpel-La, auszuschalten,
auf den sich die mit dem Tod des Dalai Lama verbundenen Verdächti-
gungen konzentrierten. Der Vertraute des verstorbenen Staatsoberhaupts
wurde zusammen mit seiner Familie, seinen Freunden und seinen Bediensteten verhaftet, die Güter aller dieser Menschen wurden konfisziert.
Die vom Klerus beherrschte Nationalversammlung vertraute die Regentschaft einem Lama aus dem Kloster Reting an, einem intelligenten, aber
noch nicht einmal zwanzigjährigen Mann, der über keinerlei Erfahrungen verfügte. Auch in diesem Punkt wird die historische Wahrheit vielleicht erst später bekannt werden: Fest steht aber, daß die Intrigen und
Rivalitäten zwischen dem Kashag und den Regierungsdepartementen
einerseits und der von Dorje Tsegyal Lungshar beherrschten Nationalversammlung andererseits zum Verhängnis für den Mann wurden, der
alle Fäden fest in der Hand zu halten glaubte. Die Minister neutralisier-
ten als erstes die Mönche aus den Klöstern durch geschickte Reden, mit
denen sie ihnen bewiesen, daß ihre Traditionen bedroht waren. Anschließend luden sie Dorje Tsegyal Lungshar in den Potala ein. Selbstsicher
und ohne Mißtrauen, nur von einigen Freunden begleitet, begab er sich
dorthin. Er wurde verhaftet, ins Gefängnis geworfen und geblendet, eine
sehr selten und nur in Fällen von Hochverrat angewandte Strafe.

Alle diese sich überstürzenden Ereignisse beunruhigten China und
Großbritannien in hohem Maße. Die Guomindang-Regierung versuchte
Klarheit zu gewinnen und wenn möglich die Gunst der Umstände zu
nutzen, um ihre diplomatische Vertretung in Lhasa und den Status
Tibets zur Zeit der kaiserlichen Dynastien wiederherzustellen. Sie entsandte den stellvertretenden Generalstabschef, General Huang Musung,
in offizieller Mission nach Lhasa, wo er im Namen der Republik China
ein Beileidsschreiben zu überbringen hatte. Eine vorbereitende Delegation machte sich mit den üblichen Geschenken auf die Reise, zuerst auf
dem Seeweg nach Indien und anschließend durch den Subkontinent
nach Tibet. Sie kam am 24. Mai 1934 in Lhasa an. Die britische
Regierung in Indien übertrug diese Aufgabe ihrem politischen Sekretär
in Sikkim, Norbu Döndrub.

General Huang und die achtzig Personen seiner Eskorte trafen am 28. August 1934 feierlich in Lhasa ein. Der chinesische Würdenträger, mehr Diplomat als Offizier, bezauberte seine Gesprächspartner und die Bevölkerung mit seinen tadellosen Umgangsformen. Er vermied jede politische Diskussion und begab sich unmittelbar nach seiner Ankunft in das Jokhang-Kloster und zu anderen Ordensgemeinschaften, wo er kostbare Geschenke überbrachte und größten Respekt der Religion gegenüber bezeugte. Allen wichtigen Mitgliedern des Kashag und der Nationalversamlung stattete er Besuche ab. Dank seiner Zuvorkommenheit konnte er alle heiklen Punkte seiner Mission von einer günstigen Ausgangsposition her behandeln. Zuerst wurde er ermächtigt, eine Radiostation als direkte Verbindung mit seiner Regierung einzurichten. Dann übergab er den tibetischen Vertretern eine Medaille und eine Jade-Tafel, die an den verstorbenen Dalai Lama erinnern sollten. Bei den Tibetern wurde aber Mißtrauen wach, und so verlangte man zunächst eine genaue Übersetzung aller Inschriften. Völlig neutrale Ausdrücke vermochten die Leute zu beruhigen: «Dem dreizehnten Dalai Lama gewidmet, einem Mann von hohem Ansehen, Beschützer der Lebewesen im Land des Schnees, den wir – Chinesen – als wahren Buddha anerkennen. Das ist ein Geschenk der republikanischen Regierung Chinas.» Und der geschickte General wurde unter großem Pomp in die Leichenhalle geführt, wo er die kostbaren Geschenke niederlegte.

Substantielle politische Gespräche begannen am 17. September. Der Guomindang bestand auf der Feststellung, daß Tibet integrierender Bestandteil der Republik China sei. Als Gegenleistung bot der General eine gütliche Einigung über den Grenzverlauf zwischen den beiden Staatsgebieten an. Die Tibeter blieben dem Erbe des dreizehnten Dalai Lama treu und machten keinerlei Konzessionen. Sie hielten sich an die Verträge von Simla und an den Geist, der den früheren Beziehungen zwischen dem geistlichen Oberhaupt und seinem weltlichen Beschützer zugrunde gelegt worden war. Als General Huang Musung Ende November 1934 nach Nanking zurückkehrte, ließ er die Radiostation und einige Mitarbeiter zurück, «um den Dialog fortzusetzen», ein äußerliches Zeichen der seit zweiundzwanzig Jahren nicht mehr bestehenden chinesischen Präsenz. Die Tibeter dankten ihm für seine guten Dienste, indem sie ihm einen offiziellen Rang verliehen und ihm ein prunkvolles Gewand, das äußere Symbol für diese Stellung, überreichten. Auch seine

Regierung zeigte sich erkenntlich, indem sie ihm das wichtige Departement für mongolische und tibetische Angelegenheiten anvertraute.

Einige Zeit später erhielten die Engländer, nachdem Basil Gould seinen Auftrag in Tibet erfüllt hatte, denselben Status: Ihre Radiostation, zu der auch ein Militärarzt gehörte, wurde nach der Freiheitsnacht am 15. August 1947 zum Generalkonsulat Indiens, das aber später während des chinesisch-indischen Krieges von 1962 wieder geschlossen wurde.

Die tibetische Regierung, die nichts vom Erbe des dreizehnten Dalai Lama aufgegeben hatte, setzte ihre Bemühungen um eine innenpolitische Reorganisation fort. Die Kontinuität der Institutionen blieb, mit durch die Umstände notwendig gewordenen personellen Umbesetzungen, bemerkenswerterweise siebzehn Jahre lang gewahrt.

Hatte Thubten Gyatso postum das Ziel seiner Herrschaft – eine internationale Anerkennung, leicht modifiziert durch die geschichtlich gewachsenen privilegierten Beziehungen zu China, und eine auf die Regeln der Mönchsdisziplin abgestützte Verbesserung der Regierungsarbeit – erreicht? Zusätzlich zu seinen politischen Bemühungen hatte der Dalai Lama auch Zeit gefunden, um Schriften zu verfassen, deren hölzerne Druckstöcke im Potala sorgfältig aufbewahrt werden. Das gilt insbesondere für die Texte seiner Predigten, die er während seines ersten Exils in den Klöstern der Mongolei und der chinesischen Provinzen Qinghai und Sinkiang gehalten hatte.

Noch mußte aber der Mann, der nie vergessen hatte, daß er der Bodhisattva des Mitleidens war, wiedergeboren werden, um sein Werk als Führer seiner Gläubigen und seiner Landsleute weiterzuführen.

XIV

Tenzin Gyatso
seit 1935

Bläuliches Licht schien vom See der Visionen auszugehen. Das Gebet der Mönche, die aufrecht im Kreise auf einem über die Seeoberfläche herausragenden Erdhügel standen, drang ganz leise wie ein himmlisches Gemurmel zu den Ohren des Regenten, Reting Rimpoche, der am Ufer saß und sich ganz auf eine intensive Meditation konzentrierte. Plötzlich bemerkte er, wie im Spiegel des türkisfarbenen Wassers drei tibetische Buchstaben sichtbar wurden: *Ah, Ka* und *Ma*. Dann erblickten seine Augen ein dreistöckiges Kloster mit Dächern aus Gold und Jade. Und nun lenkte der Widerschein seinen Blick auf einen Weg bis zum Fuße eines Hügels, auf dem ein Häuschen mit einem einzigartigen Dach aus blauen Ziegeln stand.

Das war im Sommer 1935. Ein Jahr später berichtete der Regent vor der Nationalversammlung von dieser Offenbarung. Er hatte dieses Gremium zusammengerufen, weil es einen Beschluß über die Suche nach dem neuen Dalai Lama zu fassen hatte. Er legte dar, daß die Lamas und die Orakel, die er befragt hatte, die Buchstaben als einen Hinweis auf die Region Amdo und das Kloster Kumbum interpretiert hätten. Weitere Zeichen hätten in Richtung Osten gewiesen. Der tote Leib des dreizehnten Dalai Lama war mit nach Süden gewandtem Gesicht hingelegt worden. Als am Morgen die Diener in den Raum zurückkehrten, um den Leichnam für die Einbalsamierung vorzubereiten, hatte sich der Kopf nach Osten gedreht, und das tat er noch einmal. Und auf einer der Säulen an der Nordostseite dieses Zimmers erschien ein großer sternförmiger Pilz. Die Nationalversammlung beschloß, drei aus Mönchen und Laien zusammengesetzte Delegationen auf die Suche zu schicken. Im Herbst 1936 brachen die Gruppen auf, die eine in Richtung Nordosten in die Region Amdo, die zweite in Richtung Osten in das Gebiet von Kham und die dritte in Richtung Südosten nach Dakpo und Kongpo.

Die von einem Lama aus dem Kloster Sera, Keutsang Rimpoche, geleitete Delegation kam im Februar 1937 in Jyekundo am Oberlauf des Yangtse Kiang an. Dort begegnete sie dem aus seinem Exil zurückkehrenden Panchen Lama. Chökyi Nyima seinerseits hatte aufmerksam auf Erzählungen gelauscht, die über einige Geburten herumgeboten wurden, mit denen deutlich Zeichen mit Hinweischarakter verbunden waren. Daran ließ sich die Reinkarnation des Dalai Lama erkennen. Er hatte sich die Namen von drei Kindern gemerkt und teilte diese der Gruppe mit. Das eine Kind war in der Zwischenzeit gestorben; das zweite reagierte auf ihm vorgezeigte Gegenstände des verstorbenen Dalai Lama nur mit einigen Tränen.

Vor dem Haus des dritten Kindes stellte Keutsang fest, daß der Ort genau dem Bild entsprach, das dem Regenten am See der Visionen offenbart worden war. Er bat um Gastfreundschaft für eine Nacht, ohne sich aber als Anführer der Delegation zu erkennen zu geben. Er erklärte, er sei ein einfacher Diener, und hielt sich als solcher in der Küche auf. Ein kleiner, ungefähr zwei Jahre alter Knabe kam nach kurzer Zeit ebenfalls in die Küche, heftete seinen Blick auf den Rosenkranz, den Keutsang um den Hals trug, und sagte ganz schlicht:

«Ich will das.»

«Wenn du weißt, wer ich bin, gebe ich dir diesen Rosenkranz.»

«Du bist der Aga von Sera.»

Einer der Mönche aus der Gruppe erklärte dazu, in der örtlichen Sprache sei Aga das Wort für Lama.

Das Kind nahm den Gegenstand in seine kleinen Hände und folgte von da an Keutsang auf Schritt und Tritt. Als es am folgenden Morgen sah, daß er aufbrechen wollte, bat es ihn inständig, ihn begleiten zu dürfen, und als ihm diese Bitte abgeschlagen wurde, begann es zu weinen. Einige Tage später, als die Delegation aus dem Kloster Kumbum aufbrach, um sich abermals in das Nachbardorf Taktser zu begeben, wo das Kind wohnte, waren die Mönche bei ihren Gebeten gerade so weit gekommen, daß einer von ihnen in die Muschel blies; der Ton begleitete sie einen Augenblick lang; dann hörten sie zum erstenmal in diesem Jahr einen Kuckuck singen. Sie dachten noch über diese glücklichen Vorzeichen nach, als sie den Weg eines Chinesen kreuzten, der drei mit Holz beladene Esel mit sich führte; der Mann sagte ihnen, es wäre für sie besser, einen anderen Weg zu nehmen, den er ihnen auch zeigte. Und auf diesem Weg gelangten sie zum Karmapa-Kloster Rolpai Dorje auf einem Hügel über dem Dorf. Während seiner Rückkehr aus China hatte sich der dreizehnte Dalai Lama hier ausgeruht; laut noch lebenden Zeugen soll er dabei gesagt haben, das Dorf sei ein großartiger Ort, und sein Blick war kurz auf dem Haus verweilt, auf das sich die Delegation jetzt hinbewegte.

Die drei Mönche und der weltliche Beamte legten die Gründe für ihren abermaligen Besuch dar, aber ohne ausdrücklich zu erwähnen, daß sie nach der Reinkarnation des Dalai Lama suchten. Sie legten verschiedene Gegenstände auf einen langen Tisch und ließen das Kind rufen. Keutsang zeigte ihm zuerst zwei schwarze Rosenkränze; das Kind ergriff, ohne zu zögern, den einen von ihnen und legte ihn sich um den Hals. Die Prüfung wurde mit zwei gelben Rosenkränzen wiederholt. Als Keutsang zwei Stöcke zeigte, zögerte das Kind, es berührte zuerst den einen, bevor es den anderen in die Hand nahm. Nun mußten sich die Lamas untereinander beraten; dabei stellte sich heraus, daß auch der erste Stock Thubten Gyatso gehört, daß er ihn aber später Keutsang geschenkt hatte; das Kind hatte somit keinen Fehler begangen. Schließlich stellte man zwei Trommeln vor das Kind, die eine reich mit Elfenbeinstücken, Gold und Türkisen auf Brokat geschmückt, die andere kleiner und ganz schlicht; als das Kind nach der letzteren griff, wußten die vier Männer mit Gewißheit, daß sie den vierzehnten Dalai Lama gefunden hatten; ihre Augen füllten sich mit Tränen. Sie erfuhren nun auch, daß sich kurz nach der Geburt des Kindes zwei Raben auf das Hausdach gesetzt hatten, daß diese eine Zeitlang täglich wiedergekommen waren, jeweils einen Augenblick lang verweilten und dann fortflogen. Die Mönche wußten, daß Raben den ersten Dalai Lama als Kind geschützt hatten, als seine Eltern ihn auf der Flucht vor Räubern verstecken mußten.

Über alle diese Ereignisse wurde ein Bericht nach Lhasa geschickt, wo man der Entscheidung der Delegation zustimmte. Gouverneur in der Region Amdo war damals der chinesische Muslim Ma-Bufang, ein kriegerischer Mensch, der seine persönlichen Interessen über die der Guomindang-Regierung in Peking stellte. Keutsang berichtete ihm mit der notwendigen Vorsicht vom Ergebnis seiner Suche und bat um Schutz für das Kind, das von Taktser nach Lhasa gebracht werden sollte. Der alte Haudegen verlangte ein Entgelt von hunderttausend Silberstücken, was damals ungefähr sieben- bis achttausend Pfund Sterling entsprach. Die tibetische Regierung überwies ihm die Summe. Bevor Ma-Bufang das Kind ziehen ließ, fand er aber noch einen weiteren Vorwand; die Mönche im Kloster Kumbum hätten gerne bekanntgegeben, daß die Reinkarnation des Dalai Lama gefunden worden sei, was zusätzliche Schwierigkeiten für den Schutz des Kindes ergeben würde. Er verlangte deshalb eine Nachzahlung in der dreifachen Höhe. Lhasa informierte durch seine Vertreter in Nanking die Guomindang-Regierung und bat sie um eine Intervention beim Gouverneur. Die Verhandlungen zogen sich über das ganze Jahr 1938 hin.

Das Kind wurde zusammen mit seinen beiden älteren Brüdern, die mit ihrer religiösen Ausbildung begannen, dem Kloster Kumbum in Obhut gegeben.

Beide Parteien hatten somit ihre Geisel; die Mönche, die mit ihrem ganzen Prestige darauf beharrten, das Kind nicht ziehen zu lassen, bevor es offiziell anerkannt sei; der Guomindang, der seine Unterstützung nur gewähren wollte, wenn die weltlichen und geistlichen Behörden in Lhasa sich damit einverstanden erklärten, daß sich der Vorsitzende der Kommission für mongolische und tibetische Angelegenheiten nach Lhasa begebe, um die Inthronisationszeremonie zu beaufsichtigen und dem Regenten seinen offiziellen Titel zu verleihen. Einmal mehr zeigte sich in der Haltung Pekings, daß die frühere Politik kontinuierlich weiterverfolgt wurde, denn die Regierung beharrte auf den von den Kaiserdynastien eingeführten Bräuchen. Die Frage wurde mit den britischen Behörden in Delhi und London erörtert; diese erklärten sich damit einverstanden, daß der chinesische Repräsentant durch Indien reiste. Am 23. April 1939 erteilte daraufhin die tibetische Regierung ihre Zustimmung.

Inzwischen hatte die von Keutsang geleitet Delegation eine Lösung gefunden, um die hartnäckige Begehrlichkeit Ma-Bufangs zu befriedigen. Eine Gruppe von muslimischen Handelsleuten aus Sinning, die durch Indien nach Mekka wallfahren wollte, war in der Region Amdo unterwegs. Diese reichen Reisenden waren damit einverstanden, die von ihrem Glaubensgenossen geforderten dreihunderttausend Silberstücke zu bezahlen, und sie verbürgten sich dafür bei ihm; die tibetische Regierung verpflichtete sich, diese Summe in indischen Rupien zurückzubezahlen; die muslimische Karawane sollte der tibetischen Delegation als Eskorte dienen. Ma-Bufang stellte großzügig eine Abteilung von zwanzig Soldaten zur Verfügung. Den Mönchen im Kloster Kumbum blieb nichts anderes übrig, als sich zu fügen; sie gaben sich damit zufrieden, daß sie durch die Beherbergung des vierzehnten Dalai Lama noch einmal eine historische Rolle hatten spielen können.

Schließlich erhielt der Kashag am 17. Juli 1939 ein Telegramm seiner Vertretung in Nanking, daß die Delegation aufbruchbereit sei. Am 21. Juli machte sie sich tatsächlich auf die Reise. Am 23. August, als man sicher war, daß Ma-Bufang dem Kind nichts mehr antun konnte, wurde es von der Nationalversammlung zum vierzehnten Dalai Lama proklamiert.

Die Reisegruppe erreichte das tibetischer Jurisdiktion unterstehende Grenzgebiet, Nagchukha, Ende September, und am 8. Oktober traf sie in Lhasa ein.

Zu diesem Zeitpunkt war unsere Gruppe zu einer Massenbewegung angewachsen, wir marschierten in einer langen Prozession auf die Heilige Stadt zu. Die Straße war mehrere Reihen tief von Mönchen gesäumt, die bunte Fahnen trugen. Zahlreiche Gruppen sangen Willkommenslieder oder spielten auf Musikinstrumenten. Die Männer aller Regimenter der tibetischen Armee standen am Straßenrand und präsentierten die Waffen. Die gesamte Bevölkerung Lhasas, Männer wie Frauen, Jugendliche und Greise, war in ihren schönsten Gewändern zu meinem Empfang herbeigeeilt und bezeugte mir ihre Verehrung. Ich hörte die Leute rufen: «Der Tag unseres Glücks ist angebrochen.» Ein unvergeßlicher Geruch nach wilden Blumen lag in der Luft, und Freiheitsgesänge füllten den Raum.[72]

Das Kind wurde in den Norbulinka-Palast gebracht, also in die Sommerresidenz der Dalai Lamas. Nach astrologischen Berechnungen wurde der Beginn der Inthronisationszeremonie auf den 22. Februar 1940 festgelegt.

Im Januar trafen Wu Chung-Tsin, der Vorsitzende des Amtes für mongolische und tibetische Angelegenheiten des Guomindang, und Sir Basil Gould, Vertreter der britischen Krone in Sikkim, in Lhasa ein. Der chinesische Delegierte versuchte, zumindest später, erfolglos, beim Verfahren für die Auffindung der Reinkarnation des Dalai Lama mitwirken zu dürfen; es ist kaum anzunehmen, daß er bei dieser Gelegenheit an die Auslosungsmethode mit der goldenen Urne der Qing-Kaiser erinnert hat. Um den Schein zu wahren, begnügte sich seine Regierung damit, am 5. Februar einen Text zu veröffentlichen, worin bekanntgegeben wurde: «Der mit tiefer Weisheit und außergewöhnlicher Intelligenz begabte und als Reinkarnation des dreizehnten Dalai Lama anerkannte Lhamo Döndrup (der bisherige Name des Kindes aus Taktser) wird als vierzehnter Dalai Lama inthronisiert.»

Von der Zeremonie ist mir vor allem noch der große, mit kostbaren Steinen geschmückte Thron aus geschnitztem Holz in Erinnerung geblieben, der Löwenthron, auf dem ich im Sichi Phuntsog (im Saal aller guten Handlungen in der geistlichen und zeitlichen Welt), dem größten Empfangssaal im Ostflügel des Potala, zum erstenmal Platz nahm.[73]

Um das Kind herum hatten sich der Regent, der auch sein erster Lehrer war, der zweite Lehrer, Tagdra Rimpoche, die Minister der Regierung, die Meister und Kammerherren des Palastes versammelt. Anwesend waren auch die Äbte und die höheren Lamas der drei großen Klöster, die Mitglieder der Nationalversammlung und die diplomatischen Vertreter Chinas, Großbritanniens, Nepals, Bhutans und Sikkims in Lhasa.

Ein bis in die kleinsten Einzelheiten ausgearbeitetes Protokoll regelte den Ablauf der Gottesdienste, der Übergabe der Weihegeschenke, der Segenssprüche und der Prozessionen, bei denen das Goldene Rad und die Weiße Muschel, Symbole der geistlichen und der weltlichen Macht, dem Volk gezeigt wurden. «Man legte mir alle Siegel für die verschiedenen Funktionen vor. Und so vollzog ich meinen ersten Souveränitätsakt: Ich setzte die Siegel auf die für die Klöster bestimmten Dokumente.»

Am 14. April 1940 reiste der chinesische Vertreter aus Lhasa ab. Das einzige positive Ergebnis seiner Mission, mit der eigentlich die seit achtundzwanzig Jahren unterbrochenen bilateralen Beziehungen zwischen China und Tibet wieder hätten aufgenommen werden sollen, war eine Vereinbarung mit der tibetischen Regierung über die Rückführung der sterblichen Überreste des 1937 in Jyekundo verstorbenen Panchen Lama.

Traditionsgemäß begann nun für den jungen Dalai Lama die lange Zeit, während der er sich seine Kenntnisse in religiösen Belangen und in den weltlichen Bereichen anzueignen hatte, nämlich dramatische Kunst, Musik, Medizin und Poesie. Im Bericht über seine Kindheit bekennt er, wie schwer es ihm fiel, die Härte dieses Unterrichts und der ihm aufgezwungenen Lebensweise zu ertragen. Zur Strenge seiner Lehrer kam die strikte Beachtung aller Regeln des täglichen Zeremoniells, über das unter anderen Khenrab Tenzin wachte, der Roben-Meister, eines der Mitglieder der Kommission, welche die Reinkarnation des dreizehnten Dalai Lama gesucht hatte; sein Blick hatte den kleinen Knaben schon beim erstenmal, als ihre Wege sich kreuzten, beeindruckt; das war damals gewesen, als er, nicht weit vom Kukunorsee und vom Kloster Kumbum entfernt, in seinem Vaterhaus im kleinen Dorf Taktser die Gegenstände identifizieren mußte, die dem dreizehnten Dalai Lama gehört hatten.

Zu seinem Glück hatte sich seine Familie nicht weit vom Potala entfernt niedergelassen, und sein älterer Bruder, Lobsang Samten, der während der ganzen Reise aus der Region Amdo nach Lhasa nie von seiner Seite gewichen war, nahm an seinen Studien teil. «In Bauernfamilien wie der unsrigen wurden viele fleißige Hände benötigt, weshalb meine Mutter sechzehn Kinder geboren hatte, von denen freilich nur sieben überlebt hatten», fünf Knaben und zwei Mädchen.

Die strenge Disziplin wurde gemildert durch die Besuche seiner Mutter und seiner älteren Schwester. Doch der eigentliche Meister über sein Alltagsleben war der Regent, Reting Rimpoche. Beobachtern und Historikern ist es bisher noch nicht gelungen, diese Persönlichkeit in ihrer ganzen Komplexität zu analysieren: ein tiefreligiöser Mensch, fasziniert von Visionen und Orakeln, bisweilen autoritär bis zur Ungerechtigkeit, und zwar nicht so sehr aus äußerem Zwang, sondern aus natürlicher innerer Veranlagung; er hatte kein Gespür dafür, daß er immer unbeliebter wurde, oder kümmerte sich zumindest nicht darum. Im Winter 1940 stattete er dem Kloster Samye einen Besuch ab; nach seiner Rückkehr im Januar 1941 gab er seinen Entschluß bekannt, auf seine Funktionen als Regent zu verzichten. Sowohl Regierungskreise als auch die Bewohner von Lhasa wußten, daß er seine Zölibatsgelübde gebrochen und sich zu Liebesabenteuern hatte verleiten lassen. War er zur Überzeugung gelangt, er sei nicht mehr die geeignete Persönlichkeit, um die Ausbildung des jungen Dalai Lama zu überwachen und um ihn in die religiöse Rechtsordnung einzuweihen? Für das Kind näherte sich der Zeitpunkt des Noviziats und seiner ersten geistlichen Verpflichtungen. Traditionsgemäß wurde von allen Beteiligten eine strikte Einhaltung der Mönchsdisziplin verlangt.

Ein neuer Regent mußte also ernannt werden. Obwohl das Kind im Potala erst sechs Jahre alt war, wurde es nach seiner Meinung befragt. Es stimmte der Wahl einer Persönlichkeit zu, die von Reting persönlich vorgeschlagen worden war und mit der auch der Kashag und die Nationalversammlung einverstanden gewesen waren: Sein zweiter Lehrer, Tagdra Rimpoche, ein sechzig Jahre alter, sanfter und hochgeachteter Lama, wurde für dieses Amt bestimmt. Der frühere Regent zog sich mehrere Jahre lang in sein früheres Kloster zurück.

Im Jokhang-Tempel wurde der Kopf des Knaben aus der Region Amdo kahlrasiert; man kleidete ihn in das Mönchsgewand ein, das er nur einmal ablegte, nämlich 1959, als er sich für eine Kleidung entschied, die ihn auf seiner Flucht ins Exil schützen sollte. Man gab ihm seinen endgültigen Namen: Jampel Ngawang Lobsang Yeshe Tenzin Gyatso; Tenzin bedeutet «Verteidiger der Lehre».

Während Tibet noch völlig in der strikten Beachtung seines jahrhundertealten Rituals für die Inthronisation seines Souveräns aufging, des Meisters in religiösen Fragen und weltlichen Führers der Nation, versank die Welt im Chaos eines Weltkriegs. Weder seine Eigenart noch seine Abgeschiedenheit bewahrten das Hochland vor den Auswirkungen und den Folgen des globalen Konflikts.

Schon bevor Japan seinen Krieg gegen China begonnen hatte, war vom Guomindang und von Großbritannien die Möglichkeit einer Straßenverbindung zwischen Indien und China geprüft worden, auf der die Armeen der Nationalisten mit Nachschub hätten versorgt werden können. Die tibetische Regierung wehrte sich vorerst dagegen. Sie mußte jedoch nachgeben; die internationale Staatengemeinschaft übte Druck auf die Regierung aus, und die tibetischen, wie übrigens auch die indischen und nepalesischen, Handelsleute hatten rasch erkannt, daß für sie Vorteile aus einer Verstärkung des Handelsaustausches zu erwarten waren; ein Teil der nach China transportierten Waren, Erdölprodukte, Baumwolle, Zucker und Metalle, war für den tibetischen Markt bestimmt und trug den Verkäufern beträchtliche Gewinne ein.

Diese Reaktivierung der Kontakte zur Außenwelt veranlaßte 1941 die tibetische Regierung, das Budget und den Personalbestand des vom dreizehnten Dalai Lama geschaffenen Büros für außenpolitische Angelegenheiten zu vergrößern. Die britischen und die nepalesischen Vertreter in Lhasa waren einverstanden, daß alle ihre Anliegen von diesem Departement behandelt wurden; doch die Chinesen sträubten sich dagegen. Weil sie gleichzeitig Truppen im Grenzgebiet zusammenzogen, einerseits um die Tibeter zu einer nachgiebigeren Haltung zu nötigen und andererseits um die Sicherheit in dieser Region besser zu gewährleisten, entstand eine gewisse feindselige Stimmung zwischen den beiden Ländern, die beim kleinsten Anlaß zu einer kriegerischen Auseinandersetzung ausarten konnte. Die Regierung und das Volk in Lhasa befürchteten insbesondere, die von den Alliierten dem Guomindang für die Kämpfe gegen die Japaner gelieferten Waffen könnten gegen Tibet eingesetzt werden.

Ein neuer internationaler Gesprächspartner belebte jedoch die politische Landschaft Tibets, nämlich die Vereinigten Staaten von Amerika. Nach einem fruchtlosen Versuch, durch Vermittlung der Chinesen Kontakte zu Lhasa aufzunehmen, wandte sich das Staatssekretariat über die britischen Behörden in Indien an die tibetische Regierung. Am 12. Dezember 1942 trafen Oberst Ilia Tolstoi und Hauptmann Brooke Dolan in Lhasa ein. Sie überbrachten dem jungen Mönch im Potala ein Pärchen Singvögel und eine goldene Uhr als Geschenke, vor allem aber auch einen vom 3. Juli 1942 datierten persönlichen Bief des Präsidenten Franklin Delano Roosevelt an Seine Heiligkeit, den Dalai Lama:

> Wie Sie wissen, ist das Volk der Vereinigten Staaten zusammen mit siebenundzwanzig anderen Nationen in einen Krieg verwickelt, welcher der Welt durch Länder aufgezwungen wurde, die nach Eroberung trachten und überall die Denk-, Religions- und Handlungsfreiheit vernichten möchten. Diese Länder kämpfen derzeit gemeinsam für ihre Verteidigung und die Erhaltung der Freiheit; sie vertrauen darauf, daß sie den Sieg davontragen werden, weil ihre Beweggründe gerecht und ihre Entschlossenheit unerschütterlich sind.

Im Wortlaut dieses Briefes und in den Aussagen von Oberst Tolstoi über eine direkte beidseitige Zusammenarbeit und eine geplante Friedenskonferenz nach Kriegsende, an der auch Tibet sich vertreten lassen könnte, sah die Regierung in Lhasa einen weiteren Fortschritt in Richtung eines Unabhängigkeitsstatus. Daß man ein freundschaftliches Verhältnis zu den Vereinigten Staaten anstrebte, war mehrfach deutlich gezeigt worden, beispielsweise wenn amerikanische Flugzeuge, die Waffen nach China transportierten oder japanische Stellungen bombardierten, beim Überfliegen Tibets an den Bergen zerschellten oder sich über dem Hochland verirrten.[74] Nach solchen Ereignissen hatte Washington jeweils Dankesschreiben an die tibetischen Behörden gesandt.

Die konservative Staatsführung des Regenten Tagdra schien im Widerspruch zur erwünschten Öffnung nach außen zu stehen. Neue Interessengruppen waren entstanden, die ihre Kontakte auszuweiten und gewisse Aspekte der tibetischen Gesellschaft zu modernisieren wünschten. Die 1944 in Lhasa eröffnete englische Schule war ein konkreter Beweis für diesen Öffnungswillen; sie erlitt dasselbe Schicksal wie einige Jahrzehnte früher ihre Vorgängerin in Gyantse; die von Mönchen aufgestachelte öffentliche Meinung erzwang schon bald die Schließung.

Außerhalb Tibets nutzte die Regierung von Nationalchina, das ein wichtiger Alliierter der Westmächte im Krieg gegen Japan war, die politische Lage, um die tibetische Frage nicht in Vergessenheit geraten zu lassen. Sie erreichte, daß der britische Außenminister Sir Anthony Eden ein vom 5. August 1943 datiertes Memorandum verfaßte, in dem zunächst daran erinnert wurde, Tibet sei nach der chinesischen Revolution von 1911 faktisch unabhängig geworden; dennoch sei die britische Regierung immer bestrebt gewesen, die chinesische Lehensherrschaft über Tibet, freilich unter Respektierung von dessen Autonomie, anzuerkennen; im Text wird weiter vorgeschlagen, daß die Verhandlungen über die noch immer nicht geregelte Frage der Grenzziehung zwischen Indien und Tibet fortgeführt würden.

Im Sommer 1944 entsandte Chiang Kai-shek seinen Berater Shen Tsung-Lien nach Lhasa, um den Dialog wiederaufzunehmen. Der Brite Gould wurde abermals von seiner Regierung delegiert, um den britischen Standpunkt zu vertreten. Diese Kontakte verliefen ergebnislos. Die tibetische Regierung stimmte nur gerade im Prinzip einer Entsendung von Beobachtern zu einer im Mai 1946 in Nanking vorgesehenen Versammlung zu, an der über die verfassungsmäßige Organisation Chinas entschieden werden sollte. Als diese Abordnung in Nanking eintraf, wurde sie von den Chinesen als tibetische Delegation in der Nationalversammlung vorgestellt, obwohl sich ihre Mitglieder dagegen wehrten. Doch der Druck der Kommunisten auf Nanking führte dazu, daß die tibetischen Angelegenheiten in den Schatten abgedrängt wurden, in dem auch der Guomindang verschwand. Tibet verzeichnete immerhin einen diplomatischen Erfolg, als seine Delegation unter eigenem Namen an der von der indischen Kongreßpartei veranstalteten Konferenz über die innerasiatischen Beziehungen teilnehmen konnte, wo sie mit Mahatma Gandhi und Pandit Nehru Gespräche führte. Jetzt war es an China, gegen dieses Vorgehen zu protestieren.

In Lhasa wurde die Minderjährigkeit des Dalai Lama, wie schon in der Vergangenheit, Anlaß für ein Machtgerangel, das beinahe mit einem Bürgerkrieg geendet hätte.

Ein Paket ohne Absender wurde 1947 an einem Apriltag im Sekretariat des Regenten deponiert. Als ein Angestellter es einige Tage später öffnen wollte, hörte er ein verdächtiges Geräusch. Er hatte gerade noch Zeit, das Paket fallen zu lassen und das Zimmer fluchtartig zu verlassen; eine Explosion brachte die Fensterscheiben zum Bersten und beschädigte die Mauern. Die Untersuchungsbehörde stellte eine Verbindung zu Hinweisen über immer noch bestehende Kontakte des ehemaligen Regenten Reting zum Guomindang her; dieser war 1946 persönlich zur Teilnahme am Kongreß in Nanking eingeladen worden; er hatte sich zwar nicht hinbegeben, aber zwei Delegierte aus der von China verwalteten Region Kanze wurden als seine Sprecher betrachtet. Reting wurde verhaftet. Zwischen den Mönchen von Sera, die den Ex-Regenten unterstützten, und dem Kashag und der Nationalversammlung kam es zu heftigen Auseinandersetzungen; zweihundert Mönche wurden getötet, die Ordnungskräfte verloren fünfzehn Soldaten. Der im Potala eingekerkerte Reting verlangte den Dalai Lama zu sehen. Der erst elfjährige Knabe wurde nicht einmal nach seiner Meinung gefragt. Die Bitte wurde rundweg abgeschlagen. Ein Komitee war dabei, eine Anklageschrift zu verfassen, in welcher der ehemalige Regent beschuldigt wurde, er habe mit chinesischer Hilfe die Regierung zu stürzen versucht. Am 8. Mai starb Reting im Gefängnis. Bei einer nachträglichen Untersuchung wurde eine Vergiftung festgestellt. Wie dem auch sei, die tibetische Regierung durchlebte, durch innere Streitigkeiten geschwächt, die schmerzlichste Periode ihrer Geschichte.

Durch Prophezeiungen wurde einmal mehr eine geheimnisumwitterte Atmosphäre geschaffen, wie sie in der Geschichte des Schneelandes schon oft geherrscht hatte; im Laufe des Jahres 1948 kamen viele weitere Vorzeichen dazu. Aus einem der Wasserspeier in Form eines Drachens auf dem Dach des Jokhang-Klosters floß bei völlig trockenem Wetter Tag für Tag ein Wasserstrahl; mehrere Wochen lang wurde der Nachthimmel von einem Kometen erhellt. Am Fuße des Potala brach, ohne ersichtliche Ursache, eines Nachts ein Säulenkapitell ab. Gerüchte wollten wissen, man habe riesige Vögel beobachtet.

Der vierzehnte Dalai Lama setzte seine Ausbildung zum Mönch und politischen Staatsoberhaupt fort. Sein Studium der heiligen Texte und die Meditationsübungen wurden von seinen Lehrern durch Berichte über die politischen Entwicklungen in der Welt ergänzt. Über diese Epoche seiner Vorbereitung auf ein Leben in der Öffentlichkeit soll er selbst sich äußern:

Alles in allem war es keine unglückliche Kindheit. Die Güte meiner Lehrer hat in mir unvergängliche Erinnerungen hinterlassen. Sie haben mir die religiösen Kenntnisse vermittelt, die für mich immer die wichtigste Quelle von Wohlbefinden und Inspiration gewesen sind und bleiben werden. Sie haben sich bemüht, auch das zu befriedigen, was sie als eine gesunde Neugierde für andere Themen betrachteten, doch ich bin mir bewußt, daß ich sozusagen ohne Kenntnise in internationalen Angelegenheiten aufgewachsen bin.

Ich verfügte somit erst über ein höchst lückenhaftes Wissen, als mir im Alter von sechzehn Jahren der Auftrag zufiel, mein Land in seinem Kampf gegen den Überfall des kommunistischen China zu führen.

Zum erstenmal wurden die Tibeter mit den neuen Gegebenheiten der Nachkriegszeit konfrontiert, als Indien die Unabhängigkeit gewährt wurde. Als die britischen Missionen und Handelsagenturen in Lhasa, Gyantse, Gartok und Yatung am 15. August 1947 den Union Jack durch die indische Nationalfahne ersetzten, war die tibetische Regierung perplex. Die britische Note, mit der über die neue Situation informiert wurde, beantwortete das tibetische Amt für außenpolitische Angelegenheiten mit dem Wunsch, die Regierung Ihrer Majestät werde hoffentlich weiterhin die «Unabhängigkeit» Tibets unterstützen; es kündigte an, die Fragen bezüglich der früher in die Indische Union einverleibten Gebiete und der Handelsbeziehungen würden später durch Gespräche geregelt.

In Lhasa wurde beschlossen, eine kompetente Handelsmission mit der Aufnahme dieser Verhandlungen zu betrauen. Geleitet wurde sie von drei Personen, unter ihnen der brillante Shakabpa; sie brach im November 1947 aus der Hauptstadt auf. Beim ersten Halt in Delhi erkannte sie, welche Bedeutung dem neuen Gesprächspartner zukam, den die Briten auf der asiatischen Szene zurückgelassen hatten. Doch die offizielle Erklärung der tibetischen Regierung, daß Indien die Nachfolge Großbritanniens im mit diesem Land abgeschlossenen Vertragswerk antrete, wurde erst am 11. Juni 1948 veröffentlicht. Inzwischen waren auch tibetische Unterhändler nach China entsandt worden; sie besuchten Schanghai, Peking und Hangtschou, bevor sie im Mai 1948 in Nanking eintrafen. Sie stolperten nicht in eine Falle des Guomindang, der sie zu offiziellen Vertretern Tibets in der Nationalversammlung abstempeln wollte, welche die Wahl des Präsidenten und des Vizepräsidenten vorzunehmen hatte; ihre Weigerung wurde durch eine Glückwunschbotschaft an den wiedergewählten Präsidenten Chiang Kai-shek gemildert. Eine weitere diplomatische Hürde war zu überwinden: Die Chinesen bestritten die Gültigkeit der tibetischen Pässe und verlangten, daß chinesische Visa eingetragen würden. Erstmals begaben sich nämlich Tibeter in offizieller Mission in westliche Länder, so in die Vereinigten Staaten und nach Großbritannien.

Nach subtilen diplomatischen Vereinbarungen konnte die Delegation ihre Reise über Honolulu, San Francisco und Washington nach London fortsetzen. Die Gespräche mit den Amerikanern und den Briten drehten sich hauptsächlich um wirtschaftliche und finanzielle Fragen. Immerhin war es eine Gelegenheit, in den Staatskanzleien und vor Exponenten der öffentlichen Meinung über tibetische Probleme zu sprechen. Der Brief des Dalai Lama an den Präsidenten Truman warf keinerlei politische Probleme auf. Doch die Regierung der Vereinigten Staaten, die den baldigen Sturz des Guomindang voraussah, fragte sich, ob es nicht vorteilhafter wäre, Tibet als einen unabhängigen Staat anstatt nur als einen Teil des kommunistischen China anzuerkennen.

Die chinesischen Städte fielen eine nach der anderen in die Hände der Volksbefreiungsfront. Als sich die nationalistische Regierung vom Kontinent nach Formosa zurückzog, vertrat die tibetische Regierung wiederum die Ansicht, die aus der Kaiserzeit übernommenen engen Beziehungen zu China hätten keine Daseinsberechtigung mehr. Am 8. Juli 1949 lud der Kashag den chinesischen Repräsentanten in Lhasa vor; ihm wurde bedeutet, er habe das tibetische Territorium innerhalb von vierzehn Tagen über Indien zu verlassen. Der Ausschaffungsbefehl richtete sich auch an drei- bis vierhundert in Lhasa ansässige Chinesen, die sich als Händler und Lehrer betätigten; die tibetischen Behörden vermuteten, unter ihnen befänden sich kommunistische Agenten.

Doch «die neue Dynastie war bloß zufällig kommunistisch, in Wirklichkeit war sie vor allem chinesisch»[75]. Die chinesische Regierung kündigte unverzüglich an, sie habe beschlossen, Tibet zu «befreien». Die vom dreizehnten Dalai Lama vorausgesagte «rote Drohung» gewann reale Konturen.

Alle von der Regierung verfügten Maßnahmen, um die Armee im Hinblick auf die zu erwartenden Kämpfe zu modernisieren, und ebenso die Versuche von Persönlichkeiten in den Regionen Kham und Amdo, diese Provinzen durch Aufstände aus dem chinesischen Herrschafts-

bereich herauszulösen, mußten angesichts des einseitigen Kräfteverhält-
nisses erfolglos bleiben. «Die Armee», schreibt der vierzehnte Dalai
Lama, «bestand aus achttausendfünfhundert Offizieren und Soldaten;
die Artillerie verfügte über etwa fünfzig Geschütze verschiedenen
Kalibers, zweihundertfünfzig Mörser und nur zweihundert Maschinengewehre. Eigentlich hatte sie nur die Aufgabe, Reisende an der
heimlichen Überschreitung der Grenze zu hindern. Sie war aber für
einen richtigen Krieg völlig ungeeignet.»

Tibet wandte sich seiner höchsten Zuflucht zu, seinem Glauben und
seinem Vertrauen in den Dalai Lama. Die Volksmeinung und Anschläge
an den Mauern der Hauptstadt forderten die unverzügliche Inthronisation des Dalai Lama. *Vox populi, vox dei.* Das Orakel von Nechung wurde
in den Potala geladen. Das Medium, Reinkarnation eines heiligen Lama,
konzentrierte sich, näherte sich dem jungen Mann und legte auf seine
Knie eine weiße Schärpe, wozu es ganz schlicht sagte: «Seine Zeit ist
gekommen.» Der weise und fromme Regent Tagdra beugte sich diesem
Ausspruch und gab öffentlich bekannt, er übergebe dem Dalai Lama die
zeitliche und geistliche Verantwortung.

Die Inthronisationszeremonie wurde am 17. November 1950 mit
dem traditionellen Ritual gefeiert. Vor dem diplomatischen Korps mit
einigen wenigen noch in Lhasa verbliebenen fremden Würdenträgern
wurde noch einmal der ganze Pomp entfaltet.

Tenzin Gyatso, der vierzehnte Dalai Lama, begann seine Herrschaft mit
der Berufung zweier Persönlichkeiten in die höchsten Regierungsämter:
des Mönchs Lobsang Tashi und des Laien Lukhangwa. Sein älterer Bruder, Abt des Klosters Kumbum, übermittelte ihm Berichte über das Verhalten der chinesischen Truppen den Mönchsgemeinschaften wie auch
der Bevölkerung in der Region Amdo gegenüber; tiefbeunruhigt entschloß sich der Dalai Lama, Delegationen nach China, in die Vereinigten
Staaten, nach Großbritannien und nach Nepal zu entsenden. Nur die erstere erreichte ihr Ziel. Am 11. Dezember 1950 ersuchte Tibet die Vereinten Nationen telegrafisch um die Entsendung einer Untersuchungskommission; die Regierung erhielt keine Antwort. Die Tibet-Frage sollte auf
Verlangen der Regierung von El Salvador auf die Traktandenliste der
UNO gesetzt werden; nach einer langen Rede des Vertreters Taiwans
wurde dieser Vorschlag abgelehnt, weil «die Frage unter die nationale
Kompetenz Chinas» falle. Für einmal und vielleicht auch zum einzigen

Mal unterstützte die Sowjetunion eine Stellungnahme der taiwanesischen Nationalisten.

Die tibetische Regierung war sich ihrer völligen Isolierung bereits bewußt geworden; damit das Symbol der nationalen Integrität und Würde nicht in die Hände der Kommunisten fallen konnte, wurde beschlossen, es aus der Hauptstadt zu entfernen. «Wir verließen Lhasa mitten in der Nacht, bei eisiger Kälte, aber klarem Himmel. Unser Ziel war Dromo in dreihundert Kilometern Entfernung, fast an der Grenze zu Sikkim.» Nach einem zweiwöchigen, anstrengenden Marsch kamen der Dalai Lama und seine Begleiter an ihrem Ziel an. Tibet wurde jetzt vom bescheidenen Kloster Dungkhar aus regiert, das auf einem kleinen Hügel über dem Chumbi-Tal errichtet worden war. Die Grenze befand sich in unmittelbarer Nähe; dem Dalai Lama ergebene Beamte vergruben auf der anderen Seite in einem Versteck Goldstaub und Silberbarren, die neun Jahre später der Exilregierung für die ersten Ausgaben zur Verfügung standen.

Der Frieden und die geistlich gesammelte Atmosphäre an diesem Ort bildeten einen scharfen Kontrast zu den Ängsten, die durch Schreckensmeldungen aus dem Hinterland ausgelöst wurden. Daß die internationale Gemeinschaft das Land im Stich gelassen hatte, war von der Umgebung des Dalai Lama als schwerer Schlag empfunden worden; man war sich uneins, welche neuen politischen Schritte unternommen werden sollten. Der Bericht des Gouverneurs von Chamdo, Ngabo Ngawang Jigme, beschleunigte aber die Entscheidung. Ngabo war praktisch ein Gefangener der Chinesen und stellte die Situation mit schonungsloser Offenheit dar: Um einen bewaffneten Einmarsch mit allen unberechenbaren Folgen für das Land zu vermeiden, empfahl er Verhandlungen. Der Dalai Lama ersuchte ihn telegrafisch, sich nach Peking zu begeben. Gleichzeitig ließ er ihm durch zwei seiner Mitarbeiter, die den Weg über Indien einschlugen, Instruktionen überbringen. Die Gespräche begannen am 29. April. Die Chinesen legten einen siebzehn Punkte umfassenden Vertragstext vor; der tibetischen Delegation verblieb keinerlei Verhandlungsspielraum; sie setzte deshalb am 23. Mai ihre Unterschrift darunter. Da sie das offizielle Siegel des tibetischen Staates nicht bei sich hatte, wurde an Ort und Stelle ein Duplikat hergestellt und auf dem Dokument angebracht. Dieses neue Grundgesetz für Tibet ersetzte den Vertrag von 821 mit China, der auf einer Säule in Lhasa eingraviert worden war und mehr als elf Jahrhunderte lang die Beziehungen zwischen den beiden Ländern geregelt hatte; aber mit erheblichen Unterschieden! In einer langatmigen Präambel wurde die geschichtliche Entwicklung dieser Beziehungen dargestellt, aber in einer Sprache, in der keinerlei religiöser, geistlicher oder auch nur kultureller Bezug mehr zu finden war. Im ersten Artikel wurde die These einer Einverleibung Tibets in das neue China festgeschrieben, nämlich: «Das tibetische Volk kehrt in die große Familie des Vaterlandes, die Volksrepublik China, heim.»

Die zweite revolutionäre Dynastie Chinas hatte die Beziehungen zwischen den beiden Ländern stärker umgekrempelt als alle anderen, die im Verlauf der elf vorausgegangenen Jahrhunderte aufeinander gefolgt waren. Beim Lesen dieses Vertrages läßt sich aus dem Geist und dem Buchstaben des Textes ermessen, wie groß die Enttäuschung der tibetischen Staatsführung gewesen sein muß.

ABKOMMEN[76] ZWISCHEN DER ZENTRALEN VOLKSREGIERUNG UND DER LOKALREGIERUNG TIBETS ÜBER DIE MASSNAHMEN FÜR DIE FRIEDLICHE BEFREIUNG TIBETS 1951

PRÄAMBEL

Die tibetische Nationalität ist eine der Nationen mit einer langen Geschichte innerhalb der Grenzen Chinas; sie hat, wie viele andere Nationalitäten auch, ihre glorreiche Pflicht während des langen Aufbau- und Entwicklungsprozesses unseres großen Vaterlandes erfüllt.

Doch im Verlaufe der vergangenen hundert Jahre und schon früher sind imperialistische Kräfte in China eingedrungen; sie sind folgerichtig bis nach Tibet vorgestoßen, wobei sie sich bei ihrem Verhalten vielerlei Betrügereien und Provokationen bedienten. Wie schon die früheren reaktionären Regierungen hat der Guomindang eine Politik der Unterdrückung und der Zwietracht zwischen den Nationalitäten fortgeführt, wodurch eine Spaltung und Uneinigkeit innerhalb des tibetischen Volkes ausgelöst wurden. Die Lokalregierung Tibets hat sich den imperialistischen Betrügereien und Provokationen nicht widersetzt und unserem großen Vaterland gegenüber eine unpatriotische Haltung eingenommen. Unter solchen Umständen sind die tibetische Nation und das tibetische Volk in den Strudel der Sklaverei und des Leidens mitgerissen worden.

1949 ist für die gesamte Nation ein grundlegender Sieg errungen worden. Im Befreiungskrieg des chinesischen Volkes sind der gemeinsame innere Feind aller Nationalitäten – die reaktionäre Regierung des Guomindang – beseitigt und der gemeinsame äußere Feind aller Nationalitäten – die Kräfte der imperialistischen Aggression – zurückgeschlagen worden. Dank dieses Erfolges ist die Gründung der Volksrepublik China und der zentralen Volksregierung proklamiert worden. In Einklang mit dem von der konsultativen politischen Volkskonferenz Chinas angenommenen gemeinsamen Programm hat die Zentralregierung des Volkes erklärt, daß alle Nationalitäten innerhalb der Grenzen der Volksrepublik China gleich sind, daß sie sich für Einheit und gegenseitige Hilfe einsetzen und sich dem Imperialismus und ihren eigenen öffentlichen Feinden widersetzen wollen, wodurch die Volksrepublik China zu einer aus allen Nationalitäten zusammengesetzten großen Familie der Brüderlichkeit und der Zusammenarbeit wird. Innerhalb dieser großen Familie sollen alle Nationalitäten der Volksrepublik China in den Gebieten, in denen die nationalen Minderheiten konzentriert sind, in den Genuß einer nationalen regionalen Autonomie kommen. Allen nationalen Minderheiten steht die Freiheit zu, ihre gesprochenen und geschriebenen Sprachen zu fördern und ihre Sitten, Gebräuche und religiösen Überzeugungen zu bewahren oder zu reformieren. Der Zentralregierung des Volkes obliegt es aber, alle nationalen Minderheiten in ihrem Bemühen um politischen, wirtschaftlichen, kulturellen und erzieherischen Aufbau zu unterstützen. Seither haben alle Nationalitäten innerhalb des Landes, ausgenommen diejenigen in Tibet und auf Taiwan, ihre Befreiung erreicht. Unter der die Einheit anstrebenden Führung der Zentralregierung des Volkes und unter der unmittelbaren Führung der Volksregierung auf allerhöchster Ebene kommen alle nationalen Minderheiten gleichermaßen in den Genuß ihres nationalen Rechts; sie haben bereits eine nationale regionale Autonomie errichtet oder sind dabei, sie zu errichten.

Um die aggressiven imperialistischen Einflüsse in Tibet erfolgreich eindämmen, die Einheit des Territoriums und die Souveränität der Volksrepublik China verwirklichen und die nationale Verteidigung sicherstellen zu können; um die Befreiung der tibetischen Nationalität und des tibetischen Volkes und dessen Rückkehr in die große Familie der Volksrepublik China gewährleisten zu können, damit sie in ihr in den Genuß derselben Rechte innerhalb der nationalen Gleichheit wie alle anderen Nationalitäten kommt und damit sie ihr Werk des politischen, wirtschaftlichen, kulturellen und erzieherischen Aufbaus vollenden kann, hat die Zentralregierung des Volkes, als sie der Volksbefreiungsarmee den Befehl erteilte, in Tibet einzumarschieren, die Lokalregierung Tibets gebeten, Delegierte in die zentralen Behörden zu entsenden, um Verhandlungen im Hinblick auf den Abschluß eines Abkommens über die Maßnahmen für eine friedliche Befreiung Tibets einzuleiten.

In den letzten Apriltagen 1951 sind die mit den Vollmachten der Lokalregierung Tibets ausgestatteten Delegierten in Peking eingetroffen. Die Zentralregierung des Volkes hat mit Vollmachten ausgestattete Repräsentanten bestimmt, um auf freundschaftlicher Grundlage Verhandlungen mit den bevollmächtigten Delegierten der Lokalregierung Tibets zu führen. Nach diesen Verhandlungen sind die beiden Parteien übereingekommen, diesen Vertrag abzuschließen und seine Umsetzung zu gewährleisten.

Punkt 1: Das tibetische Volk vertreibt mit vereinten Kräften die aggressiven imperialistischen Kräfte aus Tibet; das tibetische Volk kehrt in die große Familie des Vaterlandes, die Volksrepublik China, heim.

Punkt 2: Die Lokalregierung Tibets hilft aktiv beim Einmarsch der Volksbefreiungsarmee und bei der Festigung der nationalen Verteidigung mit.

Punkt 3: In Einklang mit der Politik gegenüber den in das gemeinsame Programm der konsultativen volkschinesischen politischen Konferenz eingeschlossenen Nationalitäten hat das tibetische Volk das Recht auf die Ausübung einer nationalen regionalen Autonomie unter der Führung der Zentralregierung des Volkes.

Punkt 4: Die zentralen Behörden verändern das derzeitige politische System Tibets nicht. Ebensowenig verändern die zentralen Behörden den bestehenden Status, die Funktionen und die Vollmachten des Dalai Lama. Die Beamten der verschiedenen Grade erfüllen ihre Aufgabe wie gewohnt.

Punkt 5: Der bestehende Status, die Funktionen und die Vollmachten des Panchen Lama bleiben unangetastet.

Punkt 6: Unter dem bestehenden Status, den Funktionen und den Vollmachten des Dalai Lama und des Panchen Lama sollen der Status, die Funktionen und die Vollmachten des dreizehnten Dalai Lama und des neunten Panchen Lama zu der Zeit verstanden werden, als sie gute und freundschaftliche Beziehungen zueinander unterhielten.

Punkt 7: Die im gemeinsamen Programm der konsultativen volkschinesischen politischen Konferenz festgeschriebene religiöse Glaubensfreiheit wird verwirklicht. Die religiösen Überzeugungen, Gebräuche und Sitten des tibetischen Volkes werden respektiert, und den Gemeinschaften der Lamas wird Schutz gewährt. Die zentralen Behörden nehmen keinerlei Veränderung bei den Einkünften der Klöster vor.

Punkt 8: Die tibetischen Truppen werden schrittweise innerhalb der Volksbefreiungsarmee reorganisiert und zu einem Teil der nationalen Verteidigungsarmee der Volksrepublik China.

Punkt 9: Die gesprochene und geschriebene Sprache und das Erziehungssystem der tibetischen Nationalität werden schrittweise aufgrund der gegenwärtigen Gegebenheiten in Tibet entwickelt.

Punkt 10: Die tibetische Landwirtschaft, die Viehzucht, die Industrie und der Handel werden schrittweise entwickelt, und der Lebensstandard des Volkes wird schrittweise aufgrund der gegenwärtigen Gegebenheiten in Tibet verbessert.

Punkt 11: Im Hinblick auf die verschiedenen Reformen in Tibet wird seitens der zentralen Behörden kein Zwang ausgeübt. Die Lokalregierung Tibets muß die Reformen aus eigenem Willen, und wenn das Volk solche Reformen verlangt, verwirklichen; sie müssen im Gespräch mit den leitenden Gremien in Tibet geprüft werden.

Punkt 12: Sobald die früheren proimperialistischen und dem Guomindang verpflichteten Beamten ihre Beziehungen zum Imperialismus und zum Guomindang abbrechen und sich keiner Sabotageakte und keines Widerstandes schuldig machen, können sie ungeachtet ihrer Vergangenheit ihre Aufgabe weiterhin erfüllen.

Punkt 13: Die in Tibet einmarschierende Volksbefreiungsarmee hat sich an alle hier erwähnten Anordnungen zu halten und verhält sich bei ihren Käufen und Abgaben loyal; sie nimmt dem Volk weder die kleinste Nadel noch den kürzesten Faden willkürlich weg.

Punkt 14: Die Zentralregierung des Volkes übernimmt die zentralisierte Führung der außenpolitischen Angelegenheiten des tibetischen Territoriums; die friedliche Koexistenz mit den Nachbarländern und ebenso die Schaffung und die Entwicklung der Handelsbeziehungen und des Warenaustausches mit ihnen werden auf der Grundlage der Gleichheit, des gegenseitigen Nutzens und der wechselseitigen Respektierung des Territoriums und der Souveränität organisiert.

Punkt 15: Um die Verwirklichung des vorliegenden Vertrages zu gewährleisten, setzt die zentrale Volksregierung in Tibet ein militärisches und verwaltungstechnisches Komitee ein und schafft ein territoriales militärisches Hauptquartier; sie verpflichtet sich, daß außer dem an Ort und Stelle entsandten Personal möglichst viele tibetische Werktätige eingestellt werden, um an der Arbeit teilzuhaben.

Dem örtlichen tibetischen Personal, das vom militärischen und verwaltungstechnischen Komitee angestellt wird, können patriotische Elemente aus der Lokalregierung, den verschiedenen Distrikten und den wichtigsten Klöstern angehören; die Namenliste wird nach Konsultationen zwischen den von der Zentralregierung des Volkes ernannten Vertretern und den verschiedenen betroffenen Parteien erstellt und zur Genehmigung der Zentralregierung des Volkes vorgelegt.

Punkt 16: Die Ausgaben des militärischen und verwaltungstechnischen Komitees, des territorialen militärischen Hauptquartiers und der nach Tibet entsandten Volksbefreiungsarmee werden von der Zentralregierung des Volkes getragen. Die Lokalregierung Tibets unterstützt die Volksbefreiungsarmee beim Kauf und Transport von Nahrungsmitteln, Viehfutter und anderen Konsumgütern.

Punkt 17: Der vorliegende Vertrag tritt sofort nach Unterzeichnung und Besiegelung in Kraft.

Die Chinesen bekundeten ein gewisses Interesse an der buddhistischen Religion, vor allem um sich die Möglichkeit offenzuhalten, die tibetischen Institutionen zu spalten, indem sie den Dalai Lama und den Panchen Lama gegeneinander ausspielten. Mit den beiden diesem Problem gewidmeten Paragraphen hatte China ein Mittel gefunden, um sich offiziell in die religiösen Angelegenheiten Tibets einmischen zu können.

Nachdem der neunte Panchen Lama 1937 gestorben war, hatten Nachforschungen nach seinem Nachfolger zehn mögliche Kandidaten ergeben. 1942 gab die tibetische Regierung ihre Absicht bekannt, alle zehn in Lhasa zu versammeln, um aus ihnen die wahre Reinkarnation auszuwählen. Die Anhänger des Panchen Lama hatten ein Kind entdeckt, das wie der Dalai Lama in einem Dorf der Provinz Qinghai (Tsinghai) zur Welt gekommen war, und hatten es im Kloster Kumbum untergebracht. 1944 ließen sie verlauten, sie würden es als den reinkarnierten Panchen Lama betrachten. Die tibetischen Behörden konnten einem solchen Verfahren nicht zustimmen. Doch die Chinesen, genauer gesagt die Guomindang-Regierung, sahen hier eine Gelegenheit für eine Intervention. Im Juni 1949 proklamierten die Nationalisten, wobei sie ihre letzten Tage an der Macht noch ausnützten, das Kind in Kumbum sei die Reinkarnation des neunten Panchen Lama, und sie entsandten einen Vertreter als Vorsitzenden an die Inthronisationszeremonie. Im September 1949 eroberte die Volksarmee Qinghai und bemächtigte sich der wertvollen Geisel. In deren Namen wurde ein Glückwunschtelegramm an Mao Zedong geschickt; die Antwort des Großen Steuermanns war ein Vorspiel zum Text vom Mai 1951: Die kommunistische Regierung hielt es für erwiesen, sie habe dadurch die Zustimmung eines kaum acht Jahre alten Kindes erhalten.

Durch das Radio erfuhr der Dalai Lama, wie auch die ganze übrige Welt, am 26. Mai, daß die Verhandlungen abgeschlossen seien. Die tibetischen Vertreter kehrten getrennt in ihr Land zurück, jeder auf dem Weg, den er nach Peking benutzt hatte. Über Indien gelangte im Juli auch General Chiang Ching-Wu, der Kommissar und Administrator für die zivilen und militärischen Angelegenheiten in Tibet, in das friedliche Chumbi-Tal, wo sich jetzt im Sommer eine reiche Blütenpracht entfaltet hatte. «Eisige Höflichkeit bestimmte unser Treffen. Er übergab mir einen Brief Mao Zedongs, eine Kopie des 17-Punkte-Abkommens und zwei weitere Dokumente, das eine über die tibetische Armee, das andere mit einer Erklärung, was geschehen würde, falls ich mich für das Exil entscheiden sollte.»

Die Chinesen mußten auf der Anwesenheit des Dalai Lama in Lhasa aus politischen Gründen beharren, aber die Rückkehr des geistlichen Oberhaupts bedeutete auch für das tibetische Volk eine Hoffnung, daß das Wesentliche gerettet werden könne. Tenzin Gyatso machte sich also auf den Rückweg in seine Hauptstadt. Er besuchte die Klöster, um mit den Ordensleuten zu sprechen, zu meditieren und nachzudenken. In Gyantse präsentierte ihm die Kavallerie, die zur indischen Vertretung gehörte, die Waffen. Am 17. August kam er in Lhasa an. Die Nationalversammlung wurde am 28. September zusammengerufen und diskutierte ausgiebig über die Ratifizierung des Vertrages vom 23. Mai; schließlich erklärte sie sich damit einverstanden, daß der Dalai Lama seine Zustimmung nach Peking telegrafierte.

Das noch immer von einer Mönchsmehrheit dominierte tibetische Parlament war zweifellos der Meinung, das Abkommen gewährleiste das in seinen Augen Wichtigste: die Freiheit des Kultes, das politische System und die Vollmachten des Dalai Lama, die im Artikel 7 ausdrücklich genannt werden:

> Die religiösen Überzeugungen, Gebräuche und Sitten des tibetischen Volkes werden respektiert, und den Gemeinschaften der Lamas wird Schutz gewährt. Die zentralen Behörden nehmen keinerlei Veränderung bei den Einkünften der Klöster vor.

Bei allen anderen Vorschriften, etwa über den Kampf gegen den Imperialismus, die Einführung wirtschaftlicher Reformen und deren

Verwirklichung unter der militärischen und zivilen Oberaufsicht der Zentralregierung des Volkes, fehlte es entweder am Verständnis für die verwendeten Begriffe oder glaubten die Mönche und Beamten, es gehe um von außen aufgezwungene Neuerungen wie die goldene Urne der Kaiser, bei denen man mit etwas Geschick mogeln könne, um den Schein zu wahren.

Daß gegenseitige Beziehungen zu einer eigentlichen Konfrontation zwischen zwei grundsätzlich verschiedenen Auffassungen, nicht nur über die menschliche Gesellschaftsordnung, sondern auch über die Zweckbestimmung der menschlichen Natur überhaupt, entarten würden, ließ nicht auf sich warten.

Am 26. Oktober 1951 marschierten dreitausend Soldaten der 18. chinesischen Armee in Lhasa ein. Später wurden weitere zwanzigtausend Mann an verschiedenen Orten des Territoriums stationiert. Um die Verbindungen zwischen diesen Garnisonen sicherzustellen, begann man mit dem Bau von Straßen und Flugplätzen. Der Lärm von Lastwagen und Flugzeugen erschütterte zum erstenmal die Stille des Hochlandes. Wie schon in der Vergangenheit wirkten sich die vielen neu hinzugekommenen Konsumenten auf den störungsanfälligen Lebensmittelmarkt aus: Die Tibeter bekamen die Inflation zu spüren. Das Volk reagierte auf seine gewohnte Weise: Begegnete jemand Chinesen, so machten Mönche wie Laien die Gesten, mit denen böse Geister vertrieben werden; die Kinder warfen Steine, alle sangen Spottlieder, welche die Besatzungstruppen um so gründlicher trafen, als sie nur die Mimik begriffen. Der chinesische General ersuchte sogar den Dalai Lama, solche «reaktionären» Praktiken zu verbieten.

Die Nahrungsmittelversorgung der chinesischen Truppen wurde zur Ursache für den Bruch: Als die Generäle zwanzigtausend Tonnen Gerste verlangten, antworteten die Minister, eine solche Menge sei in den Vorräten ganz einfach nicht vorhanden. Die Beziehungen verschlimmerten sich zusehends, als die tibetischen Truppen in die chinesische Armee integriert werden sollten: «Wenn ihr unseren Soldaten die chinesische Fahne aufzwingt, werden sie diese verbrennen», erklärte der Premierminister.

Dem Dalai Lama wurde ein Bericht zugestellt, worin seine Person als «imperialistischer Reaktionär» bezeichnet und seine Absetzung gefordert wurde. Um die Lage zu entschärfen, suchten die beiden von Tenzin

296

Gyatso ernannten Minister, der Mönch und der Laie, zu einem Zeitpunkt, als ihre Kompetenz und ihr Vertrauen unerläßlich waren, mit Tränen in den Augen den Dalai Lama auf, um ihm ihren Rücktritt zu unterbreiten.

Obwohl die äußeren Umstände eine nie erlahmende Aufmerksamkeit erforderten, setzte der Dalai Lama, wie seine Vorgänger und alle Mönche, seine geistliche Ausbildung und seine Meditationen fort. Die buddhistische Schule fand für kurze Zeit zur Einheit zurück: Im April 1952 kehrte der Panchen Lama, Lobsang Tseten, endlich in seine Heimat zurück. «Er war drei Jahre jünger als ich und hatte sich die ganze Unschuld der Jugend bewahrt. Er strahlte eine große Anziehungskraft aus, er hatte ein glückliches Gesicht, und ich fühlte mich ihm sehr nahe.» Im Juni nahm der Panchen Lama seinen Platz im Kloster Tashilhunpo ein, den sein Vorgänger seit seinem Weggang im Dezember 1923 unbesetzt gelassen hatte.

Der ehemalige Regent und Lehrer des Dalai Lama, Tagdra Rimpoche, starb; Tenzin Gyatso führte den Vorsitz bei der langen Weihezeremonie für seinen Begräbnisstupa: «Als ich mich der Länge nach vor dem Grabdenkmal niedergeworfen hatte, wurde ich von Traurigkeit übermannt.»

Immerhin «folgte auf den erzwungenen Rücktritt von Lukhangwa und Lobsang Tashi eine Zeit verhältnismäßigen Friedens mit den chinesischen Behörden».

Der Dalai Lama begann sein Reformprogramm umzusetzen, an das er seit frühester Jugend gedacht hatte. Um die Lebensbedingungen der Bauern zu verbessern, beschloß er, die während Generationen angehäuften Schulden bei den Landbesitzern zu streichen und auf die Rückzahlung der Regierungskredite für selbständige Kleinbauern zu verzichten.

Solche weltlichen Aktivitäten wurden unterbrochen von religiösen Pflichten, denn Tenzin Gyatso erteilte seine ersten Belehrungen. Er hatte sich wie alle Novizen, zum Teil vor aller Öffentlichkeit, Prüfungen zu unterziehen, um in die höheren Grade eines von zahllosen Generationen geistlicher Meister vervollkommneten Wissens aufzusteigen. Nach dem Mönlam-Fest 1954 erhielt er im Jokhang-Tempel vor der Chenresi-Statue die volle Weihe zum Priester.

Anfang 1954 wurde er zu einem Besuch in China eingeladen. Bevor er zustimmte, mußte er die zögernde Bevölkerung in Lhasa überzeugen, die darüber beunruhigt war, daß sich ihr höchster Schutzherr in ein Land begeben wollte, dessen Feindseligkeit sie immer mehr zu spüren bekam. Zur großen Abschiedszeremonie hatten sich am Ufer des Kyichu-Flusses die Mitglieder der Regierung und Zehntausende von Gläubigen versammelt. Von den Gesängen der Mönche begleitet, überquerten der Dalai Lama, seine Familie und sein Gefolge den Wasserlauf in einem Lederboot, gleich wie Pater Huc ein Jahrhundert zuvor. Nach einigen Tagen Aufenthalt im Kloster Ganden führte die dreitausend Kilometer lange Reise vorerst auf einem Maultierrücken über die Berge bis nach Ta-Chien-Lu. In Chengdu bestieg der Dalai Lama als erster Priester-Herrscher Tibets ein Flugzeug. Bei der Landung in Si'an (Xi'an) schloß sich ihm der Panchen Lama an. Gemeinsam setzten sie die Reise in einem Sonderzug fort. Im Pekinger Bahnhof bereiteten ihnen Zhou Enlai (Tschu En-lai) und Zhu De (Chu Te) einen herzlichen Empfang.

Zu den Entdeckungen in einer für ihn neuen Welt gehörte für Tenzin Gyatso die Begegnung mit einem echten tibetischen Kommunisten. Phuntsog Wangyal, der aus der Region Kham stammte und mit einer muslimischen Tibeterin verheiratet war, hatte eine christliche Missionsschule in Bathang besucht und dort Englisch gelernt. Nachdem er sich von der kommunistischen Sache hatte überzeugen lassen, arbeitete er im chinesischen Schuldienst in Lhasa. Als 1949 die Chinesen ausgewiesen wurden, hatte er die Hauptstadt mit diesen zusammen verlassen.

> Er sprach perfekt chinesisch und entledigte sich meisterhaft seiner Aufgabe als Dolmetscher zwischen Mao Zedong und mir. Er erwies sich nicht nur als aufrichtig und redlich, sondern auch als ein Mann voller Weisheit; ich wußte seine Gesellschaft sehr zu schätzen. Daß wir verschieden dachten, lag in der Natur der Dinge. Letzten Endes waren aber er wie ich Tibeter, die sich um die Zukunft unseres Landes Sorgen machten.
>   Mit Mao Zedong trafen wir uns mindestens ein dutzendmal, meistens mit vielen anderen Leuten zusammen, aber auch zu Zwiegesprächen, denen nur gerade Phuntsog Wangyal beiwohnte. [...] Ich spürte, daß er ebenso aufrichtig war, wie er entschlossen zu sein schien. [...] Bei unserer ersten Unterredung sagte er mir, er sei zum Schluß gekommen, daß es verfrüht wäre, alle Klauseln des 17-Punkte-Abkommens anzuwenden. Er hielt es insbesondere für vernünftig, vorerst den Paragraphen zu vergessen, welcher die Schaffung einer Militärkommission für Tibet vorsieht. Besser wäre es, ein Komitee für die Vorbereitung der autonomen Region Tibet einzusetzen, sagte er zu mir.

Dieser Organismus hätte darüber zu wachen, daß der Rhythmus der Reformen den Wünschen der Tibeter selbst angepaßt werde. Nichts werde getan, bevor nicht wir selbst es für notwendig hielten, diesen Punkt hob er ganz besonders hervor. [...] Die Idee einer echten Assoziation mit China begann mich zu begeistern.

Der Aufenthalt in Peking gab dem Dalai Lama Gelegenheit, mit Staatsmännern zusammenzutreffen, die in der internationalen Politik eine wichtige Rolle spielten: Nehru, U Nu, damals Präsident von Birma, Chruschtschew und Bulganin, ebenso mit Diplomaten aus Ost und West. Kontakte mit chinesischen Funktionären, einer Mischung von resignierten Agenten und überzeugten Marxisten, und Begegnungen mit chinesischen Buddhisten hinterließen in ihm den Eindruck einer instabilen, in sich selbst widersprüchlichen Gesellschaftsordnung. Er ergänzte seine Erfahrungen mit der neuen marxistischen Gesellschaft durch eine mehrmonatige Reise in China; die Regierung bestand darauf, ihm die industriellen und landwirtschaftlichen Fortschritte in der Mandschurei und in der Inneren Mongolei zu zeigen. Chinesische Würdenträger nahmen seine Einladung zu einem Empfang anläßlich des Losar-Festes, des tibetischen Neujahrsfestes, an. Die Worte Maos anläßlich der letzten Begegnung, als er vom «Gift der Religion» sprach, dämpften freilich seine Hoffnungen auf ein gegenseitiges Verständnis. Auf seinem Rückweg nach Lhasa sah er Zhou Enlai noch einmal, der im Flugzeug in die Region Kham gereist war: «Er machte mir gegenüber positive Bemerkungen über die Religion. Vielleicht sprach er auf Ersuchen Maos so mit mir, weil auf diese Weise der schlechte Eindruck von unserer letzten Unterredung verwischt werden sollte.»

Das vorbereitende Komitee, über das man sich in Peking geeinigt hatte, versammelte sich im Oktober. In der Provinz Kham hatten die chinesischen Behörden mit radikalen Reformen nicht zugewartet: Konfiszierung des Landbesitzes, unzumutbare Abgaben. Sie legten sich insbesondere mit den Mönchen und Nonnen an; diese mußten an harten und unverständlichen, wenn nicht sogar nutzlosen Arbeiten teilnehmen; aber auch mit den Nomaden, die sie als rückständige Barbaren betrachteten. Als die Parteifunktionäre deren Waffen zu beschlagnahmen versuchten, das althergebrachte Symbol ihrer Freiheit und ein Schutz gegen die Gefahren in ihrem harten Leben, kam es zu einem Aufstand. Im Frühjahr

1956 begannen die Khampa Straßen und Brücken zu zerstören und Militärtransporte anzugreifen. Nach einem äußerst brutalen Gegenschlag füllten sich die Straßen mit Tausenden von Flüchtlingen. In Lhasa erzählten sie von aufwühlenden Erlebnissen; die Internationale Juristen-Kommission bestätigte die Berichte in einem am 8. August 1960 publizierten Rapport: Folterungen, Vergewaltigungen, öffentliche Hinrichtungen, verächtliche Behandlung einzelner Menschen; die Mönche wurden gezwungen, ihr Keuschheitsgelübde zu brechen, Kinder mußten ihre Eltern schlagen. Die als Widerstandsnester verdächtigten Klöster in Lithang und Bathang wurden bombardiert.

Der Dalai Lama hatte Ngabo, der das Abkommen von 1951 ausgehandelt hatte, in die Regierung aufgenommen; er sandte diesen Mitarbeiter in die betroffene Gegend, um zu versuchen, die Ruhe wiederherzustellen. Vergeblich.

Als Marschall Chen Yi, Vizepremierminister der Volksrepublik, in Lhasa eintraf, veröffentlichte gleichzeitig eine chinesische Zeitung, die in Kanze in der Region Kham gedruckt wurde, ein Bild mit abgeschlagenen Köpfen reaktionärer Krimineller. Später erfuhr man, daß vierzigtausend Mann als Verstärkung unterwegs waren, um den tibetischen Widerstand zu brechen, der sich zusammengeschlossen hatte und zu dem auch die Bewohner der Region Amdo gestoßen waren.

Der Dalai Lama führte stürmische Gespräche mit dem chinesischen Repräsentanten. Er vertraute auf Maos Versprechungen und schickte diesem einen Brief. Er erhielt aber keine Antwort. Ein weiteres Schreiben richtete er an den Dolmetscher Phuntsog Wangyal, den er als kommunistischen Parteisekretär in Tibet akzeptiert hatte. Einige Monate später mußte er erfahren, daß dieser Mann als gefährlich eingestuft worden war und nicht mehr nach Tibet zurückkehren würde.

Die Religion bestärkte Tenzin Gyatso immer wieder in seinen Bemühungen. Der Maharadscha Kumar von Sikkim, Präsident der Buddhistischen Gesellschaft des indischen Subkontinents, lud ihn zu den Buddha-Jyanti-Feiern zum zweitausendfünfhundertsten Jahrestag von Buddhas Geburt ein. Monatelang mußte verhandelt werden, um das Einverständnis der chinesischen Vertreter zu erlangen. Schließlich brach Tenzin Gyatso im November 1956 aus Lhasa auf; in Shigatse schloß sich ihm der Panchen Lama an. Die heitere Würde des Oberhauptes der tibetischen Buddhisten, seine Aussagen über die Gewaltlosigkeit, mit der auch die

Anhänger Gandhis in ihrem Kampf um Unabhängigkeit den Sieg davongetragen hatten, trugen ihm Sympathien bei der ganzen Bevölkerung ein. In Kalimpong wohnte er im Haus, in dem sein Vorgänger während seines Exils gelebt hatte: «Man gab mir das Zimmer, in dem er gewohnt hatte, und ich hatte das seltsame Gefühl, die Bedingungen, unter denen ich zu leben hätte, seien den seinigen zur damaligen Zeit sehr ähnlich.»

Enttäuschend verliefen seine Gespräche mit Nehru, der ihm mit aller Klarheit zu verstehen gab, daß Indien für Tibet keine Hilfe sein könne. Immerhin hatte die indische Regierung dafür gesorgt, daß es zu einer Begegnung zwischen dem Dalai Lama und Zhou Enlai kam, der um diese Zeit Delhi einen Besuch abstattete; der chinesische Politiker versicherte ihm, Mao habe entschieden, daß während mindestens fünf Jahren in Tibet keinerlei Reformen durchgesetzt würden.

Trotz dieses Versprechens erwog die Begleitung des Dalai Lama die Möglichkeit, in Indien zu bleiben. Für diese Auffassung setzte sich insbesondere der frühere Minister Lukhangwa ein, der sich auf einer Wallfahrt in Indien befand, ebenso die beiden Brüder von Tenzin Gyatso; sie hatten Kontakte zu amerikanischen Geheimdienstleuten aufgenommen, die ein Vorhaben prüften, die tibetischen Kämpfer in den Regionen Amdo und Kham mit Hilfsgütern zu unterstützen; die Vereinigten Staaten suchten damals weltweit nach Möglichkeiten, um den kommunistischen Vormarsch aufzuhalten. «Doch ich gab nicht nach und beschloß, nach Tibet zurückzukehren, um noch einmal eine Zusammenarbeit mit den Chinesen zu versuchen, womit ich dem Rat Nehrus folgte und mich auf die Versprechungen Zhou Enlais verließ.»

Tatsächlich waren einige Verbesserungen zu verzeichnen; etliche mit der Durchsetzung der Reformen beauftragte Truppenverbände und politische Kader wurden zurückgezogen, an den beschädigten Klöstern in der Region Kham waren Reparaturarbeiten im Gange. Doch hier hatten bereits chinesische Bauern die Plätze der Kämpfer eingenommen, die aus ihren Dörfern geflüchtet waren. Einmal mehr erschütterte ein Flüchtlingsstrom das labile Gleichgewicht auf dem krisenanfälligen Lebensmittelmarkt in der Hauptstadt. Mehr noch, im April 1958 löste die chinesische Polizei in Lhasa eine Operation gegen die «Reaktionäre» aus, was zur Folge hatte, daß Tausende von jungen Leuten aus der Stadt vertrieben wurden und sich den Freiheitskämpfern anschlossen. In den Regionen Kham und Amdo mehrten sich die Überfälle auf Chinesen, sogar in der Nähe der Hauptstadt wurden chinesische Militärposten angegriffen.

Die Atmosphäre in Lhasa war derart bedrohlich geworden, daß ein vorgesehener Besuch Nehrus abgesagt wurde.

Der Druck auf den jungen Dalai Lama wurde verstärkt. Eine Einladung zu einem Besuch in Peking konnte er mit einem Hinweis auf eine obligatorische Phase in seinen religiösen Studien aufschieben. Er hatte sich zudem mit einem beklemmenden Thema zu befassen: Der chinesische General hatte ihn ersucht, tibetische Truppen gegen die «Rebellen» einzusetzen. Es war völlig ausgeschlossen, daß ein solcher Vorschlag hätte angenommen werden können.

Ende Sommer 1958 begab sich der Dalai Lama nach Drepung zu einer Reihe von Gesprächen mit den gelehrtesten Kennern des buddhistischen Kanons; für eine Abwechslung sorgten die wunderbar harmonischen Gesänge mehrerer tausend Mönche, die sich im größten Tempel versammelt hatten. Außerhalb des heiligen Bezirks war die Antwort der Wirklichkeit zu hören: das Krachen von Geschossen auf dem Schießplatz der chinesischen Garnison, die sich hinter ihren Stacheldrahtverhauen auf dem gegenüberliegenden Hügel verschanzt hatte.

Im Februar 1959 lockte das alljährliche Mönlam-Fest eine riesige Volksmenge von Mönchen und Laien aus allen Regionen in die Hauptstadt, «Frauen in Röcken, die mit ihren bunten Schürzen den Staub aufwirbelten, stolze Khampas mit langen, von gelben Bändern zusammengehaltenen Haaren, das Gewehr auf der Schulter; Nomaden mit vom Bergwind gegerbten Gesichtern und überall vor Fröhlichkeit strahlende Kinder.»

Am 5. März lud der chinesische Kommandant den Dalai Lama zu einer Darbietung einer Tänzergruppe in das Hauptquartier ein. Er wurde gebeten, ohne Begleitung zu kommen. Sofort verbreitete sich das Gerücht, die Chinesen wollten sich gewaltsam seiner Person bemächtigen. Am folgenden Tag wurde der Mönch Tenzin Gyatso nach einem langen Gebet den letzten Prüfungen über seine religiösen Kenntnisse unterzogen; zu seiner großen Befriedigung wurde ihm der Titel eines Doktors der buddhistischen Wissenschaften verliehen.

Die Volksmenge um den Norbulinka-Palast, wo er wohnte, wuchs fortwährend an; am 12. März hatten sich dreißigtausend Menschen eingefunden. Ein Tibeter, der verdächtigt wurde, mit den Chinesen unter einer Decke zu stecken, wurde gelyncht. Petitionen zirkulierten, mit denen eine Widerrufung des 17-Punkte-Abkommens verlangt wurde.

Der chinesische General forderte den Dalai Lama mit drei Briefen auf,
sich aus Sicherheitsgründen in sein Lager zu begeben. Am 17. März fielen zwei Geschosse in den Garten des Sommerpalastes, ganz in der Nähe
der Residenz des Dalai Lama. Handelte es sich um eine Warnung? Das
Orakel wurde befragt, das bis jetzt ein Verbleiben empfohlen hatte, um
die Gespräche nicht abbrechen zu lassen; jetzt gab es plötzlich eine andere Antwort: «Geh weg, geh weg!»

Nur selten in der Geschichte hat ein Mensch mit einer derart heftigen
inneren Aufwühlung fertigwerden müssen. Durfte er ein Machtvakuum
hinter sich zurücklassen, oder war es seine Pflicht, gleichzeitig mit seiner
Macht unterzugehen, wodurch die gesamte Struktur des buddhistischen
Glaubens und des tibetischen Staates in die Nacht mitgerissen würde,
in diese Nacht, die laut der Prophezeiung des dreizehnten Dalai Lama
ewig währen sollte?

Beim Einbruch der Nacht begab ich mich zum letztenmal in das Mahakala,
das meiner persönlichen Schutzgottheit geweihte Heiligtum. Als ich die
schwere, knarrende Türe aufgestoßen hatte, blieb ich einen Augenblick lang
auf der Schwelle stehen, um das Schauspiel in mir aufzunehmen, das sich
mir bot. Mönche psalmodierten Gebete zu Füßen der Statue des Schutzgottes.
Der Raum war nur von Butterlampen erleuchtet, die zu Dutzenden in ihren
goldenen und silbernen Tiegeln aufgestellt worden waren. [...] Auf dem
Altar stand ein Teller mit einem bescheidenen Opfer von Gerstenmehl. Ein
Mönch ergriff die Schallbecken, während ein anderer ein Horn in den Mund
nahm, aus dem ein langer klagender Ton kam. Die Klänge aus den Schallbecken vermischten sich miteinander, und ihre Schwingungen, die sich
durch den Raum ausbreiteten, hatten eine beruhigende Wirkung auf mich.

Ich verweilte einen Augenblick lang im Gebet und las aus den Buddha-
Sutren; ich hielt bei der inne, die von der Notwendigkeit spricht, Vertrauen
und Mut zu fassen.

Später in der Nacht brach der Dalai Lama, mit einer Hose und einem
langen schwarzen Mantel bekleidet, wie er ihn noch nie in seinem Leben
getragen hatte, ins Exil auf. Die höchste Institution des Landes war
abermals suspendiert, zum viertenmal innerhalb eines halben Jahrhunderts.

Zwei Tage lang erfuhr Lhasa nichts von seinem Aufbruch. Als die Chinesen von der Flucht hörten, verkündeten sie mit Lautsprechern, der Dalai

Lama sei «entführt» worden; sie begannen den Palast zu bombardieren und die noch immer versammelte Volksmenge mit Maschinengewehren zu beschießen.

Die Nachhut schützte durch mutigen Einsatz die kleine Schar vor den chinesischen Verfolgern; am 30. März erreichten der Dalai Lama und seine Exilsgefährten die Grenze zu Assam. Das indische Radio verkündete die Neuigkeit in aller Welt, die indische Regierung schickte eine Willkommensbotschaft. Am 18. April gab der Dalai Lama in Tezpur eine offizielle Erklärung ab; er schilderte die Ereignisse und hielt fest, daß er aus eigenem Willen weggegangen sei. Am 24. April hatte er eine lange Besprechung unter vier Augen mit Nehru. Der Bericht über die dramatischen Ereignisse in Tibet und die Entschlossenheit seines jungen Gesprächspartners, den Kampf um die Unabhängigkeit unter Respektierung der eingegangenen Verpflichtungen und des Lebens der in die Geschehnisse verwickelten Personen fortzusetzen, vermochten am Standpunkt des indischen Premierministers nichts zu verändern; er wollte sich ebenfalls an die 1954 mit China eingegangenen Verpflichtungen halten; in den früher festgelegten fünf Grundsätzen der friedlichen Koexistenz – *Pancha Shila* – war Tibet als integrierender Bestandteil Chinas anerkannt worden. Die öffentliche Meinung und gewisse politische Kreise in Indien hatten erst kürzlich diese Haltung kritisiert. Als 1958 die ersten Berichte über das chinesische Verhalten nach Delhi gelangten, brandmarkte ein Mitglied des Parlaments, Acharya Kripalani, das Abkommen von 1954; ihm liege «der Fehler zugrunde, daß wir das Siegel unserer Einwilligung zur Zerstörung einer mit uns geistig und kulturell eng verbundenen alten Nation gesetzt haben».

Einige Wochen verbrachte der Dalai Lama mit Nachdenken in der Stille. Dann hielt er am 20. Juni vor mehr als hundert Journalisten aus aller Welt eine Pressekonferenz ab, an der er den 1951 aufgezwungenen 17-Punkte-Vertrag aufkündigte und erklärte: «Wo immer ich in Begleitung meiner Regierung auch bin, anerkennt mich das tibetische Volk als sein Oberhaupt.» Noch am gleichen Abend wurde durch eine offizielle indische Verlautbarung mitgeteilt, die Exilregierung des Dalai Lama werde nicht anerkannt.

Indien widersetzte sich aber auch nicht den internationalen Demarchen des Dalai Lama. Pandit Nehru hatte zu ihm gesagt: «Sie befinden sich in einem freien Land; handeln Sie so, wie Sie es für gut halten.»

Mit einer sorgfältig dokumentierten Depesche an den Generalsekretär der Vereinten Nationen forderte der Dalai Lama eine nochmalige Überprüfung der Frage, die El Salvador 1950 aufgeworfen hatte. Der entsprechende Resolutionsentwurf wurde von der Föderation von Malaysia und von Irland vorgelegt und von den Vereinigten Staaten und der Generalversammlung unterstützt. Die Diskussion fand am 20. und 21. Oktober statt. In der Resolution 1253 wurde an die Respektierung der Menschenrechte erinnert und auf die kulturellen und religiösen Eigenheiten Tibets hingewiesen, der Name der Volksrepublik China wurde nicht einmal erwähnt; die Generalversammlung sprach sich mit 46 gegen 9 Stimmen bei 26 Enthaltungen, worunter Indien und Großbritannien, dafür aus. Vorsichtshalber hatte Sri Lanka einen für die Verehrung einer Buddha-Reliquie vorgesehenen Besuch des Dalai Lama abgesagt.

Der unaufhaltsame Verlauf der Geschichte hatte es mit sich gebracht, daß das Land des Schnees und der Seen im Schutz seiner Berge und seines Glaubens keine Insel mit einer eigenständigen Kultur geblieben war. Unter dem Deckmantel einer Ideologie, die von sich behauptete, sie werde alle anderen Ideologien verdrängen, erlebte das Hochland eine neue Form der Kolonisierung mit allen ihren Begleiterscheinungen wie Unterdrückung und sinnlose Menschenopfer. In der internationalen Arena war die tibetische Tragödie nur mehr ein Thema unter anderen in einem Interessengerangel, in dem nur blinde und von den Umständen diktierte Impulse das Geschehen bestimmten.

Tenzin Gyatso begann eine Wallfahrt zu den Quellen. Beim Baum, unter dem der Buddha die Erleuchtung empfangen hatte, weihte er, der erst vierundzwanzig Jahre alt war, zum erstenmal in seinem Leben hundertzweiundsechzig junge Novizen zu Priestern. Im Gazellenhain, wo der Buddha zweitausendfünfhundert Jahre zuvor gelehrt hatte, griff er dieselbe Botschaft auf: «Das Leiden ist der erste Schritt zur Befreiung.» Zweitausend aus Nepal herbeigekommene Tibeter in seiner Begleitung befanden sich ebenfalls auf der Pilgerschaft, aber als Flüchtlinge in einem Zustand voller Betrübnis.

Eine gewaltige Reserve an Mitleiden in Indien kam dem Mut und dem Elend zu Hilfe. Die Regierung unterbreitete den Flüchtlingen das Angebot, den Dalai Lama, seine Familie und seine Mitarbeiter in Moosurie und später, 1960, in Dharamsala unterzubringen. In der Umgebung wurde Land für tibetische Pächter ausgeschieden, deren Zahl schon bald auf fast hunderttausend anwuchs. Im Ausland wurde ebenfalls viel für eine Aufnahme von Flüchtlingen unternommen, etwa in Nepal und besonders in der Schweiz, wo eine große tibetische Kolonie und zahlreiche Kinder eine neue Heimstätte fanden.

In Lhasa hatte eine von hundertvierzigtausend Soldaten gestützte Militärdiktatur die tibetischen Institutionen abgelöst. In den Klöstern und Dörfern waren die alten Strukturen gewalttätigen Veränderungen unterworfen worden, die bloß Entmutigung auslösten; große Ländereien wurden nicht mehr bebaut, und der erzwungene Anbau von Weizen anstelle der traditionellen Gerste erwies sich als ein Fehlschlag.

In Dharamsala versuchte der Dalai Lama mit hartnäckiger Klarsicht, einen Demokratisierungsprozeß in Gang zu bringen. Am 2. September 1960 setzte er die Abgeordnetenkommission ein, eine gesetzgeberische Körperschaft mit Vertretern aus den Provinzen Ü und Tsang, Amdo und Kham; die alte Bön-Religion wurde ebenfalls berücksichtigt. Der Kashag wurde durch zusätzliche Ministerien für Erziehung, Information, Sicherheit und Wirtschaftsfragen ergänzt.

Nichts von alledem hätte sich ohne die Religion als Träger verwirklichen lassen; der Dalai Lama sammelte mit offizieller indischer Unterstützung eine Gemeinschaft von tausendfünfhundert Mönchen um sich, die aufgrund ihres hohen Bildungsstandes aus den sechstausend im Exil befindlichen Mönchen ausgewählt worden waren.

Alle diese Initiativen wurden durch den Schatz ermöglicht, der 1950 an der Grenze Sikkims sorgfältig vergraben worden war.

Von 1960 bis 1965 gründete und besuchte Tenzin Gyatso als Mönch und als Staatsoberhaupt Empfangszentren auf indischem Gebiet für seine Landsleute im Exil.

Persönlichkeiten aus zahlreichen Ländern leisteten ihren Beitrag zu Einrichtungen, die, wie aus den innenpolitischen Ereignissen in Tibet zu schließen war, vermutlich während längerer Zeit ihre Aufgabe erfüllen mußten.

Die tibetische Regierung eröffnete Büros, um solche Kontakte mit der Außenwelt zu erleichtern. Nepal, das einzige Land auf der Erde, das seit dem 18. Jahrhundert allen Stürmen zum Trotz eine konsularische Vertretung in Lhasa aufrechterhalten hatte, nahm zuerst einen Abgesandten des Dalai Lama auf. New York, Zürich, Tokio, London und Washington folgten dem Beispiel.[77]

Der Himmel über Tibet wurde noch düsterer. Der Panchen Lama brachte 1962 den Mut auf, dem Präsidenten Mao Zedong ein ausführliches Memorandum zuzustellen, in dem er seine Kritik an den und seine Klagen über die chinesischen Methoden ausführlich darstellte. Als er 1964 eingeladen wurde, während des Mönlam-Festes in Lhasa eine Ansprache zu halten, erklärte er vor der versammelten Volksmenge, der wahre Führer des tibetischen Volkes sei der Dalai Lama. Zusammen mit zahlreichen Mönchen aus dem Kloster Tashilhunpo wurde er verhaftet und in einem Prozeß hinter verschlossenen Türen verurteilt. Man verlegte ihn in ein Hochsicherheitsgefängnis in China, wo er einem Programm für «politische Umerziehung» unterzogen wurde.

Im Herbst 1962 führten bewaffnete Auseinandersetzungen an der Grenze zu China, das die MacMahon-Linie noch immer nicht akzeptieren wollte, in Indien zu einer Neubesinnung über die Beziehungen zu Peking. 1964 starb Pandit Nehru; seine Stellung als Regierungschef nahm Lal Bahadur Shastri ein, der sich für eine andere Haltung in der Tibet-Frage entschied. 1965 wurde dieses Problem auf Verlangen Thailands, der Philippinen, Maltas, Irlands, Melanesiens, Nicaraguas und, noch immer mit derselben Beharrlichkeit, El Salvadors abermals von den Vereinten Nationen diskutiert. Indien stimmte jetzt für die Resolution.

Der Krieg, der 1965 und 1966 zwischen Indien und Pakistan ausgetragen wurde, war für den Dalai Lama ein neues Beispiel von menschlichem Leiden. Die Unterzeichnung des Friedensvertrages in Taschkent durch Yakub Khan und Lal Bahadur Shastri wurde getrübt durch den Tod Shastris, der einer Herzkrise erlag. Einige Tage später wurde Indira Gandhi als neue Premierministerin vereidigt; während ihrer ganzen Regierungszeit unterstützte sie die Einrichtungen für die tibetischen Flüchtlinge in Indien.

Um diese Zentren weiteren Kreisen bekannt zu machen, Hilfe von außen zu mobilisieren und dafür zu sorgen, daß die Welt Tibet nicht vergaß, unternahm der Dalai Lama eine ganze Reihe von Reisen. Gewissermaßen als ein Echo auf die Expeditionen, die Forscher, Wissenschaftler und Missionare in den vergangenen Jahrhunderten in sein Land unternommen hatten, machte er jetzt die Botschaft des buddhistischen Glaubens und der buddhistischen Kultur auf allen Kontinenten bekannt. Die erste Reise führte ihn Ende 1967 nach Thailand und Japan. Während seines Fluges zwischen diesen beiden Ländern flog über Vietnam eine B-52 der amerikanischen Luftwaffe an seinem Flugzeug vorbei: «Ich fühlte mich betroffen, als ich feststellen mußte, daß man nicht einmal in zehntausend Metern Höhe vor dem Schauspiel der Unmenschlichkeit des Menschen gegenüber seinen Mitmenschen sicher war.»

1973 bereiste er sechs Wochen lang elf west- und nordeuropäische Länder. Die Begegnung in Rom mit Papst Paul VI. wurde zum Beginn eines harmonischen Dialogs zwischen zwei denselben geistlichen Werten verpflichteten religiösen Oberhäuptern.

In China war die Kulturrevolution entfesselt worden. Die Roten Garden tauchten im August 1966 in Lhasa auf. Noch liegt keine vollständige Bilanz der Zerstörungen vor: «Die Liste der vernichteten religiösen Bauten, Heiligtümer und Kunstwerke ist eine der traurigsten und schändlichsten Seiten im Buch der Weltgeschichte.» [78] Die beruhigenden Erklärungen der chinesischen Staatsführung gehörten längst der Vergangenheit an. Mit einiger Verwunderung nimmt man zur Kenntnis, daß die Zentralregierung in Peking, ob sie von den Kaiserdynastien, dem Guomindang oder dem kommunistischen Regime eingesetzt worden war, zu allen Zeiten nicht imstande gewesen ist, die Handlungen ihrer zivilen, militärischen, polizeilichen und politischen Vertreter in Tibet unter Kontrolle zu halten. Die Sprache, in der die Anordnungen aus der Hauptstadt geschrieben waren, wurde offensichtlich von den ausführenden Organen in den weit entfernten Grenzregionen ganz anders verstanden. Hinzu kam aber auch, daß sich Beamte und Offiziere in einer Umwelt, die sie als feindlich empfanden und auf die sie mit Schikanen und Brutalitäten reagierten, anders als üblich verhielten.

Der tibetische Widerstand regte sich wieder stärker. Die Unterdrückung forderte noch mehr Opfer als 1959. Die Kämpfer erhielten amerikanische Waffen, was ihre Schlagkraft und ihre Entschlossenheit verstärkte. Sie errichteten in den Flüchtlingsgemeinschaften im nepalesischen Hinterland Stützpunkte. China übte deshalb Druck auf das kleine Königreich aus. Der Dalai Lama, der die Anstrengungen dieses Landes bei der Aufnahme seiner Landsleute zu schätzen wußte, wollte neue Kämpfe und neues Leiden verhindern; er entsandte einen Emissär, der die Widerstandskämpfer auffordern sollte, ihre Waffen den Nepalesen zu übergeben.

Nach Maos Tod 1976 kamen aus Rotchina Signale einer Öffnung und eine Aufforderung zu neuen Gesprächen. 1977 war eine solche Botschaft aus den Aussagen des neuen Präsidenten Li Xiannian (Li Hsiennien) herauszuhören, der gewisse Exzesse der Kulturrevolution bedauerte; auch eine Erklärung von Ngabo Ngawang Jigme wies in dieselbe Richtung; der tibetische Unterhändler von 1951 war eine wichtige Persönlichkeit im kommunistischen Apparat in Peking geworden; er versicherte vor aller Öffentlichkeit, China hoffe auf eine Rückkehr des Dalai Lama und seiner Anhänger. Der neue Generalsekretär der Partei, Hua Guofeng (Hua Kuofeng), äußerte sich noch deutlicher, indem er andeutete, daß die alten tibetischen Bräuche und Institutionen zweckmäßigerweise wiederhergestellt werden sollten.

Im November 1978 folgte eine konkrete Geste: Vierunddreißig Gefangene, vorwiegend Beamte der früheren Verwaltung, wurden in Lhasa unter großem Propagandaaufwand als die «letzten Anführer der Rebellen» aus der Haft entlassen.

Am 1. Februar 1979, als die Vereinigten Staaten die Volksrepublik China offiziell anerkannten, trat der Panchen Lama zum erstenmal seit seiner Verhaftung wieder in der Öffentlichkeit auf. Vierzehn Jahre Umerziehung waren notwendig gewesen, um ihn davon zu überzeugen, daß er den guten Willen Chinas durch angemessene Worte unterstützen sollte: «Falls sich der Dalai Lama aufrichtig für das Glück und das Wohlergehen der tibetischen Volksmassen interessiert, so soll er in diesem Punkt keine Zweifel offenlassen: Ich darf ihm versichern, daß der heutige Lebensstandard der Tibeter um ein Mehrfaches höher ist als zur Zeit der früheren Gesellschaftsordnung.»

Von solchen Aussagen ermutigt, mahnte der Dalai Lama, China solle jene Exiltibeter in ihre Heimat zurückkehren lassen, die ihre Familien wiedersehen möchten, aber auch Ausländern den Zugang ermöglichen. Maßnahmen in diesem Sinne wurden angeordnet. Kurze Zeit später wollte sein älterer Bruder, Gyalo Thondrup, der mit einer Frau chinesischer Herkunft verheiratet war und Freunde in Hongkong hatte, von ihm wissen, ob er eine an ihn ergangene Einladung nach China annehmen dürfe. Über die chinesische Botschaft in Indien ließ der Dalai Lama daraufhin verlauten, er möchte gerne eine offizielle Mission nach Tibet entsenden, und er beauftragte seinen Bruder, in China die aufgenommenen Kontakte in diesem Sinne weiterzuführen.

Dann erhielt er die Einladung, die buddhistischen Gemeinschaften in der Sowjetunion und in der Mongolei zu besuchen. Er wurde vom Klerus der orthodoxen Kirche herzlich empfangen. Unterwegs in Burjätien entdeckte er voller Ergriffenheit, daß die Mönche und Laien in einem Kloster auf tibetisch beteten, das die Sprache für religiöse Ausdrucksformen geblieben war.

Am 2. August 1979 brachen fünf Persönlichkeiten, worunter der andere Bruder des Dalai Lama, Lobsang Samten, der ihn auf seinem ganzen Weg begleitet hatte, seit er sein Geburtsdorf verlassen hatte, aus Delhi über Peking nach Tibet auf.

Erst nach zweiwöchigen Diskussionen in Peking konnte die Reiseroute festgelegt werden, auf der die Abgesandten ganz Tibet besuchen sollten. Überall drängten sich Volksmassen um sie; die Menschen verlangten Auskunft über den Dalai Lama. In Lhasa wurde der Empfang zu einem Freudenfest. Angesichts dieser Begeisterung der Bevölkerung, die ein baldiges Ende der fremden Besetzung ahnte, seufzte ein höherer chinesischer Beamter: «Ein einziger Tag hat genügt, um zwanzigjährige Bemühungen hinfällig werden zu lassen.»

Doch der Bericht der Delegierten nach der Rückkehr war in einem eher negativen Ton verfaßt: Mit Aufnahmen von zerstörten Klöstern, die in Lagerhäuser, Fabriken, Ställe umgewandelt worden waren, belegten sie eine lange Liste von Verletzungen der Menschenrechte; erwähnt wurden Mängel, Hungersnöte, zerstörte Wälder und geschädigte Böden (seit 1955 sollen fünfzig Millionen Bäume gefällt worden sein und Tausende von Hektar Ackerland brachgelegen haben). Chinesische Bauern, die sich hier niedergelassen hatten, und eine maßlose Überweidung hatten die natürlicherweise vorkommenden Tierarten, Vögel und Pflanzenfresser, dezimiert. Durch die Verstaatlichung der Güter und die Profanierung der Einrichtungen der buddhistischen Schule Tibets war zur großen Verzweiflung der städtischen und ländlichen Bevölkerung das ganze System der tibetischen Kultur erschüttert worden.

Zwei weitere Untersuchungskommissionen wurden 1980 entsandt. Die eine, die aus jungen Leuten zusammengesetzt war, wurde von den Chinesen unter dem Vorwand ausgewiesen, sie stachle die Volksmassen zur Rebellion an. Die andere, die von der Schwester des Dalai Lama, Jetsun Perna, geleitet wurde, studierte die Situation im Schulwesen; ihre Schlußfolgerungen können mit einem Satz des senegalesischen

Schriftstellers Cheikh Amidou Khan zusammengefaßt werden: «Wiegt das, was eure Kinder in den neuen Schulen lernen, all das auf, was sie darin vergessen werden?»

Anfang April 1982 begab sich eine Delegation aus Dharamsala nach Peking. Sie wurde vom Minister Juchen Thubten Namgyal geleitet, dem der Vorsitzende der Volksversammlung, Lodi Gyaltsen Gyari, und ein Dolmetscher zur Seite standen. Sie sollte Gespräche über die Zukunft Tibets führen. Es zeigte sich aber sehr rasch, daß China nur an etwas interessiert war, nämlich an der Rückkehr des Dalai Lama. Ein Fünf-Punkte-Vorschlag wurde vorgelegt, in dem dieser Wunsch deutlich zum Ausdruck kam, der aber auch mit einigen Zusicherungen und gleichzeitig mit etlichen Warnungen ausgeschmückt war.

Während einiger Jahre öffnete sich Tibet dem Tourismus; 1985 entstanden moderne Hotels in Lhasa, Shigatse und Tsedang für die ausländischen Besucher. 1986 wurde die Führung einiger dieser Häuser sogar einer amerikanischen Firma anvertraut.

Der Dalai Lama wurde 1979, 1981 und 1984 in den Vereinigten Staaten empfangen. Diesen Reisen blieb der Erfolg nicht versagt, denn im Juli 1985 wurde ein von einundneunzig Kongreßmitgliedern unterzeichneter Brief an den Präsidenten der Volksversammlung in Peking, Li Xiannian, gesandt. China wurde darin aufgefordert, «volle und gebührende Aufmerksamkeit den sehr vernünftigen und berechtigten Bestrebungen Seiner Heiligkeit, des Dalai Lama, und seines Volkes zu schenken». Das war das erste Zeichen einer offiziellen amerikanischen Unterstützung für die tibetische Regierung und ihr Oberhaupt.

Der amerikanische Kongreß veröffentlichte einen Bericht über Verletzungen der Menschenrechte in Tibet und lud gleichzeitig abermals den Dalai Lama ein. Am 21. September 1985 gab Seine Heiligkeit Tenzin Gyatso im Kapitol eine Erklärung ab, die seither als ein Friedensplan und ein Regierungsprogramm in fünf Punkten aufgefaßt werden darf:

- Die Umwandlung von ganz Tibet, die Regionen Amdo und Kham eingeschlossen, in eine Friedenszone[79];
- Verzicht Chinas auf seine Politik, Chinesen in dieses Gebiet umzusiedeln, wodurch die Existenz der Tibeter als Volk gefährdet wird;
- Respektierung der Grundrechte und der demokratischen Freiheit des tibetischen Volkes;

- Wiederherstellung und Schutz der natürlichen Umwelt in Tibet und Verzicht Chinas auf deren Nutzung zur Herstellung von Waffen und zur Ablagerung nuklearer Abfälle;
- Einleitung wirklicher Verhandlungen über den zukünftigen Status Tibets und die Beziehungen zwischen dem chinesischen und dem tibetischen Volk.

In Lhasa befeuerte dieser Traum von Freiheit die Geister. In Peking sprach man von Separatismus. Der Aufruf zum Dialog wurde konzessionslos verworfen. Der Wind, der die seit Jahren erwarteten Worte herbeigeweht hatte, verwandelte sich in einen Sturm. Er löste einen weiteren Zyklus von Kundgebungen mit der unvermeidlich sich daran anschließenden heftigen Unterdrückungswelle aus. China rief die Mönchsgemeinschaften auf, im März 1988 an den althergebrachten Mönlam-Feiern teilzunehmen, und verstärkte gleichzeitig seine militärische und polizeiliche Präsenz. Die Volksmenge bewegte sich um den Jokhang-Tempel, wobei Gebete und Rufe nach Unabhängigkeit sich miteinander vermischten. Man hörte erste Schüsse, der heilige Tempel wurde mit Waffengewalt gestürmt. Das Blut von zahlreichen Opfern wurde vergossen. Eine von einem britischen Politiker angeführte unabhängige Untersuchungskommission, die im Einverständnis mit Peking nach Tibet gereist war, konnte nur noch bedrückende Zeugenaussagen sammeln.

Verschiedene Länder ermahnten China, Verhandlungen aufzunehmen. Im Juni 1988 legte der Dalai Lama auf Einladung des Europäischen Parlaments in Strassburg seine Friedensvorschläge dar; er fügte hinzu, Tibet könnte unter Vorbehalt der Zustimmung des tibetischen Volkes durchaus als mit der Volksrepublik China assoziierter Staat leben, die weiterhin für die Außenpolitik und die Verteidigung zuständig wäre. Peking kritisierte in seiner Antwort das Europäische Parlament aufs heftigste, weil es den Dalai Lama angehört habe. Zur gleichen Zeit schlug die chinesische Regierung freilich dem Dalai Lama auch ein Treffen zwischen Vertretern der beiden Parteien vor; die Rede war von Genf. Der Tienanmen-Frühling bedeutete das Ende dieser zaghaften Annäherung.

In Lhasa sammelte sich das von diesen gehäuften Enttäuschungen aufgebrachte Volk von neuem auf der Straße. Panzerwagen der Volksarmee bezogen Stellung, das Kriegsrecht wurde verhängt. Eine der Konsequenzen war die Ausweisung der Ausländer. Tibet verschwand wieder hinter einem undurchlässigen Vorhang.

Dann verstummte eine der tibetischen Stimmen. In Tashilhunpo wurde der Panchen Lama, der eben die Gräber seiner Vorgänger gesegnet hatte, von einer Herzkrise dahingerafft. Das war zumindest die offizielle Version. Einige Tage zuvor hatte er den Mut aufgebracht, eine Rede zu halten, über die sogar in der chinesischen Presse berichtet wurde. Darin kritisierte er die zahlreichen Fehler, die die Behörden der Volksrepublik in Tibet begangen hatten, was gewisse Beobachter dazu bewog, Zweifel an dieser Todesursache zu äußern.

Doch in Dharamsala wachte Indien weiterhin als Schutzmacht über eine jahrtausendealte Religion, die auf seinem Boden entstanden war. Als ein gewaltiges Sammelbecken von Mitleiden, als Gebärmutter der Kulturen, aus denen die größte Demokratie der Welt hervorgegangen ist, hat sie ihrem internationalen Ansehen einen neuen Titel hinzugefügt. In diesem lichterfüllten Garten arbeitet der Dalai Lama an der Freiheit seines Volkes.

Die gegen Ende der sechziger Jahre gegründete Bibliothek mit tibetischen Büchern und Archiven beherbergt jetzt mehr als vierzigtausend Originalwerke; wie früher die Klosterdruckereien mit ihren eingravierten Holzstöcken veröffentlicht sie Werke auf tibetisch und englisch. 1990 verließ der zweihundertste Titel ihre Werkstätten. Das später angebaute Museum bewahrt die Gegenstände auf, die tibetische Flüchtlinge und Pilger vor der Zerstörung hatten retten können.

Wie seine Vorgänger hat auch Tenzin Gyatso seinen Beitrag zur Bereicherung des mystischen Wissens und zur Verbreitung der Botschaft des Buddha geleistet. Seine Kommentare zu einem der schönsten Gedichte der buddhistischen Literatur, *Der Weg zur Erleuchtung* von Shantideva, einem großen Heiligen aus dem Indien des 9. Jahrhunderts, tragen dazu bei, daß das Rad der Lehre in alle Ewigkeit in Bewegung bleibt. Auch seine Predigten drehen sich um dieselben Weisheitsthemen: die Selbstvergessenheit und das Heil aller.

So wie die früheren Buddhas den Gedanken der Erweckung formuliert und in sich schrittweise weiterentwickelt haben, lasse ich ihn in mir zum Nutzen aller Wesen wachsen.

Im Unterschied zu den früheren Dalai Lamas hatte er sich mit einer materialistischen Welt auseinanderzusetzen, deren Mängel ihn dazu anregten, sich Gedanken über den sozialen Fortschritt und über die Stellung der Ethik und der Moral im öffentlichen Leben zu machen.

Ohne den Mut zu verlieren, wendet er sich gegen die Ausmerzung des Religiösen: «Es ist eine absurde Behauptung anzunehmen, die Moral und die Religion hätten keinen Platz in der Politik und ein religiöser Mensch habe sich wie ein Einsiedler abzusondern.»

Wort und Werk von Tenzin Gyatso stellen eine Trilogie dar; als Mensch betont er die universelle Verantwortung jedes Menschen seinesgleichen und der Natur gegenüber; als Apostel des Buddhismus wendet er sich an alle, die wie er den Menschen besserzumachen versuchen, wobei jede Religion ihr eigenes geistliches Heilmittel gegen geistliche Übel einbringt; als Tibeter und Dalai Lama hält er fortwährend die Erinnerung an sein Land und sein Volk wach.

Von der buddhistischen Botschaft und der Bestätigung durch seine Gläubigen erleuchtet, geht er den Weg dieser Bestimmung, die der österreichische Schriftsteller Stefan Zweig geahnt hat: «Immer und überall werden Menschen zur Heiligkeit gezwungen, weil das religiöse Gefühl der Menschheit diese höchste Form des Geistes immerwährend braucht.»

1989 hat das norwegische Nobelpreis-Komitee dem Dalai Lama den Friedenspreis zuerkannt. Tenzin Gyatso, der vierzehnte Dalai Lama, der geschrieben hat: «Die Reinkarnation hat nur einen Zweck, nämlich die Kontinuität eines Werkes zu erleichtern», begab sich nach Oslo, beladen mit dem ganzen Erbe seiner Vorgänger. Im Namen von ihnen allen und im Gedanken an seine Gläubigen als auch an die gesamte Menschheit hat der Mönch und Staatsmann, zwei Funktionen, die durch die Geschichte und den Glauben unauflöslich miteinander verbunden sind, seine Dankesrede mit diesem universellen Gebet beendet:

> Solange der Raum Bestand hat,
> Solange es empfängliche Wesen gibt,
> Hoffe auch ich auf ein Bleiben,
> Um die Leiden der Welt zu vertreiben.

La Vallée de Dormelles, 14. März 1993

Anmerkungen

Das Volk – Herkunft und Verteilung der Bevölkerung

1 Tibetische Erzählungen aus dem 9. Jahrhundert.
2 Mircea Eliade: Histoire des croyances et des idées religieuses. Band III, 31. Kapitel: Les religions tibétaines. Payot, Paris 1978. Seite 274.
3 Rolf A. Stein: La Civilisation tibétaine. L'Asiathèque, Paris 1987.
4 In den Hochtälern Kaschmirs sind Ethnologen auf eine Rasse gestoßen, die sie als rein arisch einstufen. Der Zugang zu diesem Gebiet, um das sich Indien und Pakistan streiten, ist Ausländern verboten. Doch 1980 hat die indische Polizei hier zwei junge deutsche Frauen aufgegriffen, die aus rassistischer Überzeugung und mit der Absicht hierhergekommen waren, sich von diesen Ariern schwängern zu lassen.
5 Tenzin Gyatso / Dalai Lama: Mon pays et mon peuple. Olizane, Genève 1990.
6 Rolf A. Stein: La Civilisation tibétaine.
Avalokiteshvara, die Inkarnation des Mitleidens, wird auf tibetisch auch Chenresi genannt.

Die Zentralmacht

7 Rolf A. Stein: La Civilisation tibétaine.
8 Ähnliche Mythen sind in den sakralen Übungen der Menschheit weit verbreitet. Eine solche Verbindung zum Himmel findet sich bei den australischen Aborigines wie bei den biblischen Juden, bei denen diese Überzeugung im Turmbau zu Babel sogar eine materielle Architektur erhielt; dieser Ehrgeiz der frühen Menschen oder die entfesselten Leidenschaften des Königs Drigun sind freilich ein Sinnbild für den Einbruch des Übels in diese Welt..., und der Mensch wird anschließend aus dem irdischen Paradies vertrieben.
9 Devanagari ist noch immer die Schrift der nepalesischen Sprache.
10 Die Newar sind noch immer eine der aktivsten Völkerschaften Nepals. Als Bauern, Viehzüchter und Handwerker galten sie während langer Zeit als eine arbeitsame Gruppe der Bevölkerung, sie wurden aber von der im 18. Jahrhundert an die Macht gelangten Dynastie, die Nepal geeinigt hatte, eher vernachlässigt. Erst 1986 erhielten die Newar mit Marich Man Singh Shresta ihren ersten Regierungschef in der nepalesischen Geschichte.
11 Dzo: Kreuzung von Yak und Büffel.
12 Rolf A. Stein: La Civilisation tibétaine.

13 Dasselbe gilt für Nepal: Bis 1950 übten die Premierminister, deren Amt sich wie bei den merowingischen Hausmeiern vom Vater auf den Sohn vererbte, die wirkliche Macht aus.

14 Fosco Maraini: Tibet secret, Arthaud, Paris 1990.

15 Die Kulturrevolution hat diesem großartigen Kloster schwer zugesetzt, doch derzeit wird es restauriert; ein Besuch dieses Denkmals gehört zu den erhebendsten Augenblicken bei der Entdeckung Tibets.

16 Aber nicht: «ihre Königreiche zu vereinigen», wie oft in fehlerhaften Übersetzungen zu lesen ist. Die Bedeutung dieses «kleinen Unterschieds» für die heutigen Auseinandersetzungen über die historische Begründbarkeit der tibetischen Forderungen ist unschwer zu erkennen...

17 Der Dalai Lama wird als eine Reinkarnation von Chenresi (Avalokiteshvara), der Panchen Lama als eine Manifestation des Buddha Amitabha betrachtet.

18 Hier wurde dem Buddha die Erleuchtung zuteil. Für die buddhistischen Gläubigen ist der Ort ein Wallfahrtszentrum, wo jährlich eine wichtige Zusammenkunft stattfindet.

Der Zusammenbruch der Staatsmacht

19 Rolf A. Stein: La Civilisation tibétaine.

20 Eine Medizin-, Pharmazie- und Astronomieschule wurde auf dem Chakpori-Hügel erbaut, der dem Potala-Palast gegenüber liegt; das Gebäude ist während der Kulturrevolution vollständig zerstört worden.

Die mongolische Intervention

21 Sherab Gyaltsen Amipa: Histoire et doctrine de la tradition Sakyapa. Dervy-Livres, Paris 1987. – Als eine historische Wiederholung dieser ersten offiziellen Reise eines tibetischen Staatsmannes nach China darf der Besuch (1954) des vierzehnten Dalai Lama in Peking bezeichnet werden.

22 In Ganden, einer eigentlichen heiligen Stadt, lebten zu gewissen Zeiten bis zu zehntausend Mönche. Dieses Symbol der tibetischen Kultur und ihrer Regierungsform wurde in der Zeit der antireligiösen Revolution von 1966 bis 1976 praktisch völlig zerstört.

Die Religion

23 Tenzin Gyatso / Dalai Lama: Mon pays et mon peuple.

24 Mircea Eliade: Histoire des croyances et des idées religieuses.

25 Es gibt ein Bön-Dorf in einem engen Tal nördlich von Jomoson vor der nepalesischen Ortschaft Mustang, zu dem Ausländer noch immer keinen Zutritt haben; das dortige Kloster ist im Inneren und an der Fassade mit lauter buddhistischen Symbolen ver-

ziert, die wiederum mit dekorativen Motiven vermischt sind, die von Auffassungen und Gebräuchen der Bönpo-Magier beeinflußt sind.

26 Das Kangyur ist eine Sammlung der Worte des Buddha Shakyamuni, das Tengyur die Sammlung der Kommentare, welche die indischen Meister zu den Worten des Buddha verfaßt haben. Beide Sammlungen sind Übersetzungen aus dem Sanskrit in die tibetische Sprache und enthalten die buddhistische Lehre in ihrer Gesamtheit.

27 Vielleicht auch aus dem 2. Jahrhundert, denn die Meinungen über sein Geburtsjahr gehen auseinander.

28 In den westlichen Ausläufern des tibetischen Hochlandes, die auch «Klein-Tibet» genannt werden.

29 Daniel-Rops: L'Eglise des temps barbares. Band II, Seite 441.

Der Beginn

30 Aus einem Vortrag, den Professor L. de Milloue am 21. Januar 1900 im Musée Guimet gehalten hat, und zwar zur Frage: «Wie ist es zur weltlichen Macht der Dalai Lamas gekommen?»

Gendün Drub

31 Eine Gottheit des buddhistischen Pantheons, die von den Tibetern übernommen worden ist. Sie sieht in der sakralen Ikonographie im allgemeinen schreckenerregend aus, obwohl ihr beschützende Eigenschaften zugesprochen werden.

32 Mircea Eliade: Histoire des croyances et des idées religieuses. Band II, Seite 213.

33 Wie wir noch sehen werden, wird das Kloster Tashilhunpo der Sitz des Panchen Lama, einer Institution, die im 17. Jahrhundert vom fünften Dalai Lama geschaffen wurde; der zehnte, 1938 geborene Panchen Lama ist 1989 gestorben; sein Nachfolger ist noch nicht bestimmt.

34 Der erste römische Pontifex Maximus, der heilige Petrus, trägt auf bildlichen Darstellungen oft den Schlüssel als Symbol der christlichen Kirche in der Hand.

35 Eine genaue Umrechnung der Daten des tibetischen Kalenders in unsere Zeitrechnung ist nicht einfach. Das Jahr beginnt mit dem Neumond Ende Januar / Anfang Februar; es ist deshalb im allgemeinen eine Woche kürzer als im gregorianischen Kalender, und um diesen Unterschied auszugleichen, besteht das tibetische Schaltjahr aus dreizehn Monaten. Daraus ergibt sich, daß das Jahr nach einem Schaltjahr später als die anderen Jahre des gleichen Zyklus beginnt. Laut der tibetischen Chronik ist Gendün Drub Ende Dezember 1474 gestorben. In unserem Kalender sind das die ersten Tage im Januar 1475.

Anmerkungen

Gyalwa Gendün Gyatso

36 Eine weibliche indische Gottheit, die vom Mahayana-Buddhismus übernommen worden ist. Tara ist in Tibet sehr populär. Sie gilt als das weibliche Gegenstück zu Avalokiteshvara und personifiziert die universelle Liebe zu den Lebewesen. Man ruft sie wie die christliche Gottesmutter an und stellt sie in verschiedener Gestalt dar, aber immer friedlich und lächelnd.

37 Mircea Eliade: Histoire des croyances et des idées religieuses. Band II, Seite 216.

38 Der Mañjushri ist vor sehr langer Zeit entstanden und im ganzen Mahayana-Bereich verbreitet. Für manche Buddhisten ist Mañjushri eine historische Persönlichkeit, die später vergöttlicht wurde. Große Denker wie Padmasambhava und Tsongkhapa werden als Inkarnationen von Mañjushri betrachtet.

39 Die Sutras sind die gesammelten Worte (Lehrreden) des Buddha, und diese Überlieferung ist allen Schulen des Buddhismus, dem Theravada und dem Mahayana, gemeinsam. Das Mahayana seinerseits hat sich in Bodhisattvayana und Vajrayana gespalten; diese letztere Strömung, die Schule der Tantras, ist die esoterische Version des Buddhismus.

Gyalwa Sonam Gyatso

40 Tenzin Gyatso / Dalai Lama: Cent Eléphants sur un brin d'herbe. Editions du Seuil, Paris 1991.

41 Karman (oder Karma): ein Verhalten nach dem Gesetz der Verkettung von Ursache und Wirkung.

42 In Narthang, 1153 gegründet, wurde während Jahrhunderten die größte Sammlung von Druckstöcken aus Holz aufbewahrt. Im 15. Jahrhundert waren hier die bekanntesten Bücher herausgegeben worden. Die Druckvorlagen für die heiligen Texte wurden 1966 zu einem großen Teil von den Roten Garden zerstört. – Sakya, 1173 gegründet, war der Sitz der Äbte, die von den Mongolen den Auftrag erhalten hatten, die weltliche Macht in Tibet auszuüben, und diese auch mehrere Jahrhunderte lang ausgeübt hatten.

43 Als «Rotmützen» werden die Mönche des Nyingmapa-, des Kagyapa- und des Sakyapa-Ordens bezeichnet.

44 Rolf A. Stein: La Civilisation tibétaine.

Yönten Gyatso

45 Michel Bur: Suger, abbé de Saint-Denis, Régent de France. Februar 1992.

Ngawang Lobsang Gyatso

46 Laut Rolf A. Stein nahm die Jonangpa-Schule, die über den Dharmakaya, die durch das Gesetz des Buddha vorgegebene geistliche Grundlage, hinausging, einen noch transzendenteren Zustand als die Leerheit an, nämlich die absolute Existenz als letzte, unabhängige und ewige Wirklichkeit. Dieser von Denkern im 15. Jahrhundert eingeführte Begriff wurde als eine Häresie betrachtet; die Schriften der Jonangpa wurden vom fünften Dalai Lama auf den Index gesetzt, ihre Klöster vom Gelugpa-Orden übernommen.

47 1988 wurde in London ein Buch mit dem Titel «Secret Vision of the fifth Dalaï-Lama» veröffentlicht, in dem der Originaltext analysiert wird.

48 Tenzin Gyatso / Dalai Lama: Mon pays et mon peuple. Seite 60.

49 Ebd.

50 Unter dem Titel «Peintures médicales tibétaines» sind diese Illustrationen 1992 von drei Tibetologen, einem Russen, einem Engländer und einem Franzosen, herausgegeben worden; der vierzehnte Dalai Lama hat ein Vorwort zu dieser bemerkenswerten Publikation verfaßt.

51 Im Kloster von Hemis wird eine Kopie des autobiographischen Manuskripts des fünften Dalai Lama aufbewahrt.

52 Sylvain Lévi: Le Népal, étude historique d'un royaume hindou. Librairie le Toit du monde, Paris 1985.

53 Ebd.

54 Die Analyse und die Interpretation des Textes sind einem Artikel von A.S. Martynow, Sinologe und Tibetologe in Sankt Petersburg, entnommen: On the status of the Fifth Dalaï Lama. In: Tibet Journal.

55 Ebd. – Im 19. Jahrhundert standen die Abgesandten der Königin Viktoria vor demselben semantischen und diplomatischen Problem, als sie vermeiden mußten, daß England als ein Vasallenstaat des chinesischen Reiches betrachtet werden konnte.

56 Die Historiker sind sich über sein Todesjahr nicht einig: 1653, 1654 oder 1655. G. Schulemann zitiert Quellen, wonach sich Gushri Khan 1654 von den Regierungsgeschäften zurückgezogen habe und 1656 gestorben sei; diese These würde die religiösen Neigungen des Herrschers bestätigen, doch eine solche Version, mit welcher oft die letzten Tage von großen Männern in ein besseres Licht gerückt werden, ist so häufig in populären Jahrbüchern anzutreffen, wenn präzise historische Angaben fehlen, daß man sie wohl als Legende abtun darf.

57 Mehrere Historiker lassen durchblicken, er sei ein natürlicher Sohn von Lobsang Gyatso gewesen. H.E.Richardson bestreitet in seiner Analyse des Ernennungsdekrets für den Regenten Sangye Gyatso diese These, die ihm zufolge durch keinen chinesischen oder tibetischen Text belegt ist und die erst 1834 von einem italienischen Missionar erwähnt wird. Vgl. Bulletin of the School of Oriental and African Studies, University of London, 1980.

Anmerkungen

Rigdzin Jamyang Gyatso

58 K. Dhondup: Vie et chants d'amour du sixième Dalaï-Lama. Claire Lumière, Eguilles 1987.

59 Ebd. – Alle in der Folge angeführten Zitate aus den Gedichten von Jamyang Gyatso basieren auf der französischen Übersetzung und dem Kommentar von K. Dhondup.

Kelsang Gyatso

60 Mircea Eliade: Histoire des croyances et des idées religieuses. Band II, Seiten 217 ff.

Jampel Gyatso

61 Laut dem gleichen Autor sollen dieser Verbindung zwei Töchter entsprossen sein, die in der Grafschaft Ayrshire erzogen wurden und sich später mit Schotten verheirateten. Jeder Hinweis auf die tibetische Abstammung dieser Frauen wurde aus Bogles Memoiren bei deren Veröffentlichung entfernt, doch die Erben sind noch jetzt stolz darauf.

62 Jacques Legrand: La Mongolie. PUF, Paris 1976. Zitat bei: Heather Stoddard: Le Mendiant de l'Amdo. Société d'Ethnographie, Université de Nanterre, Paris 1986.

63 Diesem Pockenerlaß widmet H. E. Richardson eine Studie, die im Journal of Oriental Studies, Band VI, 1961–1964, veröffentlicht worden ist.

Lungtog Gyatso

64 Thomas Manning konnte 1817 bei seiner Rückkehr aus Asien einen Zwischenhalt auf Sankt Helena einschalten. Dort suchte er Napoleon auf, um ihm dafür zu danken, daß er ihm 1803, als der Krieg mit England von neuem aufgeflammt war, einen Freipaß für eine Reise von Paris nach London ausgestellt hatte.

Tsültrim Gyatso

65 Wie wir hervorgehoben haben, sah auch der Vertrag mit Nepal vor, daß alle fünf Jahre eine Delegation zu entsenden war. Obwohl der Tribut 1908 zum letztenmal entrichtet worden war, mußte Nepal 1959, als sich das Land um den Beitritt zur UNO bemühte, auf Drängen der Sowjetunion, die damals die Interessen des kommunistischen China vertrat, den Beweis seiner Unabhängigkeit von Peking erbringen – was auch mit einer ebenso begründeten wie höflichen Argumentation getan wurde.

Trinle Gyatso

66 W. Eberhard: Histoire de la Chine. Payot, Paris 1952.

Thubten Gyatso

67 Vgl. Heather Stoddard: Le Mendiant de l'Amdo.
68 Ebd.
69 Jacques Bacot: Introduction à l'histoire du Tibet. Société asiatique, Paris 1962.
70 Ebd.
71 Heather Stoddard: Le Mendiant de l'Amdo.

Tenzin Gyatso

72 Tenzin Gyatso / Dalai Lama: Mon pays et mon peuple.
73 Tenzin Gyatso / Dalai Lama: Au loin la liberté. Fayard, Paris 1990.
74 Der Botschafter der Vereinigten Staaten in Nepal während der Jahre 1986 bis 1988 war ein ehemaliger amerikanischer Kampfpilot. Er erzählte seinen Gesprächspartnern von diesen nächtlichen Operationen aus den Ebenen Nordindiens in die chinesischen Kampfzonen, bei denen viele seiner Kameraden ihr Leben verloren hatten.
75 Fosco Maraini: Tibet secret.
76 Das Abkommen ist inzwischen von den Tibetern für ungültig erklärt worden, weil es unter Zwang unterzeichnet worden war.
77 Später sind Büros in Genf, Paris, Budapest, Moskau und Canberra hinzugekommen. Ungarn hat immer sehr viel Interesse an den Völkern Zentralasiens bekundet. Einer der Begründer der Tibetologie war Alexander Csoma aus Körös. 1832 hat er eines der ersten tibetisch-englischen Wörterbücher verfaßt. Er ist in Darjeeling gestorben und begraben worden.
78 Fosco Maraini: Tibet secret.
79 Der König von Nepal hat 1975 für sein Land denselben Vorschlag unterbreitet; seine Bestrebungen wurden von hundertsiebzehn Mitgliedstaaten der Vereinten Nationen unterstützt. Michail Gorbatschow seinerseits hat die Entmilitarisierung der chinesisch-sowjetischen Grenze vorgeschlagen, um auch hier eine Zone des Friedens und der guten Nachbarschaft zu schaffen.

Wichtige chronologische Daten

TIBET	CHINA	ÜBRIGE WELT
Vor Christi Geburt	Vor Christi Geburt	Vor Christi Geburt
1063 wird Böntön Shenrab geboren, der Begründer der Bön-Religion	**1028–256** regiert die Dynastie der Zhou	**751** wird die Stadt Rom gegründet **628** kommt Zarathustra zur Welt
	um 600 wird Lao-tzu geboren	**586–538** wird das jüdische Volk nach Babylon verschleppt
558 wird Shakyamuni Siddharta geboren, der Buddha Gautama	**551** kommt Kong Fuzi (Kung-fu-tse, Konfuzius) zur Welt **221** stellt Qin Shihuangdi (Chi'in Shih Huangti) die Reichseinheit her **214** wird die Große Mauer vollendet	**332** besiegt Alexander der Große die Perser bei Issos
127 beginnt die Herrschaft von Nyatri Tsenpo und damit die tibetische Zeitrechnung	**206–220 n. Chr.** herrscht die Dynastie der Han	**52** erleidet Vercingetorix eine Niederlage bei Alesia
Nach Christi Geburt	Nach Christi Geburt	Nach Christi Geburt
		30 erleidet Jesus den Kreuzestod **212** werden gemäß einem Erlaß von Caracalla alle Bewohner des Reiches römische Bürger

Wichtige chronologische Daten

TIBET	CHINA	ÜBRIGE WELT
		312 erringt Konstantin der Große den Sieg an der Milvischen Brücke
		313 wird das Toleranzedikt von Mailand erlassen
		361–363 herrscht Iulianus Apostata über das Römische Reich
		496 erringt Chlodwig I. einen Sieg über die Alemannen
		498 tritt Chlodwig I. zum Christentum über
		537 wird die Hagia Sophia in Konstantinopel errichtet
617–649 herrscht Songtsen Gampo als 32. König über Tibet	**618–906** blühen während der Dynastie der Tang (T'ang) die Künste	**567 (oder 572)** kommt Mohammed in Mekka zur Welt
	629–644 bereist Hiuan Tsang Tibet und Indien	**622** übersiedelt Mohammed mit seinen Anhängern nach Medina (Hedschra)
	635 kommt der erste nestorianische Mönch in China an	
641 heiratet der König eine chinesische und eine nepalesische Prinzessin; wird das Jokhang-Kloster gegründet	**650–683** herrscht Gao Tsong als Kaiser; Juden und Muslime lassen sich in China nieder	**638** erobern die Araber Jerusalem
704–755 herrscht Tride Tsukten	**684–701** versucht die Kaiserin Wu Hao, den Buddhismus als Staatsreligion einzuführen	**692** nehmen die Araber Karthago ein
710 heiratet er die Prinzessin Kin Ch'en		
755–797 dauert die Herrschaft von Trisong Detsen		**732** werden die Araber bei Tours und Poitiers besiegt

Wichtige chronologische Daten

TIBET	CHINA	ÜBRIGE WELT

763
fällt China erstmals in
Tibet ein

779
wird das Kloster Samye
gegründet

792–794
Konzil von Lhasa und
Samye; durch einen
königlichen Erlaß wird das
Mahayana eingeführt

815–838
herrscht Tritsug Detsen
Ralpachen

821
wird Frieden mit China
geschlossen

842
wird König Langdarma
ermordet

Bis Anfang des
13. Jahrhunderts bleibt das
tibetische Reich in Fürstentümer und Klöster gespalten

1040–1123
lebt Milarepa, Dichter und
Mystiker

1042–1054
predigt Atisha, ein indischer
Mystiker, in Tibet, wo er auch
stirbt

1207
sucht eine tibetische Delegation Tschingis Khan auf

906–960
lösen fünf Dynastien einander
ab

960–1278
übt die Song-Dynastie die
Herrschaft aus

785–809
herrscht Kalif Harun
Ar Raschid über das islamische Reich

800
wird Karl der Große in Rom
zum römischen Kaiser gekrönt

911
setzen sich die Normannen in
Frankreich fest

987
bekehrt sich Rußland zum
Christentum

1054
spaltet sich die christliche
Kirche

1066
besiegt der Normannenherzog
Wilhelm der Eroberer
König Harald bei Hastings

1099
erobern die Kreuzfahrer
Jerusalem

1118
wird der Templer-Orden
gegründet

1187
erobert Saladin Jerusalem

Wichtige chronologische Daten

TIBET	CHINA	ÜBRIGE WELT

TIBET

1244
wird Sakya Pandita von den
Mongolen zum Vizekönig von
Tibet ernannt
1260
erhält Chögyal Phagpa vom
Mongolen Kublai Khan den
Titel Vizekönig

1357–1419
lebt Tsongkhapa, Reformer
des Mönchtums und Gründer
des Gelugpa-Ordens
1391
kommt Gendün Drub zur
Welt (er wird später als der
erste Dalai Lama bezeichnet)
1409
wird Ganden gegründet
1416
wird Drepung gegründet
1419
wird Sera gegründet
1434–1534
bekämpfen sich die Fürsten-
famlien der Provinzen Ü und
Tsang hundert Jahre lang
1447
wird Tashilhunpo gegründet
1475
kommt Gendün Gyatso
(der zweite Dalai Lama)
zur Welt

CHINA

1279
wird Kublai Khan erster
Kaiser der Yuan-Dynastie
1275–1292
bereist Marco Polo das
chinesische Reich
1307
wird Johannes von Monte-
corvino Erzbischof
von Peking

1368–1644
herrscht die Ming-Dynastie

1403
macht Kaiser Yung Lo Peking
endgültig zur Hauptstadt

ÜBRIGE WELT

1215
wird die Pariser Universität
offiziell gegründet
1250
wird Ludwig der Heilige in
Ägypten gefangengenommen

1309
nehmen die Päpste Wohnsitz
in Avignon
1314
ist der Templer-Orden am Ende
1356
verliert der Papst durch die
Goldene Bulle seinen Einfluß
auf die Wahl des Kaisers
1382
verbrennen die Mongolen
Moskau
1405
stirbt Timur

1453
erobern die Türken Konstanti-
nopel

1492
entdeckt Christoph Kolumbus
Amerika

Wichtige chronologische Daten

TIBET	CHINA	ÜBRIGE WELT
		1494 öffnet Vasco da Gama den Seeweg nach Indien
		1517 schlägt Martin Luther in Wittenberg seine Thesen an
		1529 belagern die Türken Wien
		1526–1658 herrschen die Mogulen über Indien
1543 wird Sonam Gyatso geboren		**1540** wird die Gesellschaft Jesu gegründet
1578 verleiht Altan Khan dem dritten Dalai Lama, Sonam Gyatso, den Titel «Talaï»		
1582 wird Kumbum gegründet	**1582** darf Matteo Ricci in China einreisen	
1589 kommt Yönten Gyatso zur Welt, der vierte Dalai Lama		**1594** erläßt Heinrich IV. das Edikt von Nantes
	1601 wird Matteo Ricci am Kaiserhof empfangen	**1613** kommt in Rußland die Romanow-Dynastie an die Macht
1617 wird Ngawang Lobsang Gyatso, der fünfte Dalai Lama, geboren		**1620** legt die *Mayflower* in Massachusetts an
		1633 wird Galileo Galilei verurteilt
1642 setzt der Mongole Gushri Khan den König von Tsang ab; er übergibt dem Dalai Lama die unbeschränkte Macht	**1644–1911** gründen die Mandschu nach dem Sturz der Ming-Dynastie die Qing-Dynastie	
1645 wird mit der Errichtung des Potala (1695 vollendet) begonnen	**1644–1662** übt Kaiser Shun Chih die Macht aus	**1648** opponiert in Frankreich der Adel gegen das absolutistische Königtum; wird König Karl I. von England in London hingerichtet; geht der Dreißigjährige Krieg zu Ende

Wichtige chronologische Daten

TIBET	CHINA	ÜBRIGE WELT
1650 wird Chökyi Gyaltsen zum ersten Panchen Lama ernannt **1652** stattet der fünfte Dalai Lama China einen Besuch ab **1682–1697** herrscht Sangye Gyatso als Regent **1683** wird Jamyang Gyatso, der sechste Dalai Lama, geboren	**1663–1722** herrscht Kaiser Kangxi (K'ang-hsi) in Peking	
	1689 schließen China und Rußland den Vertrag von Nertchinsk ab	**1683** belagern die Ottomanen Wien **1685** wird das Edikt von Nantes aufgehoben **1689** wird Wilhelm III. von Oranien König von England **1696** wird Peter der Große Zar von Moskau **1710** wird Port-Royal zerstört **1713** stirbt der Sonnenkönig Ludwig XIV.
1705 fällt Lhabsang Khan, der Anführer der Qoshot-Mongolen, in Tibet ein **1708** Geburt von Kelsang Gyatso **1717** wird Lhasa von den Dsungaren geplündert **1720** kommt ein chinesisches Expeditionskorps in Lhasa an	**1723** wird das Christentum in China verboten **1728** wird eine ständige Garnison in Lhasa stationiert; zwei Amban vertreten in Tibet die Staatsmacht	
1758 wird Jampel Gyatso, der achte Dalai Lama, geboren		**1747** gründet Ahmed Schah Dourrani Afghanistan **1752** erscheint die Enzyklopädie von Diderot und d'Alembert **1765** werden die Jesuiten aus Frankreich ausgewiesen **1768** einigt Prithivi Natayan Nepal unter seiner Herrschaft **1769** wird Napoleon geboren

Wichtige chronologische Daten

TIBET	CHINA	ÜBRIGE WELT
		1772 kommt es zur ersten Teilung Polens **1773** hebt Papst Klemens XIV. die
1774 führt Bogle seinen Auftrag in Tibet aus		Gesellschaft Jesu auf **1776** erklären die Vereinigten Staaten von Amerika ihre Unabhängigkeit **1787** werden die Protestanten in
1790/1791 bricht der Krieg mit den nepalesischen Gurkhas aus **1806** wird Lungtog Gyatso neunter Dalai Lama **1816** folgt ihm Tsültrim Gyatso als zehnter Dalai Lama **1838** kommt Kedrub Gyatso, der elfte Dalai Lama, zur Welt	**1815** rebellieren Muslime in Sinkiang	Frankreich als legal anerkannt **1804** wird Napoleon I. französischer Kaiser
	1842 tritt China im Vertrag von Nanking Hongkong an Großbritannien ab **1850–1864** wird das Land von der Taiping-Revolution erschüttert	**1839–1842** erleiden die Engländer in Afghanistan eine Niederlage
1854–1856 herrscht Krieg mit Nepal **1856** wird Trinle Gyatso, der zwölfte Dalai Lama, geboren	**1860** besetzen die Franzosen und Engländer Peking **1861–1875** übt Cixi (Ts'u-hsi) die Regentschaft aus	
1876 folgt auf ihn Thubten Gyatso, der dreizehnte Dalai Lama **1895** übernimmt der dreizehnte Dalai Lama die Macht	**1893** wird Mao Zedong geboren **1898–1908** wird Cixi abermals Regentin **1899** beginnt der Boxeraufstand	**1864/1865** erobert Rußland Zentralasien **1891** erscheint die Enzyklika *Rerum Novarum* über die Lebensbedingungen der Arbeiterschaft

TIBET	CHINA	ÜBRIGE WELT
1904 unternehmen die Briten einen Feldzug nach Lhasa; der Dalai Lama begibt sich in die Mongolei und nach China ins Exil **1909** kehrt der Dalai Lama nach Lhasa zurück **1910** besetzen chinesische Truppen Lhasa; der Dalai Lama begibt sich nach Indien ins Exil **1911** erhebt sich das Volk gegen die Chinesen **1913** kehrt der Dalai Lama zurück; Tibet wird unabhängig **1914** wird zwischen Tibet, Großbritannien und China die Vereinbarung von Simla getroffen (aber von China nicht ratifiziert) **1923** verläßt der Panchen Lama das Land **1933** stirbt der dreizehnte Dalai Lama; der Abt von Reting übt die Regentschaft aus **1935** kommt der vierzehnte Dalai Lama zur Welt **1940** wird der vierzehnte Dalai Lama, Tenzin Gyatso, inthronisiert	**1908** sterben Cixi und Kaiser Kuang Siu **1911** wird die Republik ausgerufen **1913** erfolgt die Gründung des Guomindang **1916–1926** bekämpfen sich die Generäle gegenseitig **1921** wird die chinesische Kommunistische Partei gegründet **1934/1935** findet der Lange Marsch der Kommunisten statt **1937** beginnt der Krieg gegen Japan **1949** wird die Volksrepublik China proklamiert	**1904** bricht der russisch-japanische Krieg aus **1905** kommt es in Moskau zu einem Aufstand **1910** wird Marokko französisches Protektorat **1914** bricht der Erste Weltkrieg aus **1921** werden Afghanistan und die Mongolei unabhängig **1933** kommt Adolf Hitler an die Macht **1935** fällt Italien in Äthiopien ein und bricht der spanische Bürgerkrieg aus **1939** bricht der Zweite Weltkrieg aus **1947** erlangt Indien die Unabhängigkeit **1948** wird der Staat Israel gegründet

Wichtige chronologische Daten

TIBET	CHINA	ÜBRIGE WELT
1950 begibt sich der vierzehnte Dalai Lama nach Sikkim ins Exil und kehrt er wieder nach Lhasa zurück; die Vereinten Nationen prüfen erstmals das tibetische Problem		
1951 marschiert die chinesische Volksarmee in Tibet ein; ein «Abkommen» in siebzehn Punkten wird abgeschlossen		**1953** stirbt Josef Stalin
1954 stattet der Dalai Lama Peking einen Besuch ab		**1954** beginnt der Unabhängigkeits-kampf Algeriens
		1957 wird mit dem Römer Vertrag die Europäische Wirtschafts-gemeinschaft (EWG) gegründet
1959 begibt sich der Dalai Lama nach Indien ins Exil		**1962** erlangt Algerien die Unab-hängigkeit
1960–1965 lassen sich tibetische Flücht-linge in Indien und Nepal nieder		**1963** wird der amerikanische Präsident John F. Kennedy ermordet
		1964 stirbt der indische Minister-präsident Pandit Nehru
1965 prüfen die Vereinten Nationen zum zweitenmal das tibetische Problem	**1966–1976** findet die Kulturrevolution statt	**1965** bricht der Krieg zwischen Indien und Pakistan aus
1967 reist der Dalai Lama erstmals ins Ausland		**1968** kommt es weltweit zu Studentenunruhen
	1971 wird die Volksrepublik China als Mitgliedstaat in die Vereinten Nationen aufge-nommen	**1975** wird Nepal als Friedenszone vorgeschlagen
	1976 stirbt Mao Zedong	
	1977 kehrt Deng Xiaoping an die Macht zurück	

Wichtige chronologische Daten

TIBET	CHINA	ÜBRIGE WELT
	1978	
1979	wird Kong Fuzi rehabilitiert;	**1979**
besuchen Vertreter des Dalai	mit Japan wird ein Friedens-	fällt die Rote Armee in
Lama Tibet und China	vertrag abgeschlossen	Afghanistan ein
1982		
begibt sich eine neue tibeti-		
sche Delegation nach China		
1985	**1985**	
legt der Dalai Lama in	darf die katholische	
Washington einen	Kathedrale in Peking	
Fünf-Punkte-Plan vor	wieder geöffnet werden	
1987–1988		
kommt es in Lhasa zu	**1988**	
tragischen Ereignissen	werden in Schanghai zwei	
	protestantische Bischöfe	
	geweiht	
1989	**1989**	**1989**
wird dem Dalai Lama der	beendet das Militär die	öffnet sich die Berliner Mauer
Friedens-Nobelpreis zugespro-	Demonstration auf dem	
chen	Tienanmen-Platz	

Bibliographie

Ein Großteil der von Roland Barraux benützten Literatur wird im Rahmen der Anmer-kungen angeführt. Im folgenden sind nur noch jene Werke angegeben, die in deutscher Sprache erhältlich sind und/oder die für das Verständnis der Geschichte der Dalai Lamas von besonderer Bedeutung sind.

Bacot, Jacques: Introduction à l'histoire du Tibet. Société asiatique, Paris 1962.

Bacot, Jacques: Le Tibet révolté. Peuples du monde 1988.

Bacot, Jacques: Milarepa, ses méfaits, ses épreuves, ses illuminations. Fayard, Paris 1990.

Baumann, Bruno: Die Götter werden siegen. Das verborgene Tibet. Herbig 1991.

Bell, Charles: Portrait of the Dalaï Lama. Collins, London 1946.

Bell, Charles: Tibet, Past and Present. Oxford 1968.

Bogle, George: Im Land der lebenden Buddhas. Entdeckungsreise in das verschlossene Tibet 1774–1775. Erdmann, Bonn 1984.

Chögyam Trungpa: Das Herz des Buddha. Buddhistische Lebenspraxis im modernen Alltagsleben. O. W. Barth, München 1993.

Commission internationale de Juristes: La Question du Tibet et la primauté du droit. Genf 1959.

Commission internationale de Juristes: Le Tibet et la République de Chine. Genf 1960.

Dalai Lama / Drewermann, Eugen: Der Weg des Herzens. Gewaltlosigkeit und Dialog zwischen den Religionen. Walter, Solothurn 1993.

Dalai Lama III. (Gyalwa Sonam Gyatso): Stufen zur Erleuchtung, dharma ed., Hamburg 1992.

Dalai Lama VI. (Rigdzin Jamyang Gyatso): Liebeslieder. Im Waldgut, Frauenfeld 1986.

Dalai Lama: Das Auge einer neuen Achtsamkeit. Traditionen und Wege des tibetischen Buddhismus. Eine Einführung aus östlicher Sicht. Goldmann, München 1993.

Dalai Lama: Das Buch der Freiheit. Die Autobiographie des Friedens-Nobelpreisträgers. Lübbe, Bergisch-Gladbach 1991.

Dalai Lama: Eine Politik der Güte. Schriften von und über das religiöse und politische Oberhaupt des tibetischen Volkes. Hrg. von Sidney Puburn, Walter, Olten 1992.

Dalai Lama: Einführung in den Buddhismus. Die Harvard-Vorlesungen. Herder, Freiburg i. Br. 1993.

Dalai Lama: Mein und Leben und mein Volk. Die Tragödie Tibets. Droemer Knaur, München 1982.

Dalai Lama: Sehnsucht nach dem Wesentlichen. Die Gespräche in Bodhgaya. Herder, Freiburg i. Br. 1993.

Bibliographie

David-Néel, Alexandra: Der Lama der fünf Weisheiten. Sphinx, Basel 1990.

David-Néel, Alexandra: Heilige und Hexer. Glaube und Aberglaube im Lande des Lamaismus. Brockhaus, Mannheim 1984.

Dhondup: Sixième Dalaï-Lama. Vie et Chants d'amour. Claire Lumière. Eguilles 1987.

Dowman, Keith: Der Flug des Garuda. Vier Dzogchen-Texte mit Kommentar. Theseus, Zürich 1993.

Dowman, Keith: Die Meister des Mahamudra. Leben, Legenden und Lieder der 84 Erleuchteten. Diederichs, München 1991.

Eliade, Mircea: Geschichte der religiösen Ideen. Quellentexte. Herder, Freiburg i. Br. 1981.

Eliade, Mircea: Geschichte der religiösen Ideen. Herder, Freiburg i. Br. 1993.

Evans-Wentz, Walter Y.: Milarepa. Tibets großer Yogi. Scherz, München 1989.

Gaborieau, Marc: Récit d'un voyageur musulman au Tibet. C. Klincksieck, Paris 1973.

Goldstein, Melvyn C. / Beall, Cynthia M.: Die Nomaden Westtibets. Der Überlebenskampf der tibetischen Hirtennomaden. Verlag Das Andere, Nürnberg 1991.

Govinda Anagarika: Der Weg der weißen Wolken. Erlebnisse eines buddhistischen Pilgers in Tibet. O. W. Barth, München 1991.

Govinda, Anagarika: Grundlagen tibetischer Mystik. Nach den esoterischen Lehren des Großen Mantra. O. W. Barth, München 1992.

Gyaltsen, Sherab: Geistesschulung im tibetischen Buddhismus. Vorbereitende Übungen und Meditationen. Ansata, Interlaken 1986.

Harrer, Heinrich: Sieben Jahre in Tibet. Mein Leben am Hof des Dalai Lama. Ullstein, Berlin 1992.

Harrer, Heinrich: Tibet. Zeitdokumente aus den Jahren 1944–1951. Offizin, Zürich 1991.

Hedin, Sven: Abenteuer in Tibet. Brockhaus, Mannheim 1987.

Hedin, Sven: Transhimalaja. Entdeckungen und Abenteuer in Tibet. Brockhaus, Mannheim 1985.

Huc, Régis-Evariste: Das Chinesische Reich. Stroemfeld / Roter Stern, Frankfurt 1987.

Huc, Régis-Evariste: Reise durch die Mongolei nach Tibet und China. 1844–1846. Societäts-Verlag, Frankfurt 1986.

Kalu Rimpoche: Den Pfad des Buddha gehen. Eine Einführung in die meditative Praxis des tibetischen Buddhismus von den vorbereitenden Übungen bis zur höchsten Stufe der Meditation. O. W. Barth, München 1991.

Karmapa, Wangchug Dorje: Das Diamantlicht des gewöhnlichen Geistes. Mahamudra-Praxis. Octopus, Wien 1988.

Karmapa, Wangtschug Dordsche: Mahamudra. Ozean des Wahren Sinnes. 3 Bde. Zürich 1990–1992.

Karmay, Samten Gyaltsen / Stoddard, Heather: Secret Vision of the Fifth Dalaï-Lama. Serindia, London 1988.

Koch, Erwin Erasmus: Auf dem Dach der Welt. Die Geschichte der Dalai-Lamas. Nest, Frankfurt a. M. 1960.

Levenson, Claude B.: Dalai Lama. Die autorisierte Biographie des Nobelpreisträgers. Benziger, Zürich 1990.

Bibliographie

Levenson, Claude B.: Die Vision des Dalai Lama. Der Friedensnobelpreisträger im Gespräch. Benziger, Zürich 1991.

Malik, Inder L.: Dalaï-Lamas of Tibet. Uppal Publishing House, New Delhi 1984.

Nicolazzi, Michael Albrecht: Die Bön-Religion Tibets. Welterfahrung mit Geistern, Schamanen und Mönchen. Walter, Solothurn 1995.

Richardson, Hugh Edward: Tibet. Geschichte und Schicksal. Alfred Metzner, Frankfurt a. M. 1964.

Schuh, Dieter: Erlasse und Sendschreiben mongolischer Herrscher für tibetische Geistliche. Ein Beitrag zur Kenntnis der Urkunden des tibetischen Mittelalters und ihrer Diplomatik. VGH Wissenschaftsverlag, Bonn (o. J.).

Schumann, Hans Wolfgang: Buddhismus. Stifter, Schulen und Systeme. Walter, Olten 1976.

Schwieger, Peter / Dagyab, Loden S.: Die ersten Gelugpa-Hierarchen von Brag-gyab (1572-1692). VGH Wissenschaftsverlag, Bonn (o. J.).

Tschögyam Trungpa: Ich komme aus Tibet. Walter, Olten 1970.

Tucci Giuseppe / Heissig Walther: Die Religionen Tibets und der Mongolei. Kohlhammer, Stuttgart 1970.

Tulku, Tarthang: Der verborgene Geist der Freiheit. Sphinx, Basel 1988.

Van Heurck, Philippe: Réincarnation et pouvoir temporel au Tibet. Thanh Long, Bruxelles 1990.

Wang Furen / Suo Wenquing: Highlights of Tibetan History. New World Press, Beijing 1984.

Ya Hanzang: The Biographies of the Dalaï-Lamas. Foreign Languages Press, Beijing 1991.